Beiträge zum Strafrecht –
Contributions to Criminal Law

Band 31

Zhengxin Zhang

Richterliche Entscheidungsspielräume bei der Strafzumessung und strafprozessuale Kontrollmaßnahmen

Ein deutsch-chinesischer Vergleich

Nomos

Die Open-Access-Publikation wurde durch den Open-Access-Publikationsfonds der Julius-Maximilians-Universität Würzburg gefördert.

Die Deutsche Nationalbibliothek verzeichnet diese Publikation in der Deutschen Nationalbibliografie; detaillierte bibliografische Daten sind im Internet über http://dnb.d-nb.de abrufbar.

Zugl.: Würzburg, Univ., Diss., 2025

u.d.T.: Richterliche Entscheidungsspielräume bei der Strafzumessung und strafprozessuale Kontrollmaßnahmen – Ein deutsch-chinesischer Vergleich

1. Auflage 2025

Publiziert von
Nomos Verlagsgesellschaft mbH & Co. KG
Waldseestraße 3–5 | 76530 Baden-Baden
www.nomos.de

Gesamtherstellung:
Nomos Verlagsgesellschaft mbH & Co. KG
Waldseestraße 3–5 | 76530 Baden-Baden

ISBN (Print): 978-3-7560-3387-4
ISBN (ePDF): 978-3-7489-6350-9

DOI: https://doi.org/10.5771/9783748963509

Onlineversion
Nomos eLibrary

Meiner Mutter

Vorwort

Die vorliegende Arbeit wurde im Wintersemester 2024/2025 von der Juristischen Fakultät der Julius-Maximilians-Universität Würzburg als Dissertation angenommen. Die mündliche Prüfung fand am 4. Juni 2025 statt. Gesetzgebung, Literatur und Rechtsprechung sind bis Juni 2025 berücksichtigt.

Zuerst und von ganzem Herzen danke ich meinem Doktorvater, Herrn Prof. Dr. *Frank Peter Schuster*, der mich als Doktoranden aufgenommen und meine Promotion mit großer Sorgfalt und unerschütterlicher Geduld betreut hat. Während meiner Promotionszeit hat er mir nicht nur in akademischer Hinsicht, sondern auch im alltäglichen Leben mit väterlicher Fürsorge und Verständnis zur Seite gestanden. Ohne seine beständige Unterstützung wäre es mir als ausländischem Promovierenden kaum möglich gewesen, diese Arbeit in Deutschland zu vollenden. Zu danken habe ich auch Herrn Prof. Dr. Dr. *Eric Hilgendorf*, der das Zweitgutachten übernommen hat. Seine freundlichen Hinweise und fachlichen Anregungen haben mir auf meinem Weg sehr geholfen. Ein besonderer Dank gilt meiner Familie. Ihre Unterstützung, ihr Verständnis und ihre Ermutigung haben mir in allen Phasen dieser langen Reise Kraft gegeben und es mir ermöglicht, die Arbeit zu Ende zu bringen. Ihnen allen ist diese Dissertation in Dankbarkeit gewidmet.

Shanghai, im Juni 2025 *Zhengxin Zhang*

Inhaltsverzeichnis

Abkürzungsverzeichnis

a.A.	andere Ansicht
Behav Sci Law	Behavioral Sciences & the Law
BGBl.	Bundesgesetzblatt
BJC	The British Journal of Criminology
BJFYJ	bi jiao fa yan jiu （《比较法研究》）
BJKJDXXB	bei jing ke ji da xue xue bao（《北京科技大学学报（社会科学版）》）
BOV	Bekanntmachung des Obersten Volksgerichtshofs （最高人民法院公报）
BOVS	Bekanntmachung der Obersten Volksstaatsanwaltschaft（最高人民检察院公报
BSANV	Bekanntmachung des Ständigen Ausschusses des Nationalen Volkskongresses （全国人大常务委员会公报）
BT-Drucks.	Bundestagsdrucksache
BVerfGE	Die Entscheidungen des Bundesverfassungsgerichts
ch-StGB	Chinesisches Strafgesetzbuch
StPG	Chinesisches Strafprozessgesetz
CR	Zeitschrift Computer und Recht
DDFX	dang dai fa xue（《当代法学》）
DJT	Deutsche Juristenzeitung
EUrN	Entscheidungsurkundennetz（中国裁判文书网）
FAZ	Frankfurter Allgemeine Zeitschrift
FLKX	fa lü ke xue （《法律科学（西北政法大学学报）》）
FLSY	fa lü shi yong （《法律适用》）
FPPK	Forensische Psychiatrie, Psychologie, Kriminologie
FS-Dölling	Die Kriminalwissenschaften als Teil der Humanwissenschaften: Festschrift für Dieter Dölling zum 70. Geburtstag
FS-Frisch	Grundlagen und Dogmatik des gesamten Strafrechtssystems. Festschrift für Wolfgang Frisch zum 70. Geburtstag
FS-Großfeld	Festschrift für Bernhard Großfeld zum 65. Geburtstag

FS-Hassemer	Festschrift für Winfried Hassemer zum 70. Geburtstag
FS-Jauch	Wie würden Sie Entscheiden? - Festschrift für Gerd Jauch zum 65. Geburtstag
FS-Jung	Festschrift für Heike Jung zum 65. Geburtstag
FS-Streng	Festschrift für Franz Streng zum 70. Geburtstag
FSYJ	fa shang yan jiu （《法商研究》）
FX	fa xue （《法学》）
FXJ	fa xue jia（《法学家》）
FXYJ	fa xue yan jiu （《法学研究》）
FXZZ	fa xue za zhi （《法学杂志》）
FZXDHYJ	fa zhi xian dai hua yan jiu （《法治现代化研究》）
FZYSHFZ	fa zhi yu she hui fa zhan（《法制与社会发展》）
GA	Goltdammer's Archiv für Strafrecht
GG	Grundgesetz (Deutschland)
HDZFDXXB	hua dong zheng fa da xue xue bao（《华东政法大学学报》）
h.L.	herrschende Literatur
h.M.	herrschende Meinung
HNSFDXXB	he nan shi fan da xue xue bao（《河南师范大学学报》）
HRRS	Onlinezeitschrift für Höchstrichterliche Rechtsprechung zum Strafrecht
idR.	in der Regel
i.e.S.	im engeren Sinn
i.w.S.	im weiteren Sinn
JA	Juristische Arbeitsblätter
JCLC	Journal of Criminal Law and Criminology
JLDXSHKXXB	ji lin da xue she hui ke xue xue bao（《吉林大学社会科学学报》）
JMFLPL	jing mao fa lü ping lun （《经贸法律评论》）
JR	Juristische Rundschau
Jura	Juristische Ausbildung
JuS	Juristische Schulung
JZ	Juristen Zeitung
KK-StPO	Karlsruhe Kommentar - Strafprozessordnung

KriPoZ	Kriminalpolitische Zeitschrift
KritV	Kritische Vierteljahresschrift für Gesetzgebung und Rechtswissenschaft
LK	Leipziger Kommenter zum Strafgesetzbuch
LR	Die Strafprozeßordnung und das Gerichtsverfassungsgesetz Großkommentar Löwe-Rosenberg
LRZ	E-Zeitschrift für Wirtschaftsrecht und Digitalisierung
MDR	Monatsschrift für Deutsches Recht
MüKo-StGB	Münchener Kommentar zum StGB
MüKo-StPO	Münchener Kommentar zur StPO
m.w.N.	mit weiteren Nachweisen
NJW	Neue Juristische Wochenschrift
MschrKrim	Monatsschrift für Kriminologie und Strafrechtsreform
NStZ	Neue Zeitschrift für Strafrecht
NStZ-RR	Neue Zeitschrift für Strafrecht – Rechtsprechungsreport
RMJC	ren min jian cha （《人民检察》）
SCSFDXXB	sii chuan shi fan da xue xue bao （《四川师范大学学报（社会科学版）》）
SSW-StGB	Satzger/Schluckebier/Werner: StGB Kommentar
SSW-StPO	Satzger/Schluckebier/Werner: StPO Kommentar
StGB	Strafgesetzbuch (Deutschland)
StPO	Strafprozessordnung (Deutschland)
StraFo	Strafverteidiger Forum
StV	Strafverteidiger (Zeitschrift)
ULR	Utah Law Review
U. Pa. L. Rev.	University of Pennsylvania Law Review
vgl.	vergleiche
VVC	Volksgerichtsorganisationsgesetz der Volksrepublik China
Wm. & Mary L. Rev.	William & Mary Law Review
wistra	Zeitschrift für Wirtschafts- und Steuerstrafrecht
XDFX	xian dai fa xue （《现代法学》）
XTDXXB	xiang tan da xue xue bao （《湘潭大学学报（哲学社会科学版）》）
XSFPL	xing shi fa ping lun （《刑事法评论》）

XSSPCK	xing shi shen pan can kao （《刑事审判参考》）
ZChinR	Zeitschrift für Chinesisches Recht
ZFLT	zheng fa lun tan （《政法论坛》）
ZfSP	Zeitschrift für Sozialpsychologie
ZGFLPL	zhong guo fa lü ping lun （《中国法律评论》）
ZGFX	zhong guo fa xue （《中国法学》）
ZGRMFYGB	zui gao ren min fa yuan gong bao （最高人民法院公报）
ZGSHKX	zhong guo she hui ke xue （《中国社会科学》）
ZGXSFZZ	zhong guo xing shi fa za zhi （《中国刑事法杂志》）
ZIS	Zeitschrift für Internationale Strafrechtsdogmatik
ZJS	Zeitschrift für das Juristische Studium
ZStW	Zeitschrift für die gesamte Strafrechtswissenschaft
ZWFX	zhong wai fa xue （《中外法学》）
ZZYFL	zheng zhi yu fa lü （《政治与法律》）

Teil 1. Einleitung

In den vergangenen fünfzehn Jahren wurde in China die „Begrenzung des richterlichen Strafzumessungsspielraums und die Integration des Strafzumessungsvorgangs in das Gerichtsverfahren“[1] als eines der zentralen Projekte der Justizreform diskutiert. Die zweigleisige Reform verfolgte zum einen das Ziel, durch detaillierte Strafzumessungsrichtlinien die gesetzlichen Strafrahmen zu ergänzen und bestehende Ungleichheiten in der Strafzumessungspraxis zu korrigieren. Zum anderen wurden strafprozessuale Regelungen eingeführt, um den Strafzumessungsvorgang stärker in das gerichtliche Verfahren einzubinden und den richterlichen Ermessensspielraum aus verfahrensrechtlicher Perspektive einzugrenzen.

Auch in Deutschland wird diskutiert, ob die gesetzlichen Strafrahmen zu weit gefasst und die in § 46 StGB normierten Strafzumessungsgrundlagen zu unbestimmt seien. Die richterlichen Entscheidungsspielräume seien zu groß, wodurch die Bestimmbarkeit der Strafzumessung verloren gehe, so *Kaspar* in seinem Gutachten für den 72. Deutschen Juristentag (2018).[2] Die Diskussion befindet sich in China und Deutschland in unterschiedlich weit fortgeschrittenen Stadien. Insbesondere in China spielt die Auseinandersetzung mit ausländischen Modellen eine wichtige Rolle in der Debatte über eine Reform der Strafzumessung. Auch in der deutschen Fachliteratur haben die US-amerikanischen Sentencing Guidelines sowie die japanische Strafzumessungsdatenbank inzwischen Befürworter gefunden.[3] Die meisten Reformvorschläge konzentrieren sich jedoch weiterhin darauf, die Strafzumessungsnormen zu konkretisieren, um Richtern bei der Urteilsfindung mehr gesetzliche oder anderweitige Vorgaben an die Hand zu geben. Die Möglichkeit, den richterlichen Ermessensspielraum durch prozessuale Vorgaben einzuschränken, wird in Deutschland bislang kaum berücksichtigt. Eine vergleichende Betrachtung dieses Themas kann daher

---

1 Siehe: Dritten Fünfjahresplan zur Reform der Volksgerichte (2009-2013)（《人民法院第三个五年改革计划纲要（2009-2013）》）, BOV, 2009, Nr. 14.

2 Vgl. Kaspar, 2018, C 47 ff.

3 Die Befürworter von US-amerikanischen Sentencing Guidelines siehe z.B. Hörnle, GA 2019, S. 282(283ff.); Die Befürworter von japanische Strafzumessungsdatenbank siehe z.B. Kaspar, 2018, C 115.

auch für die Reform des Strafzumessungsrechts in Deutschland wertvolle Impulse liefern.

A. Untersuchungsgegenstand

Im deutschen Recht wird der Begriff „Strafzumessung“ in § 46 StGB verwendet und bezeichnet den Vorgang, bei dem das Gericht die für den konkreten Einzelfall angemessene Strafart auswählt und die Strafhöhe bestimmt.[4] Im Vergleich zu dem in der Überschrift des Zweiten und Dritten Titels des Dritten Abschnitts des StGB verwendeten Begriff „Strafbemessung“, der die gesetzliche Festlegung von Strafrahmen meint, liegt die Strafzumessung in der richterlichen Zuständigkeit und wird daher auch als „richterliche Strafzumessung“ bezeichnet.[5]

Begrifflich lässt sich zwischen einer Strafzumessung im engeren und einer im weiteren Sinne unterscheiden. Die Strafzumessung im engeren Sinne bezeichnet die Auswahl und Ausfüllung des gesetzlichen Strafrahmens nach Art und Maß der Strafe, während die Strafzumessung im weiteren Sinne auch die Bestimmung der Sanktionsform umfasst.[6] Im chinesischen Recht bezeichnet der Begriff „Strafzumessung“ (量刑, liang xing) ebenfalls den Vorgang, bei dem das Gericht nach Feststellung des Sachverhalts die angemessene Strafart, Strafhöhe sowie die Sanktionsform bei Tateinheit und Tatmehrheit bestimmt.[7] Diese Definition entspricht weitgehend der Strafzumessung im weiteren Sinne nach deutschem Verständnis. Daher wird der Begriff „Strafzumessung“ in der vorliegenden Arbeit im weiteren Sinne verwendet.

Darüber hinaus ist eine Abgrenzung zwischen richterlicher Strafzumessung und dem Prozess der Kriminalisierung und Sanktionierung erforderlich. Nicht jedes normabweichende Verhalten wird strafrechtlich verfolgt, und nicht jede Straftat führt zu einer strafrechtlichen Sanktion. Im Jahr 2021 wurden bundesweit insgesamt 5.047.860 Straftaten registriert[8] – jedoch nur 728.868 Täter verurteilt und lediglich 50.589 zu einer Freiheits-

4 Kett-Straub/Kudlich, 2021, § 9 Rn. 1; Streng, 2012, Rn. 1.
5 Vgl. Bruns, 2019, Kap. 1, Rn. 14 f; Streng, 2012, Rn. 1.
6 Vgl. Bruns, 2019, Kap. 1, Rn. 15; Streng, 2012, Rn. 479.
7 Gao.M./Ma.K.(Hrsg.), 2016, S. 250; Zhang.M., 2016, S. 543.
8 Polizeiliche Kriminalstatistik 2021: Ausgewählte Zahlen im Überblick, S. 8.

strafe verurteilt.[9] Nach dem sogenannten „Trichtermodell“ der Strafverfolgung[10] verfügen Polizei und Staatsanwaltschaft über verschiedene Möglichkeiten, auf Straftaten zu reagieren und formelle Sanktionen zu vermeiden. Manche dieser Reaktionen werden als informelle Sanktionen bezeichnet, etwa das Absehen von der Strafverfolgung unter Auflagen und Weisungen gemäß § 153a StPO.[11] Obwohl solche informellen Maßnahmen im Vorfeld eines gerichtlichen Verfahrens eine wichtige Rolle in der Praxis spielen, können sie nicht als „Strafzumessung“ bezeichnet werden, da der Entscheidungsspielraum in diesen Fällen nicht dem Gericht, sondern der Staatsanwaltschaft zusteht,[12] auch wenn in der Regel eine richterliche Zustimmung erforderlich ist.

Zusammenfassend widmet sich die vorliegende Arbeit der Frage, welche Möglichkeiten bestehen, die richterliche Strafzumessung (im weiteren Sinne) durch das Strafprozessrecht stärker zu kontrollieren. Der Untersuchungsgegenstand beschränkt sich dabei nicht nur auf gesetzliche Regelungen, sondern umfasst auch Materialien zur Gesetzgebung, Entwürfe, Leitlinien und Stellungnahmen von Justizbehörden sowie die Rechtsprechung und einschlägige wissenschaftliche Literatur.

B. Untersuchungsmethode

Rechtsvergleichende Methoden haben eine lange Tradition, insbesondere bei der Entwicklung des Strafprozessrechts. So beruht beispielsweise der deutsche „liberale Strafprozess“ des 19. Jahrhunderts (Öffentlichkeit, Mündlichkeit, Recht auf Verteidigung, freie Beweiswürdigung, Einführung von Staatsanwaltschaft und Schwurgerichten) auf englischen und französischen Vorbildern[13], und die Rechtsreformen zur Stärkung der Beschuldigtenrechte wurden von US-amerikanischen Erfahrungen inspiriert.[14] Das chinesische Strafprozessgesetz und seine Entwicklung fanden in der deut-

---

9 Bericht vom statistischen Bundesamt, abrufbar unter https://www.destatis.de/DE/Themen/Staat/Justiz-Rechtspflege/_inhalt.html (Abruf v. 17.06.2025)

10 Streng, 2012, Rn. 111 ff.

11 Vgl. Streng, 2012, Rn. 1.

12 Vgl. Streng, 2012, Rn. 93; Jung, JZ 2004, S. 1155(1155 ff.).

13 Vgl. LR/Kühne, Einl. Absch. I., Rn. 9 ff. ferner siehe: Koch, in: Hilgendorf/Schünemann/Schuster (Hrsg.), Verwirklichung und Bewahrung des Rechtsstaats. Beiträge der Würzburger Tagung zum deutsch-chinesischen Strafrechtsvergleich vom 16. bis 17. Dezember 2016, 2019, S. 13 - 22.

14 Eser, in: FS-Kaiser, S. 1499(1512); Jescheck, ZStW 86(1974), S. 761(773).

schen Fachliteratur hingegen erst deutlich später Beachtung. Eine erste systematisch-vergleichende Untersuchung zum chinesischen Strafprozessrecht erschien immerhin bereits im Jahr 1998;[15] inzwischen wurde zu bestimmten strafprozessualen Themen eine größere Anzahl an Dissertationen veröffentlicht.[16] Erwähnenswert ist auch die prozessrechtliche Tagung des Chinesisch-Deutschen Strafrechtslehrerverbandes im Jahr 2016.[17] Trotzdem bleibt der Rechtsvergleich zwischen dem deutschen und chinesischen Strafprozessrecht aufgrund unterschiedlicher kultureller und politischer Hintergründe weiterhin anspruchsvoll.

Um Missverständnisse zu vermeiden und die Rechtsnormen unterschiedlicher Rechtssysteme vergleichbar zu machen, wird in dieser Arbeit die funktionale Rechtsvergleichung als zentrale Untersuchungsmethode herangezogen. Diese Methode gilt weithin als „Grundprinzip jeder Rechtsvergleichung"[18], da sie nicht auf formale Übereinstimmungen zwischen Rechtsinstituten, sondern auf deren tatsächliche gesellschaftliche Funktionen abstellt. Ausgangspunkt ist der Begriff des „funktionalen Äquivalents" (functional equivalent)[19], der davon ausgeht, dass unterschiedliche Rechtsordnungen auf vergleichbare gesellschaftliche Problemstellungen mit unterschiedlichen rechtlichen Mitteln reagieren können. Funktionale Rechtsvergleichung bedeutet daher zweierlei: Einerseits können sich rechtliche Institutionen, die formal ähnlich erscheinen, in ihrer tatsächlichen Funktion erheblich unterscheiden – sei es aufgrund kultureller, historischer oder politischer Rahmenbedingungen. Andererseits können verschiedene Rechtsinstitute ähnliche Funktionen erfüllen, obwohl sie in Form, Begrifflichkeit oder dogmatischer Einordnung voneinander abweichen.[20] Ein und dasselbe Problem kann demnach in verschiedenen Rechtsordnungen an ganz unterschiedlichen Stellen geregelt und in sehr unterschiedlicher Weise gelöst werden.[21]

---

15 Heuser/Weigend, 1997.

16 Siehe, z.B. Li.Q., 2015; Huang.H., 2015; Zong, 2018.

17 Siehe dazu den Tagungsband Hilgendorf/Schünemann/Schuster, Verwirklichung und Bewahrung des Rechtsstaats, Tübingen 2019.

18 Zweigert/Kätz, 1996, S. 34.

19 Reimann/Zimmermann, 2019, S. 340.

20 Reimann/Zimmermann, 2019, S. 353.

21 Jescheck, ZStW 86(1974), S. 773(773).

C. Untersuchungsverlauf

Der Gang der Untersuchung lässt sich wie folgt beschreiben: Nach der Einleitung wird im zweiten Teil zunächst ein Überblick über die Volksrepublik China gegeben. Darin werden die historische Entwicklung des Strafzumessungsverfahrens, insbesondere der seit dem Jahr 2010 eingeleitete Justizreformprozess, die daran anschließenden Gesetzesänderungen sowie die einschlägigen akademischen Diskussionen dargestellt.

Im dritten Teil wird eine der zentralen Fragestellungen dieser Arbeit behandelt, nämlich ob und inwiefern die weitreichenden richterlichen Entscheidungsspielräume bei der Strafzumessung durch prozessuale Mittel – mit dem Ziel einer stärkeren Rationalisierung und Gleichbehandlung – wirksam eingeschränkt werden können.

Die folgenden drei Teile der Arbeit widmen sich jeweils einer konkreten prozessualen Möglichkeit zur Kontrolle richterlicher Strafzumessung: Transparenz des Strafzumessungsverfahrens, die Beteiligung der Verfahrensbeteiligten am Strafzumessungsprozess sowie die interne Kontrolle durch das Gerichtssystem. Der vierte Teil vertieft das Konzept der Transparenz. Im Mittelpunkt stehen dabei einerseits die Rationalisierung und Formalisierung subjektiver richterlicher Erwägungen durch Verfahrensregeln, die zugleich die Grundlage für rechtliche Kontrollmechanismen bilden. Andererseits wird die Bedeutung der Öffentlichkeit von Gerichtsverfahren und Urteilsbegründungen hervorgehoben, um deren generalpräventive, kommunikative und soziale Kontrollfunktion zu sichern.

Der fünfte Teil untersucht die Rolle verschiedener Verfahrensbeteiligter – wie Staatsanwaltschaft, Angeklagten, Verteidigung und Opfer – bei der Strafzumessung in China und Deutschland. Dabei wird insbesondere die Qualität ihrer Partizipation in konfrontativen und kooperativen Verfahrensmodellen analysiert.

Im sechsten Teil werden schließlich zwei Mechanismen zur Kontrolle richterlicher Strafzumessung behandelt: koordinative Organisationsstrukturen innerhalb des Gerichtssystems, wie Richterkollegien und Schöffenbeteiligung, sowie hierarchische Kontrollstrukturen, die auf einem organisierten Rechtsbehelfssystem und einer bürokratischen Aufgabenverteilung basieren. Diese Mechanismen unterscheiden sich – je nach Rechtstradition – hinsichtlich ihrer Gewichtung und Funktionalität, dienen jedoch übergreifend der Begrenzung richterlicher Entscheidungsspielräume bei der Strafzumessung.

Teil 2. Grundlagen: Die Strafzumessung in China

A. Einleitung

Um dem deutschen Leser einen umfassenden Überblick über die Strafzumessung in Chinas Strafjustiz zu verschaffen, sollen im nun folgenden Teil der Arbeit die normativen Grundlagen des chinesischen Strafzumessungssystems, die einschlägigen theoretischen Erörterungen in der Fachliteratur sowie die gerichtliche Praxis, welche den richterlichen Entscheidungsspielraum definiert, beleuchtet werden. (B.) Des Weiteren wird die festgestellte Disparität in der richterlichen Strafzumessungspraxis thematisiert (C.) und die jüngsten Reformbestrebungen im Bereich des Strafzumessungsrechts erörtert. (D.)

B. Die normativen Grundlagen der Strafzumessung in China

Bevor die verfahrensrechtliche Kontrolle der Strafzumessung thematisiert wird, soll zunächst der Entscheidungsspielraum, der den Richtern durch chinesische Strafrechtsnormen eingeräumt wird, beleuchtet werden. In der chinesischen Strafrechtstheorie wird dieser normativ vorgegebene Entscheidungsspielraum als Strafzumessungsgrenze （量刑基准， liang xing ji zhun） bezeichnet, die genau definiert ist als das Strafmaß, das allein auf der Grundlage der Tatbestandsmerkmale einer hypothetischen Straftat, für die ein bestimmter Strafrahmen festgelegt wurde, verhängt werden sollte.[22] Dieser Abschnitt der Arbeit beginnt (I.) mit einer Analyse der Strafarten im chinesischen Sanktionensystem und der Normen, welche sich auf die Festlegung der gesetzlichen Strafrahmen für einzelne Delikte beziehen. Anschließend werden (II.) die für die Strafzumessung relevanten Umstände beleuchtet, die die richterliche Entscheidungsfindung limitieren oder beeinflussen können. Danach (III.) werden die Grundprinzipien der Strafzumessung behandelt, die als allgemeine Richtlinien für die Richter fungieren. Diese Prinzipien erlangen insbesondere dann signifikante Bedeutung, wenn spezifische normative Regelungen fehlen oder die vorhandenen Normen mehrdeutig sind. Die Darstellung erfolgt vor allem anhand einfacher

---

22 Siehe: Zhou.G., ZGFX, 1999, S. 127(128); Bai.J., FXYJ, 2008, S. 97(97).

Vergleiche zwischen der Situation in China und der in Deutschland, um die juristische Terminologie und das normative System eines fremden Landes für den deutschen Leser zugänglicher zu machen.

I. Strafarten

1. Die Hauptstrafen

Das Sanktionensystem der Volksrepublik China differenziert insgesamt neun verschiedene Strafarten, die sich, wie im deutschen Sanktionensystem[23], in Haupt- und Nebenstrafen klassifizieren lassen. Ein wesentlicher Unterschied zu Deutschland besteht jedoch darin, dass in China sowohl Haupt- als auch Nebenstrafen eigenständig oder in Kombination miteinander verhängt werden können. Innerhalb dieses Rahmens ist die Zuweisung einer Hauptstrafe pro Delikt limitiert, wohingegen Nebenstrafen entweder allein oder in Verbindung mit einer Hauptstrafe beziehungsweise anderen Nebenstrafen auferlegt werden können.[24]

Unter den Hauptstrafen unterscheidet das chinesische Strafrecht fünf Kategorien: Überwachung[25] （管制， guan zhi） , Gewahrsam （拘役, ju yi), zeitlich begrenzte Freiheitsstrafe, lebenslange Freiheitsstrafe sowie die Todesstrafe. Überwachung stellt dabei die mildeste Form der Hauptstrafen dar und bedeutet keine Inhaftierung des Straftäters. Stattdessen wird dieser in seiner Bewegungsfreiheit beschränkt und ambulanten Sanktionen unterworfen. Zu den Restriktionen können etwa das Verbot der Ausübung bestimmter Tätigkeiten oder der Fortbewegung gehören.[26] Die Dauer der Überwachung erstreckt sich von mindestens drei Monaten bis zu maximal zwei Jahren.[27] Bei Konstellationen mit mehreren Straftatbeständen darf die Gesamtstrafe drei Jahre nicht überschreiten.[28] Die Durchführung der Überwachung obliegt der Organisation für ambulante Sanktionen. [29]

---

23 Überblicke bei Streng, 2012, Rn. 114 ff., Meier, 2019, Rn. 11 f., S/S/Kinzig, Vor §§ 38ff., Rn. 28.

24 Vgl. Chen.X.(Hrsg.), 2016, S. 729; Zhang.M., 2016, S. 523; Zhou.G., 2021, S. 426.

25 Der Begriff „Überwachung" als Hauptstrafe ist ganz anders als die Überwachung als Ermittlungsmaßnahme. Die Übersetzung dieses Begriffs vgl. Strupp, 1998, S. 113.

26 Vgl. Chen.X.(Hrsg.), 2016, S. 729 ff.; Zhang.M., 2016, S. 523 f.; Zhou.G., 2021, S.426 ff.

27 § 38 ch-StGB.

28 § 69 ch-StGB.

29 § 269 StPG. Die deutsche Übersetzung des Strafprozessgesetz der Volksrepublik China in: Zong, ZChinaR 2020, S.28(83).

Die Gewahrsamsstrafe im chinesischen Rechtssystem stellt eine Form der Freiheitsentziehung dar, die für eine kurze Dauer verhängt wird (was nach § 47 d-StGB gerade vermieden werden soll) und mit der Verpflichtung zu Zwangsarbeit verbunden ist.[30] Diese Strafart ist auf einen Zeitraum von einem bis zu sechs Monaten beschränkt[31]. Bei Konstellationen, in denen mehrere Delikte vorliegen, darf die Gesamtstrafe eine Höchstdauer von drei Jahren nicht überschreiten[32]; dies begründet ihre Einordnung als kurzfristige Freiheitsstrafe.[33] Die Gewahrsamsstrafe wird durch die örtliche nächstgelegene Behörde für öffentliche Sicherheit vollzogen. Während der Haftzeit ist es dem Verurteilten gestattet, monatlich ein bis zwei Tage zu seiner Familie zurückzukehren. Sofern der Straftäter während der Haft einer Arbeit nachgeht, kann die Auszahlung eines Lohnes in Betracht gezogen werden.[34] Typischerweise wird die Gewahrsamsstrafe bei Delikten angewandt, die eine geringe soziale Gefährlichkeit aufweisen. Laut dem chinesischen Strafgesetzbuch sind über 95 Prozent der Fahrlässigkeitsdelikte mit der Möglichkeit einer Gewahrsamsstrafe belegt, mit Ausnahme der fahrlässigen Tötung. Bei der Mehrheit der Delikte, für die eine Gewahrsamsstrafe vorgesehen ist, stellt diese die gesetzliche Strafuntergrenze dar, außer in Fällen, in denen sowohl Überwachung als auch Gewahrsamsstrafe als mögliche Sanktionen angedroht werden.[35]

Die Freiheitsstrafe ist eine Strafe, die Straftäter für eine bestimmte Zeit ihrer persönlichen Freiheit beraubt und ihnen Zwangsarbeit zu ihrer Rehabilitation auferlegt.[36] Die reguläre Dauer einer zeitigen Freiheitsstrafe variiert von sechs Monaten bis zu einem Maximum von fünfzehn Jahren. Dennoch sind spezifische Ausnahmeregelungen vorgesehen:

a) Wird ein zur Todesstrafe Verurteilter mit aufschiebender Vollstreckungsaussetzung während der Aussetzungsfrist nicht erneut wegen einer vorsätzlichen Tat straffällig und leistet bedeutsame Verdienste, wird die Todesstrafe nach Ablauf der zweijährigen Frist in eine zeitige Freiheitsstrafe von fünfundzwanzig Jahren umgewandelt.[37]

---

30 Vgl. Chen.X.(Hrsg.), 2016, S. 732; Zhang.M., 2016, S. 524; Zhou.G., 2021, S. 428.
31 § 42 ch-StGB.
32 § 69 ch-StGB.
33 Theoretische Diskussion siehe: Zhang.M., 2016, S. 525f.
34 § 43 ch-StGB.
35 Vgl. Zhou.G., 2021, S. 428.
36 Vgl. Chen.X.(Hrsg.), 2016, S. 733; Zhang.M., 2016, S. 526; Zhou.G., 2021, S. 429.
37 § 50 Abs. 1 S. 2 ch-StGB.

b) Wenn mehrerer Straftatbestände vorliegen und die Summe aller Einzelstrafen nicht mehr als fünfunddreißig Jahre ist, so darf die Gesamtstrafe bei zeitiger Freiheitsstrafe zwanzig Jahre nicht überschreiten. Übersteigt die Summe aller Einzelstrafen fünfunddreißig Jahre, ist die Gesamtstrafe auf maximal fünfundzwanzig Jahre begrenzt.[38]
c) Begeht der verurteilte Straftäter nach der Urteilsverkündung, aber vor Vollzugsende eine weitere Straftat, so ist hinsichtlich der neuerlichen Tat ein neues Urteil zu fällen. Dabei ist die Gesamtstrafe unter Berücksichtigung der noch nicht vollstreckten Strafe für die frühere Tat sowie der für die spätere Tat verhängten Strafe gemäß den Bestimmungen zur Tatmehrheit (§ 69 ch-StGB) festzusetzen.[39]

Aufgrund ihrer großen Spannweite findet die zeitige Freiheitsstrafe im chinesischen Strafgesetzbuch eine breite Anwendung. Fast jeder Tatbestand beinhaltet die Freiheitsstrafe im Strafrahmen (Ausnahmen: §§ 133a, 280a, 284a Abs. 4 ch-StGB).[40] Der Vollzug der zeitigen Freiheitsstrafe erfolgt in einer Strafanstalt oder in einer anderweitigen Vollzugseinrichtung. Alle Arbeitsfähigen haben sich an der Arbeit zu beteiligen und sich der „Erziehung“ und „Umformung“ zu unterziehen.[41]

Die lebenslange Freiheitsstrafe im chinesischen Strafrecht und die zeitige Freiheitsstrafe weisen inhaltlich Parallelen auf, wobei der wesentliche Unterschied in der Dauer des Freiheitsentzugs liegt: Bei der lebenslangen Freiheitsstrafe ist dieser auf Lebenszeit angelegt. Einerseits dient die lebenslange Freiheitsstrafe als effektives Instrument zur Bekämpfung von Delikten, die die staatliche Sicherheit bedrohen, sowie zur Ahndung schwerer Kriminalität. Andererseits trägt sie dazu bei, die Anwendung der Todesstrafe zu reduzieren, indem sie als alternative Sanktion fungiert. [42] Nach dem deutschen Bundesverfassungsgericht ist weder die Verhängung der lebenslangen Freiheitsstrafe noch ihr Vollzug bis zum Lebensende per se verfassungswidrig[43], da dem Verurteilten durch § 57a StGB die konkrete und grundsätzlich realisierbare Möglichkeit eingeräumt wird, seine Freiheit doch („noch zu Lebzeiten“) wiederzuerlangen.[44] Der Median der Vollstreckungsdauer lag

38 § 69 ch-StGB.
39 § 71 ch-StGB., Vgl. Zhou.G., 2021, S. 429.
40 Vgl. Zhang.M., 2016, S. 526.
41 § 46 ch-StGB.
42 Vgl. Zhou,.G. 2021, S. 430.
43 BVerfGE 45, 187 (228 f., 245); 64, 261 (272); 117, 71 (95 f.).
44 Dürig/Herzog/Scholz, 2024, Teil B, Art. 2 Abs. 2 S. 2, Rn. 67.

z.B. 2021 bei 16,8 Jahren, der arithmetische Mittelwert bei 17,4 Jahren[45]. Die Verhängung einer lebenslangen Freiheitsstrafe bedeutet aber auch in China nicht, dass der Verurteilte dauerhaft inhaftiert ist. Bei Vorliegen der Voraussetzungen für eine Strafmilderung (§ 78 ch-StGB)[46] oder für eine Bewährung (§ 81 ch-StGB) darf der Verurteilte vorzeitig entlassen werden. Die lebenslange Freiheitsstrafe darf auch für Jugendliche verhängt werden, wenn „die Straftaten besonders schwerwiegend sind und dabei außerdem ein oder mehrere Strafschärfungsumstände vorliegen." [47]

Die Todesstrafe stellt die schwerste Sanktion im chinesischen Strafrecht dar und führt zum Entzug des Lebens des Verurteilten. Im Zuge gesellschaftlicher Entwicklungen und der Tendenz zur Milderung von Strafen zeichnet sich global ein Trend zur Abschaffung der Todesstrafe ab.[48] Zum Beispiel ist in Deutschland die Abschaffung bekanntermaßen bereits mit Inkrafttreten des Grundgesetzes (Art. 102 GG) im Jahre 1949 erfolgt[49]. Die Debatte um die Abschaffung spiegelt sich aber auch in China wider, wo vermehrt Diskussionen über das Für und Wider ihrer Beibehaltung geführt werden.[50] Vor dem Hintergrund des Vergeltungsbedürfnisses der Bevölkerung[51] und der Notwendigkeit, schwerste Verbrechen zu ahnden, vertritt

45 Dessecker/Rausch, 2023, S.29.

46 Dabei ist die „Strafmilderung" keine Strafmilderungsumstände bei der Strafzumessung. Gemäß § 78 ch-StGB kann einem verurteilten Straftäter während des Vollzugszeitraumes Strafmilderung gewährt, wenn er sich gut benimmt und aufrichtig Reue und Besserung zeigt.

47 Nr.184 XSSPCK. Xing Shi Shen Pan Can Kao (刑事审判参考，verkürzt: XSSPCK) ist eine Zeitschrift, die vom chinesischen Obersten Volksgericht veröffentlicht wird, die vom Obersten Volksgericht ausgewählte Entscheidungen enthält. Diese Entscheidungen und ihre Urteilsbegründung sind wichtige Referenzen in der richterlichen Praxis und werden auch als quasi Rechtsprechung angesehen. Vgl. Chen.X.(Hrsg.), 2016, S. 734 f.

48 Vgl. Zhang.M., 2016, S. 528; Detaillierte Daten siehe: Roger/Carolyn, 2015, p.16.

49 In der Nachkriegszeit zwischen 1945 und 1949 wurden dagegen Todesstrafen sowohl von alliierten als auch von deutschen Gerichten verhängt und zum Teil auch vollstreckt, siehe: Dürig/Herzog/Scholz, 2024, Teil B, Art. 104, Rn. 4. Die DDR schaffte die Todesstrafe erst im Jahre 1987 ab.

50 Siehe Chen.X.(Hrsg.), 2016, S. 736; Zhang.M., 2016, S. 528; Zhou.G., 2021, S. 432.

51 Das Vergeltungsgedanken der chinesischen Bevölkerung wird von empirischen Erfunden unterstützt, siehe Liang/Wang, ZGFLPL, 2020, S. 60 ff. Dieses Vergeltungsgedanken könnte sich auf den geschichtlichen Hintergrund beruhen. Siehe: Zhao.S., 2022, S. 49 ff; Ma.J., 2006, S. 30ff.

der chinesische Gesetzgeber derzeit die Position, dass die Todesstrafe beibehalten, jedoch streng reguliert werden soll.[52]

Der Versuch, die Vollstreckung der Todesstrafe in China zu kontrollieren, spiegelt sich insbesondere in den folgenden Bereichen wider:

a) Reduzierung der mit der Todesstrafe bedrohten Straftatbestände: Die Anzahl der Delikte, für die die Todesstrafe im Strafgesetzbuch vorgesehen ist, wurde reduziert. In der 1997 geänderten Fassung des Strafgesetzbuchs gab es insgesamt 68 Straftaten, die mit der Todesstrafe bedroht waren, von denen mit der achten Änderung des Strafgesetzbuchs bei 13 Straftaten diese Rechtsfolge abgeschafft wurde und mit der neunten Änderung des Strafgesetzbuchs bei weiteren 9 Straftaten die Rechtsfolge abgeschafft wurde.
b) Aussetzung der Vollstreckung: Ist bei einem zu der Todesstrafe zu verurteilenden Straftäter die sofortige Vollstreckung nicht notwendig, steht es dem Richter zu, zugleich mit dem Todesurteil eine auf zwei Jahre bemessene aufschiebende Aussetzung der Vollstreckung zu verkünden.[53] Begeht der zur Todesstrafe mit Vollstreckungsaussetzung Verurteilte während der Frist der Aussetzung keine vorsätzliche Straftat, wird die Todesstrafe nach Ablauf der zweijährigen Frist in eine lebenslange Freiheitsstrafe umgewandelt.[54] Die Vollstreckungsaussetzung der Todesstrafe ist keine selbstständige Art von Strafe, sondern eine Form der Vollstreckung der Todesstrafe, die sehr häufig zur Anwendung und von großer Bedeutung für die Kontrolle der sofortige Vollstreckung der Todesstrafe ist.[55]
c) Einschränkungen der Anwendbarkeit: Die Todesstrafe darf nicht auf bestimmte Straftäter angewandt werden. Auf Personen, die zum Zeitpunkt der Tatbegehung das achtzehnte Lebensjahr noch nicht vollendet haben, und auf Frauen, die zum Zeitpunkt der gerichtlichen Entscheidung schwanger sind, findet die Todesstrafe keine Anwendung.[56] Wenn eine Beschuldigte im Vorverfahren festgenommen ist und während dem Haftzeitraum eine Fehlgeburt hat, wird sie als „Frau, die zum Zeitpunkt der gerichtlichen Entscheidung schwanger ist" behandelt und die To-

---

52 Vgl. Art. 19 von Stellungnahmen des Obersten Volksgerichts zur Umsetzung der Strafrechtspolitik der Kombination von Kronzeugenregelung und Strafe（最高人民法院《关于贯彻宽严相济刑事政策的若干意见》）, BOV, 2010, Nr. 9.

53 § 48 Abs. 1 S. 2 ch-StGB.

54 § 50 S. 1 ch-StGB.

55 Vgl. Zhang.M., 2016, S. 531.

56 § 49 Abs. 1 ch-StGB.

desstrafe darf nicht angewendet werden.[57] Auf Personen, die zum Zeitpunkt der gerichtlichen Entscheidung über fünfundsiebzig Jahre sind, darf die Todesstrafe nur dann verhängt werden, wenn der Straftäter mit außergewöhnlich grausamen Mittel einen Menschen vorsätzlich tötet.[58] Das Anwendungsverbot der Todesstrafe umfasst dabei sowohl die sofortige Vollstreckung der Todesstrafe als auch die Vollstreckungsaussetzung der Todesstrafe, da beide ebenfalls Todesstrafe angesehen werden.[59]

d) „Überprüfungsverfahren der Todesstrafe“（死刑复核程序，si xing fu he cheng xu）[60]: Legt der Angeklagte keine Berufung gegen die sofortig vollstreckte Todesstrafe ein, die von einem mittleren Volksgericht im ersten Rechtszug ausgesprochen wurde, muss der Fall nach Überprüfung durch ein höheres Volksgericht dem Obersten Volksgericht zur Bestätigung vorgelegt werden. Stimmt das obere Volksgericht nicht zu, auf Todesstrafe zu erkennen, kann es die Verhandlung an sich ziehen oder den Fall an das mittlere Volksgericht zur erneuten Verhandlung und Entscheidung zurückverweisen. Legt der Angeklagte keine Berufung gegen die Todesstrafe ein, auf die ein oberes Volksgericht im ersten Rechtszug erkennt, oder wird im zweiten Rechtszug auf Todesstrafe erkannt, muss dies stets dem Obersten Volksgericht mit der Bitte gemeldet werden, die Todesstrafe zu überprüfen und zu bewilligen (§ 247 StPG).[61] Die Überprüfung und Bewilligung der Todesstrafe mit zweijähriger Bewährung, die von einem mittleren Volksgericht ausgesprochen wurde, obliegen einem oberen Volksgericht (§ 248 StPG).[62] Da alle Tatsachen und Rechtsanwendung des Richters in diesem Verfahren umfassend überprüft werden, wird theoretisch das Überprüfungsverfahren der Todesstrafe als „die Ausnahme des Zwei-Instanzen-Systems“ bezeichnet.[63]

57 Vgl. Zhou.G., 2021, S. 432.
58 § 49 Abs. 2 ch-StGB.
59 Vgl. Zhang.M., 2016, S. 530.
60 Der Begriff wird auch als „Verfahren zur Überprüfung von Todesstrafe“ übersetzt. Vgl. Heuser/Weigend, 1997, S. 119.
61 § 247 StPG, in: Zong.Y, ZChinaR, 2020, S. 28(77).
62 § 248 StPG, in: Zong.Y., ZChinaR, 2020, S. 28(77).
63 Vgl. Chen.X.(Hrsg.), 2021, S. 407.

2. Die Nebenstrafen

Das chinesische Sanktionensystem kennt vier Arten von Nebenstrafen: Geldstrafe, Entzug politischer Rechte, Einziehung des Vermögens und Ausweisung. Unter diesen ist die Geldstrafe die am häufigsten zur Anwendung kommende Nebenstrafe.

Das Strafübel der chinesischen Geldstrafe besteht im Entzug der Geldmittel, die der Geldstrafe im deutschen Sanktionensystem inhaltlich ähnelt. Trotz ihres Charakters als Nebenstrafe nehmen Geldstrafen im chinesischen Strafrecht keine marginale Rolle ein. Im Besonderen Teil des chinesischen Strafgesetzbuches sind etwa 180 Delikte aufgeführt, bei denen Geldstrafen als mögliche Sanktion vorgesehen sind. [64] Als Nebenstrafe kann die Geldstrafe allein oder zugleich mit der Hauptstrafe oder anderen Nebenstrafen verhängt werden. Diese Anwendungsbreite verleiht ihr eine größere Flexibilität als die Geldstrafe im deutschen Rechtssystem, wo sie als Hauptstrafe klassifiziert wird.

Im Gegensatz zum deutschen Sanktionensystem, welches die Festlegung der Höhe einer Geldstrafe anhand des (aus Skandinavien stammenden[65]) Tagessatzsystem vornimmt, erfolgt die Bestimmung in China entsprechend „den Umständen bei der Begehung der Straftat".[66] Nach der Justizauslegung vom Obersten Volksgericht[67] gehören zu „den Umständen" die Höhe der Erträge aus der Straftat und das Ausmaß des verursachten Schadens. Die wirtschaftliche Leistungsfähigkeit des Verurteilten ist auch zu berücksichtigen. [68]

64 Vgl. Zhang.M., 2016, S. 535.

65 Vgl. Thornstedt, ZStW 86(1974), S. 595(595).

66 § 52 ch-StGB.

67 Das Institut der Justizauslegung ist eine Besonderheit des chinesischen Rechtssystems mit großer praktischer Bedeutung. Sie ergingen etwa in Form von Mitteilungen（通知，tong zhi）, Maßnahmen（措施，cuo shi）, Bestimmungen（规定，gui ding） und Stellungnahmen（意见，yi jian）. Sind eine Justizauslegung und eine entsprechende Gesetzesbestimmung Rechtsgrundlage für ein gerichtliches Urteil, so muss auch die Justizauslegung von den Gerichten zitiert werden. Ihr Ziel besteht auch weniger darin, den im Gesetzestext niedergelegten Willen des Gesetzgebers oder den normativen Gesetzessinn zu erschließen, als vielmehr eine einheitliche Rechtsanwendung und Rechtsauslegung unter der parteistaatlichen Führung zu gewährleisten. Siehe: Ahl, ZChinaR, 2007, S. 251(251 ff.).

68 Art. 2 Abs. 1 S. 1. Bestimmungen des Obersten Volksgerichts zu verschiedenen Fragen im Zusammenhang mit der Anwendung von Vermögensstrafen（最高人民法院《关于适用财产刑若干问题的规定》）, BOV, 2000, Nr. 45,

Nach den im Strafgesetzbuch für jede Straftat vorgesehenen Strafrahmen haben die Regeln über die Bestimmung der Höhe der Geldstrafe drei verschiedene Formen:

a) Fehlen einer spezifischen Regelung: In solchen Fällen legt das Strafgesetzbuch fest, dass die Geldstrafe ohne eine explizite Regelung zur Bestimmung ihrer Höhe verhängt wird. Es obliegt dem Richter, die Höhe der Geldstrafe basierend auf den bei der Begehung der Straftat vorherrschenden Umständen eigenständig festzulegen (§ 552 ch-StGB). Laut Justizauslegung darf der Mindestbeitrag nicht unter 1.000 Yuan fallen.[69] Bei minderjährigen Straftätern kann eine niedrigere Geldstrafe verhängt werden, wobei der Mindestbetrag 500 Yuan nicht unterschreiten darf.[70]
b) Begrenzter Rahmen: Dabei hat der Richter die Höhe der Geldstrafe innerhalb eines begrenzten Rahmens zu bestimmen. Beispielsweise wird ein Straftäter, der gemäß § 178 ch-StGB Schatzanweisungen oder andere durch den Staat emittierte Wertpapiere fälscht oder verändert und dabei eine verhältnismäßig große Summe erlangt, zugleich mit einer Hauptstrafe oder in selbständiger Weise mit einer Geldstrafe in Höhe von 20.000 Yuan bis 200.000 Yuan belegt.[71]
c) Variable Geldstrafe（浮动罚金刑，fu dong fa jin xing）.[72]Diese Art der Geldstrafe berechnet sich entweder als Prozentsatz oder Vielfaches des aus der Straftat erzielten Erlöses oder des mit der Straftat in Verbindung stehenden Betrags. So wird beispielsweise gemäß § 225 ch-StGB der Straftäter, der gegen staatliche Bestimmungen verstößt und durch rechtswidrige Geschäftstätigkeiten die Marktordnung stört, zugleich mit einer Hauptstrafe oder in selbständiger Weise mit Geldstrafe in Höhe des Einfachen bis Fünffachen der unrechtmäßig erlangten Einkünfte belegt.[73]

Es ist noch klarzustellen, dass die Geldstrafe in China nur ahndenden Charakter hat. Gemäß § 64 ch-StGB sind alle Taterträge, Tatprodukte, Tat-

69 Art. 2 Abs. 1 S. 2. Bestimmungen des Obersten Volksgerichts zu verschiedenen Fragen im Zusammenhang mit der Anwendung von Vermögensstrafen（最高人民法院《关于适用财产刑若干问题的规定》）, BOV, 2000, Nr. 45.

70 Art. 2 Abs. 2. Bestimmungen des Obersten Volksgerichts zu verschiedenen Fragen im Zusammenhang mit der Anwendung von Vermögensstrafen（最高人民法院《关于适用财产刑若干问题的规定》）, BOV, 2000, Nr. 45.

71 § 178 Abs. 1 S. 1 ch-StGB.

72 Siehe: Zhang.M., 2016, S. 536f.

73 § 225 S. 1 ch-StGB.

mittel sowie Tatobjekte gesondert einzuziehen, ähnlich wie im deutschen Strafrecht (§ 73 ff. StGB), aber anders als im Ordnungswidrigkeitenrecht, wo das Bußgeld zugleich ahndenden und abschöpfenden Charakter hat (§ 17 Abs. 4 OWiG). Einziehungen werden in China generell nicht als Strafe angesehen.[74]

Die Kritik an der Methode Chinas zur Festlegung der Geldstrafen, die sich nach der wirtschaftlichen Leistungsfähigkeit der Verurteilten richtet, ist intensiv diskutiert worden. Dies liegt daran, dass das Strafübel einer Geldstrafe je nach den finanziellen Verhältnissen der Verurteilten sehr unterschiedlich ausfallen kann.[75] Es gibt auch Argumente, dass das Tagessatzsystem nach dem Vorbild von Ländern wie Deutschland eingeführt werden sollte, um Gerechtigkeit zwischen unterschiedlich solventen Verurteilten herzustellen.[76]

Zusätzlich zu Geldstrafen umfasst das Sanktionensystem Chinas drei weitere Arten von Nebenstrafen: den Entzug politischer Rechte, die Einziehung des Vermögens und die Ausweisung aus dem Land. Der Entzug politischer Rechte, der einem Straftäter die Teilnahme an der staatlichen Verwaltung und politischen Aktivitäten untersagt, wird in der Regel bei schwerwiegenden Delikten verhängt.[77] Die Einziehung des Vermögens, bei der ein Teil oder die Gesamtheit des persönlichen Vermögens des Straftäters konfisziert wird,[78] findet primär Anwendung bei Delikten, die die staatliche Sicherheit bedrohen, die Ordnung der sozialistischen Marktwirtschaft schädigen, gegen das Eigentumsrecht verstoßen oder öffentliche Vermögenswerte unterschlagen.[79] In Deutschland hingegen wurde die Vermögensstrafe (§ 43a StGB aF), die durchaus Ähnlichkeiten mit der Vermögenskonfiskation aufwies,[80] von Bundesverfassungsgericht als verfassungswidrig erklärt und mittlerweile gestrichen.[81] Die Ausweisung, die ausschließlich auf Ausländer angewendet wird, die Straftaten begangen haben, kann entweder

74 Dies gilt nach BVerfGE 156, 354 auch für die Einziehung von Taterträgen gem. § 73 ff. (ausschließlich quasi-kondiktionelle Ausgleichsmaßnahme), während der Einziehung nach den §§ 74 ff. meist Strafcharakter zugesprochen wird, vgl. S/S/Schuster, Vor § 73 Rn.19 ff.

75 Vgl. Zhang.M., 2016, S. 535.; Hu.T., HNSFDXXB, 2012, S. 104(105).; Li.J., JLDXSHKXXB, 2002, S. 64(65f).

76 Siehe: Hu.T., HNSFDXXB, 2012, S. 104(106ff).

77 § 54 ch-StGB.

78 § 59 ch-StGB.

79 Chen.X.(Hrsg.), 2016, S. 764.

80 Vgl. Eser, 1969, S.1 ff., 13 f., 103 ff., 187 f., 194 f.

81 BverfG NJW 2002, 1779.

als eigenständige Maßnahme oder in Kombination mit anderen Haupt- und Nebenstrafen verhängt werden.[82] In Deutschland erfüllen §§ 53, 54 Aufenthaltsgesetz eine ähnliche Funktion, wobei die Ausweisung durch die Ausländerbehörde erfolgt und eine bloße Nebenfolge der Verurteilung darstellt.

3. Rechtsvergleichende Bewertung

Im Vergleich mit Deutschland weist das chinesische Sanktionensystem eine höhere Komplexität auf. Die erste Strafrechtsreform Deutschlands im Jahr 1969 ersetzte die bis dahin existierenden vier Arten von Freiheitsentziehungen (Zuchthaus, Gefängnis, Einschließung und Haft) durch eine einheitliche Freiheitsstrafe. [83] Im Gegensatz dazu unterhält China weiterhin vier verschiedene Arten von Strafen, welche die persönliche Freiheit beschränken oder entziehen, und es hat die Todesstrafe bisher nicht abgeschafft. Dieser Unterschied hat teilweise historische Gründe.[84] Es herrscht die Meinung vor, dass nur ein stärker diversifiziertes Sanktionensystem eine schuldangemessene Verurteilung jedes Straftäters ermöglicht und den präventiven Gedanken des Rechts besser verwirklicht. Laut dem chinesischen Strafgesetzbuch enthalten viele gesetzliche Strafrahmen für eine Straftat zwei oder mehr Arten von Hauptstrafen. Dies gewährt chinesischen Richtern im Allgemeinen einen erheblichen Ermessensspielraum bei der Festlegung der Hauptstrafe für eine Straftat.

Die Geldstrafe, die im chinesischen Sanktionensystem als Nebenstrafe existiert, wird äußerst flexibel angewandt, wobei ein Tagessatzsystem fehlt. Die gegenwärtigen Regelungen erschweren es, die Schuldangemessenheit der Geldstrafe und die Gerechtigkeit zwischen ungleich solventen Verurteilten (deren Strafempfindlichkeit sich unterscheidet) zu gewährleisten. Dies führt dazu, dass die Festlegung der Geldstrafe weitgehend von der persönlichen Einschätzung des Richters abhängt.

Zusammenfassend lässt sich sagen, dass der chinesische Gesetzgeber, obwohl deutsche Wissenschaftler die gesetzlichen Strafrahmen im deutschen Strafgesetzbuch als zu grob und weit kritisieren,[85] den Richtern einen noch deutlich gröberen und weiteren Entscheidungsspielraum gibt.

---

82 § 35 ch-StGB.

83 Vgl. BGBl. I 1969 S. 645(646f.), Meier, 2019, S. 47.

84 Detaillierte Diskussionen siehe: Zhao.S., 2022, S. 45ff.

85 Vgl. Kaspar, 2018, C. 47 ff.; Streng, StV, 2018, S. 593(594).

II. Die Strafzumessungsumstände

1. Die gesetzliche Strafzumessungsumstände i.e.S.

Der Terminus „Strafzumessungsumstände“ verfügt in China über keine einheitliche Definition. Verschiedene Justizauslegungen und die juristische Literatur definieren diesen Begriff auf unterschiedliche Weise. Eine der gebräuchlichsten Definitionen besagt, dass die Strafzumessungsumstände die Tatsachen, die vom Gesetz festgelegt oder anerkannt werden, den Grad des sozialen Schadens der Straftat und den Grad der persönlichen Gefährlichkeit des Täters widerspiegeln können und nur bei der Entscheidung über die Schwere der Strafe zu berücksichtigen sind. [86] In dieser Arbeit werden sie als gesetzliche Strafzumessungsumstände i.e.S. bezeichnet.

Die gesetzlichen Strafzumessungsumstände i.e.S. finden ihre Regelung in den §§ 65-68 des chinesischen Strafgesetzbuchs. Es gibt vier Arten, nämlich „Rückfallstraftäter“（累犯， lei fan）, „nachträgliche Selbstanzeige“（自首， zi shou）, „freiwillige Aussage“（坦白， tan bai） und „Erbringen von Verdiensten“ （立功， li gong）. Wenn ein erwachsener Straftäter, der bereits zu einem vorsätzlichen Verbrechen verurteilt worden ist, binnen fünf Jahren nach Beendigung des Vollzugs der Strafe oder binnen fünf Jahren nach Begnadigung erneut ein vorsätzliches Delikt begeht, das mit mindestens einer zeitigen Freiheitsstrafe bedroht ist, so ist er Rückfalltäter.[87] Eine Selbstanzeige liegt vor, wenn sich jemand nach begangener Straftat freiwillig den Justizbehörden stellt und ein Geständnis der begangenen Straftat unterbreitet.[88] Wenn jemand wegen einer Straftat als Verdächtiger einer Zwangsmaßnahme unterworfen ist und ein Geständnis der Straftat freiwillig unterbreitet, handelt es sich um die freiwillige Aussage.[89] Wenn das Geständnis sich auf weitere Straftaten bezieht, die die Justizbehörden noch nicht entdeckt haben, handelt es sich nicht um die freiwillige Aussage, sondern um eine Selbstanzeige.[90] Verdienste können auf vielfältige Weise erbracht werden, wobei die häufigste Form darin besteht, dass der Täter

86 Vgl. Zhou.G., 2021, S. 444.

87 § 65 Abs. 1 ch-StGB. In Deutschland hingegen wurde die automatische Strafschärfung für Rückfalltäter (§ 48 StGB a.F.) im Jahre 1986 abgeschafft, wenngleich Vortrafen, insbesondere einschlägige, natürlich weiterhin ein wesentliches Strafzumessungskriterium (Vorleben des Täters) sind. Vgl. NK/Streng, § 46 Rn. 66 ff.

88 § 67 Abs. 1 S. 1 ch-StGB.

89 § 67 Abs. 3 ch-StGB.

90 § 67 Abs. 2 ch-StGB.

den Justizbehörden bei der Aufklärung oder Entdeckung anderer Straftaten assistiert.[91]

2. Die gesetzliche Strafzumessungsumstände i.w.S.

Neben den Strafzumessungsumständen, die *ausschließlich* bei der Entscheidungsfindung des Richters über die Strafzumessung eine Rolle spielen, umfasst das chinesische Strafgesetzbuch gesetzlich festgelegte Umstände, die nicht nur für den Nachweis der Rechtswidrigkeit der Tat und der Schuldfähigkeit des Täters relevant sind, sondern ebenfalls bei der Strafzumessung berücksichtigt werden müssen. Zur Abgrenzung von den bereits erörterten gesetzlichen Strafzumessungsumständen i.e.S. werden diese Umstände in der Arbeit als gesetzliche Strafzumessungsumstände i.w.S. bezeichnet.

Insgesamt gibt es 13 Arten von gesetzlichen Strafzumessungsumständen im allgemeinen Teil des chinesischen Strafgesetzbuchs:[92]

1. Jugendliche (§ 17 Abs. 4 ch-StGB)
2. Alte Menschen (§ 1 7a ch-StGB)
3. Beschränkte Schuldfähigkeit (§ 18 Abs. 3 ch-StGB)
4. Schuldfähigkeit bezüglich taubstummer und blinder Person (§ 19 ch-StGB)
5. (überschreitende) Notwehr (§ 20 Abs. 2 ch-StGB)[93]
6. (überschreitende) Notstand (§ 21 Abs. 2 ch-StGB)
7. Strafbarkeit für Vorbereitungshandlungen (§ 22 Abs. 2 ch-StGB)
8. Versuchsstrafbarkeit (§ 23 Abs. 2 ch-StGB)
9. Rücktritt von Versuch (§ 24 Abs. 2 ch-StGB)
10. Beihilfe (§ 27 ch-StGB)
11. gezwungene Teilnahme (§ 28 ch-StGB)

---

91 § 68 ch-StGB.

92 Detaillierte Darstellung siehe: Zhao.S., 2022, S. 73 ff.

93 Im chinesischen Strafrecht stellt die Notwehr eine Rechtfertigung dar, die – ähnlich wie in Deutschland – eine rechtswidrige Tat ausschließt, sofern die Verteidigung erforderlich und angemessen ist (§ 20 Abs.1 ch-StGB). Wenn die Verteidigung allerdings über das erforderliche Maß hinausgeht, liegt eine überschreitende Notwehr vor (ähnlich dem Notwehrexzess nach § 33 StGB), die in China nicht mehr zur völligen Straffreiheit führt. Stattdessen wird sie als Milderungsgrund bei der Strafzumessung berücksichtigt. Ähnlich verhält es sich mit dem Notstand.

12. eine besondere Form[94] der Anstiftung (§ 29 Abs. 1 S. 2 ch-StGB)
13. Versuch der Anstiftung (§ 29 Abs. 2 ch-StGB)

Diese Differenzierung zwischen eng und weit gefassten gesetzlichen Strafzumessungstatbeständen hat insbesondere im gerichtlichen Verfahren signifikante Auswirkungen. Die klare Trennung von Schuld- und Strafzumessungsfragen impliziert, dass Umstände, die bereits im Rahmen des Verfahrens zur Feststellung der Strafbarkeit vorgebracht und als Tatsache angenommen wurden – also die gesetzlichen Strafzumessungsumstände i.w.S. –, in der Regel während des nachfolgenden Strafzumessungsverfahrens nicht erneut hinsichtlich ihrer Glaubwürdigkeit überprüft werden müssen. Theoretisch lässt sich argumentieren, dass die Beweiswürdigungsregelungen für Strafzumessungsumstände i.e.S. unterschiedlich sind, da hierbei das Prinzip der Unschuldsvermutung keine Rolle mehr spielt.[95]

3. Die außergesetzliche Strafzumessungsumstände

Die Vielfalt der Umstände, die den Grad des sozialen Schadens der Straftat und den Grad der persönlichen Gefährdung des Täters widerspiegeln können und bei der Strafzumessung zu berücksichtigen sind, ist in der Praxis derart umfangreich, dass es offenkundig schwierig ist, sie vollständig in den im Gesetz vorgesehenen Strafzumessungsumständen zu erfassen. In der Gerichtspraxis wurden einige Umstände, die tatsächlich für die Strafzumessung von Bedeutung sind, anerkannt und haben sich zu einem wichtigen Einflussfaktor für die richterliche Strafzumessung entwickelt[96]. Zu diesen außergesetzlichen Strafzumessungsumständen zählen vor allem das Motiv und der Zweck der Straftat, der Gegenstand der Straftat, die Mittel zur Begehung der Straftat, die Zeit und der Ort der Begehung der Straftat, das beständige Verhalten des Täters vor der Begehung der Straftat und sein Verhalten nach der Begehung der Straftat.[97]

Da diese außergesetzlichen Strafzumessungsumstände nicht im Gesetz verankert sind und daher keine verbindliche Wirkung auf die richterliche Entscheidungsfindung haben, werden sie in der juristischen Literatur ganz überwiegend als „ermessensabhängige Strafzumessungsumstände“ (酌定

94 Jemand, der einen Jugendliche zu einer Straftat anstiftet. Siehe: § 29 Abs. 1 S. 2 ch-StGB.

95 Vgl. Wang.Y., ZGXSFZZ, 2010, S. 53(58ff).

96 Vgl. Gao.M., 2007, FXZZ, S. 1(3).

97 Vgl. Zhao.S., 2022, S. 72; Gao.M., 2007, FXZZ, S. 1(3); Zhang.M., 2016, S. 557.

量刑情节，zhuo ding liang xing qing jie） genannt. Diese Ermessensabhängigkeit erlaubt es den Richtern, individuelle Aspekte einer Straftat und des Täters in ihrer Entscheidung zu berücksichtigen, was zu einer gerechteren und angemesseneren Strafzumessung führen kann. Die Anerkennung und Berücksichtigung dieser Umstände reflektiert die Notwendigkeit, über die gesetzlich festgelegten Rahmen hinauszugehen, um die Einzigartigkeit jeder Straftat und die individuellen Merkmale jedes Täters gerecht zu bewerten.

4. Die Auswirkungen der Strafzumessungsumstände auf das Strafmaß

Im chinesischen Strafgesetzbuch sind spezifische Auswirkungen verschiedener Umstände auf die richterliche Strafzumessung festgelegt, die grundsätzlich in vier Kategorien untergliedert werden können: „Strafe leichteren Grades“（从轻处罚，cong qing chu fa），„Strafe schwereren Grades“（从重处罚，cong zhong chu fa），„abgemilderte leichte Strafe“（减轻处罚，jian qing chu fa） und „Absehen von Strafe“（免除处罚，mian chu chu fa）.

Strafe leichteren Grades und Strafe schwereren Grades beziehen sich auf Strafen, die innerhalb des gesetzlichen Strafrahmens leichter oder schwerer sind als der „Einstiegspunkt der Strafe“（基准刑，ji zhun xing）. Solange der gesetzliche Strafrahmen nicht überschritten wird, steht dem Richter der Entscheidungsspielraum zu, wie leicht oder schwer die Strafe sein soll. Bei abgemildert leichter Strafe ist dagegen die Untergrenze des Strafrahmens zu unterschreiten, allerdings in einem begrenzten Umfang. Normalerweise befindet sich die abgemilderte leichte Strafe innerhalb des nächstniedrigeren Grades des Strafrahmens[98]. Das Absehen von Strafe impliziert, dass der Täter zwar für schuldig verurteilt wird, jedoch keine Strafe erhält.

---

98 „Grad des Strafrahmens“（刑格，xing ge） ist eine Besonderheit des chinesischen Sanktionensystems. Normalerweise wird eine Straftat entsprechend ihre Schwierigkeit verschiedene Grad des Strafrahmens im chinesischen Strafgesetzbuch geregelt. z.B. gemäß § 267 Abs. 1 ch-StGB wird der Straftäter, wer in öffentlichem oder privatem Eigentum stehende Vermögenswerte und Sachen unberechtigt wegnimmt bzw. plündert, bei Vorliegen einer verhältnismäßig großen Wertsumme mit zeitiger Freiheitsstrafe bis zu drei Jahren, Gewahrsam oder Überwachung bestraft. Handelt es sich um eine erheblich große Wertsumme oder liegen andere ernste und schwerwiegende Tatumstände vor, ergeht zeitige Freiheitsstrafe von drei Jahren bis zu zehn Jahren. Handelt es sich um eine besonders erhebliche Wertsumme oder liegen andere besonders ernste und schwerwiegende Tatumstände vor, ergeht zeitige Freiheitsstrafe

Es ist möglich, dass ein gesetzlicher Strafzumessungsumstand gleichzeitig zwei oder mehr der genannten Rechtsfolgen nach sich ziehen kann. Gemäß § 22 Abs. 2 ch-StGB kann beispielweise im Falle der Vorbereitung einer Straftat im Vergleich zur vollendeten Tat eine Strafe leichteren Grades oder eine abgemildert leichte Strafe ergehen oder es kann vor Strafe abgesehen werden.[99] Dem Richter kommt der Entscheidungsspielraum zu, zu bestimmen, welche Rechtsfolgen sich aus einem Strafzumessungsumstand in einem bestimmten Fall ergeben sollen, sofern das Gesetz nichts anderes vorsieht.

Außergesetzliche Umstände wirken sich üblicherweise nur innerhalb des gesetzlichen Strafrahmens auf die Strafzumessung aus. Gemäß § 63 Abs. 2 ch-StGB gibt es jedoch Situationen, in denen, obwohl keine gesetzlichen Strafzumessungsumstände vorliegen, aufgrund einer außergewöhnlichen Sachlage und nach Überprüfung sowie Bestätigung durch das Oberste Volksgericht eine Strafe auch unterhalb des gesetzlichen Strafrahmens angesetzt werden kann. Diese Bestimmung ermöglicht eine gewisse Flexibilität im Strafrechtssystem, um in besonderen Fällen Einzelfallgerechtigkeit zu gewährleisten. Sie erkennt an, dass es Umstände geben kann, die so einzigartig oder außergewöhnlich sind, dass eine Anwendung des standardmäßigen gesetzlichen Strafrahmens als unangemessen erscheinen würde. Die Notwendigkeit der Überprüfung und Bestätigung durch das Oberste Volksgericht stellt sicher, dass diese Ausnahme von der Regel nicht willkürlich, sondern nur in wirklich begründeten Fällen angewendet wird. Dadurch wird ein Gleichgewicht zwischen der Notwendigkeit, sich an den gesetzlichen Rahmen zu halten, und der Flexibilität, in außergewöhnlichen Fällen gerechte Entscheidungen zu treffen, gewahrt.[100] Mit dem deutschen Verständnis des Gesetzlichkeitsprinzips, wonach Art. 103 Abs. 2 GG nicht nur die Strafbarkeit als solche, sondern auch die Strafhöhe betrifft[101], wäre dies freilich nicht vereinbar.

---

von mindestens zehn Jahren oder lebenslange Freiheitsstrafe. Dabei gibt es drei Grad des Strafrahmens: der erste Grad ist „zeitige Freiheitsstrafe bis zu drei Jahren, Gewahrsam oder Überwachung“, der zweite Grad ist „zeitige Freiheitsstrafe von drei Jahren bis zu zehn Jahren“, der dritte Grad ist „zeitige Freiheitsstrafe von mindestens zehn Jahren oder lebenslange Freiheitsstrafe“. Vgl. Zhou.G., 2021, S. 445.

99 § 22 Abs. 2 ch-StGB.

100 Feng/Liang /Li (Hrsg), § 63, Rn. 13 ff., Yu.H. (Hrsg.), 2022, S. 216.

101 BVerfG Beschl. v. 26.2.1969 - 2 BvL 15, 23/68, BVerfGE 25, 269 (285 f.); BVerfG Beschl. v. 21.6.1977 - 2 BvR 308/77, BVerfGE 45, 363 (370); Dürig/Herzog/Scholz/Remmert GG Art. 103 Abs. 2 Rn. 74 mwN.

5. Die obligatorischen und fakultativen Strafzumessungsgründe

Im Rahmen des chinesischen Strafrechtssystems und dessen Prozessordnung stellen die Bestimmungen des Strafgesetzbuchs sowie die einschlägigen Justizauslegungen detaillierte Kriterien für die Festlegung gesetzlicher Strafzumessungsumstände bereit. Diese Umstände müssen im Strafprozess zunächst als Tatsachen in der Hauptverhandlung nachgewiesen, diskutiert und anschließend durch die Beweiswürdigung des Richters angenommen werden. Aufgrund dieses Verfahrens werden gesetzliche Strafzumessungsumstände in der juristischen Fachliteratur auch als „Strafzumessungstatsachen" （量刑事实，liang xing shi shi） bezeichnet.

Je nachdem, ob die als Tatsachen angenommene Strafzumessungsumstände verbindliche Strafzumessungsgründe sind, kann zwischen obligatorischen (z.B. § 18 Abs. 3 ch-StGB: Eine Strafe leichteren Grades kann ergehen) und fakultativen (z.B. § 65 Abs. 1 ch-StGB: Rückfalltäter ist mit Strafe schwereren Grades zu belegen) Strafzumessungsgründe unterschieden werden.

Eine zusammenfassende Darstellung der Strafzumessungsumständen im allgemeinen Teil des chinesischen Strafgesetzbuchs findet sich in Tabelle 1.

Tabelle 1 Strafzumessungsumstände im allgemeinen Teil des chinesischen Strafgesetzbuchs

	fakultative StrZsgründe	obligatorische StrZsgründe
Strafe leichteren Grades	Beschränkte Schuldfähigkeit (§ 18 Abs. 3 ch-StGB) Schuldfähigkeit bezüglich taubstummer und blinder Person (§ 19 ch-StGB) Strafbarkeit für Vorbereitungshandlungen (§ 22 Abs. 2 ch-StGB) Versuchsstrafbarkeit (§ 23 Abs. 2 ch-StGB) Versuch der Anstiftung (§ 29 Abs. 2 ch-StGB) nachträgliche Selbstanzeige (§ 67 Abs. 1 ch-StGB)	Jugendliche (§ 17 Abs. 4 ch-StGB) Alte (§ 17a ch-StGB) Beihilfe (§ 27 ch-StGB)

	fakultative StrZsgründe	obligatorische StrZsgründe
	freiwillige Aussage (§ 67 Abs. 3 ch-StGB) Erbringen von Verdiensten (§ 68 ch-StGB)	
Strafe schwereren Grades		besondere Form der Anstiftung (§ 29 Abs. 1 S. 2 ch-StGB) Rückfalltäter (§ 65 Abs. 1 ch-StGB)
abgemildert leichter Strafe	Beschränkte Schuldfähigkeit (§ 18 Abs. 3 ch-StGB) Schuldfähigkeit bezüglich taubstummer und blinder Person (§ 19 ch-StGB) Strafbarkeit für Vorbereitungshandlungen (§ 22 Abs. 2 ch-StGB) Versuchsstrafbarkeit (§ 23 Abs. 2 ch-StGB) Versuch der Anstiftung (§ 29 Abs. 2 ch-StGB) freiwillige Aussage (§ 67 Abs. 3 ch-StGB) Erbringen von Verdiensten (§ 68 ch-StGB)	Jugendliche (§ 17 Abs. 4 ch-StGB) Alte (§ 17a ch-StGB) (überschreitende) Notwehr (§ 20 Abs. 2 ch-StGB) (überschreitende) Notstand (§ 21 Abs. 2 ch-StGB) Rücktritt von Versuch (§ 24 Abs. 2 ch-StGB) Beihilfe (§ 27 ch-StGB) gezwungene Teilnahme (§ 28 ch-StGB)
Absehen der Strafe	Schuldfähigkeit bezüglich taubstummer und blinder Person (§ 19 ch-StGB) Strafbarkeit für Vorbereitungshandlungen (§ 22 Abs. 2 ch-StGB) nachträgliche Selbstanzeige (§ 67 Abs. 1 ch-StGB) Erbringen von Verdiensten (§ 68 ch-StGB)	Notwehr (§ 20 Abs. 2 ch-StGB) Notstand (§ 21 Abs. 2 ch-StGB) Rücktritt von Versuch (§ 24 Abs. 2 ch-StGB) Beihilfe (§ 27 ch-StGB) gezwungene Teilnahme (§ 28 ch-StGB)

6. Vergleich mit Deutschland

Es liegt auf der Hand, dass die Strafzumessungsumstände im chinesischen Strafrecht begrifflich nicht mit den sogenannten strafzumessungsrelevanten Umständen[102] in der deutschen Literatur identisch sind. Im Vergleich zu Deutschland umfassen die chinesische Strafzumessungsumstände sowohl die vertypten Milderungsgründe nach § 49 StGB[103] als auch den gesetzlichen Katalog relevanter Umstände nach § 46 Abs. 2 StGB.[104] Der chinesische Gesetzgeber typisiert alle Strafzumessungsumstände mit klar definierten Kriterien und Rechtsfolgen, die den vertypten Milderungsgründen im deutschen Strafgesetzbuch ähneln. Allerdings ist ihre Rolle im Strafzumessungsvorgang nicht gleich. In Deutschland haben die vertypten Milderungsgründe die Funktion, den gesetzlichen Strafrahmen zu modifizieren und bieten somit die Möglichkeit, den Strafrahmen zu verschieben, wenn bestimmte Milderungsgründe vorliegen.[105] Aus prozessualer Perspektive gehören sie zur Schuldfrage (§ 263 Abs. 2 StPO) und nicht nur zu den Rechtsfolgen der Tat.[106] Dies erfordert, dass der Gesetzgeber idealerweise alle relevanten Milderungsgründe im Gesetz explizit definiert, da der Strafrahmen unter den Vorbehalt des Gesetzes fällt. Die anderen strafzumessungsrelevanten Umstände, die den gesetzlichen Strafrahmen nicht überschreiten dürfen, werden dagegen nur beispielhaft ohne genaue Definition und Rechtsfolgen aufgezählt (§ 46 Abs. 2 StGB)[107]. Dies reflektiert das Verständnis, dass die Strafzumessung ein komplexer Prozess ist, der nicht alle potenziell relevanten Faktoren vorhersehen und normieren kann.

Diese Unterschiede führen dazu, dass es einerseits gesetzlich festgelegte Strafzumessungsumstände gibt, die strengen Kriterien unterliegen, und andererseits außergesetzliche Umstände existieren, die einen erheblichen Einfluss auf die richterliche Strafzumessungsentscheidung haben können,

102 Siehe: Streng, 2012, Rn. 550 ff. In anderen Werken werden sie auch als „strafzumessungserhebliche Umstände" bezeichnet, z.B. Schäfer/Sander/Gemmeren, 2017, Rn. 572 ff.

103 Vgl. Schäfer/Sander/Gemmeren, 2017, Rn. 915 ff; Kett-Straub/Kudlich, 2021, § 9 Rn. 32 ff.

104 Vgl. Streng, 2012, Rn. 550 ff; Kett-Straub/Kudlich, 2021, § 9 Rn. 50 ff; S/S/Kinzig, 2019, § 46, Rn. 10 ff.

105 Vgl. Schäfer/Sander/Gemmeren, 2017, Rn. 915 ff; Kett-Straub/Kudlich, 2021, § 9 Rn. 32 ff.

106 Sie werden jedoch in der Regel auch in den Urteilstenor aufgenommen.

107 Vgl. Streng, 2012, Rn. 550.

jedoch nur anhand grober Grundprinzipien[108] beurteilt werden. Diese Dualität spiegelt die Herausforderung wider, eine Balance zwischen der Notwendigkeit normativer Klarheit und der Anerkennung der Komplexität und Vielfältigkeit menschlichen Verhaltens, das strafrechtlich relevant sein kann, zu finden.

III. Grundprinzipien der Strafzumessung

1. § 5 ch-StGB

§ 5 ch-StGB: „Maß und Schwere der Kriminalstrafe haben sich am kriminellen Handeln des Täters und an der ihn treffenden strafrechtlichen Verantwortlichkeit zu orientieren„[109]

Diese Bestimmung wurde im Jahr 1997 ins chinesische Strafgesetzbuch aufgenommen, mit dem ursprünglichen gesetzgeberischen Ziel, die Strafe entsprechend der Schuld zu verhängen und das Verhältnismäßigkeitsprinzip im Strafrecht zu verkörpern.[110]

Der Schwerpunkt der Bestimmung liegt hauptsächlich auf der Auslegung von „kriminelle Handeln des Täters“ und „strafrechtliche Verantwortlichkeit“. Da das kriminelle Handeln und die strafrechtliche Verantwortung nebeneinander parallel beschrieben werden, bedeutet dies logischerweise, dass die Festlegung der Strafe auf mindestens zwei verschiedene Faktoren zurückzuführen ist. Nach der h.M. bezieht sich das kriminelle Handeln auf die Tatsachen der Begehung der Straftat, die Mitteln der Handlung, den Straftatbestand usw., nämlich das Unrecht. Die strafrechtliche Verantwortlichkeit hingegen bezieht sich auf den Grad der Vorwerfbarkeit, die der Täter für die Straftat tragen sollte, nämlich die subjektive Schuldfähigkeit.[111]

Wenn sich jedoch das kriminelle Handeln und die strafrechtliche Verantwortung auf das Unrecht bzw. die Schuld der Tat beziehen, bedeutet dies, dass der präventive Strafzweck nicht in das Sanktionensystem einfließen kann, weshalb es auch Ansichten gibt, dass das kriminelle Handeln das Unrecht und die Vorwerfbarkeit des vom Täter begangenen Unrechts enthalten sollte, während die strafrechtliche Verantwortung die Summe ande-

108 Zu Details siehe Teil 2. B. III. (vgl. Seiten 70 ff.)
109 Die Übersetzung siehe: Heuser/Weigend, 1997, S. 105.
110 Vgl. Chen/Liu/Wang, 2022, S. 9.
111 Vgl. Wang.A., 2021, S. 12; Chen/Liu/Wang, 2022, S. 9.

rer strafzumessungsrelevanter Faktoren bedeutet.[112] Gemäß § 48 ch-StGB ist die Todesstrafe beispielsweise nur auf Straftäter anwendbar, die ein besonders schweres kriminelles Handeln begangen haben[113], wobei sich das kriminelle Handeln sicherlich nicht bloß auf das objektive Unrecht, sondern auch auf die Vorwerfbarkeit des Unrechts bezieht.[114]

Theoretisch können die auf den präventiven Strafzweck beruhenden Überlegungen nur dann in das chinesische Strafzumessungssystem im Namen der strafrechtlichen Verantwortung einbezogen werden, wenn die strafrechtliche Verantwortung als Summe anderer strafzumessungsrelevanter Faktoren verstanden wird. Es ist jedoch klar, dass eine solche Auslegung die Grenze des grammatikalischen Wortsinns überschreitet.[115]

2. § 61 ch-StGB

§ 61 ch-StGB: „Bei der Festlegung der Kriminalstrafe für den Straftäter ist auf der Grundlage des Straftatbestandes, des Charakters der Straftat und ihrer Umstände sowie des Ausmaßes des Schadens für die Gesellschaft im Einklang mit den einschlägigen Bestimmungen des vorliegenden Gesetzes zu entscheiden.“[116]

Diese Vorschrift aggregiert wesentliche Faktoren, die im Prozess der Strafzumessung explizit zu berücksichtigen sind: den Straftatbestand, den Charakter der Straftat, die Strafzumessungsumstände und das Ausmaß des gesellschaftlichen Schadens.

Der Straftatbestand umfasst sämtliche mit der Straftat assoziierten Tatsachen, insbesondere die Schuldfähigkeit des Täters sowie dessen berufliche oder amtliche Position, sofern diese für die Tat von Relevanz sind (z.B. bei Amtsdelikten). Der Charakter der Straftat definiert die Kategorisierung der Tat und bestimmt somit den anwendbaren gesetzlichen Strafrahmen. Die Strafzumessungsumstände beziehen sich auf alle Tatsachen, die bei der Entscheidung über die Schwere der Strafe zu berücksichtigen sind, einschließlich der obengenannten gesetzlichen Strafzumessungsumstände und außergesetzlichen Strafzumessungsumstände.[117]

---

112 Vgl. Zhang.M., 2016, S. 544; Feng/Liang/Li, 2023, S. 75.

113 § 48 ch-StGB.

114 Vgl. Zhang.M., 2016, S. 544. Mehrere Beispiele siehe: §§ 9, 26, 103-105 ch-StGB.

115 Feng/Liang/Li, 2023, S. 75.

116 Die Übersetzung siehe: Heuser/Weigend, 1997, S. 118.

117 Vgl. Wang.A., 2021, S. 170; Chen/Liu/Wang, 2022, S. 192.

Das Ausmaß des Schadens für die Gesellschaft reflektiert das Maß, in dem die Straftat die vom Gesetz geschützten sozialen Beziehungen beeinträchtigt. Dabei werden generell zwei Dimensionen betrachtet: die unmittelbaren schädlichen Auswirkungen der Tat sowie die potenzielle Gefährdung gesetzlich geschützter sozialer Beziehungen, welche eine spezifische Bedrohung des gesellschaftlichen Schadens darstellt.[118]

Historisch führt diese Regelung auf § 57 des Strafgesetzbuchs von 1979 zurück, dessen ursprünglicher Wortlaut unverändert geblieben ist. Im Gesetzgebungsprozess zum ch-StGB von 1979 wurde zunächst vorgeschlagen, dass das Grundprinzip der Strafzumessung „unter Berücksichtigung der persönlichen Umstände des Täters, seiner Ehrlichkeit beim Eingeständnis und seiner Reue für die Straftat" sein sollte.[119]Diese Überlegung wurde allerdings aus drei Gründen verworfen:

Erstens könnte eine zu starke Fokussierung auf das Verhalten nach der Tat zu einer Ungleichheit in der Strafzumessung und einem Verstoß gegen das Schuldprinzip führen. Zweitens könnten eine übermäßige Bewertung von Geständnis und Reue beim Angeklagten Besorgnis erregen und ihn in der Ausübung seines Verteidigungsrechts einschränken. Zudem besteht die Gefahr, dass die persönlichen Umstände des Täters fälschlicherweise mit dessen sozialem oder wirtschaftlichem Status gleichgesetzt werden könnten, was dem Gleichheitsprinzip zuwiderlaufen würde.[120]

3. Vergleich mit Deutschland

Der in § 46 Abs. 1 StGB verankerte allgemeine Grundsatz der Strafzumessung wurde zwar aufgrund seiner Unklarheit kritisiert[121], jedoch ist unmissverständlich festgelegt, dass das Unrecht der Tat, die Vorwerfbarkeit des Täters sowie die Berücksichtigung seiner künftigen Lebensführung als relevante Faktoren in die Strafzumessung einzubeziehen sind.[122] Dies ermöglicht es, sowohl vergeltende als auch präventive Strafzwecke durch Anwendung dieses Grundprinzips in der richterlichen Strafzumessungspraxis zu integrieren. Zur Realisierung dieser Zielsetzung in China bedarf es einer

118 Vgl. Wang.A., 2021, S. 170; Chen/Liu/Wang, 2022, S. 192.

119 Siehe: Gao.M., 2012, S. 55.

120 Vgl. Feng/Liang/Li, 2023, S. 862; Gao, 2012, S. 55.

121 Vgl. Streng, 2012, Rn. 521; Kaspar, 2018, C 58 ff.

122 Streng, a.a.O. Rn. 527 ff.; Kaspar, C 63 ff; Vgl. Kett-Straub/Kudlich, 2021, § 9 Rn. 46 ff.

erweiterten Auslegung – oder vorzugsweise einer Ersetzung – der im § 5 ch-StGB verwendeten Termini „kriminelle Handlung“ und „strafrechtliche Verantwortung“.

Wie sich aus der gesetzgeberischen Intention hinter § 61 ch-StGB und dessen historischer Entwicklung ableiten lässt, wurde der Präventionsgedanke in den Anfängen der Strafgesetzgebung vor dem Hintergrund der Bedenken hinsichtlich einer Gefährdung des Gleichheitsprinzips zunächst zurückgestellt. Mit der fortschreitenden Entwicklung des modernen Strafrechts gewinnt in China die Gewährleistung sozialer Sicherheit durch das Strafrecht zunehmend an Bedeutung. [123] Um eine präventionsorientierte Straftheorie in der Strafzumessung adäquat zu berücksichtigen, bedarf es einer Neufassung des § 61 ch-StGB.

Angesichts der Tatsache, dass das chinesische Sanktionensystem und die gesetzlichen Bestimmungen zu den Strafzumessungsumständen den Richtern einen verhältnismäßig großen Ermessensspielraum bei der Strafzumessung gewähren[124], erweist sich eine grundlegende Anleitung zur Bestimmung der konkreten Strafe im Einzelfall als überaus nützlich und nimmt eine bedeutendere Rolle ein als im deutschen Rechtssystem. Aus der Analyse der §§ 5 und 61 ch-StGB geht indessen hervor, dass die gegenwärtigen Normen der Strafzumessungsgrundsätze für die Erfüllung dieser Rolle nicht hinreichend sind.

C. Ungerechtigkeiten bei der Strafzumessung in der chinesischen Justizpraxis

Wie oben erörtert, gewähren die eher allgemein gehaltenen und vagen Strafzumessungsvorschriften den Richtern in bestimmten Konstellationen einen erheblichen Entscheidungsspielraum. Diese weitreichende richterliche Freiheit bei der Strafzumessung und die daraus resultierende potenzielle Ungerechtigkeit haben seit geraumer Zeit die kritische Aufmerksamkeit chinesischer Juristen und Rechtswissenschaftler auf sich gezogen. Im Folgenden sollen zunächst die Ergebnisse empirischer Studien zur Problematik der Strafzumessungsungleichheit in der Praxis dargelegt werden (I.). Anschließend soll anhand eines Beispiels (Fall Xuting) – ein Vorfall, der in den vergangenen Jahren signifikante mediale Resonanz sowie öffentliches Interesse in China hervorgerufen hat – illustriert werden, wie die Strafzu-

123 Vgl. Lao.D., 2015, S. 27 ff.
124 Zu Details siehe Teil 2. B. II. und III. (vgl. Seiten 60 ff.)

messungsungerechtigkeit in der gesellschaftlichen Wahrnehmung verankert ist (II.).

I. Empirische Befunde

Schon im Jahr 1989 widmete sich eine empirische Untersuchung in China von *Su/Zhang/Shi* der Problematik der Strafzumessungsungleichheit bei gerichtlichen Entscheidungen. In der besagten Studie präsentierte man über hundert Richtern 150 Fälle, die Diebstahlsdelikte thematisierten. Dabei wurden die Richter belehrt, ihre Entscheidung ausschließlich auf Basis der für jeden Fall dargelegten Strafzumessungsumstände zu fällen, ohne zusätzliche, potenziell strafzumessungsrelevante Faktoren anzunehmen.[125] Die Studienergebnisse offenbarten, dass, sofern das Kriterium für Strafzumessungsungleichheit die Überschreitung der Strafzumessungsabweichung vom Durchschnittswert der Verurteilungen für denselben Fall um mehr als ein Jahr Freiheitsstrafe annimmt, etwa 30 Prozent der Urteile als von Strafzumessungsungleichheit betroffen eingestuft werden mussten.[126]

Ein weiteres empirisches Experiment von *Cai,X* aus dem Jahr 2013 untermauerte die Befunde der zuvor erwähnten Studie. In dieser Untersuchung führten die Forschenden eine Umfrage unter 209 Strafrichtern an 42 Gerichten landesweit durch, wobei ein hypothetischer Fall[127] von vorsätzlicher Körperverletzung zugrunde gelegt wurde. Die von den Richtern für den-

125 Das Urteilsexperiment stellt eine bedeutende empirische Forschungsmethode dar, die darauf abzielt, das Ausmaß der Ungleichheit in der Strafzumessung zu quantifizieren. Dies geschieht vornehmlich durch die sorgfältige Kontrolle relevanter Umstände zur Konstruktion eines hypothetischen Falls. Anschließend wird dieser Fall einer Gruppe von Richtern zur Beurteilung vorgelegt, um deren Strafmaßentscheidungen zu erfassen. Durch den Vergleich der Urteile verschiedener Richter bezüglich desselben Falles ermöglicht das Experiment eine detaillierte Untersuchung der Konsistenz in der Strafzumessung. Auf diese Weise wird das Experiment zum Medium, durch das die Existenz von Ungleichheiten in der Strafzumessung offenbart wird. Vgl. Cai.X., ZZYFL, 2013, S. 76(77).

126 Vgl. Su/Zhang/Shi, 1989, S. 160ff.

127 Der fiktive Fall lässt sich kurz wie folgt beschreiben: Der Straftäter, Gao, männlich, 39 Jahre alt, verletzte das Opfer, Zhang, nach einer verbalen Auseinandersetzung schwer und floh dann. Das Opfer wurde ohne permenante körperliche Beeinträchtigung behandelt. Nach dem Vorfall stellte sich der Angeklagte freiwillig der Polizei, und seine Familie entschädigte das Opfer in Höhe von insgesamt 3.000 Yuan. Es ist anzumerken, dass Gao in der Vergangenheit bereits wegen Mobbing und Schlägereien zu einer dreijährigen Haftstrafe verurteilt wurde, deswegen wurde ihn als Rückfallstäter festgestellt. Siehe: Cai.X., ZZYFL, 2013, S. 76(78).

selben Fall verhängten Strafmaße variierten erheblich, mit Freiheitsstrafen zwischen mindestens 12 und höchstens 110 Monaten, was eine Spanne von bis zu 98 Monaten ergibt, bei einem Durchschnittswert von 44,86 Monaten. Die Teilnehmenden wurden nicht nur nach ihrem Urteil für den spezifischen Fall gefragt, sondern auch aufgefordert, den nach eigener Meinung schuldangemessenen Strafzumessungsrahmen zu benennen. Im Durchschnitt vertraten die befragten Richter die Auffassung, dass die Strafzumessungsspanne in diesen Fällen nicht mehr als 14,2 Monate (Durchschnittswert) variieren sollte. Setzt man die durchschnittliche Strafzumessungsentscheidung dieser Untersuchung (44,86 Monate) als Mittelpunkt an, überschritten dennoch 32,1% der Urteile diese angenommene angemessene Spanne.[128] Diese Daten deuten auf eine signifikante landesweite Disparität in der richterlichen Strafzumessung bei Fällen vorsätzlicher Körperverletzung hin.

In den empirischen Forschungen zu landesweiten Unterschieden in der Strafzumessung in China steht die geografische Ungleichheit im Vordergrund. Eine Pionierarbeit in diesem Bereich ist die Studie von *Jianjun Bai* aus dem Jahr 2004, die sich mit Raubdelikten befasst. *Bai* analysierte 1.107 Fälle von Raub, die bis zum 1. November 2002 in der Fayi-Datenbank[129] erfasst waren. Die Analyse ergab eine Ungleichheit in der Strafzumessung bei 16,9% der untersuchten Fälle, wobei die höchste Rate mit 19,1% in der Region Südwest[130] und die niedrigste mit 13,1% in der Region Nordost verzeichnet wurde.[131] Weiterführend untersuchte *Lijun Ran* (2015) in seiner Analyse von 323 Diebstahlsfällen die Unterschiede in der Intensität der Strafverfolgung zwischen tibetischen und Han-Gebieten. *Ran* fand heraus, dass in den tibetischen Regionen sowohl Freiheits- als auch Geldstrafen signifikant niedriger ausfielen als in den Han-Gebieten.[132] Diese Erkenntnisse unterstreichen die Bedeutung kultureller Unterschiede bei der Strafzumessung und tragen zum Verständnis der zugrunde liegenden Mechanismen dieser Diskrepanzen bei. Eine weitere relevante Studie wurde von

---

128 Vgl. Cai.X., ZZYFL, 2013, S. 76(78f).

129 Fayi-Datenbank ist eine groß angelegte kommerzielle Online-Plattform für juristische Daten in China. Siehe: https://bigdata.lawyee.net (Abruf v. 17.06.2025).

130 Südwest ist ein geografisches Konzept in China. Im Allgemeinen kann das chinesische Territorium nach seiner Ausrichtung in sieben geografische Regionen unterteilt werden, nämlich Nordost, Südwest, Nordwest, Nordchina, Ostchina, Zentralchina und Südchina. Vgl. Bai, 2004, S. 376ff.; Wang.J., ZGFX, 2016, S. 245(247).

131 Vgl. Bai.J., 2004, S. 376 ff.

132 Vgl. Ran.L., 2015, S. 22 ff.

Jianbo Wang im Jahr 2016 durchgeführt und fokussierte sich auf passive Bestechungsdelikte. Durch die Extraktion und Regressionsanalyse einer umfangreichen Datenmenge von Urteilen zu passiven Bestechungsfällen, gesammelt im China Judgements Online (CJO)[133], konnte *Wang* nachweisen, dass die durchschnittliche Strafzumessung für solche Delikte in Nordchina signifikant strenger war als in Nordost. Dies gilt insbesondere, wenn man ausschließlich die geografischen Lage in Relation zu den Strafzumessungsergebnissen setzt. Nach Kontrolle wesentlicher, strafzumessungsrelevanter Faktoren zeigte sich wiederum, dass die Strafen für passive Bestechungsdelikte in Ost-, Zentral- und Südchina signifikant milder waren als in Nordost.[134]

Die Analyse der Strafzumessungsungleichheit in China zeigt nicht nur signifikante geografische Disparitäten, sondern auch spezifische Ungleichheiten bei bestimmten Delikten. Im Zeitraum von 2001 bis 2005 wurde beobachtet, dass der Anteil von Strafaussetzungen zur Bewährung und von Entscheidungen zum Absehen von Strafe bei Amtsunterschlagungs- und Bestechungsfällen von 51,38% auf 66,48% anstieg. Im Vergleich dazu lag die durchschnittliche jährliche Bewährungsquote bei anderen Straftaten im selben Zeitraum bei lediglich 19,4%.[135] Diese im Vergleich zu anderen Straftaten auffallend mildere Strafzumessung bei Amtsdelikten unterstreicht eine signifikante Ungleichheit. Die Studie von *Jianbo Wang* (2016) über geografische Unterschiede bei der Verurteilung wegen passiver Bestechung sowie die Analyse von *Song* (2007), die 467 Fälle passiver Bestechung und 292 Fälle von Amtsunterschlagung umfasste, die zwischen 2002 und 2005 in diversen Medien berichtet wurden, ergaben, dass die Strafzumessung für Amtsunterschlagung und passive Bestechung in China hochgradig inkonsistent ist[136]. Ergänzend dazu lieferte *Lei Chen*s Untersuchung von 778 Urteilen in Amtsunterschlagungs- und Bestechungsfällen in vier Städten (Peking, Guangzhou, Chengdu, Gansu) vor und nach dem Inkrafttreten der 9. Änderung des chinesischen Strafgesetzbuches[137] Ergebnisse, die *Songs*

133 China Judgements Online（中国裁判文书网）ist eine vom Oberste Volksgericht aufgebaute Online Urteilsdatenbank, auf die alle Bürgerschaft kostenlos zugreifen können. Vgl. Ahl/Sprick/Gzoske, ZchinaR, 2014, S. 200f. Detaillierte Vorstellung und Diskussion darüber siehe Teil 4. C. I. 2. (vgl. Seiten 201 ff.)

134 Vgl. Wang.J., ZGFX, 2016, S. 245(259).

135 Vgl. Zuo.W., FXYJ, 2010, S. 149(153).

136 Vgl. Song.Y., XSFPL, 2007, S. 365(369ff).

137 Bei der 9. Änderung des chinesischen Strafgesetzbuchs handelt es sich um die neunte Überarbeitung des Strafgesetzbuchs durch den chinesischen Gesetzgeber im Jahr 2018, mit den Änderungen bei der Festlegung der verschiedenen Unterschlagungs-

Befunde bestätigen. *Chen* kam zu dem Schluss, dass die Strafzumessung in solchen Fällen stark variiert und dass die 9. Änderung des chinesischen Strafgesetzbuchs diese Problematik nicht adressiert hat.[138] Die offensichtlich milde und ungleiche Strafzumessung bei Amtsunterschlagungs- und Bestechungsfällen hat in der Öffentlichkeit erhebliche Besorgnis erregt. Diese wird häufig mit den angenommenen Privilegien von Regierungsbeamten in Verbindung gebracht, was das Thema zu einer politischen Fragestellung macht.

Ein signifikanter Bereich empirischer Forschung widmet sich den Unterschieden in der Strafzumessung, die durch die zuständigen Richter bedingt sind. Das Fehlen umfassender normativer Vorgaben zur Strafzumessung, gekoppelt mit divergierenden Interpretationen des Gesetzes durch die Richterschaft, resultiert in einer bemerkenswerten Diskrepanz der Sanktion bei ähnlich gelagerten Fällen. Eine umfangreiche Studie aus dem Jahr 2016, die mehr als 140.000 öffentlich zugängliche Gerichtsurteile aus dem CJO analysierte, illustriert diese Problematik eindrucksvoll. Unter Verwendung des Durchschnittswerts als Referenzpunkt ergab die Regressionsanalyse eine deutliche Streuung der Strafzumessungsergebnisse.[139] Eine vertiefende Untersuchung aus dem Jahr 2021, die rund 50.000 Urteile aus dem CJO berücksichtigte, die zwischen 2014 und 2020 von den Amtsgerichten in Peking für fünf Deliktarten (Diebstahl, Betrug, vorsätzliche Körperverletzung, Raub und Verkehrsdelikte) gefällt wurden, förderte weitere aufschlussreiche Erkenntnisse zutage. Die Analyse zeigte, dass die Strafzumessungsungleichheit in Diebstahlsfällen in Peking zu 7,8 % auf Unterschiede zwischen den Richtern zurückzuführen ist. Im Bereich Betrug lag dieser Anteil bei 6,1 %, bei vorsätzlicher Körperverletzung bei 11,2 %, bei Raubüberfällen bei 7 % und bei Verkehrsdelikten bei 5,3 %.[140] Diese Befunde verdeutlichen, dass die individuellen Unterschiede der Richter einen substantiellen Beitrag zur Diskrepanz in der Strafzumessung leisten, wobei das Ausmaß dieser Einflüsse je nach Deliktsart variiert.[141]

---

beträge für den Straftatbestand der Amtsunterschlagung und der entsprechenden gesetzlichen Strafrahmen. Siehe: BSANV, 2015.5.

138 Vgl. Chen.L., ZFLT, 2020, S. 89(89 ff.).

139 Vgl. Bai.J., FXYJ, 2016, S. 140(142 ff.).

140 Wu.Y., FXYJ, 2021, S. 109(119 f.).

141 Dieses Phänomen wurde in der Studie mit dem unterschiedlichen Umfang des Entscheidungsspielraums bei der Strafzumessung in den verschiedenen Deliktsarten erklärt. Beispielsweise gibt es bei Verkehrsdelikten als typischen Fahrlässigkeitsdelikten keine großen Unterschiede in Bezug auf die subjektive Böswilligkeit und die körperliche Gefährlichkeit des Angeklagten. Bei vorsätzlichen Körperverletzungsde-

Es verdient besondere Beachtung, dass in den erwähnten empirischen Untersuchungen von *Bai* (2016) und *Wu* (2021) der Durchschnitt des verhängten Strafmaßes aller untersuchten Fälle als Referenzpunkt herangezogen wurde, um die Strafzumessungsdiskrepanz zu beurteilen. Diese methodische Entscheidung impliziert die Annahme, dass die kollektive Erfahrung der Richterschaft in der Praxis der Strafzumessung als Maßstab dient, um potenzielle Ungleichheiten in den Urteilen einzelner Richter zu identifizieren.[142] In einem stark bürokratisch geprägten Justizsystem, wie es in China vorherrscht, werden die individuellen Strafzumessungstendenzen der Richter allerdings häufig durch die übergeordneten Tendenzen innerhalb des Gerichts beeinflusst (siehe 5.Teil A.). Eine neuere Studie hat sich eingehend mit diesem Thema auseinandergesetzt. Durch die Regressionsanalyse von über 20.000 Urteilen aus dem CJO, die zwischen 2018 und 2021 von 16 Amtsgerichten in Peking zu sechs verschiedenen Straftatarten (Diebstahl, Betrug, vorsätzliche Körperverletzung, Verkehrsdelikte, Raub und Vergewaltigung) gefällt wurden, kam die Untersuchung zu dem Ergebnis, dass zwar individuelle Richter einen erkennbaren Einfluss auf die Diskrepanz der Strafzumessung haben, der Einfluss der jeweiligen Gerichte jedoch eine noch größere Erklärungskraft für die beobachteten Diskrepanzen besitzt.[143]

Jüngere empirische Forschungsarbeiten haben die Korrelation zwischen spezifischen Charakteristika einzelner Richter und deren Strafzumessungspräferenzen beleuchtet, wobei einige Ergebnisse im Widerspruch zu früheren Studien stehen. Eine solche Studie aus dem Jahr 2019 untersuchte die Auswirkungen von Geschlechtsunterschieden unter Richtern auf die Strafzumessung bei Vergewaltigungsfällen und kam zu dem Ergebnis, dass keine signifikanten Differenzen zwischen männlichen und weiblichen Richtern in Bezug auf die Strafzumessung feststellbar sind.[144] Eine weitere Studie aus dem Jahr 2021, die auf über 4.000 Urteilen aus den Städten Handan und Deyang basiert, bestätigte die Erkenntnis, dass geschlechtsspezifische

likten hingegen gibt es mehr Entscheidungsspielräume bei der Strafzumessung, und die Bewertung dieser Entscheidungsspielräume hängt stark von der Lebenserfahrung und den Wertvorstellungen des Richters ab. Diese Erklärung wurde jedoch in der Studie noch nicht durch empirische Daten überprüft. Vgl. Wu.Y., FXYJ, 2021, S. 109(120 f.).

142 Vgl. Bai.J., FXYJ, 2016, S. 140(140ff); Wu.Y., FXYJ, 2021, S. 109(110).

143 Die Studie zeigte, dass die Strafzumessungsungleichheit in Raubfällen zu 6,2% auf Unterschiede zwischen den Richtern, während zu 10,2% auf Unterschiede zwischen den Richtern zurückzuführen ist. Siehe: Wu.Y., FZYSHFZ, 2024, S. 91(102).

144 Vgl. Xia/Cai/Zhong, The China Review, 2019, pp. 125-149.

Unterschiede keinen erkennbaren Einfluss auf die Strafzumessungspraxis ausüben.[145]

Des Weiteren ist zu beobachten, dass nur eine begrenzte Anzahl von empirischen Untersuchungen die Ungleichheit in der Strafzumessung bei gewöhnlichen Eigentumsdelikten in China zum Gegenstand hat. Dies lässt sich durch die erheblichen regionalen Unterschiede Chinas in geografischer und wirtschaftlicher Hinsicht erklären, welche die Beurteilung des Unrechts von Eigentumsdelikten beeinflussen können. Solche Strafzumessungsunterschiede werden sowohl von der juristischen Praxis als auch der akademischen Forschung überwiegend als angemessen betrachtet. Um eine Verzerrung der Forschungsergebnisse durch diese Variablen zu vermeiden, haben sich die meisten empirischen Arbeiten dagegen entschieden, Vermögensdelikte in ihre statistische Analyse der Strafzumessungsergebnisse einzubeziehen.[146]

II. Die Ungerechtigkeit der Strafzumessung in Einzelfällen – Der Fall Xuting als Beispiel

Die Ungerechtigkeit der Strafzumessung in der chinesischen Gerichtspraxis findet nicht nur in empirischen Forschungsergebnissen Bestätigung, sondern manifestiert sich auch in einer Vielzahl von Einzelfällen, die mediale Aufmerksamkeit erlangt haben. Diese Fälle illustrieren deutlich, wie die Strafzumessung für vergleichbare Sachverhalte erheblich divergieren kann, was wiederum öffentliche Kritik hervorruft. Ein markantes Beispiel hierfür ist der Fall des Angeklagten Hu aus Hangzhou, der im Jahr 2009 aufgrund eines Verkehrsdelikts, bei dem durch überhöhte Geschwindigkeit ein Todesfall verursacht wurde, zu einer Freiheitsstrafe von drei Jahren verurteilt wurde. Im Gegensatz dazu erhielt der Angeklagte Sun aus der Provinz Sichuan für einen ähnlichen Vorfall – das Fahren unter Alkoholeinfluss ohne gültigen Führerschein, was vier Todesfälle und einen Schwerverletzten zur Folge hatte – von einem erstinstanzlichen Gericht die Todesstrafe.[147] Die erhebliche Diskrepanz in der Strafzumessung, die von einer dreijährigen Freiheitsstrafe bis hin zur Todesstrafe reicht, hat in der Öffentlichkeit erhebliche Kritik ausgelöst.

145 Vgl. Wei/Xiong, Feminist Criminology, 2020, pp. 238-240.
146 Vgl. Cai.X., ZZYFL, 2013, S. 76(78).
147 Siehe: Liang.X., 2022, Einl. S. 1 f.

In anderen Fällen hat die Diskrepanz zwischen dem Strafzumessungsergebnis und der allgemeinen Lebenserfahrung der Öffentlichkeit ebenfalls zu einer intensiven Debatte über die Ungerechtigkeit der Strafzumessung geführt. Ein prägnantes Beispiel hierfür ist der Wang-Fall. In diesem Fall wurde die Angeklagte Wang, die wegen langzeitigen Missbrauchs ihres Ehemanns ihn tötete, zu 14 Jahren Freiheitsstrafe verurteilt, obwohl sich während der Verhandlung hundert Menschen zusammengeschlossen hatten, um für Milderung zu plädieren.[148] Dieser und ähnliche Fälle waren Anlass für die Durchführung einer Konferenz gegen häusliche Gewalt, auf der viele Akademiker die unverhältnismäßig strengen Strafen kritisierten. Sie argumentierten, dass die persönlichen Umstände der Angeklagten und das Versäumnis staatlicher Institutionen, angemessene Maßnahmen zu ergreifen, nicht hinreichend berücksichtigt wurden.[149] Die mediale Berichterstattung und die daraus resultierende öffentliche Empörung haben eine weitreichende gesellschaftliche Diskussion entfacht, in deren Zuge die Fairness der richterlichen Urteilsfindung hinterfragt wurde.

Um die Manifestation von Ungerechtigkeit in der Strafzumessungspraxis des chinesischen Justizsystems anhand von Einzelfällen zu veranschaulichen und das Wechselspiel zwischen dieser Ungerechtigkeit und der öffentlichen Meinung zu beleuchten, wird im Folgenden der repräsentativste und einflussreichste Fall, nämlich Fall Xuting als Beispiel herangezogen.

Am Abend des 21. April 2006 nutzte der Angeklagte Xuting aufgrund einer technischen Störung einen Geldautomaten, wodurch bei einer Abhebung von 1.000 Yuan lediglich 1 Yuan von seinem Konto abgebucht wurde. Diese Fehlfunktion ausnutzend, tätigte Xuting insgesamt 171 Transaktionen und entwendete so 175.000 Yuan. Ein Jahr nach dem Vorfall wurde er festgenommen. Das Landgericht Guangzhou qualifizierte Xutings Handlungen als Diebstahl einer besonders erheblichen Wertsumme von einem Finanzinstitut und verhängte eine lebenslange Freiheitsstrafe, den lebenslangen Entzug der politischen Rechte und die Entziehung seines gesamten persönlichen Vermögens. Gegen dieses Urteil legte Xuting Berufung ein.[150] Die Schwere der erstinstanzlichen Strafe löste eine breite öffentliche Debatte und Medienaufmerksamkeit aus.[151] Daraufhin wurde der Fall am 9. Januar

148 Vgl. Urteil von puxingchu, 2006, Nr.174（上海市浦东新区人民法院(2006)浦刑初字第 174 号刑事判决）.

149 Vgl. Zuo.W., FXYJ, 2010, S. 149(154).

150 Vgl. Urteil von suizhongfaxingerchu, 2007, Nr. 196（广州市中级人民法院(2007)穗中法刑二初字第 196 号刑事判决）.

151 Siehe: Southern Weekly（nan fang zhou mo, 南方周末）, 20.12.2007, E29.

2008 vom Oberlandesgericht Guangdong zur erneuten Prüfung an das Landgericht Guangzhou zurückverwiesen.[152] Am 31. März 2008 revidierte das Landgericht Guangzhou das Urteil, bestätigte die ursprünglichen Tatsachenfeststellungen, setzte jedoch die Strafe auf eine fünfjährige Freiheitsstrafe und eine Geldstrafe von 20.000 Yuan herab. [153] Xuting legte gegen dieses Urteil erneut Berufung ein. Am 23. Mai 2008 erhielt das Oberlandesgericht Guangdong das überarbeitete Urteil aufrecht und legte es zur Bestätigung dem Obersten Volksgericht vor.[154] Am 20. August 2008 wurde die endgültige Entscheidung des Oberlandesgerichts Guangdong durch das Obersten Volksgericht bestätigt.[155]

Gemäß § 264 ch-StGB wird für den Diebstahl einer besonders erheblichen Wertsumme von einem Geld- oder Kreditinstitut eine lebenslange Freiheitsstrafe oder die Todesstrafe verhängt, was zugleich mit der Einziehung des Vermögens des Täters einhergeht. Die einschlägige Justizauslegung spezifiziert, dass sich der Terminus „Diebstahl von einem Geld- oder Kreditinstitut" auf den Entwendungsakt von Betriebskapital, Wertpapieren und Kundengeldern – wie beispielsweise Einlagen, Schuldverschreibungen, Unternehmensabwicklungsgelder und Aktien – bezieht. Ausgeschlossen von dieser Definition sind Gegenstände wie Büromaterialien oder Transportmittel des Instituts.[156] Der Begriff „besonders erhebliche Wertsumme" wird dabei als Diebstahl öffentlicher und privater Geldmittel in Höhe von über 100.000 Yuan definiert.[157] Wurde das Verhalten des Angeklagten Xuting, der einen defekten Geldautomaten nutzte, um Geldmittel abzuheben, als „Diebstahl einer besonders erheblichen Wertsumme von einem Geld-

152 Vgl. Beschluss von yuegaofaxingyizhong, 2008, Nr. 5（广东省高级人民法院(2008)粤高法刑一终字第 5 号）.

153 Vgl. Urteil von suizhongfaxingerchong, 2008, Nr. 2（广州市中级人民法院(2008)穗中法刑二重字第 2 号刑事判决）.

154 Vgl. Beschluss von yuegaofaxingyizhong, 2008, Nr. 170（广东省高级人民法院(2008)粤高法刑一终字第 170 号刑事裁定）.

155 Vgl. Beschluss von xinghe, 2008, Nr.18（最高人民法院(2008)刑核字第 18 号刑事裁定）.

156 Art. 8 der Auslegung zur spezifischen Rechtsanwendung bei der Verhandlung von Diebstahlsfällen（《最高人民法院关于审理盗窃案件具体应用法律若干问题的解释》）, BOV, 1998, Nr. 4.

157 Art. 3 Abs. 1 S. 3 der Auslegung zur spezifischen Rechtsanwendung bei der Verhandlung von Diebstahlsfällen（《最高人民法院关于审理盗窃案件具体应用法律若干问题的解释》）, BOV, 1998, Nr. 4.

oder Kreditinstitut" ausgelegt[158], lag die rechtliche Untergrenze der Strafzumessung gemäß § 264 ch-StGB bei einer lebenslangen Freiheitsstrafe. Das Landesgericht Guangzhou agierte somit innerhalb seines rechtmäßigen Entscheidungsspielraums bei der Verhängung der Strafe im ersten Urteil.

Aus der kritischen Reaktion der Öffentlichkeit auf das erstinstanzliche Urteil geht jedoch hervor, dass nach der allgemeinen Lebenserfahrung der Öffentlichkeit die subjektive Vorwerfbarkeit und der soziale Schaden von Xutings Handlung nicht mit einer so harten Strafe vereinbar sind. Da keine gesetzlichen Strafzumessungsumstände für eine Überschreitung der gesetzlichen Strafuntergrenze vorhanden waren, berücksichtigte das Landesgericht Guangzhou bei der erneuten Verurteilung einige außergesetzliche Umstände und überschritt gemäß § 63 Abs. 2.ch-StGB (Siehe 2.Teil. B. II. 4) die Untergrenze des Strafrahmens. Im erneuten Urteil führte das Gericht zwei wesentliche Milderungsumstände an: Erstens wurde hervorgehoben, dass „Xutings Absicht zum Diebstahl erst nach der Entdeckung der Geldautomatenfehlfunktion entstand, was sich von dem typischen vorsätzlichen Diebstahl bei einem Geldinstitut unterscheidet." Zweitens war es zu berücksichtigen, dass „gemessen an der Zufälligkeit des Vorfalls die subjektive Vorwerfbarkeit des Täters nicht besonders schwerwiegend ist."[159]

Das Ergebnis der zweiten Verhandlung verdeutlicht den breiten Ermessensspielraum des Richters bei der Strafzumessung. Die Auffassung des Gerichts, dass sich Xutings Handeln von einem „typischen" vorsätzlichen Diebstahl unterscheidet, da „keine zerstörerischen Mittel verwendet wurden"[160], steht im Kontrast zur gängigen Praxis, wo viele Taten ohne ausführliche Planung oder den Einsatz zerstörerischer Mittel begangen werden, ohne dass dies regelmäßig als mildernder Umstand gewertet wird. Darüber hinaus wird „nicht besonders schwerwiegende subjektive Vorwerfbarkeit" zwar häufig als Strafzumessungsumstand in die richterliche Abwägung einbezogen, aber auf dieser Grundlage die Untergrenze des gesetzlichen Strafrahmens zu überschreiten, wirft ebenfalls Fragen bezüglich des potenziellen Missbrauchs des richterlichen Ermessens auf. Während im ersten Urteil die ungewöhnlich scharfe, jedoch rechtsmäßige Strafe nicht mit der allgemeinen Lebenserfahrung der Öffentlichkeit vereinbar war, mangelt es dem Ver-

---

158 Es war theoretisch umstritten, ob der Tat nach strafrechtlicher Dogmatik zum Diebstahl gehört. Siehe: Gao.Y., ZWFX, 2008, S. 457(458ff.); Zhang.M., ZWFX, 2009, S. 30(34f).

159 Urteil von suizhongfaxingerchong, 2008, Nr. 2（广东省广州市中级人民法院(2008)穗中法刑二重字第 2 号刑事判决）.

160 Urteil von suizhongfaxingerchong, 2008, Nr. 2（广东省广州市中级人民法院(2008)穗中法刑二重字第 2 号刑事判决）.

such des zweiten Urteils, durch richterliches Ermessen das Gleichgewicht zwischen der Vorwerfbarkeit der Straftat und der Strafe bei der Strafzumessung zu korrigieren, nicht nur an Legitimität, sondern es zeigt auch, dass die durch § 63 Abs. 2 ch-StGB vertretenen Strafzumessungsnormen dem Richter einen zu großen Entscheidungsspielraum bei der Strafzumessung einräumen.

Darüber hinaus hat der Fall Xuting signifikante verfahrensrechtliche Mängel in der Praxis der Strafzumessung innerhalb der chinesischen Gerichtsbarkeit aufgedeckt. Während der Durchführung von zwei Hauptverhandlungen stellten weder der Verteidiger noch der Staatsanwalt einen Beweisantrag, der zur Erforschung der Strafzumessungsumstände hätte dienen könnte. Der Fokus der Verhandlungen lag ausschließlich auf der Feststellung der Schuldfrage, während die Diskussion der Rechtsfolgen gänzlich ausblieb.[161] Dies führte dazu, dass das Gericht nach Abschluss der Haupthandlungen auf Basis der Aktenlage und interner Diskussion eine Entscheidung über die Strafzumessung treffen musste. In Anbetracht der sozialen Aufmerksamkeit des Falls ist es plausibel, dass das Landesgericht Guangzhou einen internen Bericht an das übergeordnete Gericht weiterleitete, möglicherweise die Zustimmung des Oberlandesgerichts Guangdong zur Strafzumessung einholte und eventuell sogar das Oberste Volksgericht in die internen Diskussionen einbezogen wurde.[162] Der Mangel an Trans-

161 Vgl. Chen.R., ZWFX, 2009, S. 67(77).

162 Als der Fall Xuting eine öffentliche Debatte auslöste, äußerte Richter Xingchang Jiang, der damalige Vizepräsident des Obersten Volksgerichts, öffentlich seine persönliche Meinung: Xuting sollte strafrechtlich zur Verantwortung gezogen werden, aber bei der Verurteilung und Strafzumessung sollten sowohl die rechtlichen als auch die sozialen Auswirkungen berücksichtigt werden, und gemäß § 63 Abs. 2 ch-StGB könnte nach richterlichem Ermessen zur Milderung der Strafe herangezogen werden. Vgl. Xu, Chunliu, „Vizepräsident des Obersten Volksgerichts: Urteil von Xuting-Fall im ersten Prozess war zu hart", The Beijing News（xin jing bao, 新京报）, 11.3.2008. Richter Botao Lü, der damalige Präsident des Oberlandesgerichts Guangdong, äußerte sich ebenfalls in den Medien und erklärte, dass das Oberlandesgericht den Fall Xuting zurückwies, weil es hofft, dass das erstinstanzliche Gericht „alle Ansichten anhören und eine rechtmäßige, vernünftige und angemessene Lösung finden werde". Siehe: Fang, Yimin: „Präsident des Oberen Volksgerichts von Guangdong zum Fall Xuting: Öffentliche Diskussion sollte sich nicht gegen die Moral der Richter richten", Southern Metrophlis Daily（nan fang du shi bao, 南方都市报）, 18.1.2008. In manche Literaturen wird die Frage aufgeworfen, ob die oben genannten Äußerungen der Richter der zwei übergeordneten Gerichte während der Verhandlung des Falles in unzulässiger Weise Druck oder Einfluss auf die Entscheidung des Landesgericht Guangzhou ausgeübt haben, siehe: Zhao/Zhang, FX, 2008, S. 36(46f).

parenz des gesamten Strafzumessungsprozesses im Fall Xuting hat dazu geführt, dass die endgültige Entscheidung über die Rechtsfolgen nicht im Laufe des Strafverfahrens getroffen wurde, sondern vielmehr das Ergebnis des internen administrativen Genehmigungsmechanismus und der richterlichen „Büroarbeit" war. Infolgedessen war der Strafprozess nicht in der Lage, den Entscheidungsspielraum des Richters bei der Strafzumessung wirksam zu kontrollieren.[163]

Im Fall Xuting wird die komplexe Interaktion zwischen öffentlicher Meinung und richterlichem Urteil besonders deutlich. Die initiale Entscheidung des Gerichts, eine lebenslange Freiheitsstrafe zu verhängen, stand in auffälligem Kontrast zu der allgemeinen Lebenserfahrung der Öffentlichkeit und löste somit eine erhebliche öffentliche Empörung aus. Diese Reaktion der Gesellschaft verdeutlicht, wie stark das Gerechtigkeitsempfinden der Öffentlichkeit für die Strafzumessung die Legitimität und Autorität eines Gerichtsurteils beeinflussen kann. Zugleich führte der öffentliche Druck dazu, dass der Richter im Rahmen der erneuten Verhandlung des Falls seinen weitreichenden Entscheidungsspielraum ausübte, um eine Anpassung der Strafe vorzunehmen, die eher den Erwartungen der Öffentlichkeit entsprach und somit die Kluft zwischen dem gesetzlich vorgesehenen Strafrahmen und der gesellschaftlichen Straferwartung zu überbrücken suchte. Die Frage, inwieweit der Einfluss der öffentlichen Meinung auf die Entscheidungsfindung des Richters bei der Strafzumessung gerechtfertigt ist, stellt jedoch auch ein signifikantes Thema für theoretische Erörterungen dar.[164]

III. Zusammenfassung

Zusammenfassend lässt sich festhalten, dass die Diskussion um die Strafzumessungsungleichheit im chinesischen Justizsystem eine komplexe Problematik aufzeigt, die sowohl rechtliche als auch gesellschaftliche Dimensionen umfasst. Die vorgestellten empirischen Untersuchungen verdeutlichen, dass ein erheblicher Entscheidungsspielraum der Richter – bedingt durch allgemein gehaltene und vage Strafzumessungsvorschriften – zu einer signifikanten Diskrepanz der Strafzumessung führt. Diese Diskrepanz wird durch geografische Disparitäten und individuelle Unterschiede zwischen den Richtern noch verstärkt. Der Fall Xuting dient als exemplarisches Bei-

163 Vgl. Chen.R., ZWFX, 2009, S. 67(76).
164 Vgl. Gu.P., ZGFX, 2008, S. 167(167 ff.).

spiel für die daraus resultierende Strafzumessungsungleichheit und hebt insbesondere die Rolle der öffentlichen Meinung bei der Beurteilung der Gerechtigkeit von richterlicher Strafzumessung hervor. Darüber hinaus offenbart dieser Fall verfahrensrechtliche Schwächen im Strafzumessungsprozess, insbesondere die Mängel an wirksamer Diskussion der Rechtsfolgen während der Hauptverhandlung. Angesichts der empirischen Erkenntnisse und spezifischer Einzelfälle wächst die Besorgnis über die Gerechtigkeit der Strafzumessung in China. Vor diesem Hintergrund fand seit 2008 eine umfassende Justizreform unter dem Slogan „Harmonie von Milde und Härte in der Strafzumessung" statt, die auf eine Überarbeitung des chinesischen Strafzumessungsrechts abzielt, um den enormen richterlichen Entscheidungsspielraum bei der Strafzumessung stärker zu kontrollieren.

D. Die Strafzumessungsreform in China

I. Die Hintergründe und Vorbereitung der Justizreform

Wie bereits hervorgehoben, kann ein übermäßiger Entscheidungsspielraum der Richter bei der Strafzumessung Fragen hinsichtlich Ungleichheit und Ungerechtigkeit aufwerfen, die wiederum die Glaubwürdigkeit und Autorität der Judikative untergraben könnten. Vor dem Hintergrund der rechtsvergleichenden Analyse haben zahlreiche Länder schon begonnen, institutionelle Reformen ihrer Strafzumessungssysteme zu implementieren. Die Weiterentwicklung der Strafzumessung ist – so könnte man es ausdrücken - zu einem „globalen Trend" geworden. Dieser Trend hat auch als Referenz für das Bestreben gedient, die richterliche Strafzumessung im chinesischen Rechtssystem zu reformieren.[165]

Bereits in der zweiten Hälfte des 19. Jahrhunderts führte ein Wandel in der Straftheorie zur Idee, die Strafe aus dem Zweckgedanke abzuleiten, – prominentestes Beispiel war das Marburger Programm (1882) von Franz von Liszt – wobei der Fokus von der Schädlichkeit der Tat auf die Gefährlichkeit des Täters verlagert wurde.[166] Diese spezialpräventive Straftheorie

165 Vgl. Shi/Yan, FLKX 2015, S. 170.

166 *Liszt* unterteilte in seinem nach seiner Antrittsrede im Jahre 1882 benannte „Marburger Programm" die individualpräventiven Maßnahmen in drei Kategorien: die Sicherung der Gesellschaft vor dem nicht besserungsfähigen Gewohnheitsverbrechers durch eine lange Gefängnisstrafe, die Besserung des besserungsfähigen Gewohnheitsverbrechers zur Vermeidung von Rückfälligkeit und die Abschreckung

plädierte dafür, dass die Strafe nicht allein das Verbrechen sanktionieren, sondern ebenso die spezifischen persönlichen Umstände jedes einzelnen Falles berücksichtigen sollte, um eine Wiederholungstat zu verhindern.[167] Unter diesem Einfluss verfügten Richter über einen weitreichenden Entscheidungsspielraum bei der Strafzumessung, wodurch ihre Rolle weniger die eines urteilenden Richters als vielmehr die eines Therapeuten annahm, der die „moralische Krankheit" des Angeklagten behandelt. [168]

Seit der zweiten Hälfte des 20. Jahrhunderts haben wegen der spezialpräventionsorientierten Straftheorie zahlreiche Länder, konfrontiert mit signifikanter Ungleichheit in der Strafzumessung, – vor allem der USA – Reformen angestoßen.[169] Das Streben nach der Maxime „gleiche Strafe für ähnliche Fälle" kristallisierte sich zunehmend als Ziel der Strafzumessungsreform heraus, was eine signifikante Einschränkung des umfangreichen richterlichen Entscheidungsspielraums nach sich zog.[170] Im Zuge der Bestrebungen zur Normierung der Strafzumessung wurden fortschrittliche internationale Erfahrungen, wie die Strafzumessungsleitlinien in den USA sowie die Strafzumessungstheorien, beispielsweise die Spielraumtheorie und die Punktstraftheorie aus Deutschland[171] und Japan[172], als wichtige Referenzen für Reformen im chinesischen Justizsystem herangezogen. [173]

Angesichts der drängenden Notwendigkeit von Reformen in der gerichtlichen Praxis und der zunehmenden Berücksichtigung von Erfahrungen

---

des nicht besserungsbedürftigen Gelegenheitstäters vor Begehung weiterer Straftaten. Siehe: v. Liszt, 2002, S. 28.

167 Vgl. Hörnle, 2017, S. 22ff.; Streng, 2012, Rn. 30.; Meier, 2019, S. 24f.; Kett-Straub/Kudlich, 2021, § 3 Rn. 16 ff.

168 Vgl. Gertner, JCLC, 2010, p. 695.

169 Vgl. Tonry, Crime and Justice, 2013, pp. 141-198.

170 Vgl. Gertner, JCLC, 2010, pp. 698 f.

171 z.B. Streng, 2012, Rn. 626 ff.; Meier, 2019, S. 171 ff.

172 z.B. Zhang, FXYJ, 2010, S. 128(130 ff.).

173 Repräsentative Literatur siehe: Chen.L., BJFYJ, 2008, S. 118(118ff). Zusätzlich zu den Verweisen in der akademischen Literatur findet auch intensive wissenschaftliche Dialoge zwischen China und westlichen Ländern über die Reform der Strafzumessung statt. Beispielsweise kooperiert seit 2004 das Institut für angewandte Rechtswissenschaften des Obersten Volksgerichts in China eng mit dem Yale Center for Chinese Law, um die Thematik der Strafzumessung eingehend zu erforschen. Im Rahmen dieser Zusammenarbeit wurden zahlreiche wissenschaftliche Konferenzen veranstaltet. Durch diesen Austausch wurde nicht nur das Verständnis für die Komplexität der Strafzumessung vertieft, sondern auch die Basis für mögliche Anpassungen und Verbesserungen im eigenen Rechtssystem geschaffen, indem bewährte Verfahren und innovative Ansätze aus dem Ausland berücksichtigt wurden. Siehe: Hu.Y.(Hrsg.), 2009, Einl..

aus ausländischen Strafzumessungsreformen ergriffen einige Volksgerichte in China bereits im Jahr 2008 die Initiative, um experimentell die Strafzumessung zu standardisieren. Das Landgericht Jiangyan in der Provinz Jiangsu war Vorreiter dieser Bewegung und formulierte bereits 2003 „Richtlinien zur Vereinheitlichung der Strafzumessung", die praktisch angewendet wurden. Dieser Versuch, das Prinzip der „gleichen Strafe für ähnliche Fälle" umzusetzen, gilt als die erste spontane Strafzumessungsreform in China.[174] Inspiriert von den Erfahrungen in Jiangyan, verabschiedete das Oberlandesgericht Jiangsu im Mai 2004 die „Strafzumessungsrichtlinien der Provinz Jiangsu". [175] Im Dezember 2005 folgte das Landesgericht Tongxiang in der Provinz Zhejiang mit eigenen „Richtlinien für die Verurteilung in Strafverfahren".[176] Das Amtsgericht Zichuan experimentierte im Jahr 2006 mit einem computergestützten Strafzumessungssystem, das bei hundert verschiedenen Delikten Anwendung fand und die Aufmerksamkeit sowie Anerkennung des Obersten Volksgerichts erregte.[177]

Die anfänglichen, von den Untergerichten unternommenen Versuche, die Strafzumessung zu normieren und die daraus resultierenden praktischen Erfahrungen führten dazu, dass das Oberste Volksgericht begann, sich in den Reformprozess einzubringen und diesen zu steuern. Im Rahmen des „Zweiten Fünfjahres-Reformprogramms für die Volksgerichte" wurde für den Zeitraum 2005-2010 die „Formulierung von Strafzumessungsleitlinien und die Regulierung des relativ unabhängigen Strafzumessungsverfahrens" als eines der Kernziele festgelegt.[178] Im Februar 2008 veröffentlichte das Oberste Volksgericht die Stellungnahmen zur Anleitung der Strafzumessung (zur probeweisen Durchführung) (abgekürzt: SnAStrZ 2008) und die Stellungnahmen zum Strafzumessungsverfahren (zur probeweisen Durchführung) (abgekürzt: SnStrZV 2008), die in vier Landesgerichten und acht Amtsgerichten getestet wurden. Dies markierte den offiziellen Beginn einer landesweiten Justizreform der Strafzumessung unter der Ägide des Obersten Volksgerichts.

174 Siehe: Xiong.Q., FXJ, 2011, S. 37(39).

175 Vgl. Tang.J.(Hrsg.), 2005, S. 12.

176 Vgl. Liang.X., 2022, S. 4.

177 Siehe: Guo, Xinlei: „Computergesteuerte Strafzumessung in Zibo stellt Entscheidungsspielraum in Frage", Democracy and Legal System Times（min zhu yu fa zhi shi bao,《民主与法制时报》）9.9.2006.; Yu.P., FXJ, 2007, S. 62(63); Wang/Yuan, FLSY, 2008, S. 15(15 f.).

178 Überblick über den zweiten Fünfjahresplan zur Reform der Volksgerichte（人民法院第二个五年改革计划纲要）, BOV, 2005, Nr. 18.

II. Inhalt der Strafzumessungsreform

1. Vorantreiben der Strafzumessungsreform

Die Einführung der beiden vorläufigen Justizauslegungen[179] durch das Oberste Volksgericht im Jahr 2008 und deren Erprobung in ausgewählten Gerichten haben bemerkenswerte Rückmeldungen generiert. Laut einem Bericht führten die durchgeführten Experimente zu signifikanten Verbesserungen, darunter eine gesteigerte Bewusstseinsbildung der Richterschaft bezüglich der Notwendigkeit zur Standardisierung der Strafzumessung sowie eine deutliche Reduktion in der Anzahl von Berufungen, Beschwerden, Urteilsänderungen, Rückverweisungen und Petitionen im Zusammenhang mit Strafzumessungsfragen.[180] Diese positive Entwicklung unterstreicht die Effektivität der Reformansätze zur Strafzumessung. Auf der Jahrestagung der chinesischen Strafrechtskonferenz im selben Jahr wurde die Standardisierung der Strafzumessung als wesentliches Forschungsthema hervorgehoben. Aus Sicht der akademischen Gemeinschaft sollte die Normierung der Strafzumessung speziell als Standardisierung der „Strafzumessungstätigkeit" verstanden werden. Diese richterliche Tätigkeit, geführt unter dem Prinzip der Gesetzlichkeit, erfordert die Implementierung adäquater Verfahrensmechanismen, um gerechte und effektive Urteile zu gewährleisten, die mit dem Ziel der Strafe durch „Strafzumessung" in Einklang stehen.[181]

Im März 2009 legte das Oberste Volksgericht den dritten Fünfjahresplan zur Reform der Volksgerichte vor, in dem die „Einschränkung des richterlichen Strafzumessungsspielraums und die Integration des Strafzumessungsvorgangs in das Gerichtsverfahren" als wesentliche Reformaufgabe definiert wurde.[182] Auf Basis der Erfahrungen aus der ersten Erprobungsphase überarbeitete das Oberste Volksgericht im April desselben Jahres *die Stellungnahmen zur Anleitung der Strafzumessung (zur probeweisen Durchführung) (abgekürzt: SnAStrZ 2009)* und *die Stellungnahmen zum Strafzumessungsverfahren (zur probeweisen Durchführung) (abgekürzt: SnStrZV 2009)*und initiierte am 1. Juni 2009 eine weitere Erprobung.[183] Für die Erprobung

179 Zum Begriff der Justizauslegungen siehe oben Fn. 67.

180 Shi/Yan, FLKX, 2015, S. 170(171).

181 Siehe: Shi.J., XDFX, 2009, S. 104(105).

182 Überblick über den dritten Fünfjahresplan zur Reform der Volksgerichte（人民法院第三个五年改革计划纲要）, BOV, 2009, Nr. 14.

183 Die Justizauslegungen werden idR. als Stellungnahmen oder Mitteilungen (von den höchsten Justizbehörden) betitelt. siehe oben Fn. 67.

wurden in jeder Provinz und in jeder regierungsunmittelbaren Stadt ein Landesgericht und drei Amtsgerichte ausgewählt, wobei die beiden überarbeiteten Justizauslegungen bei der Verurteilung von fünf ausgewählten Delikten– Verkehrsdelikte, vorsätzliche Verletzungen, Raub, Diebstahl und Drogendelikte – angewendet wurden.[184] Im Dezember 2009 wurde die Erprobung auf zehn weiteren Delikten - Vergewaltigung, rechtswidrige Inhaftierung, Betrug, Plünderung, Veruntreuung von Eigentum im Dienst, Erpressung, Behinderung der Amtshandlung, Massenschlägerei, Anstiftung zu Streitigkeiten und Unruhe, Verbergen der Erträgen aus Straftaten - erstreckt.[185]

Im Juli 2010 leitete die Zentrale Kommission für Politik und Recht ihre vierzehnte Plenarsitzung und ihren sechsten Sonderbericht über Justizreform ein, in dessen Rahmen *die Stellungnahmen zur Anleitung der Strafzumessung (zur probeweisen Durchführung) (abgekürzt: SnAStrZ 2010)* und *die Stellungnahmen zum Strafzumessungsverfahren (zur probeweisen Durchführung) (abgekürzt: SnStrZV 2010)* zur Abstimmung vorgelegt wurden. Diese wurden beschlossen und sollten ab dem 1. Oktober 2010 landesweit probeweise umgesetzt. Im August desselben Jahres wurden *die Stellungnahmen zu den Problemen im Zusammenhang mit der Regulierung von Strafzumessungsverfahren (SnRStrZ 2010)* fertiggestellt und vom Obersten Volksgericht, der Obersten Volksstaatsanwaltschaft, dem Ministerium für öffentliche Sicherheit, dem Ministerium für Staatssicherheit und dem Justizministerium gegengezeichnet.[186] Dies markierte den Übergang der vom Obersten Volksgericht geleiteten Strafzumessungsreform von einer fünfjäh-

---

184 Mitteilung über die Erprobung zur Standardisierung der Strafzumessung in den Gerichten im ganzen Land（最高人民法院关于在全国法院开展量刑规范化试点工作的通知）, BOV, 2009, Nr. 151.

185 Mitteilung über die Ausweitung von Erprobungsstraftaten zur Standardisierung der Strafzumessung in den Gerichten im ganzen Land（最高人民法院关于在全国法院扩大量刑规范化试点罪名的通知）, BOV, 2009, Nr. 379.

186 Vgl. Mitteilungen des Obersten Volksgericht, der Obersten Volksstaatsanwaltschaft, des Ministeriums für öffentliche Sicherheit, des Ministeriums für Staatssicherheit und des Justizministeriums über die Herausgabe der Stellungnahmen zu den Problemen im Zusammenhang mit der Regulierung von Strafzumessungsverfahren (zur probeweise Durchführung)（最高人民法院、最高人民检察院、公安部、国家安全部、司法部印发《关于规范量刑程序若干问题的意见（试行）》的通知）, BOV, 2010, Nr. 35.

rigen, beschränkten Erprobungsphase zu einer landesweiten, probeweisen Implementierung.[187]

Die Strafzumessungsreform in den chinesischen Gerichten demonstrierte während der gesamten Phase der beschränkten Erprobung sowohl eine Dynamik von unten nach oben, als auch etablierte sich als ein Prozess der Selbsterneuerung innerhalb des Gerichtsystems. Vor dem Start der landesweiten probeweisen Umsetzung am 1. Oktober 2010 war es für Wissenschaftler und Medienvertreter nicht möglich, auf offiziellem Wege Einblick in den konkreten Inhalt der Justizauslegungen zu erhalten. Die am 1. Juni 2009 überarbeiteten Justizauslegungen wurden als vertrauliche Dokumente klassifiziert, verbunden mit der disziplinarischen Anweisung, diese Unterlagen „intern zu dokumentieren und an einem sicheren Ort aufzubewahren", was ihre Verbreitung in der akademischen Gemeinschaft und in der Gesellschaft untersagte.[188]

Um die Reform der Strafzumessung weiter zu festigen und dynamisch voranzutreiben, nahm das Oberste Volksgericht auf der Grundlage einer gründlichen Analyse der während der Erprobungsphase gesammelten Erfahrungen und im Einklang mit den darauffolgenden Änderungen des Strafgesetzbuchs und des Strafprozessgesetzes wesentliche Überarbeitungen und Verbesserungen der *SnAStrZ 2010* vor. Daraus resultierten *die Stellungnahmen zur Anleitung der Strafzumessung für einige ausgewählte Delikte (abgekürzt: SnAStrZ 2014)*, die ab dem 1. Januar 2014 in allen Gerichten landesweit offiziell eingeführt wurden.[189] Im Bereich des Verfahrensrechts wurde nach einer zehnjährigen nationalen Erprobungsphase die *SnRStrZ 2010* im Jahr 2020 in ihre endgültige Version (abgekürzt: *SnRStrZ 2020*) überführt.[190]

Gemäß dem dritten Fünfjahresplan des Volksgerichts besteht das normative Ziel der Strafzumessungsreform darin, den richterlichen Strafzumessungsspielraum zu beschränken und den Strafzumessungsvorgang ins

187 Siehe: Chen, Xueyong: „Der Oberste Volksgericht untersucht das Ergebnis von Strafzumessungsjustizreform in 12 Probegerichten", People's Court Daily（ren min fa yuan bao,《人民法院报》）, 28.2.2009.

188 Vgl. Shi/Yan: FLKX, 2015, S. 170(172).

189 Vgl. Mitteilung über Umsetzung der Standardisierung der Strafzumessung（最高人民法院关于实施量刑规范化工作的通知）, BOV, 2013, Nr. 14.

190 Vgl. Mitteilung des Obersten Volksgericht, der Obersten Volksstaatsanwaltschaft, des Ministeriums für öffentliche Sicherheit, des Ministeriums für Staatssicherheit und des Justizministeriums über die Herausgabe der Stellungnahmen zu den Problemen im Zusammenhang mit der Regulierung von Strafzumessungsverfahren（最高人民法院、最高人民检察院、公安部、国家安全部、司法部印发《关于规范量刑程序若干问题的意见》的通知）, BOV, 2020, Nr. 38.

Gerichtsverfahren einzubeziehen. Die Reform zielte darauf ab, sowohl die Problematik unklarer materieller Normen für die Strafzumessung anzugehen, damit die Richter über eine detaillierte Rechtsgrundlage für die Strafzumessung verfügen, als auch die mangelnde Berücksichtigung des Strafzumessungsvorgangs im Strafprozess zu korrigieren, indem eine Reihe von Normen für die Strafzumessungsverfahren hinzugefügt wurde. Die bedeutendsten Ergebnisse dieser Reformbemühungen – die landesweit probeweise umgesetzten *SnAStrZ 2010* und *SnRStrZ 2010* sowie deren offizielle Implementierungsversionen – werden nachfolgend detailliert erörtert.

2. Die Stellungnahmen zur Anleitung der Strafzumessung (SnAStrZ)[191]

Beginnend mit den *SnAStrZ 2010* hat die vom Obersten Volksgericht ausgearbeiteten Strafzumessungsanleitung eine sehr klare und stabile Struktur. Sie sind umfassend in vier Hauptsegmente gegliedert: die Leitprinzipien für die Strafzumessung, die schrittweise Methodologie für die Strafzumessung, quantitative Standards für die Rechtsfolgen der Strafzumessungsumstände und spezifische quantitative Normen für die Strafzumessung bei ausgewählten Delikten.

Im Teil über die Leitprinzipien der Strafzumessung bekräftigen die Stellungnahmen die in den § 5 und § 61 ch-StGB verankerten Prinzipien, die vorschreiben, dass bei der Strafzumessung sowohl die Schwere der vom Angeklagten begangenen Straftat als auch das Ausmaß seiner strafrechtlichen Verantwortung berücksichtigt werden müssen. Zudem sollen Strafen „auf der Grundlage des Tatbestandes, des Charakters der Straftat, ihrer Umstände sowie des Ausmaßes des Schadens für die Gesellschaft festgelegt werden."[192] Ergänzend betonen die Stellungnahmen, dass die Strafzumessung das Ziel verfolgen sollte, sowohl Straftaten zu ahnden als auch präventiv gegen zukünftige Straftaten vorzugehen. Die verfolgte Strafpolitik Chinas, die die Harmonie von „Milde und Härte" in der Strafzumessung anstrebt, wird hierbei als wesentliches Element hervorgehoben, um die Einheit der rechtlichen und sozialen Wirkungen des Urteils zu gewährleisten.[193] Ein herausgestelltes Prinzip ist dabei die Gleichheit in der Strafzumessung,

191 „Stellungnahme" ist eine übliche Form der Justizauslegung, die von den chinesischen Justizbehörden erlassen wird, siehe oben Fn. 67.

192 Vgl. SnAStrZ 2010, BOV, 2010, Nr. 36.

193 Vgl. SnAStrZ 2010, BOV, 2010, Nr. 36.

welche fordert, dass „für ähnliche Fälle unter vergleichbaren Umständen zur gleichen Zeit grundsätzlich gleiche Strafen zu verhängen sind".[194]

Die Strafzumessungsmethode, wie sie in *SnAStrZ 2010* dargelegt ist, bietet einen systematischen und detaillierten Ansatz zur Bestimmung der Strafe für eine Straftat. Dieser Prozess beginnt mit der Festlegung eines Ausgangspunkts für die Strafzumessung innerhalb des durch das Gesetz vorgegebenen Strafrahmens, basierend auf den spezifischen Tatbeständen der begangenen Straftat. Anschließend werden weitere relevante Aspekte, die das Maß des Unrechts der Tat beeinflussen können, wie zum Beispiel die aus der Straftat resultierenden Erträge oder die gesellschaftlichen Auswirkungen der Tat, berücksichtigt. Auf Grundlage dieser Bewertung wird eine Basisstrafe festgelegt, die auf dem ermittelten Ausgangspunkt aufbaut. Im finalen Schritt des Prozesses werden alle quantitativ bewertbaren Strafzumessungsumstände sowie ihre Einflussrichtung (mildernd oder erschwerend) festgelegt. Die endgültige Strafe wird durch eine Kombination aus mathematischer Berechnung und Gesamtbetrachtung von Tatgeschehen sowie Täterpersönlichkeit bestimmt.[195]

Sollte die nach Berücksichtigung aller relevanten Strafzumessungsumstände adjustierte Basisstrafe innerhalb des gesetzlichen Rahmens liegen und als angemessen im Hinblick auf die Schwere der Straftat sowie die strafrechtliche Verantwortlichkeit des Täters betrachtet werden, wird sie als die zu verhängende Strafe festgelegt. Falls Umstände vorliegen, die die Abmilderung der Strafe rechtfertigen, darf die endgültige Strafe die Untergrenze des Strafrahmens überschreiten. Liegen keine Abmilderungsumstände vor und ist die adjustierte Basisstrafe niedriger als der gesetzliche Strafrahmen, wird die gesetzliche Mindeststrafe als endgültige Strafe verhängt. Sollte die angepasste Strafe über dem gesetzlichen Höchstmaß liegen, ist die gesetzliche Höchststrafe als endgültige Strafe zu verhängen.[196] In Fällen, in denen der Richter der Meinung ist, dass die durch mathematische Berechnung ermittelte Strafe nicht der Schwere der Tat oder der Verantwortung des Täters entspricht, ist ihm gestattet, eine Anpassung innerhalb einer Spanne von bis zu 10% vorzunehmen, um eine gerechte und angemessene Bestrafung sicherzustellen.[197]

Die Implementierung dieses mathematischen Ansatzes in der Strafzumessung konfrontiert den Strafzumessungsvorgang mit drei wesentlichen

194 Vgl. SnAStrZ 2010, BOV, 2010, Nr. 36.
195 Vgl. SnAStrZ 2010, BOV, 2010, Nr. 36.
196 Vgl. SnAStrZ 2010, BOV, 2010, Nr. 36.
197 Vgl. SnAStrZ 2010, BOV, 2010, Nr. 36.

Herausforderungen: Erstens muss geklärt werden, wie der Ausgangspunkt für die Strafzumessung innerhalb des durch die Gesetzgebung vorgegebenen Strafrahmens präzise bestimmt werden kann. Zweitens gilt es, die Faktoren zu identifizieren, die den Grad der Rechtswidrigkeit verschiedener Straftaten beeinflussen, um eine differenzierte und gerechte Strafzumessung zu gewährleisten. Drittens ist es erforderlich, die vom Richter zu berücksichtigenden Strafzumessungsumstände quantitativ zu bewerten, sodass eine objektive und nachvollziehbare Bestimmung des Strafmaßes möglich wird.

Der dritte Teil von *SnAStrZ 2010* widmet sich der Quantifizierung der Rechtsfolgen für die meisten im Allgemeinen Teil des chinesischen Strafgesetzbuches festgelegten Strafzumessungsumstände sowie einiger in der Gerichtspraxis häufig anzutreffender außergesetzlicher Umstände. Diese Quantifizierung ermöglicht eine systematische und einheitliche Anwendung der Strafzumessungskriterien und trägt zur Konsistenz gerichtlicher Entscheidungen bei. Ein illustratives Beispiel für die Anwendung dieser Quantifizierung ist die Behandlung jugendlicher Straftäter: Gemäß *SnAStrZ 2010* wird für einen Minderjährigen, der zum Zeitpunkt der Tatbegehung das 14., aber noch nicht das 16. Lebensjahr vollendet hat, die Basisstrafe um 30% bis 60% reduziert. Hat der Jugendliche zum Tatzeitpunkt das 16., aber noch nicht das 18. Lebensjahr vollendet, sieht die Anleitung eine Reduzierung der Basisstrafe um 10% bis 50% vor.[198] Diese methodische Herangehensweise unterstreicht das Bestreben des Obersten Volksgerichts, durch eine klare Strukturierung und Quantifizierung der Strafzumessungsumstände die Transparenz, Nachvollziehbarkeit und Gerechtigkeit der juristischen Urteilsfindung zu erhöhen.

Der letzte Teil der *SnAStrZ 2010* befasst sich mit der Quantifizierung der Strafzumessung für fünfzehn spezifisch ausgewählte Delikte, darunter Verkehrsdelikte, vorsätzliche Körperverletzung, Raub, Diebstahl, Drogendelikte, Vergewaltigung, unrechtmäßige Inhaftierung, Betrug, Plünderung, Veruntreuung im Dienst, Erpressung, Behinderung von Amtshandlungen, Massenschlägereien, Anstiftung zu Streitigkeiten und Unruhe sowie das Verbergen von Erträgen aus Straftaten.[199] Diese detaillierte Quantifizierung

198 Vgl. SnAStrZ 2010, BOV, 2010, Nr. 36.

199 Siehe: Mitteilung über die Erprobung zur Standardisierung der Strafzumessung in den Gerichten im ganzen Land（《最高人民法院关于在全国法院开展量刑规范化试点工作的通知》）, BOV, 2009, Nr. 151 und Mitteilung über die Ausweitung von Erprobungsstraftaten zur Standardisierung der Strafzumessung in den Gericht-

ermöglicht die Anwendung eines mathematischen Ansatzes bei der Strafzumessung für diese Delikte.

Zunächst werden die gesetzlichen Strafrahmen für jedes Delikt auf der Grundlage spezifischer Tatsachen in engere Bereiche unterteilt, wodurch Richter darauf beschränkt sind, den Ausgangspunkt der Strafzumessung innerhalb dieser präzisen definierten Rahmen zu bestimmen. Beispielsweise wird im Falle vorsätzlicher Körperverletzung, abhängig vom Schweregrad der Verletzung und der eingesetzten Grausamkeit, ein spezifischer engerer Rahmen festgelegt. Leichte Körperverletzung führt zu einer Strafe von sechs Monaten bis zu einem Jahr und sechs Monaten Freiheitsstrafe, während schwere Körperverletzung durch besonders grausame Mittel, die zu einer schweren Behinderung führen, eine Strafe von zehn bis zwölf Jahren Freiheitsstrafe nach sich ziehen kann. Bei Todesfolge kann der Ausgangspunkt für die Strafzumessung zwischen zehn und fünfzehn Jahren Freiheitsstrafe angesetzt werden. Zweitens definiert *SnAStrZ 2010* genau, welche Tatsachen bei der Bestimmung des Unrechtsgrads für bestimmte Delikte zu berücksichtigen sind. Beispielsweise kann das Unrecht der Körperverletzung unter Berücksichtigung der Folgen, des Behinderungsgrads und anderer ähnlichen Faktoren bestimmt werden. Darüber hinaus werden in *SnAStrZ 2010* die Rechtsfolgen spezifischer Strafzumessungsumstände für die genannten fünfzehn Delikte quantifiziert. Im Falle der vorsätzlichen Körperverletzung kann beispielsweise die Beauftragung einer anderen Person zur Begehung der Tat die Basisstrafe um bis zu 20% erhöhen, während die spontane Hilfeleistung für das Opfer nach der Tat die Strafe um bis zu 20% verringern kann.[200]

Im Jahr 2014 vollendete das Oberste Volksgericht die vierjährige Phase der landesweiten probeweise Umsetzung von *SnAStrZ 2010* und führte diese Stellungnahmen offiziell in der Rechtspraxis aller Volksgerichte im gesamten Land ein. Die offizielle Version der Strafzumessungsleitlinien für ausgewählte Delikte aus dem Jahr 2014 (*SnAStrZ 2014*) behielt die Grundstruktur sowie den größten Teil des Inhalts des ursprünglichen Erprobungstextes bei. Es wurden lediglich gezielte Modifikationen an den Strafzumessungsnormen für bestimmte spezifische Delikte vorgenommen,

en im ganzen Land（《最高人民法院关于在全国法院扩大量刑规范化试点罪名的通知》）, BOV, 2009, Nr. 379.

200 Vgl. SnAStrZ 2010, BOV, 2010, Nr. 36.

und der dritte Teil wurde um zusätzliche quantitative Normen erweitert, die vor allem den Täter-Opfer-Ausgleich betreffen.[201]

Die Veröffentlichung der *SnAStrZ 2014* markierte jedoch nicht das Ende des Reformprozesses zur Strafzumessung. In den Folgejahren, konkret 2017 und 2021, erfuhr das Dokument zwei weitere Überarbeitungen. Bei der Revision im Jahr 2017 erweiterte das Oberste Volksgericht den Anwendungsbereich über die ursprünglichen fünfzehn Delikte hinaus auf acht weitere Straftatbestände, darunter gefährliches Fahren, illegale Abschöpfung öffentlicher Gelder, Betrug bei der Mittelbeschaffung, Kreditkartenbetrug, Vertragsbetrug, illegaler Drogenbesitz, Gewährung von Gelegenheit zum Drogenkonsum sowie Nötigung, Verführung und Gewährung von Gelegenheit zur Prostitution.[202] Die Überarbeitung im Jahr 2021 führte zu einer weiteren Quantifizierung von Strafzumessungsumständen. Beispielsweise wurde das positive Nachverhalten eines Angeklagten während der Haft als ein Umstand etabliert, der die Basisstrafe um bis zu 10 % reduzieren kann. Ebenso wurde das Schuldgeständnis als ein Umstand definiert, der die Basisstrafe in unterschiedlichem Ausmaß verringern kann, wodurch ein Anreiz für ein geständiges Verhalten geschaffen wird.[203]

Trotz dieser zahlreichen Überarbeitungen und Erweiterungen blieb der Kern der *SnAStrZ 2010*, nämlich der mathematische Ansatz zur quantitativen Bestimmung der Strafzumessung, durch alle Änderungen hindurch bestehen. Diese Kontinuität unterstreicht das anhaltende Engagement des Obersten Volksgerichts, die Strafzumessungspraxis zu standardisieren und die Gerechtigkeit und Vorhersehbarkeit der Strafzumessung durch einen methodischen und quantifizierbaren Ansatz zu verbessern.

---

201 Vgl. SnAStrZ 2014, BOV, 2013, Nr. 14. Hintergrund der Änderung ist, dass mit der zweiten Änderung des chinesischen Strafprozessrechts im Jahr 2012 das Täter-Opfer-Ausgleich als eines der besonderen Verfahren für Strafverfahren in China hinzugefügt wurde, Siehe: Zong.Y., ZchinR, 2020, S. 28(87).

202 Vgl. Mitteilungen zur Umsetzung der überarbeiteten Stellungnahmen zur Anleitung der Strafzumessung für einige ausgewählte Delikte（最高人民法院关于贯彻执行修订后的《常见犯罪量刑指导意见》的通知）, BOV, 2017, Nr. 7.

203 Vgl. Mitteilungen zur Umsetzung der Stellungnahmen zur Anleitung der Strafzumessung für einige ausgewählte Delikte (Zur probeweise Umsetzung)（最高人民法院、最高人民检察院关于印发《常见犯罪量刑指导意见（试行）》的通知）, BOV, 2021, Nr. 21. Hintergrund der Änderung ist, dass mit der dritten Überarbeitung des chinesischen Strafprozessrechts im Jahr 2018 das Schuldgeständnis und die Annahme von Strafen als ein System der Strafverhandlung zwischen chinesischen Angeklagten und Staatsanwaltschaften eingeführt wurde, Siehe: Zong.Y., ZchinR, 2020, S. 28(62).

3. Die Stellungnahmen zu den Problemen im Zusammenhang mit der Regulierung von Strafzumessungsverfahren (SnRStrZ)

Die *SnRStrZ 2010* spielt eine zentrale Rolle bei der Regulierung der relativen Unabhängigkeit des Strafzumessungsverfahrens im chinesischen Strafprozess.[204] Dieses Verfahren ist darauf ausgerichtet, eine gerechte und angemessene Strafe für den Angeklagten zu gewährleisten, indem es einen strukturierten Vorgang zur Bewertung aller relevanten Umstände vorsieht.

Bei der Beweisaufnahme untersucht das Gericht die Straftatbestände, den entsprechenden gesetzlichen Strafrahmen sowie alle relevanten gesetzlichen und außergesetzlichen Umstände, die für die Bestimmung der Rechtsfolgen wesentlich sind[205]. Wenn während der Beweisaufnahme Zweifel an dem strafzumessungsabhängigen Beweis aufkommen, hat der Richter die Möglichkeit, die Verhandlung zu vertagen, um die Beweise erneut zu überprüfen oder von der Staatsanwaltschaft zusätzliche Untersuchungen und Überprüfungen zu verlangen.[206]

In der Phase der wechselseitigen Erörterungen ist der Richter dafür verantwortlich, nach der Diskussion der Schuldfrage sich auf die Straffrage zu konzentrieren.[207] Die Reihenfolge der Erörterungen beginnt typischerweise mit einem Strafzumessungsvorschlag vom Staatsanwalt, gefolgt von der Meinungsäußerung des Opfers und seines Rechtsvertreters, und endet mit der Meinungsäußerung des Angeklagten und des Verteidigers.[208] Wie in Deutschland steht dem Angeklagten in China immer das Recht auf Schlussvortrag zu.[209] Diese Struktur gewährleistet, dass alle beteiligten Parteien ihre Standpunkte und Argumente bezüglich der Strafzumessung vorbringen können. Sollten während dieser Erörterungen neue, relevante Tatsachen zur Strafzumessung ans Licht kommen, die weitere Untersuchungen erforderlich machen, wird die Beweisaufnahme wieder aufgenommen. Die Diskussionen werden erst fortgesetzt, nachdem die neuen Informationen geklärt wurden, um sicherzustellen, dass die Entscheidung auf einer vollständigen und genauen Faktenlage basiert.[210]

204 Vgl. Art. 1 von SnRStrZ 2010, BOV, 2010, Nr. 35.
205 Vgl. Art. 10 von SnRStrZ 2010, BOV, 2010, Nr. 35.
206 Vgl. Art. 12 von SnRStrZ 2010, BOV, 2010, Nr. 35.
207 Vgl. Art. 9 von SnRStrZ 2010, BOV, 2010, Nr. 35.
208 Vgl. Art. 14 von SnRStrZ 2010, BOV, 2010, Nr. 35.
209 § 198 Abs. 3 StPG, siehe: Zong.Y., ZChinaR, 2020, S. 28(67).
210 Vgl. Art. 15 von SnRStrZ 2010, BOV, 2010, Nr. 35.

Die offizielle Version der *SnRStrZ 2020* hat die oben genannten Bestimmungen beibehalten und zusätzlich betont, dass die Diskussionen über die Straffrage nicht zu Lasten der Unschuldsverteidigung des Angeklagten oder des Verteidigers gehen dürfen.[211] Dies unterstreicht das Engagement für die Wahrung der Rechte der Verteidigung und die Notwendigkeit, eine faire Verhandlung sicherzustellen, bei der sowohl die Schuld- als auch die Straffrage umfassend und gerecht behandelt werden.

Das Recht der Staatsanwaltschaft, einen Vorschlag zur Strafzumessung abzugeben, ist ein zentrales Element der *SnRStrZ 2010* und spielt eine wichtige Rolle im Strafzumessungsprozess.[212] Es ermöglicht der Staatsanwaltschaft, eine detaillierte Empfehlung zur Art und Höhe der Strafe, zur Art der Vollstreckung sowie zur Begründung dieser Empfehlungen vorzulegen.[213] Die Zustellung des Strafzumessungsvorschlags zusammen mit der Abschrift der Anklageschrift an den Angeklagten und seinen Verteidiger gewährleistet aber auch Transparenz und ermöglicht eine fundierte Verteidigung.[214]

In *SnRStrZ 2020* wurde diese Institution weiterentwickelt. Die Möglichkeit, nicht nur eine Spanne, sondern auch einen spezifischen Strafpunkt oder Geldbetrag vorzuschlagen[215], erlaubt eine präzisere Strafzumessung. Der Anwendungsbereich des Strafzumessungsvorschlags wird auf Maßregeln (§ 37 ch-StGB) und Berufsverbote für Straftäter (§ 37a ch-StGB) ausgeweitert.[216] In Fällen, in denen der Beschuldigte ein Geständnis ablegt und die vorgeschlagene Sanktion akzeptiert, ist die Staatsanwaltschaft dazu verpflichtet, einen Strafzumessungsvorschlag zu unterbreiten.[217] Für die dreiundzwanzig spezifisch in den *SnAStrZ 2010* aufgeführten Delikte muss die Staatsanwaltschaft ihren Strafzumessungsvorschlag in Übereinstimmung mit der dort festgelegten Anleitung formulieren.[218]

Die *SnRStrZ 2010* und ihre Weiterentwicklung in *SnRStrZ 2020* stärken nicht nur die Rolle der Staatsanwaltschaft im Strafzumessungsverfahren durch die Einführung des Strafzumessungsvorschlags, sondern gewäh-

---

211 Vgl. Art. 15 Abs. 3 S. 3 von SnRStrZ 2020, BOV, 2020, Nr. 38.

212 Vgl. Art. 3 Abs. 1 von SnRStrZ 2010, BOV, 2010, Nr. 35.

213 Vgl. Art. 3 Abs. 3 von SnRStrZ 2010, BOV, 2010, Nr. 35.

214 Vgl. Art. 3 Abs. 2 von SnRStrZ 2010, BOV, 2010, Nr. 35.

215 Vgl. Art. 6 von SnRStrZ 2020, BOV, 2020, Nr. 38.

216 Vgl. Art. 4 von SnRStrZ 2020, BOV, 2020, Nr. 38.

217 Vgl. Art. 5 von SnRStrZ 2020, BOV, 2020, Nr. 38. Das Institut des Schuldbekenntnisses und der Annahme der Sanktion wurde in 2018 ins chinesischen StPG eingefügt; zu Details siehe Teil 5. C. I. (vgl. Seiten 238 ff.)

218 Vgl. Art. 7 von SnRStrZ 2020, BOV, 2020, Nr. 38.

ren auch den anderen Verfahrensbeteiligten signifikante Verfahrensrechte. Während der Beweisaufnahme erhalten sowohl der Angeklagte und sein Verteidiger als auch das Opfer und dessen Anwälte die Möglichkeit, die Vorlage von Beweismitteln zu beantragen, die für die Strafzumessung von Bedeutung sind.[219] Der Richter hat die Pflicht, diese Anträge sorgfältig zu prüfen und, wenn er sie für erforderlich hält, entsprechende Ermittlungen durchzuführen. Hält er dies nicht für erforderlich, bedarf die Ablehnung dieses Beweisantrages einer Begründung.[220] Während der Phase der wechselseitigen Erörterungen erhalten die Beteiligten die Gelegenheit, ihre Auffassungen zur Strafzumessung, einschließlich Ansichten zur Anordnung von Maßregeln oder Berufsverboten, dem Richter vorzutragen und zu begründen.[221] Gemäß *SnRStrZ 2020* werden alle von den Verfahrensbeteiligten vorgebrachten Meinungen zur Strafzumessung und die Gründe dafür zu Protokoll genommen.[222]

Darüber hinaus ist es dem Gericht, der Staatsanwaltschaft, den Ermittlungsbehörden oder dem Verteidiger gestattet, im Rahmen der Verfahren gegen Minderjährige die Erstellung eines Sozialberichts über den betroffenen Minderjährigen zu veranlassen. Dieser ist vor Gericht zu verlesen und als ein essenzielles Beweismittel bei der Festlegung der Strafe zu verwenden.[223] *SnRStrZ 2020* zufolge beschränkt sich die Anwendung des Sozialberichts nicht ausschließlich auf Strafverfahren gegen Minderjährige, sondern erstreckt sich auch auf Fälle, in denen die Überwachung (als Strafart) oder die Gewährung von Bewährung in Betracht gezogen wird.[224] Der von der zuständigen Behörde erstellte Sozialbericht bietet dem Richter signifikante Anhaltspunkte für die Entscheidung über die Verhängung der Überwachung oder Bewährung. Ergänzend dazu ist es gemäß *SnRStrZ 2020* den Ermittlungsbehörden möglich, einen Bericht zur finanziellen Leistungsfähigkeit des Angeklagten zu erstellen, welcher dem Richter als fundamentale Basis zur Bestimmung der Höhe der Geldstrafe dient.[225]

In *SnRStrZ 2010* wird zudem ein besonderes Augenmerk auf die Urteilsgründe für die Zumessung der Strafe gelegt. Diese sollte im Urteil des Gerichts ausgeführt werden. Hierbei sind nicht nur die im Rahmen der

219 Vgl. Art. 13 von SnRStrZ 2010, BOV, 2010, Nr. 35.
220 Vgl. Art. 13 von SnRStrZ 2010, BOV, 2010, Nr. 35.
221 Vgl. Art. 4 von SnRStrZ 2010, BOV, 2010, Nr. 35.
222 Vgl. Art. 10 von SnRStrZ 2020, BOV, 2020, Nr. 38.
223 Vgl. Art. 11 von SnRStrZ 2010, BOV, 2010, Nr. 35.
224 Vgl. Art. 3 von SnRStrZ 2020, BOV, 2020, Nr. 38.
225 Vgl. Art. 2 Abs. 2 von SnRStrZ 2020, BOV, 2020, Nr. 38.

Strafzumessung ermittelten Tatsachen und deren Bedeutung zu berücksichtigen, sondern auch der Vorschlag der Staatsanwaltschaft, die Stellungnahmen weiterer Verfahrensbeteiligter sowie die rechtlichen Grundlagen der Strafzumessung.[226] Laut *SnRStrZ 2020* ist es im Rahmen von Fällen, die im beschleunigten Verfahren abgehandelt werden, zulässig, die Urteilsbegründung entsprechend zu vereinfachen.[227]

III. Bewertung der Strafzumessungsreform

Das primäre Anliegen der Reform zur Strafzumessung zielte darauf ab, ein Mindestmaß an Standardisierung der richterlichen Strafzumessung zu erreichen. Dabei ging es nicht darum, den Entscheidungsspielraum der Richter vollständig zu eliminieren, sondern vielmehr darum, sie in die Lage zu versetzen, gerechte und angemessene Urteile zu fällen, die den intendierten Strafzielen gerecht werden. Die quantifizierenden Leitlinien[228] für die Strafzumessung tragen dazu bei, die Unbestimmtheit der Strafzumessungsnormen im materiellen Strafrecht zu konkretisieren und einer allzu eigenmächtigen Auslegung durch die Richter vorzubeugen, indem klare mathematische Regelungen vorgegeben werden, an die sich diese halten müssen. Es bedurfte sechs Jahre, bis die *SnAStrZ* von einem auf wenige Gerichte begrenzten Pilotprojekt zu einem landesweit geltenden System ausgeweitet worden waren. Die erfassten Delikte und die dazugehörigen spezifischen Normen wurden stetig erweitert und der Prozess wird stetig fortschreiten, um dem Ziel einer wissenschaftlich fundierten Strafzumessung näher zu kommen. Die Reform führt in der Geschichte des chinesischen Strafprozessrechts zum ersten Mal dazu, dass der Strafzumessungsprozess als wesentlicher Teil in die Hauptverhandlung integriert wurde, mit der expliziten Forderung, dass „die Volksgerichte bei der Entscheidung von Strafsachen die relative Unabhängigkeit der Strafzumessungsverfahren bewahren sollen". Dies wird durch prozessuale Garantien wie den Straf-

226 Vgl. Art. 16 von SnRStrZ 2010, BOV, 2010, Nr. 35.

227 Vgl. Art. 25 Abs. 2 von SnRStrZ 2020, BOV, 2020, Nr. 38. Hintergrund der Änderung ist, dass mit der dritten Überarbeitung des chinesischen Strafprozessrechts im Jahr 2018 das beschleunigte Verfahren als eine Form der Strafverhandlung eingeführt wurde, Siehe: Zong.Y., ZChinR, 2020, S. 28(72 f.).

228 Die „quantifizierenden Leitlinien" sehen vor, dass Richter die Strafzumessungsumstände auf mathematische Weise in das Strafmaß umzusetzen. Beispielsweise kann eine nachträgliche Selbstanzeige gemäß §67 Abs.1 Ch-StGB zu einer Reduktion des Strafmaßes um 20 % führen.

zumessungsvorschlag der Staatsanwaltschaft, die effektive Beteiligung anderer Prozessparteien sowie durch Strafzumessungsbegründungen seitens der Richter gewährleistet. Indem die bislang unvorhersehbare Macht der Strafzumessung[229] transparent gemacht wird und ihre Auswirkungen offen dargelegt werden, soll nicht nur die Verfahrensgerechtigkeit innerhalb der Strafzumessung gewährleistet, sondern auch die Verwirklichung materieller Gerechtigkeit in sichtbarer Weise sichergestellt werden.

Es existiert aber auch durchaus noch Skepsis gegenüber der Strafzumessungsreform. Ein zentraler Kritikpunkt in der Literatur liegt darin, dass die *SnAStrZ* zwar sowohl vergeltende als auch präventive Strafziele als Leitprinzipien für die Strafzumessung vorsehen, jedoch keine klare Methodik anbieten, um im konkreten Strafzumessungsvorgang eine Differenzierung zwischen vergeltenden und präventiven Faktoren zu treffen.[230] Darüber hinaus bergen quantitative Leitlinien für die Strafzumessung die Gefahr, materielles Unrecht in einer mechanisierten Form zu verschleiern, was zur Folge haben kann, dass das juristische Denkvermögen der Richter nicht weiter gefördert wird. Dies könnte insbesondere bei jungen Richtern zu einer gewissen Trägheit oder sogar Unfähigkeit führen, fundiertes Wissen über Strafzumessung zu erlangen.[231] Eine stark mathematisierende Strafzumessung könnte zudem zur Perpetuierung von Fehlern und zur Atrophie von Erfahrungswerten führen, insbesondere wenn die zugrundeliegenden Normen fehlerhaft sein sollten.[232] Zudem berücksichtigen die Stellungnahmen weder das Schuldprinzip noch das Verbot der Doppelbewertung.[233]

Ein weiterer Kritikpunkt an der Reform des Strafzumessungsverfahrens ist die übermäßige Ausweitung der Befugnisse der Staatsanwaltschaft, Strafzumessungsvorschläge zu unterbreiten, was Zweifel daran aufkommen lässt, ob dadurch die Autorität des Gerichts untergraben wird.[234] So wird argumentiert, dass nach den Vorgaben zum Strafverfahren der Strafzumessungsvorschlag Angaben zur Art und Höhe der Strafe sowie zur Art der Vollstreckung enthalten soll, obwohl eine Strafe erst verhängt werden kann, nachdem das Gericht die Tat als begangen festgelegt hat. Ein Strafzumessungsvorschlag, der sich auf einen noch nicht verurteilten Angeklagten bezieht und auf Beweisen basiert, die vom Gericht noch nicht geprüft

229 Vgl. Posner, 1990, p.188.
230 Vgl. Zhou.G., 2021, S. 447 ff.; Zhou.G., ZWFX, 2020, S. 1150(1152 ff.).
231 Vgl. Shi/Yan, FLKX, 2015, S. 170(176).
232 Vgl. Wang.Y., 2020, S. 81 f.
233 Vgl. Zhou.G., FXJ, 2010, S. 25(32 f.).; Xiong.Q., FXJ, 2011, S. 37(52).
234 Vgl. Xiong.Q., FXJ, 2011, S. 37(52).

wurden, steht im Widerspruch zu den grundlegenden Prinzipien des Strafverfahrens und stützt sich nicht auf eine verlässliche und umfassende Tatsachengrundlage.[235]

Aus der Perspektive der Statistik wurde die Wirksamkeit der Strafzumessungsreform während des Probezeitraums positiv bewertet. Gerichtsdaten aus dem Jahr 2010 zeigen, dass mehr als 120 Probegerichte landesweit über 45.000 Fälle gemäß den beiden gerichtlichen Probeauslegungen verhandelt haben. Dies führte zu einem Rückgang der Anzahl der Berufungen, der staatsanwaltschaftlichen Beschwerden, der Urteilsabänderungen durch zweitinstanzliche Gerichte und zu einem deutlichen Anstieg der Zahl der Schuldbekenntnisse, der Rückerstattung von Schäden sowie der Entschädigungsleistungen, was letztendlich den Rechten und Interessen aller Prozessbeteiligten zugute kam.[236] Auch die Statistiken der Staatsanwaltschaften spiegeln diese positive Entwicklung wider. So hat beispielsweise die Volksstaatsanwaltschaft Yongkang im Jahr 2009 Strafzumessungsvorschläge für 1.098 Personen erstellt, von denen 1.007 von den Gerichten angenommen wurden.[237] Die Volksstaatsanwaltschaft Jiangyan legte seit 2009 1.002 Strafzumessungsvorschläge vor, mit einer Annahmequote von 98,2%.[238] Es muss jedoch offen gesagt werden, dass es unklar ist, ob die offiziellen Statistiken die tatsächlichen Effekte der Strafrechtsreform adäquat widerspiegeln. Dies liegt daran, dass in China noch abzuwarten bleibt, ob eine vom Zentralkomitee der Kommunistischen Partei beschlossene Erprobung tatsächlich ein negatives Ergebnis haben „darf".[239]

Eine wissenschaftliche Untersuchung aus dem Jahr 2020, die 303.256 Urteile über vorsätzliche Körperverletzung analysierte, kam zu dem Schluss, dass die Strafzumessungspraxis für vorsätzliche Körperverletzung in China nach der Reform ein hohes Maß an Konsistenz aufweist. Die Richter folgten dem in den *SnAStrZ* geregelten dreischrittigen Strafzumessungsmethode, wobei die Bestimmung des Ausgangspunkts und der Basisstrafe in hohem Maße den normativen Vorgaben entsprach und nur eine geringe Anzahl von Fällen leichte Abweichungen aufwies.[240] Eine weitere empiri-

235 Vgl. Zhou.G., ZWFX, 2020, S. 1150(1160 ff.).
236 Vgl. Xiong.Q., FXJ, 2011, S. 37(45).
237 Siehe: Xu Ridan, „Erzielung der sichtbaren Gerechtigkeit bei der Strafzumessung", Procurator Daily （jian cha ri bao，检察日报），14.2.2011.
238 Siehe: Li Mingyao, „98,2% der Strafzumessungsvorschläge warden angenommen", Procurator Daily （jian cha ri bao，检察日报），10.5.2011.
239 Vgl. Schünemann, GA, 2018, S. 177 (180).
240 Siehe: Wang.Y., 2020, S. 70 ff.

sche Untersuchung zur Strafzumessung bei Vergewaltigung aus dem Jahr 2021, die auf einer Regressionsanalyse von 1.254 Vergewaltigungsurteilen basierte, zeigte, dass geografische Unterschiede bei der Strafzumessung für Vergewaltigungsfälle in China nicht mehr signifikant sind. Dies ist größtenteils auf die Einführung quantifizierender Strafzumessungsnormen und prozessualer Kontrollmechanismen zurückzuführen, die den Entscheidungsspielraum der Richter eingeschränkt haben.[241]

Trotz der positiven Bewertungen gibt es auch empirische Studien, die zu weniger optimistischen Schlussfolgerungen gelangt sind. Eine im Jahr 2009 von *Zuo Weimin* durchgeführte Umfrage unter acht Gerichten ergab, dass zwar 73,2% der Richter der Meinung waren, dass die Strafzumessungsreform die Offenheit und Transparenz der Gerichtsverhandlungen verbessert und die Fairness in der Strafzumessung gefördert hat, jedoch nur 51,5% der befragten Staatsanwälte mit den Auswirkungen der Reform auf die Urteilsbegründung zufrieden waren.[242] Auf die spezifische Frage, ob das Strafzumessungsverfahren einen erheblichen Einfluss auf das Urteil des Richters hat, gaben nur 18,18% der befragten Staatsanwälte an, dass dies der Fall sei, während lediglich 16,83% der befragten Verteidiger und nur 5,63% der befragten Richter der Meinung waren, dass es einen erheblichen Einfluss ausübt.[243] Diese Rückmeldungen deuten darauf hin, dass das Strafzumessungsverfahren kaum eine Auswirkung auf das Ergebnis der richterlichen Strafzumessung hatte. Zudem wurde berichtet, dass das reformierte Strafverfahren die Arbeitsbelastung von Richtern und Staatsanwälten bei manchen Gerichten erheblich erhöht hat, mit einem Anstieg der durchschnittlichen Dauer der Gerichtsverhandlungen um fast ein Drittel.[244]

Trotz der theoretischen Kontroversen und der unterschiedlichen Ergebnisse empirischer Studien lässt sich eine umfassende Bewertung der seit 2008 in China durchgeführten Strafzumessungsreform nicht abschließend vornehmen. Aus dem vorliegenden Überblick der Reform können jedoch zumindest zwei wesentliche Erkenntnisse hinsichtlich des chinesischen Strafzumessungsrechts abgeleitet werden:

Erstens hat die Auseinandersetzung mit den Problemen der Ungerechtigkeit und Ungleichheit in der Strafzumessungspraxis die Aufmerksamkeit der chinesischen Gesetzgeber und Justizbeamten erregt. Dies führte zu umfangreichen und langfristig angelegten Reformbemühungen, die darauf

241 Vgl. Xiong.M., FZXDHYJ, 2021, S. 116(118).
242 Vgl. Zuo.W., FXYJ, 2010, S. 149(150).
243 Zuo.W., a.a.O. S. 151.
244 Zuo.W., a.a.O. S. 152.

abzielten, den Entscheidungsspielraum der Richter bei der Strafzumessung zu begrenzen. Diese Bemühungen zeugen von einem Bestreben, die Rechtsprechung transparenter, gerechter und vorhersehbarer zu gestalten, indem quantifizierbare und standardisierte Kriterien für die Strafzumessung eingeführt werden.

Zweitens wurde von den Verantwortlichen für die Strafzumessungsreform in China von Beginn an die Notwendigkeit erkannt, dass eine Beschränkung des richterlichen Ermessens nicht nur bei den materiellen Strafzumessungsnormen ansetzen muss, sondern auch bei den Verfahrensnormen. Dieser Ansatz spiegelt das Verständnis wider, dass für eine effektive Reform sowohl die inhaltlichen Aspekte der Strafzumessung als auch die prozessualen Mechanismen, die diese anleiten und kontrollieren, angegangen werden müssen. Durch die Einführung klarer Verfahrensregeln und die Stärkung der Rolle der Staatsanwaltschaft und der Verteidigung im Strafzumessungsprozess sollte eine gerechte Anwendung der Strafzumessungsnormen sichergestellt werden. Diese Erkenntnisse sind von zentraler Bedeutung für die weitere rechtsvergleichende Analyse dieser Arbeit.

Teil 3. Grundliegende Fragen der vergleichenden Arbeit: Begriffsdefinition, Reformbedarf und Kontrollinstrumente

A. Einleitung

Nun soll rechtsvergleichend untersucht werden, wie eine verfahrensrechtliche Beschränkung des richterlichen Entscheidungsspielraums bei der Strafzumessung ermöglichst werden kann. Dafür müssen zunächst einige grundlegende Fragen zu dieser Untersuchung beantwortet werden:

1. Wie ist der Begriff des „richterlichen Entscheidungsspielraum bei der Strafzumessung" zu verstehen? Gibt es einen Unterschied zwischen dem im vorhergehenden Teil mehrfach erwähnten Begriff „Entscheidungsspielraum" und dem in Deutschland üblicherweise verwendeten „Ermessensspielraum" bei der Strafzumessung? In einer rechtsvergleichenden Untersuchung zwischen zwei Ländern mit unterschiedlichen Rechtssystemen und juristischen Traditionen wie China und Deutschland ist es wichtig, festzustellen, dass beide Seiten ein gemeinsames Verständnis der im Vergleich verwendeten Kernbegriffe haben. (B.)
2. Gibt es in China und Deutschland einen Bedarf, die richterlichen Entscheidungsspielräume bei der Strafzumessung stärker einzuschränken? Für China wurde die Notwendigkeit bereits oben durch empirische Befunde und Fallstudien belegt, eine Reihe von Reformen nach 2010 hat die Problematik bereits aufgegriffen. Zu klären bleibt jedoch, ob es auch in Deutschland ein ähnliches Bedürfnis nach stärkerer Einschränkung von Strafzumessungsspielräumen gibt. (C.)
3. Kann eine Einschränkung der richterlichen Entscheidungsspielräume sinnvollerweise auch durch verfahrensrechtliche Instrumente erfolgen? Die justiziellen Reformen zur Strafzumessung in China betreffen schließlich nicht nur die Verfeinerung der materiellen Strafnormen, sondern auch Änderungen im Verfahrensrecht, die mindestens als ebenso wichtig erachtet werden. Hier stellt sich die Frage nach den Besonderheiten der Kontrollmaßnahmen aus verfahrensrechtlicher Perspektive. Und in welcher Weise flankieren sie die materiellen Strafnormen, um eine effektive Kontrolle der richterlichen Entscheidungsspielräume zu gewährleisten? All diese Fragen müssen auch im Hinblick auf eine etwaige Strafzumessungsreform in Deutschland beantwortet werden (D.)

B. Die Bedeutung des richterlichen Entscheidungsspielraums bei der Strafzumessung

Aus der Darstellung des chinesischen Strafmaßgesetzes und der zugehörigen Reformprozesse ging hervor, dass das chinesische Strafrecht die Begriffe „量刑“ (liang xing, Strafzumessung) und „法官自由裁量权“ （fa guan zi you cai liang quan, richterlicher Entscheidungsspielraum） ziemlich weit gefasst verwendet. Um eine gemeinsame Grundlage für den späteren Vergleich zwischen dem chinesischen und dem deutschen Recht zu schaffen, muss zunächst das Verständnis des Begriffs „Strafzumessung“ im deutschen Schrifttum und in der Rechtsprechung geklärt werden. (I.) Anschließend wird dieses Verständnis in den vielschichtigen Strafzumessungsvorgang eingeordnet und darauf hingewiesen, dass diese enge Auffassung von Strafzumessung die zahlreichen in der deutschen Strafzumessungspraxis verborgenen richterlichen Spielräume außer Acht lässt. (II.) Schließlich wird die jenseits der normativen Perspektive liegende, als sozialer Prozess verstandene Strafzumessung vorgestellt, was auch als gemeinsame Grundlage für den Vergleich der Strafzumessungsnormen zwischen Deutschland und China dienen wird. (III.)

I. Die Strafzumessung als Ausübung des tatrichterlichen Ermessens

Nach dem Prinzip der Gewaltenteilung ist die Judikative, repräsentiert durch den Richter, verantwortlich für die Auslegung und Anwendung der vom Gesetzgeber erlassenen Gesetze in individuellen Fällen. Das klassische Ideal von Montesquieu, dass Richter „nur der Mund, der die Worte des Gesetzes ausspricht und willenlose Wesen, die weder seine Schärfe, noch seine Strenge zu mildern vermögen“ („la bouche, qui prononce les paroles de la loi“) sind,[245] wurde längst aufgegeben, da der Gesetzgeber nicht alles vollständig regeln kann. [246] Bei der Strafzumessung ist daher der faktische Spielraum, wie *Kaspar* beschreibt, das Ergebnis der „Komplexität der Materie und der fehlenden Möglichkeit, alle relevanten Umstände des Einzelfalls vorab abstrakt-generell zu beschreiben.“ [247]

245 Montesquieu, 1951, XI. Buch Kap. 6, S. 225.
246 Puppe, NStZ 2012, S. 409(409).
247 Kaspar, 2018, C 94.

Dieser richterliche Spielraum lässt sich in zwei Begriffe unterteilen: Hat der Gesetzgeber erkannt, dass er nicht jeden regelungsbedürftigen Sachverhalt voraussehen kann und deshalb eine Norm so ausgestaltet, dass dem Rechtsanwender bei der Anwendung ein Spielraum bleibt, wird dieser Spielraum als Ermessen bezeichnet. [248] Hat der Gesetzgeber eine Norm nicht so formuliert und die auslegungsbedürftigen Rechtsbegriffe in dieser Norm nicht (z.B. durch Rechtsprechungen) detailliert ausgelegt, dann könnte dem Rechtsanwender bei eigener Auslegung des unbestimmten Rechtsbegriffs ein Beurteilungsspielraum zustehen.[249] Diese Begriffe stammen ursprünglich aus dem öffentlichen Recht[250], werden aber inzwischen auch im Strafrecht verwendet. [251]

Bei der Strafzumessung steht dem Richter ein erheblicher Spielraum zu, da die Strafzumessung wesentlich „ein zugleich tatrichterlicher Wertungsakt und Rechtsanwendung auf einen bestimmten Strafzumessungssachverhalt unter den vom Gesetzgeber formulierten Strafzumessungskriterien und -leitlinien“ ist.[252] Als Wertungsakt ist die Strafzumessungsentscheidung „das Werk einer gefestigten Richterpersönlichkeit“[253], die auch die unvermeidbaren Wertungsschwankungen des ein und desselben Urteilenden einkalkuliert[254] und mit starrer Rechtsanwendung wenig zu tun hat. Nach h.M. wird dieser richterliche Spielraum bei der Strafzumessung grundsätzlich als tatrichterliches Ermessen angesehen,[255] da im StGB jede entsprechende Rechtsfolge einer Straftat einen Strafrahmen hat (Ausnahme: § 211 Abs. 1 StGB) und die Rechtsprechung längst die Spielraumtheorie entwickelt hat, wonach die zu verhängende Strafe in einem schuldangemessenen Rahmen liegen müsse und das Tatgericht insoweit einen nicht revisiblen Spielraum habe.[256]

248 Hufen, ZJS 2010, S. 603(603).

249 Hufen, ZJS 2010, S. 603(606). Im öffentlichen Recht ist der Begriff „Ermessen“ durch Gesetze definiert (§ 40 VwVfG/Art. 40 BayVwVfG) und der Begriff „Beurteilungsspielraum“ durch Rechtsprechungen anerkennt, z.B. in BVerwGE 8, 272(274).

250 Rainer, ZStW 108(2009), S. 494(494); vgl. Herdegen, JZ 1991, S. 747(747); Hufen, ZJS 2010, S. 603(603).

251 Rainer, ZStW 108(2009), S. 494(494ff); Kuhli, in: Effer-Uhe/Hoven/Kempny/Rösinger, 2016, S. 189(189f).

252 BGH NJW 2008, 672. Vgl. BVerfG, NJW 2007, 2977; Streng, 2012, Rn. 657.

253 Frisch, 1971, S. 69.

254 Streng, 2012, Rn. 658.

255 Streng, 2012, Rn. 655; BGH NStZ 1990, 334; BGH NJW 2008, 672.

256 BGHSt 7, 86(89); 17, 35(36); SSW-StGB/Eschelbach, 2024, § 46 Rn. 53.

Die Ausübung des Ermessens ist jedoch nicht willkürlich, was bedeutet, dass der Richter die Art und Höhe der verhängten Strafe nicht nach freiem Ermessen entscheiden darf. Vielmehr ist er verpflichtet, die erforderlichen Abwägungen und Umwertungen im Rahmen der normativen Vorgaben vorzunehmen und dabei die mit der Strafe verfolgten Zwecke zu berücksichtigen.[257] Solche normative Vorgaben sind z.B. die in § 46 Abs. 2 StGB liegende Relevanzregel[258], die besonders wichtigen Strafzumessungsumstände nicht abschließend („namentlich") aufzählt, die der Richter bei der Strafzumessung berücksichtigen soll.[259] Die Kontrolle von Rechtsfragen durch das Revisionsgericht beschränkt sich auf die Einhaltung dieser rechtlichen Schranken und nicht auf die Ermessensausübung innerhalb dieser Schranken.[260]

Dieses Verständnis der Strafzumessung als eine Kombination des tatrichterlichen Wertungsakts und der Rechtsanwendung führt dazu, dass die Strafzumessung als eine grundsätzlich dem Tatgericht obliegende Aufgabe betrachtet wird, die auf der Grundlage des umfassenden Eindrucks erfolgt, den es in der Hauptverhandlung von der Tat und der Persönlichkeit des Täters gewonnen hat.[261] Zwar ist der Rechtsfolgenausspruch als Rechtsanwendung durch das Revisionsgericht überprüfbar, doch ist seine Revisibilität stark eingeschränkt, da allein das Tatgericht selbst einen umfassenden Eindruck von Tat und Täter gewinnen kann. Das Revisionsgericht kann daher nur im Falle eines Rechtsfehlers eingreifen, was im letzten Teil der Arbeit noch zu vertiefen sein wird[262].

Zusammenfassend steht dem Richter bei der Strafzumessung ein enormer Spielraum zu, der nach h.M. in Deutschland als rechtlich gebundenes Ermessen angesehen wird.[263] Diese Ansicht basiert allerdings auf zwei vermuteten Eigenschaften der Strafzumessung:

---

257 Meier, 2019, S. 166.

258 Anders als eine Entscheidungsregel legt die Relevanzregel fest, welche Kriterien bei der Entscheidung zu berücksichtigen sind. Solche Relevanzregeln können in Bezug auf alle unbestimmten Rechtsbegriffe und wertenden Gesetzesbegriffe formuliert werden., siehe: Neumann, ZStW 136(2024), Rn. 103(123).

259 NK/Streng, § 46 Rn. 51.

260 Frisch, 1971, S. 76.

261 BGHSt 17 35 f.; LK/Schneider, §46 Rn. 320.

262 Vgl. Teil 6. C. III. (Seiten 306 ff.) mit konkreten Beispielen.

263 Meier, 2019, S. 166.

1. die Strafzumessung sei bloß eine Kombination von Rechtsanwendungs- und Wertungsakt[264], bei der der Richter die schon festgestellten Tatsachen unter die gegebenen Strafzumessungskriterien und -leitlinien subsumiert und durch Abwägung und Umwertung die Strafe verhängt; und
2. die Strafzumessung werde nur als ein normativer Entscheidungsvorgang angesehen und der Strafzumessungsspielraum (Ermessen) sei nur auf normative Weise (nachhaltige revisionsrichterliche Überprüfung) zu kontrollieren.

II. Die Strafzumessung als ein vielschichtiger Vorgang

1. Die erste Phase: Strafrahmensbestimmung

In Deutschland wird die Strafzumessung als ein Vorgang definiert, bei dem das Gericht aus den in Frage kommenden Strafen und Strafhöhen diejenige Strafe auswählt, die für den konkreten Einzelfall angemessen ist.[265] Diese enge Definition könnte jedoch dazu führen, dass die Strafzumessung nur als eine Auswahl von Wertungen und Rechtsanwendung innerhalb eines bestimmten Strafrahmens angesehen wird. Die sogenannte „eigentliche" Strafzumessung[266], also die Zumessung von Strafen, ist jedoch nur ein Teil des Strafzumessungsvorgangs, welcher tatsächlich höchst komplex und vielschichtig ist.[267]

Um die Komplexität der Strafzumessung rational zu analysieren, haben viele Wissenschaftler eigene Schemata entwickelt und den vielschichtigen Vorgang in einige Einzelphasen aufgelöst. In den fünfziger Jahren des vergangenen Jahrhunderts hat *Spendel* die Strafzumessungsgründe in finale, reale und logische eingeführt: Finale Strafzumessungsgründe sind die Strafzwecke, reale Gründe die Strafzumessungstatsachen und logische Gründe die Strafzumessungserwägungen.[268] *Bruns* hat *Spendels* Theorie modifiziert und die Struktur des Strafzumessungsaktes in fünf Phasen gegliedert.[269] Jüngst stellten mehrere Wissenschaftler, etwa *Meier*[270], in Lehrbüchern und Aufsätzen neuformulierte Schemata vor. In all diesen Ordnungsschemata

264 Kett-Straub/Kudlich, 2021, § 9 Rn. 1; Streng, 2012, Rn. 479.
265 Kett-Straub/Kudlich, 2021, § 9 Rn. 1; Vgl. Kropp, JA 2000, S. 700(700ff.).
266 Streng, 2012, Rn. 479.
267 Vgl. Frisch, 1971, S. 7; Bruns/Güntge, 2019, Kap. 1 Rn. 18.
268 Vgl. Spendel, 1954, S. 191 ff; Bruns/Güntge, 2019, Kap. 1 Rn. 19; Streng, 2012, Rn. 650.
269 Bruns, ZStW 94(1982), S. 115; Bruns/Güntge, 2019, Kap.1 Rn. 18 ff.
270 Meier, 2019, S. 166 ff.

sind die folgenden drei wichtigsten Phasen im Strafzumessungsvorgang unverzichtbar:

Als Ausgangspunkt muss der Richter zunächst den gesetzlichen Strafrahmen für den Einzelfall bestimmen. Bei der Strafrahmensbestimmung hat der Richter nicht nur den Regelstrafrahmen, der dem verwirklichten Grund- und Qualifikationstatbestand entnommen wird, sondern auch den Sonderstrafrahmen (etwa den minder oder besonders schweren Fall) und die Voraussetzungen der Strafrahmensverschiebung nach § 49 StGB zu untersuchen.[271] Der Vorgang, bei dem der Gesetzgeber für jede Straftat einen entsprechenden Strafrahmen bestimmt, ist jedoch im Wesentlichen dem richterlichen Strafzumessungsakt sehr ähnlich, da die Abstufung und Rangordnung der strafrechtlichen Rechtsgüter und die abschließende Bestimmung der Strafhöhe beide von der gleichen vorweggenommenen Wertabstufung der Gesellschaft und den Strafzwecken (Vergeltung, General- sowie Spezialprävention) abhängig sind.[272] Der Tatbestand stellt deswegen einen übergeordneten Strafzumessungsgrund für jede Straftat dar, was durch wichtige Strafzumessungsregeln wie das Verbot der Doppelverwertung von Tatbestandsmerkmalen (§ 46 Abs. 3 StGB) und strafmildernden Umständen (§ 50 StGB) unterstützt wird.[273]

Eine Besonderheit liegt jedoch darin, dass der Richter bei der Strafrahmensbestimmung verfassungsrechtlich (Art. 97 Abs. 1 GG) an die gesetzgeberische Vorwertung gebunden ist. Die Macht der gesetzlichen Strafbemessung, für jede Straftat einen spezifischen Strafrahmen zu bestimmen, liegt beim Gesetzgeber und unterscheidet sich daher grundlegend von der richterlichen Strafzumessung.[274] Hier ist die richterliche Strafrahmenbestimmung als „normale Rechtsanwendung“[275] und deshalb uneingeschränkt revisibel.[276] Dies bedeutet jedoch nicht, dass der Richter bei der Strafrahmensbestimmung gar keinen Spielraum hat. Die Rechtsprechung lässt die Gesamtabwägung im Einzelfall zu, wenn bei der Strafrahmensbestimmung eine Wertung erforderlich ist, wie bei den Fällen der fakultativen Strafmilderung nach dem §§ 13 StGB (Unterlassen), 17 StGB (Verbotsirrtum), 21 StGB (erheblich verminderte Schuld), 23 StGB (Versuch) sowie bei

271 Kett-Straub/Kudlich, 2021, § 9 Rn. 32; Meier, 2019, S. 176ff.
272 Bruns/Güntge, 2019, Kap. 4 Rn. 1.
273 Bruns/Güntge, a.a.O. Kap. 10 Rn. 1; Kett-Straub/Kudlich, 2021, § 9, Rn. 38.
274 Bruns/Güntge, a.a.O. Kap. 1 Rn. 14.
275 Kudlich/Koch, NJW 2018, S. 2762(2763).
276 MüKoStGB/Meier, § 46 Rn. 130.

den besonders oder minder schweren Fällen.[277] Beispielsweise enthält sich der Gesetzgeber bei den unbenannten minder und besonders schweren Fällen der Festlegung der Voraussetzungen für die Strafrahmenverschiebung (unbestimmte Rechtsbegriffe) und räumt dem Richter einen nicht näher konkretisierten Beurteilungsspielraum ein.[278] Das BVerfG hält den richterlichen Beurteilungsspielraum bei „besonders schwerer Fall" trotz des Bestimmtheitsgrundsatzes (Art. 103 Abs. 2 GG) für verfassungsrechtlich unbedenklich, wenn sich „mit Hilfe der üblichen Auslegungsmethoden, insbesondere durch Heranziehung anderer Vorschriften desselben Gesetzes, durch Berücksichtigung des Normzusammenhangs oder aufgrund einer gefestigten Rechtsprechung eine zuverlässige Grundlage für die Auslegung und Anwendung der Norm" gewinnen lässt.[279]

2. Die zweite Phase: Feststellung der strafzumessungserheblichen Tatsachen

In der zweiten wichtigen Phase der Strafzumessung muss der Richter die für die Strafzumessung bedeutsamen Tatsachen feststellen. Diese Phase ist zweistufig: Zunächst ist zu entscheiden, welche Tatsachen strafzumessungserheblich sind. Anschließend muss die Glaubwürdigkeit dieser Tatsachen festgestellt werden. Im Vergleich zum materiellen Strafrecht betreffen sie mehr prozessuale Aspekte.

Der erste Schritt wird aus prozessualer Perspektive so formuliert, dass zu klären ist, welche Beweismittel wegen ihrer Bedeutung für die Strafzumessung in der Hauptverhandlung aufgenommen werden sollen. Dabei sind alle für die Strafzumessung relevanten Tatsachen in der gesetzlich vorgeschriebenen Form unter Beachtung der Prozessmaximen der Mündlichkeit, Unmittelbarkeit und Öffentlichkeit aufzuklären (Strengbeweis).[280] Da die Beweisaufnahme der nachfolgenden richterlichen Strafzumessung dient, beruht die Beurteilung, welche Beweismittel für die Rechtsfolgen von Bedeutung sind, auf den in § 46 StGB festgelegten Grundsätzen der Strafzumessung.

---

277 Schäfer/Sander/van Gemmeren, 2017, Rn. 884.
278 Meier, 2019, S. 178.
279 BVerfGE 45, 363 (371 f.).
280 vgl. etwa BGH NStZ 1985, 466(468); StV 2006, 118(119); Meyer-Goßner/Schmitt, § 244 Rn. 6; LR/Becker, § 244 Rn. 17 m.w.N.

Diese Beurteilung darf nicht willkürlich sein, wobei das Gericht verpflichtet ist, von Amts wegen aller strafzumessungserheblichen Beweismittel aufzunehmen (Aufklärungspflicht nach § 244 Abs. 2 StPO). Der Richter muss die Strafzumessungstatsachen möglichst vollständig ermitteln, jedenfalls prozessual korrekt feststellen und nachweisen. Wahrunterstellungen vor Erschöpfung naheliegender Beweismittel sind unzulässig,[281] da „nur dann das Revisionsgericht an sie (die Strafzumessungstatsachen) gebunden ist und nur dann sie eine tragfähige sichere Grundlage für die Bemessung der Strafe und deren Kontrolle bilden."[282] Außerdem sind die Prozessbeteiligten berechtigt, einen Beweisantrag zu stellen, wenn der Antragsteller ernsthaft verlangt, Beweis über eine bestimmte behauptete konkrete Tatsache, die die Rechtsfolgenfrage betrifft (§ 244 Abs. 3 S. 1 StPO). Das Gericht darf einen solchen Beweisantrag nur mit einem begründeten Gerichtsbeschluss ablehnen.[283] Die zulässigen Ablehnungsgründe sind im Gesetz erschöpfend aufgezählt.[284]

Trotz der Aufklärungspflicht und des Begründungszwangs bei der Ablehnung steht dem Richter in diesem Schritt noch Spielraum zur Verfügung. Beispielsweise sind die persönlichen Verhältnisse (§ 46 Abs. 2 StGB) für die Strafzumessung erheblich, deren Ermittlungsumfang jedoch in der Praxis von Fall zu Fall variiert. Einheitliche Kriterien lassen sich nicht aufstellen.[285] Bei massentypischen Bagatelltaten kann der Richter daher weitgehend auf detaillierte Ermittlung zu den persönlichen Verhältnissen verzichten, sofern es sich um typische Durchschnittsfälle handelt und keine einschlägigen Vorstrafen oder besondere Umstände in Bezug auf die Tat oder deren Rechtsfolgen vorliegen.[286] Darüber hinaus wird die Aufklärungspflicht durch Schätzklauseln des materiellen Strafrechts (etwa §§ 40 Abs. 3, 73b, 73d Abs. 2, 74c Abs. 3 StGB) beschränkt, wonach der Richter nicht alle für die Berechnung der Rechtsfolgen notwendigen Einzelheiten klären muss, sondern sie im Interesse der Verfahrenserleichterung nach der Lebenserfahrung schätzen kann.[287] Außerdem gibt es bei den im Gesetz aufgezählten Ablehnungsgründen auch Möglichkeiten, dass der Richter „nach dem pflichtgemäßen Ermessen" selbst entscheidet (§ 244 Abs. 5 S. 1

---

281 Schäfer/Sander/van Gemmeren, 2017, Rn. 1292.

282 Bruns/Güntge, 2019, Kap. 20 Rn. 1.

283 Meyer-Goßner/Schmitt, § 244 Rn. 82.

284 BGH 29, 149(151); vgl. Meyer-Goßner/Schmitt, § 244 Rn. 82.

285 Schäfer/Sander/van Gemmeren, 2017, Rn. 1293.

286 Schäfer/Sander/van Gemmeren, 2017, Rn. 1294.

287 LR/Becker, § 244 Rn. 11; Meyer-Goßner/Schmitt, § 244 Rn. 15.

und 3 StPO), sofern die Ausübung dieses Ermessens die Sachaufklärung nicht beeinträchtigt.[288]

Im zweiten Schritt dieser Phase beschäftigt sich der Richter mit der Feststellung der strafzumessungserheblichen Tatsachen basierend auf den aufgenommenen Beweismitteln. Dies umfasst zunächst die Verwertung der strafzumessungserheblichen Beweismittel. Nach dem Grundsatz der freien richterlichen Beweiswürdigung (§ 261 StPO) gibt es keine verbindliche Beweisregel, die festlegt, welche Überzeugung ein Richter aufgrund bestimmter Beweismittel haben muss, insbesondere welchen Wert er diesen Beweisen beimessen soll,[289] da zur Überzeugung nicht nur eine „rational-objektive Grundlage“[290], sondern auch die „persönliche Gewissheit des Richters“[291] erforderlich ist. Die Gemeinsamkeit von Strafzumessung und Beweiswürdigung besteht darin, dass die Entscheidungsfindungen so höchstpersönlich sind, dass sie nur beschreibend verbalisiert werden können (§ 46 StGB für Strafzumessung und § 261 StPO für Beweiswürdigung), was dem Richter ein enormes Ermessen einräumt.[292]

Die Feststellung der strafzumessungserheblichen Tatsachen ist dennoch ein rechtlich gebundener Akt, bei dem der Grundsatz „in dubio pro reo“ als Entscheidungsregel eine wichtige Rolle spielt. Dieser Grundsatz gibt nicht vor, wie der Tatrichter die Beweismittel zu würdigen hat, sondern greift erst nach abgeschlossener Beweiswürdigung ein und erfordert vom Richter, bei Anwendung des materiellen Strafrechts, jeden nach umfassender Beweiswürdigung nicht behebbare Zweifel zugunsten des Angeklagten auszulegen.[293] Obwohl der Zweifelssatz unstrittig auf die rechtsfolgenbezogenen Tatsachen anwendbar ist[294], hat der Richter im Vergleich zur Schuldfrage größeren Spielraum bei der Feststellung der strafzumessungserheblichen Tatsachen. Für die strafzumessungserheblichen prognostischen Erwägungen, etwa der Gefährlichkeitsprognose, und die Feststellung der für die Beurteilung der Prognose erheblichen Tatsachen (umstritten![295]), ist

288 LR/Becker, § 244 Rn. 53.

289 Vgl. BGH NStZ 14, S. 475(475); BGH StV 88, S. 239(239); Meyer-Goßner/Schmitt, § 261, Rn. 11; LR/Sander, § 261 Rn. 13 m.w.N.

290 Fezer, StV 1995, S. 95(100).

291 BGH StV 1993, S. 510(510).

292 Vgl. SSW-StGB/Eschelbach, § 46 Rn. 1.

293 Vgl. Meyer-Goßner/Schmitt, § 261, Rn. 26; LR/Sander, § 261 Rn. 182.

294 Vgl. BGH, Beschl. vom 15.08.2007 – 2 StR 342/07.

295 Die Befürworter glauben, dass der Zweifelssatz nicht für einzelne Tatsachen bei der Schuldfeststellung gilt. Bestehen nach der Beweiswürdigung noch Zweifel, entscheidet das Gericht zugunsten des Angeklagten. Bei Prognosen wird meist verneint, dass

der Richter nicht durch den Zweifelssatz beschränkt, weil man von einer zukünftigen menschlichen Entwicklung nicht überzeugt sein kann.[296]

3. Die dritte Phase: Umsetzung der Strafzumessungstatsachen in ein bestimmtes Strafmaß

Die dritte Phase bezieht sich auf die obengenannte enge Definition der Strafzumessung (Siehe: 3.Teil B. II. 1.), nämlich den Vorgang, dass der Richter alle festgestellten Strafzumessungstatsachen miteinander abwägt und das Abwägungsergebnis in ein bestimmtes Strafmaß umwandelt. Dabei geht der Ausgangspunkt vom gesetzlichen Strafrahmen aus. Seit dem Jahr 1960 erkennt die Rechtsprechung an, dass der gesetzliche Strafrahmen eine relative Abstufung von Strafen nach deren Schweregrad enthält, [297] sodass das gesetzliche Mindestmaß der Strafe entsprechend der Untergrenze für die denkbar leichtesten Fälle ist, während die denkbar schwersten Fälle an der Obergrenze des Strafrahmens angesiedelt sein müssen.[298] In diesem Sinne sind die Strafrahmen „Ausdruck des arbeitsteiligen Zusammenwirkens zwischen Gesetzgeber und Gericht bei der Findung des richtigen Strafmaßes“[299], da durch die von Untergrenze bis Obergrenze des Strafrahmens gestellte kontinuierliche Schwereskala ersichtlich wird, welche Strafe der Gesetzgeber im Einzelfall dem Richter vorgibt. Darüber hinaus hat die Rechtsprechung die Spielraumtheorie entwickelt, um das richterliche Ermessen innerhalb des Strafrahmens zu begrenzen.[300] Nach dieser gegenwärtig dominierenden Strafzumessungslehre[301] muss der Richter innerhalb des anwendbaren gesetzlichen Strafrahmens einen auf den Fall bezogenen Schuldrahmen bestimmen und bei der Feststellung des Strafmaßes die Schuldüberschreitung sowie -unterschreitung vermeiden.[302]

---

bei Unsicherheit zugunsten des Angeklagten entschieden werden muss, da dann keine „Erwartung“ straffreier Führung vorliegt. vgl. Schäfer/Sander/van Gemmeren, 2017, Rn. 204. a.A. siehe z.B. Bruns/Güntge, 2019, Kap. 21 Rn. 13.

296 Schäfer/Sander/van Gemmeren, 2017, Rn. 1301. vgl. LR/Sander, § 261, Rn. 27.

297 OLG Stuttgart MDR 1961, S. 343(343f).

298 Vgl. Meier, 2019, S. 238; Schäfer/Sander/van Gemmeren, 2017, Rn. 1165.

299 Meier, 2019, S. 238 f.

300 Vgl. BGHSt 7, 28ff., 32; BGHSt 20, 264ff., 266f.; BGHSt 24,132ff., 133f.

301 Vgl. Spendel, 1954, S. 176 ff; Streng, 2012, Rn. 626 ff.; Schäfer/Sander/van Gemmeren, 2017, Rn. 1158 ff; Güntge, ZIS 2018, S. 384(384 ff.); Meier, 2019, S. 171 f; Kett-Straub/Kudlich, 2021, § 9 Rn. 10 ff.

302 Vgl. Güntge, ZIS 2018, S. 384(384ff.); Streng, 2012, Rn. 626.

Es ist jedoch schwer zu leugnen, dass weder der gesetzliche Strafrahmen noch die Spielraumtheorie eine ausreichende Leitlinie anbietet, etwa eine Fixierung desStrafmaßes in Tabellenform wie in den USA[303], die den richterlichen Spielraum bei dem Umsetzungsvorgang erheblich begrenzen kann. Dies bedeutet, dass trotz der strukturellen und normativen Vorgaben diese Phase „ein unvermeidlich breites Einfallstor der Individualität des Urteilenden in die Strafzumessung“[304] darstellt und dabei immer noch ein enormer Ermessensspielraum bleibt, innerhalb dessen der individuelle Richter seine eigene Bewertung und Gewichtung der Strafzumessungstatsachen vornehmen kann. Dabei spielen persönliche Ansichten und Wertungen des Richters eine Rolle, was zu einer gewissen Varianz in den verhängten Strafen führen kann.

4. Zusammenfassung

In jeder der obengenannten Phasen der Strafzumessung gibt es richterliche Spielräume. Die Ansicht der Rechtsprechung, den Strafzumessungsspielraum als tatrichterliches Ermessen anzusehen, beschränkt den vielschichtigen Strafzumessungsvorgang nur auf den „tatrichterlichen Wertungsakt und Rechtsanwendung auf einen bestimmten Strafzumessungssachverhalt unter den vom Gesetzgeber formulierten Strafzumessungskriterien und -leitlinien“.[305] Obwohl die Umsetzung der Strafzumessungstatsachen in ein bestimmtes Strafmaß zugleich als „Kernphase“ und „Achillesferse der Strafzumessung“[306] angesehen wird und daher von manchen Wissenschaftlern als der „Strafzumessungsvorgang im engeren Sinne“[307] bezeichnet wird, ist es unverzichtbar, alle wichtigen Phasen des Strafzumessungsvorgangs und darin liegende richterliche Spielräume zu berücksichtigen, wenn man den sehr divergenten und apokryph wirkenden Strafzumessungsvorgang vereinheitlichen und rationalisieren möchte.

Nach dem im zweiten Teil vorgestellten chinesischen Strafzumessungsrecht ist leicht zu erkennen, dass die Begriffe „Strafzumessung“ und „richterlicher Entscheidungsspielraum“ in China in einem weiteren Sinn verwendet werden. Aus chinesischer Perspektive sind die Tatsachen, die die

303 Kaspar, 2018, C 83.
304 Streng, 2012, Rn. 531.
305 BGH NJW 2008, 672; vgl. BVerfG, NJW 2007, 2977; Streng, 2012, Rn. 657.
306 Giannoulis, 2014, S. 8; vgl. Frisch, ZStW 99(1987), S. 751(794).
307 Pallin, 1982, Rn. 99 ff.; vgl. Frisch, ZStW 99(1987), S. 751(783).

Strafrahmensbestimmung beeinflussen könnten (etwa die vertypte Milderungsgründe sowie die im besonderen Teil StGB liegende minder und besonders schwere Fälle), und die in § 46 Abs. 2 StGB aufgezählten Strafzumessungstatsachen im Wesentlichen gleich, da beides nach vergeltenden und/oder präventiven Gedanken für die Strafzumessung entscheidend sein sollten (Doppelverwertungsverbot). Der einzige Unterschied liegt darin, dass Erstere größeren Einfluss auf die Feststellung des Strafmaßes (nämlich die Strafrahmenverschiebungswirkung, siehe 2.Teil, B. II. 4.) haben. Daher reguliert der Gesetzgeber diese Tatsachen detaillierter und räumt dem Richter weniger Spielraum ein.

Außerdem ist bemerkenswert, dass die Beweisaufnahme und -würdigung der für die Strafzumessung erheblichen Beweismittel auch ein großer Teil des chinesischen Strafzumessungsrechts und seiner Reform ist. Obwohl die Ermittlung und Verwertung der Strafzumessungstatsachen ganz entscheidend für die Strafzumessung ist[308], werden die richterlichen Spielräume dabei vergleichsweise wenig im Schrifttum berücksichtigt, wenn die Beschränkung des richterlichen Spielraums bei der Strafzumessung in Deutschland diskutiert wird.[309] Soweit die Feststellung der Strafzumessungstatsachen zu einer unverzichtbaren Phase des Strafzumessungsvorgangs gehört, ist es jedoch ganz offensichtlich, dass die Strafzumessung sich nicht nur auf die Rechtsanwendung, sondern auch auf die Tatsachenermittlung bezieht.

Wenn das Ziel darin liegt, das chinesische und deutsche Strafzumessungsrecht auf die gleiche Ebene vergleichbar zu machen, um die Möglichkeiten der Vereinheitlichung und Rationalisierung des Strafzumessungsvorgangs zu erforschen, muss die richterliche Strafzumessung als ein vielschichtiger Vorgang verstanden werden, wobei die in jeder Phase auftauchenden Spielräume zu berücksichtigen sind. Damit erscheint der chinesische Begriff „Entscheidungsspielraum“ passender als das in der deutschen Rechtsprechung verwendete „Ermessen“, da dieser – aus dem Verwaltungsrecht stammend – nicht in der Lage ist, die nicht im Gesetz vorliegenden Spielräume (Beurteilungsspielraum) und die Spielräume bei der Tatsachenseite (etwa die freie Beweiswürdigung) zu umfassen.

---

308 Vgl. Bruns/Güntge, 2019, Kap. 20 Rn. 1; Schäfer/Sander/van Gemmeren, 2017, Rn. 1274 ff.

309 z.B. siehe die diversen Stellungnahmen im Schrifttum über die Strafmaßdisparitäten im Jahre 2018, damals wurde das Thema in der Strafrechtsabteilung des 72. Deutschen Juristentages diskutiert. vgl. Kaspar, 2018, C 104ff; Grosse-Wilde, ZIS 2018, S. 130(130ff.); Streng, StV 2018, S. 593(594ff.); Kudlich/Koch, NJW 2018, S. 2762(2763ff.).

III. Die Strafzumessung als ein sozialer Prozess

In früherer Zeit wurde die Strafzumessung als reine Ermessensentscheidung des Richters angesehen.[310] Um die Strafzumessung zu nominieren, wurden in der Folgezeit in Deutschland immer mehr Strafzumessungsregeln entwickelt, so dass der Ermessensspielraum des Richters allmählich durch die revisionsrichterliche Überprüfung der Rechtsanwendung eingeschränkt wurde.[311] Auch in der jüngeren Diskussion über die Vereinheitlichung des Strafmaßes auf dem 72. Deutschen Juristentag (DJT) ging die Mehrheit der Stellungnahmen noch in die gleiche Richtung, in der Hoffnung, dass der richterliche Ermessensspielraum durch die Verfeinerung der Strafzumessungsregeln weiter eingeschränkt werden könnte.[312]

Diese Lösung beruht jedoch auf einer impliziten logischen Prämisse, nämlich der, dass es eine Dichotomie zwischen Rechtsnormen und Spielraum gibt. Spielraum, verstanden aus dieser normativen Perspektive, ist das „Loch", das die Rechtsnormen in der normativen Welt hinterlassen. Er wird immer durch sein Gegenteil, die bereits bestehenden Rechtsnormen, definiert. *Dworkin* hat diese Dichotomie mit einem Doughnut verglichen: „Discretion, like the hole in a doughnut, does not exist except as an area left open by a surrounding belt of restriction."[313] Je knapper die Rechtsnormen in einem bestimmten Bereich sind, desto größer ist das „Loch", das im Spielraum zurückbleibt, so die Annahme. Durch eine Verfeinerung der Rechtsnormen in diesem Bereich kann die Ausweitung des Ermessensspielraums begrenzt werden. Wenn beispielsweise Wissenschaftler über die Beschränkung des Ermessensspielraums bei der Strafzumessung sprechen, meinen sie damit die „Zähmung" seiner „Exzesse" durch gesetzliche Vorschriften.[314]

Aber in der Praxis entscheidet die Detailliertheit der Rechtsnormen oft nicht über den tatsächlichen Ermessensspielraum der Richter bei der Strafzumessung. Eine Studie zur Anwendung von Freiheitsstrafen in England und Wales zeigt, dass selbst wenn es aus normativer Sicht viele Alternativen zur Freiheitsstrafe gibt, die Strafrichter letztlich oft dennoch die Freiheitsstrafe verhängen. Sie behaupten häufig, sie hätten „keine andere Wahl",

---

310 Vgl. Spendel, 1954, S. 238; Kaspar, 2018, C 93.

311 Vgl. Streng, 2012, Rn. 654 ff; Kaspar, 2018, C 93.

312 Vgl. Kaspar, 2018, C 104 ff; Grosse-Wilde, ZIS 2018, S. 130(130 ff.); Streng, StV 2018, S. 593(594ff.); Kudlich/Koch, NJW 2018, S. 2762(2763ff.).

313 Dworkin, 1977/1978, S. 31.

314 Tata, 2020, S. 28.

als einen Straftäter ins Gefängnis zu schicken.[315] Die Studie legt nahe, dass es verschiedene Gründe gibt, die diese Richter dazu veranlassen, eher Freiheitsstrafen zu verhängen, wie etwa der weit verbreitete Gedanke der Vergeltung. Um jedoch ihr eigenes Schuldgefühl, das durch das Inhaftieren von Menschen entsteht, zu lindern, neigen sie dazu, ihren im normativen Sinne vorhandenen Ermessensspielraum zu leugnen und ihre Strafzumessungsentscheidungen als eine „unvermeidbare Notwendigkeit" darzustellen. Auf diese Weise versuchen sie, ihre eigene moralische Verantwortung zu verringern.[316] In der tatrichterlichen Praxis wird die Strafzumessung, wie von *Meier* gezeigt, „zum Teil auch an Gesichtspunkten orientiert, die in diesem normativen Schema nicht vertreten sind."[317] Ein Beispiel dafür ist die Überlegung des Gerichts, welche Strafe der Angeklagte voraussichtlich akzeptieren und daher keine Rechtsmittel einlegen wird. Ein weiteres Beispiel ist die Berücksichtigung der durch das Strafverfahren entstandenen Kosten bei der Festsetzung einer Geldstrafe.[318]

Nach Ansicht *Tatas* leitet sich die Vorstellung der Dichotomie zwischen Rechtsnorm und Spielraum ursprünglich aus dem Grundgedanken der persönlichen Eigentumsfreiheit ab, der die eigene Freiheit (Eigentumsrecht) von der äußeren Beschränkung (Rechtsnormen) unterscheidet und eine wichtige Rolle in der kapitalistischen Gesellschaft spielt. Eigentum ist hier eine definierende Metapher für eine begrenzte, individualistische und atomistische Art des Selbst.[319] Der ausschließliche Spielraum des Richters bei der Strafzumessung wurde mit einem verfügbaren „Eigentumsrecht" (Macht) verglichen und dies hat zur Entwicklung einer theoretischen Darstellung des Ermessensspielraums bei der Strafzumessung im Gegensatz zu den Rechtsnormen geführt.[320] *Aber die Strafzumessung ist nicht nur ein normativer Prozess, sondern ein sozialer Prozess.*[321] In dieser Perspektive ist die Strafzumessung keine Macht, die dem Richter „gehört", sondern ein kollektiver Entscheidungsvorgang im Rahmen eines sozialen Mechanismus (des Strafverfahrens), an dem mehrere Akteure (auch andere Verfahrensbeteiligte, die Öffentlichkeit usw.) beteiligt sind. Es handelt sich um einen Prozess, in dem die Justizbehörden, von der Polizei über den Staatsanwalt bis zum Richter, zusammenarbeiten, um das Strafmaß für den Angeklagten

315 Tombs/Jagger, BJC 46(2006), p.810.
316 Tombs/Jagger, a.a.O. p.809.
317 Meier, 2019, S. 166.
318 Meier, a.a.O. S. 166.
319 Davies, 2010, S. 116.
320 Vgl. Tata, 2020, S. 28 ff.
321 Tata, a.a.O. S. 5 ff.

festzulegen. Aufgrund des irrationalen und individualisierten Charakters der Strafzumessung selbst muss die Strafzumessung als soziale Tätigkeit von einem Individuum (nämlich dem Richter im Strafverfahren) als Träger der endgültigen Entscheidung vorgenommen werden.

Um den Entscheidungsvorgang des Richters bei der Strafzumessung in der Praxis wirklich zu verstehen, sollte die Vorstellung der Dichotomie zwischen Rechtsnormen und richterlichem Ermessensspielraum nach der hier vertretenen Auffassung aufgegeben werden. Der Weg, der die Strafzumessungsentscheidung des Richters beeinflussen oder kontrollieren kann, beschränkt sich nicht nur auf die ständige Verfeinerung der materiellen Strafzumessungsnormen. Vielmehr können auch verschiedene Elemente des sozialen Prozesses, die die Entscheidungsfindung der Richter beeinflussen, eine Rolle spielen. Aus dieser Perspektive bezieht sich der richterliche Spielraum bei der Strafzumessung offensichtlich nicht nur auf das normative Ermessen, sondern umfasst alle „Entscheidungsspielräume" im gesamten sozialen Prozess. Im Gegensatz zur normativen Perspektive wird die Kontrolle dieses Entscheidungsspielraums nicht nur durch eine nachträgliche Überprüfung (revisionsrichterliche Kontrolle) erreicht. Sie versucht vielmehr, über alle sozialen Mechanismen Einfluss auf die subjektive Initiative des Richters zu nehmen und zielt letztlich darauf ab, den höchstpersönlichen und irrationalen Urteilsfindungsvorgang ein gewisses Maß an öffentlicher und institutioneller Rationalität zu verleihen.

Die Aufgabe des Strafgesetzgebers besteht darin, die Möglichkeiten zu untersuchen, die vielfältige Mechanismen, die sich auf den richterlichen Entscheidungsspielraum bei der Strafzumessung auswirken, in die Rechtsnormen aufzunehmen und die normative Kontrolle des Entscheidungsspielraums durch die Gestaltung von Regeln zu erreichen, etwa wie die Öffentlichkeit der Hauptverhandlung, die innerprozessuale Gewaltenteilung und das Rechtsmittelsystem, die von *Schünemann* schon aufgezählt wurden.[322]

C. Die Beschränkungsbedürftigkeit des richterlichen Entscheidungsspielraums

Im Zuge der Erklärung des Begriffs des Entscheidungsspielraums werden die verschiedenen Arten von Spielraum im Strafzumessungsvorgang unter-

322 Vgl. Schünemann, in:FS-Streng, 2017, S. 755(759f.)

sucht. Es stellt sich die Frage, wie diese Entscheidungsspielräume in einem rationalen Strafzumessungsrecht behandelt werden sollten. Soll die durch die Unabhängigkeit des Richters (Art. 97 Abs. 1 GG; § 25 DRiG) geforderte Strafzumessungsautonomie gewahrt bleiben, indem die Entscheidungsspielräume uneingeschränkt belassen werden, oder sollten sie aus bestimmten Gründen eingeschränkt werden? Darüber hinaus ist zu erörtern, ob das bestehende Strafzumessungsrecht in Deutschland die Kontrollfunktion zufriedenstellend erfüllt. Im Folgenden werden zunächst die Strafzumessungsbeschränkungen aus der doppelten Perspektive von Strafzwecken und Verfassungsnormen beleuchtet (I.). Anschließend wird ein kurzer Überblick über die empirischen Studien zur Strafzumessungsungleichheit in Deutschland gegeben (II.).

I. Die theoretische Beschränkung der Strafzumessung

1. Angemessenheit der Strafzumessung

Um die Frage zu beantworten, ob die richterlichen Entscheidungsspielräume bei der Strafzumessung begrenzt werden sollen, ist es notwendig zu berücksichtigen, warum Strafen verhängt werden. Die absolute Straftheorie war historisch dominierend und betrachtet die Strafe als Selbstzweck. Heutzutage wird dieser Begriff als die Gegenposition zur „relativen Straftheorie" verwendet und fasst damit alle Argumente zusammen, die die Strafe nicht als ein Mittel zur Erreichung bestimmter Ziele, wie der Prävention und der Resozialisierung, ansehen.[323]

Die Vergeltungstheorie, als wichtigste Ausprägung der absoluten Straftheorie, findet ihre Wurzeln bei *Kant* und *Hegel*.[324] *Kant* illustriert in der „Metaphysik der Sitten" (1798) diese Theorie mit seinem berühmten „Inselbeispiel": Selbst wenn sich eine Gesellschaft auflösen würde, müsste der letzte im Gefängnis befindliche Mörder vor der Auflösung hingerichtet werden, um sicherzustellen, dass jeder die Konsequenzen seiner Taten trägt.[325] *Hegel* ergänzt dies in seinen „Grundlinien der Philosophie des Rechts" (1821), indem er eine Straftat als Verletzung des Rechts ansieht, die durch die Strafe, als „Negation der Negation", aufgehoben und das Recht

323 Hörnle, 2017, S. 17.

324 Streng, 2012, Rn. 11; Hörnle, 2017, S. 17 f.; Roxin/Greco, 2020, § 3 Rn. 3 f.; Kett-Straub/Kudlich, 2021, § 3 Rn. 6.

325 Roxin/Greco, 2020, § 3 Rn. 3.

wiederhergestellt wird.[326] Die Strafe ist somit eine moralische Vergeltung für das begangene Unrecht.

Kritiker der absoluten Theorie sind der Meinung, dass sie eine strafgerichtliche Verurteilung nicht begründen kann. *Maurach* spricht von der „zweckgelösten Majestät" der Vergeltungsstrafe, indem er darauf hinweist, dass Majestäten gegenüber ihren Untertanen keiner Begründungspflicht unterliegen.[327] Diese Sichtweise ist jedoch in einem modernen Rechtsstaat nicht haltbar. Die Verhängung von Strafe stellt einen erheblichen Eingriff in die Grundrechte dar - so *Hörnle* - und erfordert daher eine sorgfältige und transparente Begründung.[328] In einem Rechtsstaat ist es unabdingbar, dass jede strafrechtliche Entscheidung auf nachvollziehbaren und rechtlich fundierten Gründen basiert, um Willkür zu vermeiden und das Vertrauen in die Justiz aufrechtzuerhalten. In der neueren deutschen Strafrechtswissenschaft wird die Gerechtigkeitstheorie als „relative Vergeltungstheorie" betrachtet. Diese Theorie verknüpft die Vorstellung, dass die gerechte Strafe auch diejenige ist, die das Rechtsgefühl der Allgemeinheit am stärksten gewährleistet. Die gerechte Strafe soll nicht nur dem Täter gerecht werden, sondern auch das Vertrauen der Gesellschaft in das Rechtssystem festigen. Sie verbindet somit Elemente der Vergeltung mit den positiven Einwirkungen auf die Gesellschaft und den Täter.[329]

Im Gegensatz dazu betont die relative Straftheorie, dass die Strafverhängung durch ihre positiven Einwirkungen gerechtfertigt sein muss. Hierbei steht der Gedanke der Generalprävention und der Spezialprävention im Mittelpunkt. Herkömmlich ist der populärste generalpräventive Strafzweck die Abschreckung der Allgemeinheit. Diese Theorie, ursprünglich von *Anselm von Feuerbach* entwickelt, basiert auf dem Konzept des „psychologischen Zwangs".[330] *Feuerbach* formulierte dies wie folgt: „Der Zweck der Androhung der Strafe im Gesetz ist Abschreckung aller von Rechtsverletzungen. Der Zweck der Zufügung derselben ist die Begründung der Wirksamkeit der gesetzlichen Drohung, inwiefern ohne sie diese Drohung leer sein würde."[331] Nach diesem heutzutage als „negative Generalprävention" bezeichneten Gedanken sollen potenzielle Täter also durch die Drohung

326 Roxin/Greco, Rn. 4.
327 Maurach, 1971, S. 77.
328 Hörnle, 2017, S. 18.
329 Streng, 2012, Rn. 11.
330 Streng, a.a.O. Rn. 23.
331 Feuerbach, 1847, § 16 ff.

mit Strafe abgeschreckt werden, wodurch die Rechtsordnung geschützt wird.

Die positive Generalprävention hat sich in jüngerer Zeit als bedeutende Theorie herauskristallisiert.[332] Nach dieser Ansicht dient die Strafe dazu, durch Bestätigung der Normen die Rechtstreue zu stärken und das Vertrauen der Allgemeinheit in die Bestands- und Durchsetzungskraft der Rechtsordnung zu festigen. Die Wichtigkeit einer Norm spiegelt sich in der Höhe der angedrohten Strafe wider. Durch die Strafe wird die Geltung der Normen bekräftigt und das kollektive Rechtsbewusstsein gestärkt. Sie zeigt gewisse Parallelen zur Vergeltungstheorie, denn die zweckfreie Vergeltung kann durchaus eine präventive Wirkung im Sinne der positiven Generalprävention entfalten.

Die Spezialpräventionstheorie – vom einflussreichsten Wortführer *v. Liszt* vertreten[333] - konzentriert sich auf die Einwirkung der Strafe auf den Einzelnen und betont die abschreckende Wirkung der Strafverhängung und -vollstreckung gegenüber den Verurteilten. Diese Theorie verfolgt zwei Hauptziele: die Besserung des Täters durch gezielte therapeutische Intervention und die Unschädlichmachung, indem die Möglichkeit zukünftiger Straftaten beschränkt wird.[334] Die Rechtfertigung der Strafverhängung liegt darin, dass durch die Strafe das zukünftige Legalverhalten der Täter positiv beeinflusst wird.[335] Durch Maßnahmen wie Therapie oder Inhaftierung sollen Täter davon abgehalten werden, erneut Straftaten zu begehen, was sowohl dem Täter als auch der Gesellschaft zugutekommt.

Um die verschiedenen Strafzwecke zu verbinden und einen unnötigen „Zweckstreit" zu vermeiden, entstand die sogenannte Vereinigungslehre. Die *vergeltende* Vereinigungstheoriewird in der Rechtsprechung und Rechtswissenschaft als dominierende Ansicht vertreten. Sie verbindet sachgerecht die vergeltenden und präventiven Strafzwecke, wobei diese gleichrangig nebeneinanderstehen. Das Bundesverfassungsgericht betont, dass die allgemeine Aufgabe des Strafrechts darin besteht, „die elementaren Werte des Gemeinschaftslebens zu schützen. Schuldausgleich, Prävention, Resozialisierung des Täters, Sühne und Vergeltung für begangenes Unrecht werden als Aspekte einer angemessenen Strafsanktion bezeichnet."[336]

---

332 Jakobs, 1991, Rn. 4 ff.; Roxin/Greco, 2020, § 3 Rn. 21 ff; Streng, 2012, Rn. 24 ff.
333 Roxin/Greco, 2020, § 3 Rn. 12.
334 Liszt, 2002, S. 39 ff.
335 Hörnle, 2017, S. 22.
336 BVerfGE 45, 187(253f).

Außerdem gibt es die *präventive* Vereinigungstheorie, die zwar nicht dominierend, aber dennoch einflussreich im Schrifttum ist. Sie verbindet die verschiedenen präventiven Deutungen der Strafzwecke und schließt die absolute Straftheorie aus. Nach dieser Theorie erfordert die Rechtfertigung der Strafverhängung und -vollstreckung verfassungslegitime Zwecke, die über eine bloße abstrakte Wertorientierung hinausgehen[337], da „der moderne Staat kein Recht hat, auf Grund philosophischer oder religiöser Auffassungen in die Freiheit seiner Bürger einzugreifen."[338]

Eine wesentliche Gemeinsamkeit der beiden Vereinigungstheorien bildet das Schuldprinzip, wonach die verhängte Strafe der Vorwerfbarkeit des Täters entsprechen sollte. Im Kontext der vergeltenden Gedanken der absoluten Straftheorie besteht die Hauptaufgabe des Strafrechts darin, einen gerechten Schuldausgleich herzustellen.[339] Für die präventive Vereinigungstheorie hingegen dient das Schuldprinzip als wichtige Eingriffsbegrenzung, genauer gesagt als „deontologische Schranke der Strafe".[340] Diese Theorie erkennt an, dass die rechtsstaatlich notwendigen Schranken der Strafgewalt innerhalb der präventiven Argumentation nicht immer ausreichend berücksichtigt werden. Das Schuldprinzip übernimmt daher, unabhängig von der Vergeltung, eine liberale Funktion, um sicherzustellen, dass Strafen nicht willkürlich verhängt werden und die Freiheit des Bürgers respektiert bleibt.[341]

Das Schuldprinzip wurde vom BVerfG aus Art. 1 Abs. 1 GG (Menschwürde), Art. 2 Abs. 1 GG (Eigenverantwortlichkeit des Menschen) sowie aus dem Rechtsstaatsprinzip abgeleitet.[342] Die Ableitung beruht auf dem Menschenbild des Grundgesetzes, wonach der Mensch ein auf freier Selbstbestimmung und Selbstentfaltung angelegtes Wesen ist, dem grundsätzlich die Fähigkeit zukommt, sein Handeln selbst zu bestimmen, sich kraft seiner Willensfreiheit zwischen Recht und Unrecht zu entscheiden.[343] Außerdem hat das Schuldprinzip eine verfahrensrechtliche Ausstrahlungswirkung[344], welche verlangt, dass der Richter alle strafzumessungsrelevanten Tatsachen von Amts wegen ermitteln sollte (Aufklärungspflicht), da das materielle

337 Meier, 2019, S. 35.

338 Roxin/Greco, 2020, § 3 Rn. 48.

339 Kaufmann, 1961, S. 201 ff.

340 Roxin/Greco, 2020, § 3 Rn. 51.

341 Roxin/Greco, a.a.O. Rn. 51.

342 BVerfGE 45, 187(259).

343 BVerfGE 140, 317(343f); Vgl. Krehl, 2017, S.126.

344 Frisch, in: FS-Streng, 2017, S. 685(689).

Schuldprinzip sonst nicht verwirklicht werden könnte.[345] Das Schuldprinzip ist also eine vernünftige Begrenzung der Strafverhängung, sowohl im Hinblick auf die Straftheorie als auch auf die verfassungsrechtlichen Anforderungen. Diese Lehre erfordert, dass die Entscheidungsspielräume des Richters bei der Strafzumessung so begrenzt werden, dass die verhängte Strafe schuldangemessen ist.

Aus verfassungsrechtlicher Perspektive fordert der Verhältnismäßigkeitsgrundsatz auch die Angemessenheit der Strafzumessung an, die – wie das Schuldprinzip – zwar nicht ausdrücklich im Grundgesetz kodifiziert ist, jedoch vom BVerfG als verfassungsrechtliches Prinzip (aus Art. 1 Abs. 3 und Art. 20 Abs. 3 GG abgeleitet) anerkannt wurde. Das Verhältnismäßigkeitsprinzip dient als „Schranken-Schranke“ von Grundrechtseingriffen[346] und verlangt, dass die Strafverhängung im Hinblick auf legitime Zwecke geeignet, erforderlich und angemessen ist.[347] Dies bedeutet, dass jede strafrechtliche Maßnahme nicht nur einen legitimen Zweck verfolgen muss, sondern auch das mildeste Mittel darstellen und in einem angemessenen Verhältnis zur Schwere der Straftat stehen muss.

Trotz ihrer Ähnlichkeiten sind das Schuldprinzip und das Verhältnismäßigkeitsprinzip nicht deckungsgleich. Das Schuldprinzip verlangt, dass die Strafverhängung der Schuld des Täters entspricht, was als schuldangemessen bezeichnet wird. Im Gegensatz dazu fordert das Verhältnismäßigkeitsprinzip, dass die Strafverhängung ihren verfassungslegitimen Zwecken entspricht, was als zweckangemessen gilt. Anders formuliert, bezieht sich das Schuldprinzip auf eine Relation von Straftat und Strafe, also eine „Anlass-Mittel-Relation“, während das Verhältnismäßigkeitsprinzip eine „Zweck-Mittel-Relation“ darstellt. [348] Beide Prinzipien sollten die richterliche Strafzumessung leiten.

2. Gleichheit der Strafzumessung

Neben der Angemessenheit lässt sich auch der Gleichheitsgrundsatz aus den Strafzwecken (insbesondere der präventiven Strafzwecke) herleiten. Auf der einen Seite könnte der Verstoß gegen den Gleichheitsgrundsatz bei der Strafzumessung „verheerende Wirkungen auf das allgemeine Rechtsbe-

345 BVerfGE 57, 250(275).

346 Kaspar, 2014, S. 110.

347 Kaspar, 2018, C 90.

348 Kaspar, 2014, S. 287 f.

wusstsein" haben.[349] Aus Perspektive der Generalprävention könnte die Normhierarchie der Bürger durcheinandergeraten und das Rechtsgefühl verletzt werden, wenn „große und offensichtliche Strafzumessungsdiskrepanzen den Rang des Rechtsguts und der verletzten Norm unklar werden lassen."[350] Diese Ungleichheit in der Strafzumessung beeinträchtigt somit den positiven generalpräventiven Zweck (Normbestätigungsfunktion), der darauf abzielt, das Vertrauen der Allgemeinheit in die Rechtsordnung zu stärken und die allgemeine Rechtstreue zu fördern.

Auf der anderen Seite ist die Einhaltung des Gleichheitsgrundsatzes auch zur Erreichung des spezialpräventiven Strafzwecks von erheblicher Bedeutung. Wenn eine Person bemerkt, dass sie eine deutlich härtere Strafe verbüßen muss als andere für eine ähnliche Tat oder eine vergleichbare Strafe wie Täter von deutlich schwereren Delikten erhalten hat, entsteht das Gefühl der Ungerechtigkeit. Dieses Empfinden kann die Resozialisierungswirkung beeinträchtigen, da Personen, die die gesellschaftlichen Reaktionen als übermäßig hart und ungerecht empfinden, Schwierigkeiten haben werden, die notwendige Motivation zur Anpassung aufzubringen.[351] Die verfassungsrechtliche Grundlage des Gleichheitsgrundsatzes findet sich in Art. 3 Abs. 1 des Grundgesetzes[352], der jedoch nur begrenzt auf den Strafzumessungsvorgang angewendet werden kann. Es gibt hierfür zwei wesentliche Gründe: Erstens besagt das Kriterium, dass alle Menschen normativ („vor dem Gesetz") gleich sind. Das Gesetz beschreibt hier nicht einen Menschen im Vergleich zu einem anderen in einem beobachteten Zustand, sondern erfasst die Menschen in einem Tatbestand und schließt andere Menschen von seinen Regelungen aus.[353] Wie bereits erwähnt, ist die Strafzumessung jedoch nicht nur ein Vorgang der Rechtsanwendung, sondern umfasst auch den individuellen Wertungsakt des Richters.[354] Der Richter hat dabei einen gewissen Entscheidungsspielraum, der durch kein bestimmtes Gesetz festgelegt ist. Zweitens führt die Vielgestaltigkeit möglicher Strafzumessungstatsachen, die im Katalog des §46 Abs. 2 StGB nicht abschließend aufgezählt werden können, dazu, dass kein Fall dem anderen so gleich ist, dass dieselbe Strafe verhängt werden sollte.

349 Höche/Schumann, 1978, S. 228.
350 Streng, 1984, S. 16.
351 Maurer, 2005, S. 201 f.
352 Maurer, a.a.O. S. 199 f.; Kaspar, 2018, C 88 f.
353 Kirchhof, in: Dürig/Herzog/Scholz, 2024, Art. 3 Abs. 1 Rn. 89 f.
354 BGH NJW 2008, 672; Vgl. BVerfG NJW 2007, 2977.

Die Besonderheit der Strafzumessung zeigt sich auch in der Rechtsprechung des Bundesverfassungsgerichts: Einerseits betont das BVerfG, dass die Strafzumessung unter den „zwingenden Geboten des Gleichheitssatzes“ steht.[355] Andererseits betrachtet es jedoch Strafzumessungsunterschiede wie unterschiedliche Auslegungen von Normen, ohne jede weitere Begründung als grundsätzlich verfassungskonform.[356] Diese scheinbare Widersprüchlichkeit verdeutlicht die Herausforderungen bei der Anwendung des Gleichheitsgrundsatzes in der Strafzumessung. Trotz der verfassungsrechtlichen Anforderungen muss der richterliche Entscheidungsspielraum gewahrt bleiben, um den individuellen Umständen eines jeden Falles gerecht werden zu können.

Aber das bedeutet nicht, dass der Gleichheitssatz keine Anforderungen an die richterliche Strafzumessung stellt. Nach der ständigen Rechtsprechung des BVerfG steht zwar eine unterschiedliche Bestrafung vergleichbarer Taten durch verschiedene Richter im Regelfall nicht im Widerspruch zu Art. 3 Abs. 1 Grundgesetz. Dennoch ist jedes einzelne Strafgericht verpflichtet, „ohne Ansehen der Person zu urteilen und auch bei der Zumessung der Strafe keine willkürlichen Unterscheidungen zu machen.”[357] Der Gleichheitssatz definiert dabei bereichsspezifisch sowohl ein Mindestmaß als auch ein Übermaß an Gleichheit[358] und betrachtet wesentliche Ungleichheiten als Ausdruck richterlicher Willkür.

Bei der Strafzumessung sollten die Richter sowohl im Hinblick auf die Strafzwecke als auch aus verfassungsrechtlicher Perspektive die Anforderungen der Angemessenheit und der Gleichheit erfüllen. Die größtmögliche Übereinstimmung in der Strafzumessung bei ähnlichen Fällen sowie eine Bestrafung, die die spezifischen Unterschiede in verschiedenen Fällen widerspiegelt, werden im Schrifttum als „die Seele der Gerechtigkeit“[359] und Auftrag zu „relativer Gerechtigkeit“[360] bezeichnet. Die bisherigen unzureichenden Bemühungen zur Umsetzung dieses Auftrags stehen jedoch „in krassem Widerspruch zur herausragenden Bedeutung des Gleichheitsgrundsatzes“[361], wie die nachfolgenden empirischen Befunde zeigen werden.

355 BVerfGE 19, 38(47).
356 BVerfGE 1, 332(345), BVerfGE 21, 87(91).
357 BVerfGE 1, 332(345).
358 Kirchhof, in:Dürig/Herzog/Scholz, 2024, Art. 3 Abs. 1 Rn. 102.
359 Mellinghoff, in: FS-Hassemer 2010, S. 503(503).
360 Streng, 1984, S. 15; Streng, StV 2018, S. 593(594).
361 Streng, 1984, S. 15.

II. Die empirischen Befunde der Strafzumessungsungleichheit

1. Die geographische Strafzumessungsunterschiede

Aus der obigen Analyse geht bereits hervor, dass aus normativer Sicht in jeder Phase des Strafzumessungsvorgangs Entscheidungsspielräume für den Richter bestehen. Ob der weite Spielraum in der Praxis zu erheblichen Strafzumessungsungleichheit führt, kann mit Hilfe quantitativer empirischer Studien verifiziert werden. Ähnlich wie in China[362] ist die Frage der Strafzumessungsunterschieden auch in Deutschland ein wichtiges Thema in der kriminologischen Forschung. Im Folgenden wird ein kurzer Überblick über die repräsentativsten und einflussreichsten Studien gegeben:

Bereits in den 1930er Jahren hatte *Exner* eine empirische Studie über die Verurteilungspraxis deutscher Gerichte durchgeführt, bei der vor allem regionale Unterschiede in der Strafzumessung auffielen[363]: Eine statistische Erhebung aller von ausgewählten Obergerichten zwischen 1911 und 1913 verhängten Urteile zeigte, dass verschiedene Gerichte deutlich unterschiedliche Präferenzen bei der Strafzumessung hatten[364] und bei einzelnen Vergehen der Unterschied ein ganz außerordentlich großer war.[365] Beispielsweise verwendete Bayern die kurzen Freiheitsstrafen in höherem Maße und die Geldstrafe in geringerem Maße als das übrige Reich.[366] Diese Pionierstudie wurde jedoch durch die damals verfügbaren statistischen Techniken eingeschränkt, sodass die möglichen Unterschiede der durchschnittlichen Deliktsschwere der abgeurteilten Taten zwischen den verglichenen Regionen nicht kontrolliert wurden.[367] Außerdem ist darauf hinzuweisen, dass die in dieser Studie analysierten Daten mehr als hundert Jahre alt sind und sich die politischen und kulturellen Hintergründe in Deutschland in der Zwischenzeit so stark verändert haben, dass die statistischen Ergebnisse kaum den aktuellen Stand der Strafjustiz in Deutschland widerspiegeln können.

Eine empirische Studie von *Schöch*, die im Jahr 1973 veröffentlicht wurde, verwendete fortschrittlichere statistische Techniken und konzentrierte sich auf die Starfzumessungspraxis der deutschen Gerichte bei Verkehrsde-

362 Zu Details siehe Teil 2. C. I. (Vgl. Seiten 74 ff.)
363 Exner, 1931, S. 46 ff.
364 Exner, a.a.O., S. 47.
365 Exner, a.a.O., S. 48.
366 Exner, a.a.O., S. 47.
367 Vgl. Streng, 2012, Rn. 482.

linquenz. Auf der Grundlage von Korrelationsanalysen über das Gewicht möglicher Strafzumessungstatsachen wurden die hochsignifikanten Korrelationen zwischen Strafmaß und der Zugehörigkeit des erkennenden Gerichts zu bestimmten OLG-Bezirken festgestellt.[368] Beispielsweise machten in den OLG-Bezirken Düsseldorf, Braunschweig, Oldenburg, Celle, Hamm sowie Frankfurt a.M. über 90 % aller Freiheitsstrafen ohne Bewährung aus, während in den nord- und süddeutschen Regionen Strafen erheblich häufiger zur Bewährung ausgesetzt wurden.[369] Eine weitere Studie befasste sich mit den Ungleichheiten bei der Strafzumessung auf der Ebene der LG-Bezirke und stützte sich dabei auf umfangreiche amtliche statistische Datensätze.[370] In der Studie wurde der Durchschnittswert von 21 LG-Bezirken für die verschiedenen Sanktionsarten berechnet und ermittelt, wie viele der Bezirke diesen Durchschnittswert um mehr als 25% nach oben oder unten überschritten.[371] Das Ergebnis zeigte, dass nur acht der 21 LG-Bezirke innerhalb dieser Strafzumessungsspanne lagen, was die regionalen Strafzumessungsdivergenzen bei der Strafzumessungspraxis bestätigte.[372]

Eine von *Albrecht* durchgeführte empirische Studie brachte eine andere Perspektive: Er verglich die Unterschiede im Strafmaß zwischen fünf LG-Bezirken für die Delikte Einbruchdiebstahl und Vergewaltigung.[373] Bei Einbruchdiebstahl beispielsweise war die maximale Abweichung der fünf LG-Bezirke vom Durchschnittsstrafmaß (11,1 Monate) 4,5 Monate.[374] Laut *Albrecht* kann dieses Ergebnis entweder optimistisch oder pessimistisch interpretiert werden: Einerseits macht diese Differenz angesichts des weiten gesetzlichen Strafrahmens für Einbruchdiebstahl (damals von drei Monaten bis 10 Jahren nach § 244 StGB a.F.) lediglich etwa 4% aus. Andererseits wird die überwiegende Mehrheit der Einbruchsdelikte in der Praxis nicht mit einer Strafe von mehr als zwei Jahren geahndet. So gesehen repräsentierte eine Abweichung von 4,5 Monaten bereits einen erheblichen Unterschied (mehr als 20%).[375] In dieser Studie wird jedoch auch gezeigt, dass sich nach Kontrolle dreier wichtiger strafzumessungsrelevanter Faktoren (Schadenshöhe, Anzahl der zur Verurteilung gelangenden Einbruchsdieb-

---

368 Schöch, 1973, S. 125.
369 Schöch, a.a.O. S.125, 130.
370 Pfeiffer/Savelsberg, in: Pfeiffer/Oswald(Hrsg.), 1989, S. 21f.
371 Pfeiffer/Savelsberg, a.a.O. S. 35.
372 Pfeiffer/Savelsberg, a.a.O. S. 35.
373 Albrecht, 1994, S. 348 ff.
374 Albrecht, a.a.O. S. 350.
375 Albrecht, a.a.O. S. 350.

stähle sowie Anzahl der einschlägigen Vorstrafen) die maximale Differenz zwischen den LG-Bezirken nur auf 1,6 Monate beläuft. Dies bedeutet, dass sich die Abweichungen zu einem substanziellen Teil nicht als Folge regionaler Differenzen erklären lassen, sondern offensichtlich Unterschiede in den strafzumessungserheblichen Faktoren repräsentieren.[376] Zwar sind die geographischen Differenzen im Strafmaß noch beobachtbar, so erweisen sie sich gegenüber strafzumessungsrelevanten Kontrollen jedoch nicht als resistent.

Aufbauend auf den Ergebnissen der Untersuchung *Albrecht*s hat eine jüngere Studie von *Grundies* Daten aus dem Bundeszentralregister (BZR) herangezogen und alle Erledigungen nach dem StGB (nicht JGG) aus den Jahren 2007 bis 2010 untersucht.[377] Die lokale Differenz wurde dabei als sekundärer Effekt angesehen, der sicherlich von wesentlich geringerer Bedeutung war als der Einfluss der primär die Strafzumessung bestimmenden Größen, wie das Unrecht der Tat oder auch ggf. vorliegende Vorstrafen.[378] Aber auch nach Kontrolle der Varianz der Einzelfälle zeigten die Gerichtsbezirke noch einen substanziellen Unterschied. So unterscheiden sich zwei zufällig ausgewählte Gerichtsbezirke um 15 % in der Dauer der verhängten Strafen bei gleichem Delikt. Um ein Extrem zu nennen, wurden in Oberbayern um ca. 25% längere Strafen verhängt als in Baden. Dies sind systematische Unterschiede, die sich nicht auf Einzelfälle zurückführen lassen. Dieser geographische Unterschied verteilt sich nahezu gleichmäßig auf die drei Ebenen der OLG-Bezirke, der Landgerichtsbezirke und der einzelnen (Amts-)Gerichtsbezirke.[379]

Zur Begründung der „seltsamen Justizgeographie“[380] in Deutschland bezieht man sich zuerst auf die lokale Justizkultur. *Exner* hat in seiner Studie schon kommentiert, dass es sich bei der Strafzumessung „nicht um rationales, sondern um traditionelles Handeln“ handelt,[381] da der Richterstand in den einzelnen Stammesgebieten des deutschen Volkes von der verschieden gearteten sozialen und religiösen Atmosphäre beeinflusst wurde und die Gerichtsgebräuche sich auch in den einzelnen Ländern unterschiedlich ausgebildet hatten.[382] Die Vermutung *Exner*s wurde auch von *Grundies*

376 Albrecht, a.a.O. S. 350.
377 Gründies, 2016, S. 512 f.
378 Gründies, a.a.O. S. 514.
379 Gründies, a.a.O. S. 524.
380 Tröndle, 1971, S. 74; vgl. Streng, 1984, S. 7; Streng, 2012, Rn. 485.
381 Exner, 1931, S. 10.
382 Exner, a.a.O. S. 54.

untermauert. Nach seiner Studie zeigt sich wenig Greifbares, wenn man die lokalen Differenzen in einen justizorganisatorischen oder gar sozial-strukturellen Zusammenhang stellt und nach anderen Ursachen als der einer reinen Tradierung sucht.[383] Der Kontext der Zeit, in der die Studie *Exner*s durchgeführt wurde, nämlich die großen sozialen und kulturellen Unterschiede zwischen den Regionen Deutschlands, hat jedoch mit der großen Wohnmobilität nach dem Zweiten Weltkrieg und dem allgegenwärtigen Einfluss der Massenmedien kaum mehr Aussagekraft.[384]

Geographische Unterschiede bei der Strafzumessung können auch durch andere Gründe erklärt werden. Nach Ansicht *Albrechts* können die Differenzen in der Strafpraxis auf die normative Unsicherheit in der Strafmaßkonkretisierung zurückgeführt werden.[385] Außerdem könnte die richterliche Strafzumessung von der unterschiedlichen staatsanwaltschaftlichen Strafverfolgungspolitik abhängig sein. Denn wenn die Staatsanwaltschaft in einer bestimmten Region dazu neigt, gemäß §§ 153 Abs. 1, 153a Abs. 1 StPO das Strafverfahren bei geringer Schuld einzustellen, bleiben nur schwerere Straftaten für richterliche Strafzumessung übrig. Angesichts eines solchen „Verfahrensfilters"[386] spricht sicherlich das Gericht in dieser Region im Vergleich zu anderen Regionen härtere Urteile aus. Aus Perspektive der revisionsgerichtlichen Vertretbarkeitskontrolle ist es auch möglich, dass unterschiedliche judizierende OLG die lokalen Differenzen der Strafzumessung beeinflussen. Wie im obengenannten Extrembeispiel, in dem in Oberbayern um ca. 25% längere Strafen als in Baden bei gleichem Delikt verhängt wurden, begründete *Grundies* den Unterschied größtenteils durch die Organisationsstruktur und Revisionsinstanz der einzelnen Gerichtsbezirke.[387]

2. Die richterspezifischen Strafzumessungsunterschiede

In manchen Studien sind die individuellen richterspezifischen Unterschiede auch als wichtige Quellen der Strafungleichheit erforscht. Eine reprä-

383 Grundies, in: Neubacher/Bögelein(Hrsg.), 2016, S. 524 f.
384 Streng, 2012, Rn. 485; vgl. Pfeiffer/Savelsberg, in: Pfeiffer/Oswald(Hrsg.), 1989, S. 38 ff.
385 Vgl. Albrecht, 1994, S. 348.
386 Streng, 2012, Rn. 482 f.; vgl. Heinz, in:FS-Jung, 2007, S. 278 f.
387 Grundies, in: Neubacher/Bögelein(Hrsg.), 2016, S. 524.

sentative Untersuchung wurde von *Streng* im Jahr 1984 durchgeführt,[388] wobei er mit der Methode von Fragebögen unter Verwendung fiktiver Fälle[389] bestätigen konnte, dass die sozio-demographischen Merkmale des Richters wie Alter, Geschlecht, Konfessionszugehörigkeit sowie Herkunft keinen starken Einfluss auf die Strafzumessung haben[390], während die Strafzweckpräferenz[391] und manche Tätigkeitsmerkmale[392] eines Richters strafzumessungsrelevant sind. Über den Einfluss der Strafzweckpräferenzen der befragten Richter auf die Strafzumessungsergebnisse wurde so bestätigt, dass die Befürwortung des Werts der Resozialisierung zu einer Tendenz zu milderer Strafzumessung führt, während die stärker sicherheitsorientierten Richter härtere Strafen bevorzugen.[393] Zwischen den Tätigkeitsmerkmalen des Richters und dem Strafzumessungsverhalten ließen sich Zusammenhänge insofern ermitteln, dass die Dauertätigkeit in der Strafjustiz vor allem für Juristen mit einer ausgeprägt punitiven Haftung attraktiv oder zumindest akzeptabel ist und die Richter am Landgericht eine klar härtere Strafhaltung als Amtsrichter zeigen. Die Unterschiede zwischen diesen beiden Arten von Gerichten werden deutlicher, je größer die Städte sind, in denen die Gerichte ansässig sind. [394]

Im Vergleich zu den angelsächsischen Ländern sind die Untersuchungen über richterspezifische Strafzumessungsungleichheit in Deutschland nicht so vielfältig. Vermutlich liegt der Grund darin, dass die für schwerere Fälle zuständigen Kollegialgerichte (Schöffengerichte und Strafkammer) der Gefahr einer extremen Strafzumessungsabweichung durch kollektive Strafzumessungsentscheidung vorgebeugt haben.[395] Bisher fehlt es jedoch in Deutschland noch an einer Studie wie der von *Wu.Y.* in China[396], die gerichtsspezifische Strafzumessungsdiskrepanz (aufgrund der kollektiven Entscheidungserfahrung der Richterschaft) beobachtet. Jedoch wurde bereits bemerkt, dass der richterliche Entscheidungsvorgang ein sozialer Prozess ist, der in Organisationen eingebunden und bürokratisch eingebettet ist. In der empirischen Strafzumessungsforschung wurden daher die Um-

388 Streng, 1984, S. 75 ff.
389 ähnlich wie die obengenannte Methode des empirischen Experiments von Cai.X., siehe: Cai.X., ZZYFL, 2013, S. 76(78 f.).
390 Streng, 1984, S. 156 ff.
391 Streng, a.a.O. S. 225 ff.
392 Streng, a.a.O. S. 132 ff.
393 Streng, a.a.O. S. 225 f.
394 Streng, a.a.O. S. 133.
395 Damaška, ZStW 93(1981), S. 701(716); Streng, 2012, Rn. 486.
396 Vgl. Wu.Y., FZYSHFZ, 2024, S. 91(102).

weltbedingungen sowie die Interaktions- und Prozessvariablen als potenzielle Strafzumessungsfaktoren untersucht.[397]

D. Die prozessrechtliche Kontrolle der Strafzumessung

I. Die Grenzen der Zweckmäßigkeit der materiellen Kontrolle

Nachdem die Notwendigkeit der Einschränkung des richterlichen Entscheidungsspielraums bei der Strafzumessung sowohl theoretisch als auch empirisch dargelegt wurde, stellt sich nun die Frage, wie eine solche Einschränkung erfolgen soll. Um dem nachzugehen, wird zunächst auf verschiedene Vorschläge eingegangen, die versuchen, die richterliche Entscheidung durch detaillierte Strafzumessungskriterien zu kontrollieren (I.). Allerdings wird dabei ihre begrenzte Geeignetheit zur Erreichung des Ziels der Rationalisierung und Harmonisierung der Strafzumessung zutage treten. Anschließend soll ein ergänzendes Konzept vorgestellt werden, das die richterlichen Strafzumessungsspielräume durch prozessrechtliche Kriterien einschränkt (II.). Dieses Konzept wird als wichtige Ergänzung zu den materiellen Kontrollvorschlägen zur Strafzumessung betrachtet und bildet den Ausgangspunkt für die weitere vergleichende Untersuchung dieser Arbeit.

1. Reform des Strafzumessungsrechts innerhalb des bisherigen Strafgesetzbuchs

Der Versuch, den deutschen Strafzumessungsvorgang zu vereinheitlichen und zu rationalisieren, wurde als Thema der strafrechtlichen Abteilung des 72. Deutschen Juristentags (DJT) im Jahre 2018 diskutiert. Dabei wurden zahlreiche Vorschläge gemacht, die den weiten Entscheidungsspielraum des Richters durch detaillierte Strafzumessungskriterien kontrollieren möchten.[398] Die meisten dieser Vorschläge zielen darauf ab, die bestehenden Bestimmungen im Bereich der Strafrahmen zu reformieren.

Erstens wurde die Verengung gesetzlicher Strafrahmen thematisiert.[399] Die Strafrahmen der Tatbestände des deutschen Strafrechts hätten sich als

397 Vgl. Schünemann, 1988, S. 265(265 ff.); Albrecht, 1994, S. 361 ff.

398 Vgl. Kaspar, 2018, C 104 ff.; Grosse-Wilde, ZIS 2018, S. 130(130 ff.); Streng, StV 2018, S. 593(594 ff.); Kudlich/Koch, NJW 2018, S. 2762(2763 ff.).

399 Streng, a.a.O. S.594 f.; Kudlich/Koch, S.2765; Kaspar, C 107 f.

viel zu weit erwiesen, insbesondere seien die Obergrenzen oft zu hoch.[400] Dies hinterlässt dem Richter übergroße Entscheidungsspielräume. Daher erscheint es überzeugend, wenn *Kaspar* in seinem Gutachten zum 72. Deutschen Juristentages anmahnt, die „ungeheuer große Spannweite der Strafrahmen" zu reduzieren.[401] Zweitens solle das richterliche Ermessen bei der Strafrahmensbestimmung eingeschränkt werden, indem der Gesetzgeber klarere Vorgaben macht und sie nicht „ohne Not" dem richterlichen Ermessenspielraum überlässt.[402] Konkret wird gefordert, die fakultativen vertypten Strafmilderungsgründe teilweise in obligatorische Fälle umzuwandeln (z.B. die §§ 21, 23 sowie 46a StGB) und teilweise ganz abzuschaffen. Unbenannte besonders schwere Fälle, wie in § 212 Abs. 2 StGB, sollen demnach ersatzlos gestrichen werden.[403] Diese Maßnahmen würden den weite Entscheidungsspielraum der Richter begrenzen und eine einheitlichere, vorhersehbarere Strafzumessung gewährleisten, was den Anschein von Willkür reduziert und das Vertrauen der Bevölkerung in die Justiz möglicherweise stärkt, allerdings nur, sofern dann noch der Vielgestaltigkeit des Lebens und den individuellen Besonderheiten eines jeden Falles ausreichend Rechnung getragen werden kann.

In jedem Fall stellt die allgemeine Verengung des gesetzlichen Strafrahmens ein gewaltiges Gesetzesreformvorhaben dar. Wie bereits erwähnt, folgen sowohl die gesetzliche Strafbemessung als auch die richterliche Strafzumessung ähnlichen Überlegungen zur Abstufung und Rangordnung der geschützten Rechtsgüter und gehörten daher auch zum Wertungsakt.[404] Die Frage, wie der Unrechtsgrad einzelner Straftaten und die entsprechenden Strafrahmen aus gesetzgeberischer Sicht neu bewertet werden, bedarf noch tiefergehender Argumentationen. Darüber hinaus hat eine Vergleichsuntersuchung zwischen dem deutschen und dem österreichischen Strafrechtssystem gezeigt, dass weder die Weite der Strafrahmen noch die absolute Obergrenze des Strafrahmens systematische Effekte auf das Ausmaß der Differenzierung im praktisch ausgeurteilten Strafmaß haben. z.B. liegt zwar die Strafrahmenobergrenze für einfacher Raub in Österreich bei 10 Jahren, während das deutsche Strafrecht eine Obergrenze von 15 Jahren vorsieht, dennoch wird eine solche Straftat in der österreichischen juristischen Pra-

400 Kai, 1992, S. 142 ff.; Hettinger, GA 1995, S. 399 (405 f., 418 f.).
401 Kaspar, 2018, C 107.
402 Kaspar, a.a.O. C 109.
403 Kaspar, a.a.O. C 109; Kudlich/Koch, NJW 2018, S. 2762(2765).
404 Bruns/Güntge, 2019, Kap. 4 Rn. 1.

xis härter bestraft.[405] Es ist daher zweifelhaft, ob eine Verengung des Strafrahmens wirklich zu einer wesentlich besseren gesetzlichen Vorprägung der richterlichen Strafzumessung beitragen kann.[406]

Wenn der Gesetzgeber den Richtern zu wenig Ermessensspielraum einräumt, kann dies außerdem dazu führen, dass die Richter bei bestimmten „unliebsamen Strafzumessungstatsachen" in der Praxis ein Auge zudrücken und so die gesetzliche Beschränkung umgehen.[407] Der Fall Hoeneß ist ein typisches Beispiel: Das LG München II verurteilte Hoeneß zu einer Gesamtfreiheitsstrafe von dreieinhalb Jahren wegen sieben tatmehrheitlicher Fälle der Steuerhinterziehung mit einer Gesamthinterziehungssumme von ca. 28,5 Millionen Euro. Aber die Kammer wich „angesichts der außerordentlichen Umstände des Einzelfalles" von den durch den BGH in seinem Urteil vom 2.Dezember 2008 entwickelten Grundsätzen zur Strafzumessung bei Steuerhinterziehung (wonach die Hinterziehungssumme ab 50.000 Euro als besonders schwerer Fall anzunehmen ist)[408] in erheblichem Maße ab und verneinte das Vorliegen eines besonders schweren Falls der Steuerhinterziehung.[409] Dies wurde folgendermaßen begründet: „Der Angeklagte hat sich mit seiner – überstürzten – Selbstanzeige selbst steuerstrafrechtlichen Ermittlungen ausgeliefert. Mangels einer Rechtshilfe in Fällen ‚einfacher' Hinterziehung direkter Steuern durch die Schweizerische Konföderation wären Ermittlungen aber voraussichtlich nicht mit einem vergleichbaren Erfolg geführt worden, wenn sich der Angeklagte durch seine - insbesondere zuletzt - rückhaltlose Kooperation nicht geradezu 'ans Messer geliefert' hätte."[410] Jedoch wurde der außerordentliche Strafmilderungsgrund, nämlich das Nachtatverhalten von Hoeneß, bis auf die letzten zwei Prozesstage nicht ernsthaft diskutiert.[411] Der Fall Hoeneß und der obengenannte Fall Xuting (siehe: 2. Teil C. II.) haben deutlich gezeigt, dass zu strenge Strafzumessungskriterien die Richter dazu verleiten können, Umgehungsstrategien in der Praxis zu entwickeln, gegen die rein materiellrechtliche Normen nichts ausrichten können.

405 Vgl. Albrecht, 1994, S. 327.
406 Vgl. Streng, StV 2018, S. 593(594).
407 Grosse-Wilde, ZIS 2018, S. 130(137).
408 BGH HRRS 2009 Nr. 127, Rn. 31.
409 LG München II, wistra 2015, S. 77(80).
410 LG München II, a.a.O. S. 80; vgl. Grosse-Wilde, ZIS 2018, S. 130(137 f.).
411 Grosse-Wilde, ZIS 2018, S. 130(137).

2. Einführung neuer Strafzumessungsinstitute

Neben normativen Änderungen des geltenden deutschen Strafgesetzbuches ist die Einführung von Strafzumessungsrichtlinien nach dem Vorbild der US-amerikanischen „Sentencing Guidelines" ein weiterer viel beachteter, aber auch umstrittener Reformvorschlag. Nach dieser Idee könnte in Deutschland eine Strafzumessungskommission eingerichtet werden, die detaillierte Strafzumessungstabellen herausgibt und den Richtern vorschreibt oder empfiehlt, die Strafe entsprechend einer Reihe bestimmter Faktoren in den Tabellen zu verhängen.[412] Ziel ist es, die Transparenz des Strafzumessungsvorgangs zu erhöhen und Strafzumessungsdiskrepanzen abzubauen.

Trotz einiger Befürworter, die der Ansicht sind, dass gut gemachte Strafzumessungsrichtlinien „alles in allem die besondere Lösung"[413] zu sein scheinen, hat dieser Reformvorschlag doch mehr Zweifel und Kritik auf sich gezogen. Die erste Frage besteht darin, dass die US-amerikanischen Strafzumessungsrichtlinien das Produkt eines bestimmten institutionellen Kontextes sind. In den 1970er Jahren vollzog sich in den USA ein Wandel in der vorherrschenden Vorstellung über die Strafzumessung: Statt der zuvor dominierenden Orientierung an der Resozialisierung rücken zunehmend vergeltende und abschreckende Strafzwecke in den Vordergrund. Die weiten und uneingeschränkten Entscheidungsspielräume der US-Richter bei der Strafzumessung sowie die in der Praxis weit verbreitete unbestimmte Strafe („indeterminate sentencing")[414] bedurften daher dringend einer Reform. Die Einführung der Strafzumessungsrichtlinien wurde seinerzeit als effektives Mittel zur Vereinheitlichung der amerikanischen Strafzumessungspraxis angesehen.[415] Es ist jedoch offensichtlich, dass Deutschland heutzutage vor einem ganz anderen sozialen und institutionellen Hintergrund steht und dass für so radikale Reformmaßnahmen wie Strafzumessungsrichtlinien solide Legitimationsgrundlagen fehlen.[416]

---

412 Vgl. Kaspar, 2018, C 77 ff.; Grosse-Wilde, ZIS 2018, S. 130(131); Hörnle, GA 2019, S. 282(285 ff.).

413 Befürwortende Ansicht siehe z.B. Hörnle, a.a.O. S. 295.

414 Nach dieser Idee setzte der Richter innerhalb des weiten gesetzlichen Strafrahmens lediglich einen engeren fast; das zuständige Organ der Exekutive entschied dann nicht nur darüber, wann der Gefangene faktisch zur Bewährung entlassen werden sollte, sondern bestimmte auch im juristischen Sinne über das Maß der Strafe. Siehe: Damaška, ZStW 93(1981), S. 701(708).

415 Damaška, a.a.O. S. 717.

416 Vgl. Albrecht, 2017, S. 185(192 ff.); Kaspar, 2018, C 82 f.

Ein weiterer wichtiger Einwand der Kritiker besteht in der „Mathematisierung“ oder „Computerisierung“ der Strafzumessungsentscheidung. Der Versuch, den komplexen Strafzumessungsvorgang in eine aussagekräftige Gleichung zu übersetzen, dürfte kaum gelingen.[417] Es besteht auch die Gefahr, dass die Richter zu „Subsumtionsautomaten“ degradiert werden,[418] was ihrer durch Art. 92 GG garantierten Rolle nicht mehr entspricht.[419] In den amerikanischen Strafzumessungsrichtlinien beschränken sich die strafzumessungsrelevanten Faktoren auf nur einige Parameter (im Extremfall wird nur die Schwere der Straftat und die Vorstrafen des Straftäters berücksichtigt[420]). Sie schließen viele, nach deutschem Verständnis für die Findung eines gerechten Strafmaßes maßgebliche Umstände, aus. Eine derartige Vereinfachung birgt die Gefahr, die individuellen Besonderheiten eines jeden Falles zu stark zu verwischen. Die angestrebte Gleichheit in der Strafzumessung wird auf Kosten der Gerechtigkeit im Einzelfall erreicht. Durch rigide Richtlinien entsteht lediglich eine „vordergründige Gleichheit“ [421], die tatsächlich das Risiko einer Verletzung des Gleichheitssatzes erhöht, da nicht ausreichend zwischen unterschiedlich gelagerten Fällen differenziert wird. [422]

Ein weiteres neues Institut, das zur Homogenisierung der richterlichen Strafzumessung beitragen könnte, ist die Schaffung einer bundesweiten Strafzumessungsdatenbank. In dieser Datenbank sollen die Urteile entsprechend der darin enthaltenen Zumessungserwägungen klassifiziert werden, sodass anhand der Merkmale des zu entscheidenden Falls die statistische Verteilung des Strafmaßes aus zahlreichen möglichst passenden Vergleichsentscheidungen ermittelt werden kann. [423]

Der Hauptunterschied zwischen einem solchen Institut und den Strafzumessungsrichtlinien besteht darin, dass die zugrunde liegende Methodik auf der Generierung dynamischer Strafzumessungsnormen durch den Vergleich mit ähnlichen Fällen basiert. Es handelt sich nicht um eine „Mathe-

---

417 Kaspar, 2018, C 99 f.

418 Streng, 2003, S. 129(133).

419 Kaspar, 2018, C 99.

420 Vgl. Kaspar, a.a.O. C 88 ff.; Kudlich/Koch, NJW 2018, S. 2762(2763); Meier, 2019, S. 477.

421 Streng, 2012, Rn. 765.

422 Kaspar, 2018, C 83; Meier, 2019, S. 477. Das aus Art 3 GG folgende Gebot, wesentlich Gleiches gleich und wesentlich Ungleiches ungleich zu behandeln, findet sich auch sonst im Verfassungsrecht, vgl. etwa BVerfGE 145, 106.

423 NK/Streng, § 46 Rn. 202; Rostalski/Völkening, KriPoZ 2019, S. 265(270); vgl. Kaspar, 2018, C 115.

matisierung" oder „Computerisierung" der Strafzumessung, sondern um eine Unterstützung des richterlichen Strafzumessungsakts durch ein „Decision-Support"-System, das relevante Informationen bereitstellt. [424] Durchaus plausibel erscheint die Auffassung, dass die Existenz „lokaler Justizkulturen" bei der Strafzumessung im Wesentlichen darauf zurückzuführen ist, dass für den Vergleich „in der Regel nur Fallmaterial aus dem eigenen Gerichtsbezirk zur Verfügung steht."[425] Der Sozialpsychologie zufolge wird soziales Lernen durch die Beobachtung des Verhaltens anderer im sozialen Umfeld und die Folgen dieses Verhaltens durch den Lernenden geprägt. Zwei Faktoren sind dabei wichtig, um Änderungen im Verhalten des Lernenden zu beeinflussen: Der Lernende hat reichlich Gelegenheit, das Verhalten anderer zu beobachten, zu imitieren und daraus zu lernen, und die Lernergebnisse des Lernenden werden auf bestimmte Weise verstärkt.[426] Diese beiden Faktoren sind in der richterlichen Strafzumessungspraxis weit verbreitet, was wiederum zu einer Konvergenz der fallweisen Strafverhängung in einem bestimmten Gerichtsbezirk mit dem sozialpsychologischen Phänomen des sozialen Lernens durch Assoziation führt, bei dem die Richter, getrieben von dem Druck, der Masse zu folgen, bei ihren Entscheidungen auf die Urteile anderer Richter Bezug nehmen. Diese regionale Ungleichheit könnte daher ausgeglichen werden, wenn eine bundesweite Datenbank zur Strafzumessung eingerichtet würde.[427]

Ein wichtiger Punkt bei der Umsetzung der Strafzumessungstatsachen in ein bestimmtes Strafmaß ist es, eine Einstiegsstelle innerhalb des gesetzlichen Strafrahmens zu finden, wodurch die normativen Strafzumessungsfaktoren in eine mathematische Berechnung transformiert werden.[428] In der „Black Box" des Strafzumessungsvorgangs wird die Einstiegsstelle oft durch die persönliche Erfahrung des Richters (das „geheime Metermaß"[429]) oder die internen informellen Strafmaßtabellen[430] bestimmt. Die Funktion der Strafzumessungsdatenbank liegt jedoch in der Transparenz des Umsetzungsprozesses, indem sie durch Vergleiche mit ähnlichen Fällen einen

424 Giannoulis, 2014, S. 309ff.; Kaspar, 2018, C 115l.
425 Meier, 2019, S.479.
426 Bandura, 1969, S.118.
427 Bandura, a.a.O. S.479.
428 Meier, 2019, S.238ff.
429 Dreher, Anm. zu OLG Stuttgart MDR 1961, S.343(344).
430 Kudlich/Koch, NJW 2018, S.2762 (2763); Meier, 2019, S. 240; Rostalski/Völkening, KriPoZ 2019, S.265(270). Ein Beispiel aus dem Bereich der Verkehrsdelikte findet sich bei Schäfer/Sander/van Gemmeren, 2017, Rn. 1720 ff.

klaren Einstiegspunkt für die richterliche Strafzumessung im Einzelfall anbietet.

Nach der Rechtsprechung darf die Tatsache, wie andere Gerichte ähnlich gelagerte Sachverhalte rechtlich beurteilt und welche Strafen sie zugemessen haben, kein Gegenstand der Beweisaufnahme werden.[431] Aus normativer Perspektive hätte eine solche Datenbank für die Richter keine Bindungswirkung, sondern würde lediglich dazu dienen, den Tatrichtern mehr Informationen für die Strafzumessung zu liefern. [432] Allerdings könnte die Abweichung von den Strafmaßen ähnlicher Fälle auch ein transparenter Anhaltspunkt für die revisionsrechtliche Überprüfung darstellen.[433] Wenn man die richterliche Strafzumessung als einen sozialen Prozess ansieht (Siehe: 2. Teil B. III.), könnte die Einführung der Strafzumessungsdatenbank als eine „weiche" Beschränkung der richterlichen Entscheidungsspielräume funktionieren und damit letztlich dem Zweck zur Rationalisierung und Vereinheitlichung der Strafzumessung dienen.

Alle oben erwähnten Reformvorschläge, sei es die Verfeinerung der Strafzumessungsnormen im Strafgesetzbuch oder die Einführung externer, verbindlicher oder vorschlagender Referenzen wie Strafzumessungsrichtlinien und Strafzumessungsdatenbanken, zielen im Wesentlichen darauf ab, den Richtern detaillierte materielle Kriterien für ihre Strafzumessungstätigkeit an die Hand zu geben. Diese Art des Reformdenkens beruht auf einer gemeinsamen hypothetischen Prämisse, nämlich der idealisierten Annahme, dass die Strafzumessung nichts anderes als ein Prozess der Entscheidungsfindung innerhalb des normativen Raums durch unabhängige individuelle Richter ist. Die Begrenzung des Entscheidungsspielraums bei der Strafzumessung ist ein Versuch, die Denkprozesse des Richters zu simulieren und sie somit zu leiten oder zu begrenzen.

Als faktischer sozialer Prozess kann die Strafzumessung jedoch keine rein mechanische Ableitung von Normen sein. Das Erfordernis der „praktischen Rationalität" ist ebenso in die juristische Entscheidungsfindung eingebettet.[434] Die Tatrichter müssen auch andere praktische Informationen außerhalb der Normen berücksichtigen. Die Theorie der „focal concerns" legt nahe, dass Richter bei der Strafzumessung drei Schlüsselfaktoren berücksichtigen: die Schuld des Täters (offender culpability), den Schutz der

431 BGH JZ 1974 340 m. Anm. Schroeder; BGH JR 1979, 381 m. Anm. Meyer-Goßner; vgl. auch BGHSt 56 262(269 f.).

432 Kaspar, 2018, C 115; Rostalski/Völkening, KriPoZ 2019, S. 265(270f).

433 Kaspar, 2018, C 115.

434 Li.G., XDFX 2004, S. 26(28).

Gesellschaft (community protection) und die praktischen Begrenzungen (practical constraints).[435] Während die ersten beiden Faktoren dem Schuldprinzip und den präventiven Strafzwecken entsprechen, bezieht sich der dritte Faktor auf die prozessuale Umgebung, in der der Entscheidungsprozess über die Strafzumessung stattfindet, und wird durch formelle oder informelle verfahrensrechtliche Normen deutlich.

II. Möglichkeiten der prozessrechtlichen Kontrolle

Nach dem „amerikanischen Verständnis" der Rationalisierung der Strafzumessung kann der richterliche Strafzumessungsvorgang nur so kontrolliert werden, „wenn in ihr das richterliche Ermessen aufgrund der Erkenntnisse der modernen Wissenschaft strukturiert ist."[436] Die Strafzumessung weist jedoch auf eine komplexe Kombination von Vergeltung, Abschreckung, Resozialisierung, Normbestätigung und anderen strafrechtlichen Zwecken hin, was voraussetzt, dass sie nicht absolut im normativen Sinne rationalisiert werden kann, sondern unvermeidlich mit einem gewissen Maß an subjektiver Wertung vermischt werden muss. Wenn man eine solche Strafzumessung gegenüber dem Verurteilten und der Gesellschaft rechtfertigen will, muss sie notwendigerweise auf die Funktion des Verfahrensrechts zur Legitimierung der richterlichen Entscheidung zurückgreifen („Legitimation durch Verfahren").[437]

Das Verhältnis zwischen dem Schuldprinzip und der Aufklärungspflicht nach § 244 Abs. 2 StPO ist ein repräsentatives Beispiel. Bereits 1981 stellte das Bundesverfassungsgericht fest, dass „als zentrales Anliegen des Strafprozesses sich die Ermittlung des wahren Sachverhalts erweist, ohne den das materielle Schuldprinzip nicht verwirklicht werden kann."[438] Nach dem Schuldprinzip kann der Richter keine Strafe gegen den Täter verhängen, wenn die entsprechende Schuld nicht festgestellt wird. Diese „Ausstrahlungswirkung" des Schuldprinzips auf den Strafprozess macht es erforderlich, dass die Strafprozessordnung Vorschriften enthält, welche das Gericht und auch die Staatsanwaltschaft dazu verpflichten, die relevanten Umstände für die Bemessung der Schuld des Angeklagten zu ermitteln.[439]

435 Steffensmeier/Ulmer/Kramer, 1998, S. 763(764 ff.); Wu.Y., FZYSHFZ 2024, S. 91(94).
436 Damaška, ZStW 93(1981), S. 701(704).
437 Luhmann, 2021, S. 116. vgl. auch Machura, Soziale Systeme 2017, S. 331(332).
438 BVerfGE 57, 250(275)
439 Frisch, in: FS-Streng, 2017, S. 689.

Zusätzlich zu ihrer instrumentellen Funktion, der Legitimierung von Strafzumessungsverhängungen, kann das Verfahrensrecht selbst äußere Grenzen für die Entscheidungsspielräume der Richter setzen, die sich von materiellrechtlichen Normen unterscheiden. *Frase* argumentierte in seinen rechtsvergleichenden Betrachtungen des amerikanischen und europäischen Strafzumessungsrechts, dass der Grund, warum die detaillierten materiellen Kriterien der Strafzumessung im Stil der Sentencing Guidelines in Europa nicht weit verbreitet sind, darin liegt, dass das europäische Justizsystem bereits über einige Schutzmechanismen gegen Ungleichheiten bei der Strafzumessung verfügt (z.B. hochgradig in bürokratische Strukturen eingebundene Richter und Staatsanwälte, Begründungspflicht, revisionsrechtliche Überprüfung).[440]

Die Argumentation von *Frase* zeigt, dass die Entwicklung sowohl materiellrechtlicher als auch verfahrensrechtlicher Kriterien den institutionellen Zweck der Vereinheitlichung der Strafzumessung erfüllen kann. Die begrenzte Leistungsfähigkeit der materiellen Kontrolle wird besonders dort deutlich, wo abstrakte rechtliche Vorgaben lediglich als allgemeine Richtlinien dienen und eine spezifische Anwendung auf den Einzelfall ohne die Beteiligung des jeweiligen Rechtsanwenders undenkbar ist.[441] Je weniger konkrete Vorgaben das materielle Recht bieten, desto entscheidender wird die Gestaltung des Verfahrens und die Beachtung der Verfahrensgarantien, um zu einem gerechten Ergebnis zu gelangen.[442]

Die verfahrensrechtlichen Normen, insbesondere das Institut der Revisionskontrolle der Strafzumessung[443], sind in der Diskussion um die Strafzumessungsreform in Deutschland nicht unbeachtet geblieben. Obwohl die Strafzumessung in früheren Jahren als ausschließlicher Ermessensspielraum des Richters angesehen wurde, wird sie heute immer häufiger als ein Entscheidungsprozess betrachtet, bei dem Rechtsanwendung und Werturteile vermischt werden und der somit der Überprüfung durch die Revisionsinstanz unterliegt.[444] Wie *Börner* hervorhebt: „Die grundgesetzliche Bindung des Richters an das materielle Recht engt den Richter bei weitem nicht vollständig in seinen Entscheidungsmöglichkeiten ein, sondern bietet

---

440 Frase, in: Jackson/Langer/Bohlander (Hrsg.), 2008, p.358.

441 Murmann, GA 2004, S. 65(72).

442 Murmann, a.a.O. S. 65(73).

443 Dazu noch einmal näher Teil 6 C. III (Seiten 306 ff.)

444 BGH NJW 2008, 672. Vgl. BVerfG, NJW 2007, 2977; vgl. Streng, 2012, Rn. 657 m.w.N.

seiner Entscheidung lediglich die Grundlage."[445] Im Vorschlag zur Einführung einer Strafzumessungsdatenbank bleibt die Einschränkung richterlicher Entscheidungsspielräume in normativer Hinsicht weiterhin an die revisionsrechtliche Überprüfung gebunden. Das bedeutet, dass der durch die Datenbank ermöglichte Fallvergleich lediglich als eines von mehreren Argumenten in der Revisionsinstanz dient, um eine fehlerhafte Rechtsanwendung durch unangemessene Strafzumessung zu belegen. [446] Auch in Deutschland wird argumentiert, dass dieses flexible, „weiche" Modell der Strafzumessungskontrolle wünschenswerter ist als harte, starre materielle Normen wie Strafzumessungsrichtlinien.[447]

Wie bereits zuvor erläutert, sollte der richterliche Spielraum bei der Strafzumessung jedoch nicht nur im Sinne eines Ermessens verstanden werden, sondern vielmehr so, dass er alle potenziellen Entscheidungsspielräume jeder Stufe des Strafzumessungsvorgangs umfasst. Ebenso umfasst das traditionelle System „Ermessen - Begrenzung - Revisionskontrolle"- nicht alle Möglichkeiten der prozessualen Kontrolle der Strafzumessung. Nach der chinesischen Auffassung liegt der Wert des Verfahrens zur Kontrolle der Strafzumessung darin, durch die Interaktion zwischen dem Richter, den Parteien und der Öffentlichkeit die Fähigkeit des Richters zur rationalen und gerechten Strafzumessung zu verbessern und den Missbrauch der Entscheidungsspielräume zu verhindern. Mit anderen Worten ist das Verfahren sowohl ein Hilfsmittel des Richters als auch ein Überwachungsinstrument.[448] Dies ist der grundlegende Weg, wie das Verfahrensrecht die Strafzumessung zu gestalten vermag. Auf der anderen Seite ist zu berücksichtigen, dass jede Regelung, die den richterlichen Entscheidungsspielraum einschränken könnte, nur unter Wahrung des Verhältnismäßigkeitsprinzips gerechtfertigt werden darf. Andernfalls würde sie den verfassungsrechtlichen Anforderungen an die Unabhängigkeit der Richter gemäß Art. 97 Abs. 1 GG widersprechen.[449] Ein Gegenbeispiel hierfür wäre der unangemessene Einfluss der durch Medienberichte geschürten öffentlichen Emotionen auf die Strafzumessungsentscheidung des Richters. Alle Beschränkungsmaßnahmen haben sowohl ihre Vorteile als auch potenziellen Risiken. Ohne eine sorgfältige und umfassende Berücksichtigung jeder vorgeschlagenen Maßnahme ist es nicht möglich, die richtige Richtung

445 Börner, 2014, S. 30.
446 Streng, 1984, S. 312; Kaspar, 2018, C 115; Streng, StV 2018, S. 593(600).
447 Gross-Wilde, a.a.O. S. 143.
448 Lan.J., XDFX 2013, S. 92(96).
449 SSW-StGB/Eschelbach, § 46 Rn. 61.

für die Weiterentwicklung des Strafzumessungsrechts zu bestimmen. Wie *Schünemann* sagt, ist es „auf dieser Ebene Aufgabe der Rechtswissenschaft, die konkurrierenden Alternativvorschläge herauszuarbeiten und dem Gesetzgeber mit Argumenten garniert („topologisch“) vorzustellen und zu empfehlen.“[450]

Aus der Perspektive der Machtkontrolle lassen sich die verfahrensrechtlichen Beschränkungsinstitute in die folgenden drei Kategorien einteilen, die auch einen Ankerpunkt für die in den folgenden Teilen der Arbeit eingehende Vergleichung der verfahrensrechtlichen Kontrollmechanismen der Strafzumessung zwischen China und Deutschland bilden:

(1) Regelungen zur Transparenz: Diese Regelungen sollen die Tätigkeit der Richter bei der Strafzumessung so transparent wie möglich machen und die „Black Box“ dem Licht der Öffentlichkeit aussetzen, wodurch eine willkürliche Ausübung des Entscheidungsspielraums oder ein entsprechender Anschein vermieden wird. Dazu gehören der Grundsatz der Öffentlichkeit, die Beweisaufnahme und die wechselseitigen Erörterungen über die Straffrage in der Hauptverhandlung, der Begründungszwang des Richters sowie die Veröffentlichung der Urteile. (4. Teil)

(2) Regelungen zur Beteiligung der Prozessparteien: Diese Regelungen gewährleisten das Mitwirkungsrecht der anderen Prozessbeteiligten an der Strafzumessung und schaffen dadurch eine innerprozessuale Machtbalance. Die Perspektiven des Staatsanwalts, des Angeklagten bzw. des Opfers werden dabei betrachtet und die Auswirkungen von Absprachen auf das traditionelle Strafzumessungsmodell werden besonders berücksichtigt. (5. Teil)

(3) Regelungen zur innergerichtlichen Gewaltenteilung: Diese Regelungen zielen darauf ab, die Strafverhängung von einzelnen Richtern und Gerichten zu homogenisieren und zu kontrollieren. Zu den verfahrenstechnischen Mechanismen gehören das Kollegium anstelle des Einzelrichters, die Mitwirkung von Laienrichtern und auch die Fehlerkontrolle durch das Rechtsmittelsystem. (6. Teil)

---

450 Schünemann, in:FS-Streng, 2017, S. 755(757).

Teil 4. Transparenz des Strafzumessungsvorgangs

A. Theoretische Grundlagen

Die Transparenz des Strafzumessungsvorgangs impliziert, die häufig als Blackbox bezeichneten Überlegungen, die sich ausschließlich in der inneren Welt des Richters abspielen, sichtbar zu machen. Zur Legitimation der Strafverhängung gegenüber den Beteiligten – einschließlich des Angeklagten, des Opfers und anderer Betroffener – sowie gegenüber der Gesellschaft als Ganzes muss der Entscheidungsprozess über die Strafzumessung, der die Ausübung der staatlichen Strafgewalt durch den Richter darstellt, für diese beiden unterschiedlichen Zielgruppen transparent gemacht werden.

Im Hinblick auf die Wiederherstellung des Rechtsfriedens sollte die richterliche Entscheidung über die Strafverhängung idealerweise bei allen Adressaten auf faktische Akzeptanz[451] stoßen.[452] Die Adressaten des Strafzumessungsergebnisses lassen sich in zwei Gruppen einteilen: Die erste Gruppe umfasst diejenigen, die ein wesentliches Interesse an der Strafzumessung haben, wie z.B. Angeklagte und deren Angehörige, Opfer und sonstige Betroffene. Diese Akteure haben spezifische, subjektive Erwartungen an das Ergebnis der Strafzumessung und erwarten, dass das Urteil ihren Vorstellungen entspricht. Entspricht das Ergebnis ihren Erwartungen, nehmen sie das Strafurteil in der Regel widerspruchslos hin. Entspricht das Urteil jedoch nicht ihren Erwartungen und ist das Verfahren nicht so ausgestaltet, dass der Richter die Möglichkeit hat, sie zu „überzeugen", ist es sehr wahrscheinlich, dass sie das Urteil durch Rechtsmittel anfechten.

Insbesondere auf Seiten des Angeklagten kann die Unzufriedenheit mit dem Ergebnis der Strafzumessung den Resozialisierungseffekt der zu verbüßenden Strafe erheblich beeinträchtigen. Empirisch belegt ist das Bedürfnis nach informationeller Gerechtigkeit[453], das verlangt, dass der Richter rationale und überprüfbare Argumente (plausible Begründungen) für negative Entscheidungen wie die Strafzumessung liefert.[454] Da die Erwartungen von Angeklagten, Staatsanwälten und Opfern an die Strafzumessung häu-

451 Börner, 2014, S. 36 ff.; vgl. Luhmann, 2021, S. 28.
452 Vgl. Börner, 2014, S. 36 ff.
453 Börner, 2014, S. 77.
454 Rennig, in:Bierbrauer u.a.(Hrsg.), Verfahrensgerechtigkeit, S. 83(83).

fig divergieren, ist die Überzeugungsarbeit des Richters im Strafverfahren unerlässlich. Die Verfahrensgestaltung erfordert daher ein hohes Maß an Transparenz sowohl bei der Beweisaufnahme als auch bei der Begründung der Strafzumessung.

Als verfahrensrechtlicher Mechanismus zur Kontrolle des richterlichen Entscheidungsspielraums besteht das wesentliche Merkmal dieser Transparenz des Strafzumessungsvorgangs darin, die Strafzumessung von einer rein inneren Überlegung des Richters zu einer prozessrechtlich regelbaren Verfahrenshandlung zu machen. Damit erhalten die damit verbundenen prozessualen Beschränkungen einen klaren Bezugspunkt, nämlich die im Verfahren offengelegte Strafzumessung (im Chinesischen als „量刑程序" – liang xing cheng xu, Strafzumessungsverfahren – bekannt). Dieser Mechanismus bildet die institutionelle Grundlage für weitere prozessuale Kontrollmechanismen der richterlichen Strafzumessung, die in den folgenden Teilen dieser Arbeit diskutiert werden, wie z.B. die Beteiligung anderer Verfahrensbeteiligter an der Strafzumessung und die gerichtliche Überprüfung.

Die Ergebnisse der richterlichen Strafzumessung werden auch Personen mitgeteilt, die eigentlich kein unmittelbar eigenes Informationsinteresse bezüglich der Verhängung der Strafe haben, wie z.B. die Öffentlichkeit, bestimmte Zeugen oder Sachverständige. Es liegt auf der Hand, dass die Frage, ob und inwieweit der richterliche Strafzumessungsvorgang für diesen Adressatenkreis transparent (offen) sein muss, theoretisch umstritten ist. Ein wesentlicher Einwand ergibt sich aus spezialpräventiven Erwägungen. Eine solche Öffentlichkeit der Strafzumessungserwägungen könnte der Stigmatisierung und Desozialisierung des Verurteilten Vorschub leisten und damit die Resozialisierung erheblich gefährden.[455] Unter dem Einfluss des damals populären Spezialpräventionsgedankens wurde das Öffentlichkeitsprinzip bei der großen Strafrechtsreform der 60er Jahre in Deutschland stark eingeschränkt.[456] Dabei sind nicht nur direkte Einschränkungen durch die Einführung spezifischer Ausschlussgründe festzustellen, sondern auch indirekte Einschränkungen der Öffentlichkeit durch die Ausweitung des Strafbefehlsverfahrens, die Verfahrenseinstellung aus Opportunitätsgründen und die gesetzliche Verankerung von Absprachen im Strafverfahren.[457]

455 Blazko, in: Eifer-Uhe u.a.(Hrsg.), Einheit der Prozessrechtswissenschaft?, 2016, S.25(32).

456 Blazko, a.a.O. S.32.

457 Blazko, a.a.O. S.32 f.; Vgl. auch Gierhake, JZ 2013, S. 1030(1036).

Hier steht jedoch das abstrakte Interesse der Allgemeinheit dem spezialpräventiven Zweck gegenüber. Während die Öffentlichkeit auf individueller Ebene in der Regel keine inhaltlichen Einwände gegen ein von der eigenen Erwartungshaltung abweichendes Urteil erhebt - diese Erwartungshaltung bildet sie sich in den meisten Fällen erst durch die Medienberichterstattung –, neigt sie aus sozialpsychologischer Sicht dazu, eine aktive Betroffenheit oder Zuständigkeit für den abgeurteilten Fall zu entwickeln. Die „Faszination des Kriminellen“[458] führt regelmäßig dazu, dass viele Menschen glauben, beurteilen zu können, ob ein Verhalten rechtmäßig oder rechtswidrig ist und bestraft werden sollte.[459] Auch der Bundesgerichtshof hat festgestellt, dass sich die Allgemeinheit „ihr Urteil über die Stellung der Justiz im öffentlichen Leben wesentlich nach dem Geiste bildet, in dem das Strafrecht und das Strafprozessrecht von den Gerichten gehandhabt werden“.[460]

Strafverfahren berühren durch das Legitimationsbedürfnis der Strafe das Grundgefüge einer Gesellschaft. Der Rechtsbruch eines Einzelnen stellt die gesamte Rechtsordnung in Frage.[461] Dabei ist nicht nur das Ergebnis des Strafverfahrens von Bedeutung, sondern auch das Verfahren selbst muss überzeugend sein, um der Öffentlichkeit eine Identifikation zu ermöglichen. Hierfür ist eine gewisse Transparenz des Verfahrens unerlässlich.[462] Ein Strafverfahren sollte daher auch der Öffentlichkeit ein transparentes und rationales Bild des Strafzumessungsvorgangs vermitteln. Die Akzeptanz des Strafzumessungsergebnisses kann durch ein „verfahrensbedingtes Vertrauen“ gestärkt werden.[463]

Zudem sollten richterliche Entscheidungen aufgrund des positiven generalpräventiven Zwecks in der Lage sein, die normativen Grundlagen des Strafzumessungsergebnisses und die Rechtsfolgen der Normen der Allgemeinheit zu verdeutlichen (Normbestätigung). Dies erfordert eine öffentliche Darlegung der richterlichen Begründung der Strafzumessung. Die kommunikationsorientierte Straftheorie, als moderne Ausprägung der retributiven Theorien, betrachtet darüber hinaus die Wiederherstellung des

458 Vgl. NK/Hassemer/Neumann, Vor § 1 StGB Rn. 15 ff.

459 Blazko, in: Eifer-Uhe u.a.(Hrsg.), Einheit der Prozessrechtswissenschaft?, 2016, S.25 (30).

460 BGHSt 9, 280 (282).

461 Blazko, in: Eifer-Uhe u.a.(Hrsg.), Einheit der Prozessrechtswissenschaft?, 2016, S.25 (30); Frisch, GA 2015, S. 65 (68 f.); Pawlik, 2004, S. 90 f.

462 Schroeder, NJW 1983, S. 137 (140).

463 Vgl. Börner, 2014, S. 39 ff.

Rechts durch den kommunikativen Akt der Strafe bzw. der Straffreiheit.[464] Demnach ist die Kommunikation mit den Verfahrensbeteiligten und der Öffentlichkeit das zentrale Element jeder Gerichtsverhandlung. Sowohl der Inhalt strafrechtlicher Urteile als auch „die Art und Weise ihres Zustandekommens" können expressive Funktionen erfüllen.[465]

Es darf nicht übersehen werden, dass die Transparenz des Strafzumessungsprozesses nicht nur das Informationsrecht der Allgemeinheit, sondern auch das Recht des Angeklagten auf ein faires Verfahren durch ihre Kontrollfunktion gegenüber der Justiz gewährleistet. Die „Kontrolle der Justiz" hat dabei zwei unterschiedliche Bedeutungen: Zum einen kontrolliert das souveräne Volk die Justiz im staatsrechtlichen Sinne, indem es die Richter überwacht.[466] Zum anderen bezieht sich der Begriff auf den psychologisch-praktischen Effekt, dass sich Richter aus Scham oder Scheu zu korrektem Verhalten gezwungen sehen, da sie (zumindest in der Theorie) durch die „tausend Augen des Publikums" daran gehindert werden, oberflächliche und planlose Begründungen zu präsentieren.[467] Die menschliche Scheu, vor der Öffentlichkeit Unrecht zu tun, verstärkt den Drang nach strenger und unparteiischer Rechtsprechung. Diese Furcht stärkt die Verantwortlichkeit der Richter und fördert eine gerechte und sorgfältige Anwendung des Rechts.[468]

Aus den widersprüchlichen Strafzwecken ergibt sich die theoretische Kontroverse um die Transparenz des Strafzumessungsprozesses gegenüber der Öffentlichkeit. Die stärkeren Argumente für eine solche Transparenz motivieren uns jedoch zu einer positiven institutionellen Entwicklung. Dies impliziert die Forderung nach einer „regulierten Öffnung der strafrechtlichen Verfahrensöffentlichkeit"[469], wobei die möglichen negativen Auswirkungen auf den Verurteilten sorgfältig zu berücksichtigen sind. Die Bedeutung der Öffentlichkeit des Verfahrens wird von Hassemer unterstrichen: „Ohne Medien kann die Strafjustiz ... ihre zentrale Aufgabe nicht erfüllen".[470]

Zusammenfassend hat die Diskussion um die Transparenz des Strafzumessungsvorgangs zwei Bedeutungen für unterschiedliche Zielgruppen:

---

464 Hörnle, 2017, S. 29 ff.

465 Hörnle, ZStW 117(2005), S. 801(834).

466 Alber, 1974, S. 77.

467 Alber, a.a.O. S. 77 f.

468 Alber, a.a.O. S. 81.

469 Blazko, in: Eifer-Uhe u.a.(Hrsg.), Einheit der Prozessrechtswissenschaft?, 2016, S. 25(38).

470 Hassemer, StV 2005, S. 167(167).

Erstens bezieht sich Transparenz auf die Transformation der subjektiven Erwägungen des Richters in eine rationalisierte und transparente Gestaltung der Verfahrensregeln. Diese Regeln bilden die Grundlage für zahlreiche verfahrensrechtliche Kontrollmechanismen. (B.) Zweitens geht es bei der Transparenz des Strafzumessungsvorgangs gegenüber der Öffentlichkeit darum, das Gerichtsverfahren und die Urteilsbegründung für die Öffentlichkeit begreifbar und nachvollziehbar zu machen. Damit wird die generalpräventive und kommunikative Funktion der Strafe erfüllt sowie die soziale Kontrolle des richterlichen Entscheidungsspielraums ermöglicht. (C.)

B. Innerprozessuale Transparenz

I. Strafzumessungsverfahren in der Hauptverhandlung

Nach chinesischem Recht wird die Schuldfrage und die Straffrage eines Falles, ähnlich wie in Deutschland, traditionell in einer einheitlichen Hauptverhandlung beurteilt.[471] Dieser verfahrensmäßige Ablauf schränkt die Möglichkeit einer wirklich unabhängigen richterlichen Beurteilung in Bezug auf die Bestimmung der Rechtsfolgen aus, da das Gericht bereits vor der formellen Entscheidung über die Schuldfrage eine umfassende Diskussion über die Strafzumessung des Angeklagten führen muss. In der Gerichtspraxis vor 2010 erhielt die Schuldfrage weitaus mehr Aufmerksamkeit als die Strafzumessung. Staatsanwälte konzentrierten sich darauf, die Richter zu einem Schuldspruch zu bewegen. Weder die Anklageschrift noch das abschließende Plädoyer des Staatsanwalts enthielten klare Vorschläge zur Strafverhängung. Die chinesischen Strafgerichte betrachteten die Strafzumessung im Wesentlichen als Nebensache, da sie mehr Wert darauf legten, ob der Angeklagte eine Straftat begangen hatte. Weder der Staatsanwaltschaft noch der Verteidigung wurde die Gelegenheit gegeben, die Strafzumessungstatsachen darzustellen und ihre entsprechenden Positionen zu erörtern.[472]

Dies führte dazu, dass der Entscheidungsprozess des Gerichts über die Strafzumessung nicht in einem offenen Gerichtssaal, sondern faktisch in einer Art „Büroarbeit" durch Akteneinsicht, indirekte Anhörungen und so-

---

471 Roxin/Schünemann, 2022, § 44 Rn. 82.
472 Chen.R., ZGFX 2009, S. 163(163f.).

gar verwaltungsinterne Genehmigungen abgeschlossen wurde.[473] Diese Art der Urteilsfindung, bei der weder Staatsanwalt noch Angeklagter teilhaben konnten und die vom Richter allein durchgeführt wurde, erschwerte es, die Vollständigkeit und Richtigkeit der Informationen zur Strafzumessung zu gewährleisten, da die Meinungen aller Beteiligten zur Strafzumessung nicht berücksichtigt werden konnten. Der Mangel an Offenheit, Transparenz und einem angemessenen Maß an Konfrontation im gesamten Prozess der Strafzumessung führte zu einem erheblichen Risiko des Missbrauchs des richterlichen Entscheidungsspielraums.

Um den Entscheidungsspielraum des Richters zu kontrollieren, hat sich das Oberste Volksgericht im Rahmen der Strafzumessungsreform[474] erstmals mit der Frage der Unabhängigkeit des Strafzumessungsverfahrens befasst.[475] Die sogenannte „Unabhängigkeit des Strafzumessungsverfahrens" bedeutet, dass das Gericht die gerichtliche Untersuchung und die wechselseitigen Erörterungen[476] über die Straffrage von der gesamten Hauptverhandlung trennt, wodurch es relativ unabhängig vom Schuldfeststellungsverfahren wird. Daher ist die gesamte Hauptverhandlung grob in zwei Teile gegliedert: Der erste Teil konzentriert sich auf die Frage, ob der Angeklagte eine Straftat begangen hat, während der zweite Teil auf die Rechtsfolgenbestimmung abzielt, wobei entsprechende Beweisaufnahmen, Vernehmungen und wechselseitige Erörterungen durchgeführt werden. Theoretisch hat die

473 Chen.R., 2011, S. 3.

474 Das chinesische Strafzumessungsrecht wurde durch den Erlass einiger Justizauslegungen vom Obersten Volksgericht reformiert. In China gibt es seit jeher heftige Diskussion darüber, ob das Verhalten der Justizorgane (wie des Obersten Volksgerichts, der Obersten Volksstaatsanwaltschaft u.s.w.), durch den Erlass von Justizauslegungen substantielle Änderungen oder Ergänzungen des Gesetzes vorzunehmen, die Grenze der Rechtsprechung überschreitet und somit in den Bereich der Gesetzgebung fällt. Eine detaillliertere Darstellung hierzu findet sich in Teil 2. D. (vgl. Seiten 87 ff.)

475 Siehe: SnRStrZ 2010, Art. 1: „Die Volksgerichte gewährleisten die relative Unabhängigkeit des Strafzumessungsverfahrens."

476 Gemäß StPG lässt sich die Hauptverhandlung in fünf Phasen unterteilen: die Eröffnung der Hauptverhandlung, die gerichtliche Untersuchung, die wechselseitigen Erörterungen, der Schlussvortrag des Angeklagten sowie die Beratung und Urteilsverkündung. Die gerichtliche Untersuchung und die wechselseitigen Erörterungen stellen dabei den zentralen Teil der Hauptverhandlung dar. Die gerichtliche Untersuchung umfasst die Beweisaufnahme und Tatsachenermittlung, während sich die wechselseitigen Erörterungen auf den Prozess beziehen, in dem alle Verfahrensbeteiligten ihre Meinungen äußern und miteinander über die Beweisverwertung und die festgestellten Tatsachen diskutieren. Siehe: § 198 Abs. 1 StPG, in: Zong, ZChinaR 2020, S. 28(67); Chen.G.(Hrsg), 2021, S. 365 ff.; Chen.R., 2021, S. 412 ff.

Anklageschrift die Funktion, das Hauptverfahren zu eröffnen, während der in der Anklageschrift beigefügte oder separat verfasste staatsanwaltschaftliche Strafzumessungsvorschlag das Strafzumessungsverfahren einleitet und zum Gegenstand der Hauptverhandlung macht.[477] Während der gerichtlichen Untersuchung muss der Richter alle für die Bestimmung der Rechtsfolgen relevanten Tatsachen ermitteln und verwerten. Außerdem ist sicherzustellen, dass alle Beteiligten bei den wechselseitigen Erörterungen die Gelegenheit haben, über die Festlegung der Art und des Umfangs des Strafmaßes zu diskutieren.

Die sogenannte „Prozessualisierung des Strafzumessungsverfahrens"[478] impliziert, dass die richterliche Entscheidung über die Strafzumessung unter der Prämisse einer Trennung von Schuldfeststellungs- und Strafzumessungsverfahren durch eine umfassende gerichtliche Untersuchung und wechselseitige Erörterungen getroffen wird. Theoretisch besteht der Kern dieser Prozessualisierung in der Transformation des Strafzumessungsvorgangs vom früheren „administrativen Genehmigungsmodell" hin zu einem „prozessrechtlichen Kontrollmodell". Indem die bisherige „Büroarbeit" durch aktive Beteiligung, umfassende Verständigung und lebhafte Debatte in der Hauptverhandlung ersetzt wird, wird das Strafverfahren tatsächlich offen, transparent und partizipativ.[479]

1. Zur Einführung des Tatinterlokuts

Zu Beginn der Strafzumessungsreform standen zwei unterschiedliche Ansichten zur Gestaltung des Strafzumessungsverfahrens im Raum: das absolut eigenständige Strafzumessungsverfahren (in Deutschland Tatinterlokut oder Schuldinterlokut genannt[480]) und das relativ eigenständige Strafzumessungsverfahren. Der grundlegende Unterschied zwischen diesen beiden Modellen besteht darin, ob die Trennung von Schuldfeststellung und Strafzumessung eine echte Zäsur in der Hauptverhandlung darstellen soll, wodurch ein Zwischenergebnis über die Schuld des Angeklagten getroffen wird.[481]

477 Chen.R., ZGFX 2009, S. 163(171).
478 Chen.R., a.a.O. S. 167 f.
479 Chen.R., a.a.O. S. 168.
480 Siehe: Roxin/Schünemann, 2022, § 44 Rn. 83.
481 Li.Y., FLSY 2008, S. 11(11); Chen.R., 2011, S. 4 f.; Chen.W./Cheng, ZGSHKX 2012, S. 120(121).

Im relativ eigenständigen Strafzumessungsverfahren wird die Wichtigkeit des Strafzumessungsverfahrens hervorgehoben, während die bestehende einheitliche Hauptverhandlung beibehalten wird. Innerhalb der gerichtlichen Untersuchungsphase wird eine spezielle Abteilung zur Ermittlung der für die Rechtsfolgen bedeutenden Tatsachen eingerichtet, und während der Erörterungsphase wird eine besondere Abteilung zur Diskussion der Meinungen über die Strafverhängung etabliert. Aber die Untersuchung und Erörterungen über Schuld- und Straffragen werden innerhalb einer einheitlichen Hauptverhandlung durchgeführt. Das Modell des Tatinterlokuts schlägt dagegen vor, dass der Richter nach Abschluss der gerichtlichen Untersuchung und der wechselseitigen Erörterungen zunächst eine Entscheidung über die Schuldfrage trifft. Sollte der Angeklagte für schuldig befunden werden, würde anschließend das Strafzumessungsverfahren stattfinden. Diese Zwischenentscheidung führt zu einer vollständigen Trennung der beiden Verfahren.[482]

Das Modell des Tatinterlokuts orientiert sich am US-amerikanischen Strafverfahren. Im angloamerikanischen Strafprozessrecht bezieht sich der Begriff „trial“ ausschließlich auf das Schuldfeststellungsverfahren, während das Strafzumessungsverfahren als ein separater „post-trial“-Prozess betrachtet wird.[483] Nach diesem Modell entscheidet das Gericht, sobald der Angeklagte auf „nicht schuldig“ plädiert, zunächst darüber, ob der behauptete Sachverhalt der Straftat nachgewiesen ist. Im Schuldfeststellungsverfahren werden alle Beweismittel, die sich auf die Straffrage beziehen, nicht vorgelegt, sodass sich das Gericht und alle Prozessbeteiligten ausschließlich auf die Frage konzentrieren können, ob der Angeklagte schuldig ist. Insbesondere Beweismittel, die die Persönlichkeit des Täters, seine Erziehung oder Vorstrafen betreffen, werden dabei als irrelevant angesehen und daher von der Beweisaufnahme ausgeschlossen. Dies trägt wesentlich dazu bei, dass die Entscheider (i.d.R. die Geschworenen im angloamerikanischen Strafverfahren) den Angeklagten nicht voreingenommen beurteilen. Nach angloamerikanischer Ansicht bietet die vollständige Trennung von Schuldfeststellungs- und Strafzumessungsverfahren institutionelle Garantien dafür, dass ein Schuldanspruch ausschließlich auf der Grundlage der Beweise für den Tatbestand der angeklagten Straftat erhoben wird.[484]

---

482 Vgl. Li.Y., FLSY 2008, S. 11(11); Chen.R., 2011, S. 32 ff.

483 Worral, 2018, p.221.

484 Vgl. Li.Y., FLSY 2008, S. 11(11); Chen.R., 2011, S. 35 ff.

Am Anfang der chinesischen Strafzumessungsreform schien sich zunächst die Idee des Tatinterlokuts durchzusetzen, da Verteidiger im Rahmen der absoluten Trennung von Schuldfeststellungs- und Strafzumessungsverfahren nicht mehr befürchten mussten, dass ein Vorschlag für Strafmilderung die Überzeugungskraft ihres Plädoyers auf Freispruch untergräbt und den Richter dazu verleitet, den Angeklagten für schuldig zu erklären („Antragsdilemma der Verteidigung“[485]). In einer einflussreichen empirischen Studie wurde das Modell des absolut eigenständigen Strafzumessungsverfahrens am Volksgericht Wuhu probeweise umgesetzt. Über einen Zeitraum von sieben Monaten wurden dort insgesamt 60 Strafsachen nach diesem Modell verhandelt. [486] Die statistische Untersuchung erfolgte anhand von vier Indikatoren: die Transparenz des Strafzumessungsvorgangs, die Zufriedenheit der Prozessbeteiligten, die Effizienz des Verfahrens und das Ergebnis der Strafzumessung.[487]

Die Studie erfasste mittels eines Fragebogens die Bewertung der Transparenz des Strafzumessungsverfahrens durch die Zuschauer. In den Fällen mit Tatinterlokut betrug die Zufriedenheitsrate hinsichtlich der Transparenz 95 Prozent, während sie in der Vergleichsgruppe ohne Tatinterlokut bei 80 Prozent lag.[488] Der Fragebogen für die Prozessbeteiligten zeigte, dass es kaum Unterschiede in der Zufriedenheit von Angeklagten, Richtern, Opfern und Verteidigern zwischen den beiden verschiedenen Arten von Strafzumessungsverfahren (mit oder ohne Tatinterlokut) gab. Allerdings gab es erhebliche Unterschiede in den Bewertungen durch die Staatsanwälte: Von den 56 Staatsanwälten, die an den absolut eigenständigen Strafzumessungsverfahren teilnahmen, waren nur 87 Prozent mit dem Verfahren zufrieden, während 97 Prozent der 38 Staatsanwälte, die an Verfahren ohne Tatinterlokut teilnahmen, zufrieden waren. [489] Der Unterschied zwischen den beiden Gruppen zeigt, dass die Staatsanwälte am traditionellen Strafverfahren festhalten und eine Abneigung gegen die Komplexität des neuen Modells sowie die damit verbundene zusätzliche Arbeitsbelastung haben.[490]

Die statistischen Daten zeigten, dass sich die durchschnittliche Dauer der Hauptverhandlung in Fällen mit und ohne Tatinterlokut nicht signifikant unterscheidet. Diese Beobachtung wird in der Studie darauf zurückgeführt,

485 Diskussion in deutsche Literatur siehe z.B. Dölling, 1978, S.170 ff.
486 Chen.W./Cheng, ZGSHKX 2012, S. 120(122).
487 Chen.W./Cheng, a.a.O. S. 122.
488 Chen.W./Cheng, a.a.O. S. 128.
489 Chen.W./Cheng, a.a.O. S. 129.
490 Chen.W./Cheng, a.a.O. S. 129.

dass eine wichtige Funktion der Zäsur zwischen Schuldfeststellung und Strafzumessung darin besteht, den Entscheidungsträgern eine kurze Beratung über die Schuld des Angeklagten zu ermöglichen. Da die meisten Angeklagten in diesen Fällen geständig waren und der Sachverhalt einfach war, hatte der Unterschied zwischen den beiden Modellen keinen großen Einfluss auf die Durchführung der Hauptverhandlung.[491] Beschränkt man den Vergleich jedoch auf Fälle mit streitigem Sachverhalt, so ist die durchschnittliche Verhandlungsdauer in Fällen mit Tatinterlokut signifikant länger als in ähnlichen Fällen ohne Tatinterlokut. Dies deutet darauf hin, dass dieses Modell aufgrund der zusätzlichen Strafzumessungsphase die Verhandlungsdauer verlängert und zu höheren Verfahrenskosten führt.[492] Hinsichtlich der Strafzumessungsergebnisse zeigt sich, dass die Strafen in Fällen mit Tatinterlokut signifikant milder ausfallen als in den Vergleichsgruppen ohne Tatinterlokut. Die Studie führt dies darauf zurück, dass die Verteidiger nicht mehr zwischen Freispruch und Strafmilderung abwägen müssen und daher die für den Angeklagten vorteilhaften Strafzumessungsinformationen umfassender vortragen können.[493]

Im Rahmen der Strafzumessungsreform wurde die Einführung des Tatinterlokuts im SnRStrZ letztlich aufgegeben. Stattdessen wurde ein relativ eigenständiges Strafzumessungsverfahren eingeführt,[494] das darauf abzielt, die Schuld- und Straffrage in der Hauptverhandlung zu trennen und die gerichtliche Untersuchung der Strafzumessungstatsachen sowie die Erörterungen der Rechtsfolgen in vollem Umfang zu gewährleisten. Dies hat im Wesentlichen folgende Gründe:

Erstens ist ein wichtiger institutioneller Hintergrund des angloamerikanischen Modells, dass die Schuldfrage häufig von Geschworenen (Jury) entschieden wird.[495] Dadurch besteht ein erhöhtes Risiko, dass die frühzeitige Exposition von Laienrichtern gegenüber strafzumessungsrelevanten Informationen (wie Vorstrafen[496] oder sozialer Hintergrund des Angeklagten) zu einer Vorverurteilung führt, die sich zum Nachteil des Angeklagten auswirken kann. Demgegenüber wird in China, ähnlich wie in Deutschland, das Urteil in der Regel von Berufsrichtern gefällt, auch wenn gelegentlich

491 Chen.W./Cheng, a.a.O. S. 130.
492 Chen.W./Cheng, a.a.O. S. 135.
493 Chen.W./Cheng, a.a.O. S. 131, 135.
494 Siehe: SnRStrZ 2010, Art. 1: „Die Volksgerichte gewährleisten die relative Unabhängigkeit des Strafzumessungsverfahrens."
495 Chen.R., 2011, S. 41 f.
496 Oswald/Bieneck/Hupfeld-Heinemann(Hrsg.), 2011,. S. 357 ff.; Dunkel, 2018, S. 78 f.; LR/Schuster Vor § 359 StPO Rn. 7 m.w.N.

Laienrichter mitwirken. Gut ausgebildete und erfahrene Berufsrichter sind besser in der Lage, sich nicht von den negativen Implikationen der strafzumessungsrelevanten Informationen beeinflussen zu lassen. Ein völlig eigenständiges Strafzumessungsverfahren erscheint daher weniger notwendig.

Zweitens erfordert das Modell des Tatinterlokuts, ohne die Gesamtdauer des Strafprozesses erheblich zu verlängern, die Einführung eines beschleunigten Verfahrens nach angloamerikanischem Vorbild, bei dem die Sachverhaltsfeststellung und die Urteilsfindung weitgehend von den Parteien bestimmt werden.[497] Laut einer Untersuchung der National Association of Criminal Defense Lawyers (NACDL) aus dem Jahre 2018 plädieren die Angeklagten in nur noch drei Prozent der Gerichtsverfahren vor Staats- und Bundesgerichten für „nicht schuldig".[498]Dagegen sind die chinesischen Richter nach wie vor dem Untersuchungsgrundsatz verpflichtet.[499] Selbst wenn der Angeklagte geständig ist, müssen in der Hauptverhandlung grundlegende Tatsachen zur Schuldfrage geklärt werden, bevor die Straffrage erörtert werden kann. Das amerikanische Modell des beschleunigten Verfahrens ist in China nur schwer umsetzbarr. Das Modell des Tatinterlokuts würde die Belastung der chinesischen Justizbehörden weiter erhöhen.

Drittens setzt die Einrichtung eines vollständig vom Schuldfeststellungsverfahren getrennten Strafzumessungsverfahrens voraus, dass die zu behandelnden Strafzumessungstatsachen von den im Schuldfeststellungsverfahren zu behandelnden Tatsachen getrennt werden können. Nach den Bestimmungen des chinesischen Strafrechts ist es jedoch oft schwierig, zwischen diesen beiden Arten von Tatsachen zu unterscheiden. So sieht das chinesische Strafrecht zahlreiche „qualifizierte Tatbestände" vor, bei denen die Begehung einer Straftat durch „schwere Umstände", „besonders schwere Umstände" oder „außergewöhnlich schwere Umstände" definiert wird. Die strikte Trennung zwischen Tatsachen, die zur Feststellung der Schuld und zur Strafzumessung dienen, entspricht weder den Erkenntnisgrundsätzen noch den prozessökonomischen Überlegungen.

Ein praktisches Problem für die Verantwortlichen der Strafzumessungsreform besteht schließlich darin, dass das Modell des Tatinterlokuts erheb-

---

497 Li.Y., FXJ 2010, S. 47(52).

498 NACDL (Hrsg.), Trial Penalty Report, 2018, S. 5; abrufbar im Internet unter: https://www.nacdl.org/getattachment/95b7f0f5-90df-4f9f-9115-520b3f58036a/the-trial-penalty-the-sixth-amendment-right-to-trial-on-the-verge-of-extinction-and-how-to-save-it.pdf (Abruf v. 17.06.2025).

499 Siehe § 6 S. 1 StPG: „Das Volksgericht ...... haben das Strafverfahren ...... auf der Grundlage der Tatsachen und mit dem Recht als Richtschnur durchzuführen." in: Zong, ZChinaR 2020, S. 28(30).

liche Änderungen der bestehenden Bestimmungen über das Hauptverfahren erfordert. Diese Änderungen müssten durch eine sorgfältige Anpassung des chinesischen Strafprozessrechts vorgenommen werden, was weit über die ursprünglich vorgesehenen Ergebnisse der Strafzumessungsreform - Herausgabe einiger Justizauslegungen im Auftrag des Obersten Volksgerichts - hinausgeht.

2. Die gerichtliche Untersuchung strafzumessungsrelevanter Tatsachen

Bei der anfänglichen Erprobung der Strafzumessungsreform an verschiedenen Gerichten[500] wurde beobachtet, dass die Gerichte den Strafzumessungsvorschlägen der Staatsanwaltschaft eher zustimmen, wenn die Staatsanwaltschaft dafür mehr Beweise vorgelegt hat. Sobald der Verteidiger neue strafmildernde Umstände vorträgt, insbesondere solche, die von der Staatsanwaltschaft übersehen wurden, ist das Gericht möglicherweise bereit, den Strafzumessungsantrag des Verteidigers zu akzeptieren.[501] Der richterliche Strafzumessungsvorgang kann daher nur dann wirklich im Rahmen des Strafzumessungsverfahrens erfolgen und etwaige Vorurteile des Richters können nur dann korrigiert werden, wenn die Strafzumessungstatsachen in der Hauptverhandlung umfassend und vollständig ermittelt werden. Werden hingegen die strafzumessungsrelevanten Tatsachen in der Hauptverhandlung nicht vollständig dargelegt, können die nicht offenbarten Informationen ihren Einfluss auf die Strafverhängung nicht angemessen entfalten. Werden einzelne Tatsachen unzuverlässig verwertet, kann der Richter die Gerechtigkeit und Angemessenheit der Strafzumessung auch mit Hilfe detaillierter Strafzumessungsleitlinien kaum sicherstellen. Werden entscheidende Tatsachen nicht durch eine ordnungsgemäße Beweisaufnahme ermittelt, muss der Richter rein subjektiv entscheiden, ob er diese Tatsachen bei der Strafzumessung berücksichtigt. Damit wird die Ermittlung der Strafzumessungstatsachen aus dem Strafzumessungsverfahren herausgelöst und in die Black Box des willkürlichen Entscheidungsspielraums verlagert.

Unter Berücksichtigung dieser Überlegungen haben das SnRStrZ 2010 und seine zehn Jahre später veröffentlichte endgültige Fassung, das SnRStrZ 2020, die gerichtliche Untersuchung zu den Strafzumessungstatsachen detailliert geregelt. Die Ermittlung der Strafzumessungstatsachen ist Teil

500 Zu Details siehe Teil 2. D. II. 1. (Vgl. Seiten 90 ff.)
501 Chen.R., FXJ 2010, S. 9(9 f.).

der richterlichen Aufklärungspflicht. Das Volksgericht hat nicht nur die Tatsachen zu ermitteln, die zur Anwendung eines bestimmten gesetzlichen Strafrahmens auf den Angeklagten führen, sondern auch alle gesetzlichen oder ermessensabhängigen Strafzumessungsumstände[502] aufzuklären[503].

In der chinesischen Hauptverhandlung werden die strafzumessungsrelevanten Beweismittel hauptsächlich von der Staatsanwaltschaft präsentiert. Der Staatsanwalt plant die Reihenfolge der Beweisführung nach der Art und den Merkmalen des Falles. Werden Beweismittel zur Schuldfeststellung und zur Strafzumessung getrennt vorgelegt, sind die Beweismittel zur Schuldfeststellung zuerst und die zur Strafzumessung danach vorzulegen.[504]

Neben der Staatsanwaltschaft haben auch andere Verfahrensbeteiligte das Recht, Beweisanträge zu stellen. Verlangt der Angeklagte, der Verteidiger, das Opfer oder sein Rechtsbeistand die Erhebung von während der Ermittlungsverfahren gesammelten Beweismitteln, so darf der Richter den Beweisantrag nur ablehnen, wenn er das Beweismittel nicht für erforderlich hält. Die Ablehnung ist zu begründen.[505] Freilich geht § 244 Abs. 3 dtsch. StPO nochmal darüber hinaus. Der Antrag auf Erhebung eines zulässigen Beweises darf grundsätzlich nur in den in § 244 Abs. 3 S. 3 StPO genannten Fällen abgelehnt werden, auch wenn sie nur die Rechtsfolgen betreffen. In China dürfen alle von den Prozessparteien erhobenen Beweise erst nach der Beweisaufnahme als Grundlage für die Strafzumessung berücksichtigt werden. Dies gilt jedoch nicht für Beweise zugunsten des Angeklagten, gegen die beide Parteien nach einer außergerichtlichen Anhörung keine Einwände erhoben haben.[506]

Um sicherzustellen, dass alle für die Strafzumessung relevanten Tatsachen vollständig ermittelt werden, ist die gerichtliche Untersuchung wieder aufzunehmen, wenn sich nachträglich neue Tatsachen ergeben, die einer weiteren Ermittlung bedürfen.[507] In der Hauptverhandlung können die Richter, wenn sie Zweifel an den Beweisen haben, die Verhandlung unterbrechen, um die Beweise in Augenschein zu nehmen und zu prüfen. Gegebenenfalls können sie auch die Staatsanwaltschaft anweisen, weitere Ermittlungen durchzuführen.[508]

502 Siehe Teil 2. B.II. 3. (Vgl. Seiten 63 ff.)
503 Art. 17 SnRStrZ 2020.
504 Art. 16 Abs. 1 SnRStrZ 2020.
505 Art. 20 SnRStrZ 2020.
506 Art. 19 Abs. 2 SnRStrZ 2020.
507 Art. 22 SnRStrZ 2020.
508 Art. 19 Abs. 1 SnRStrZ 2020.

Um eine umfassende Darstellung aller strafzumessungsrelevanten Tatsachen in der Hauptverhandlung zu ermöglichen, wurden im Rahmen der Strafzumessungsreform neue Formen des Beweismittels diskutiert. Besonders hervorzuheben ist die Einführung des Strafzumessungsermittlungsberichts（量刑调查报告，liang xing diao cha bao gao），der dem amerikanischen Presentence Investigation Report (PIS) entlehnt ist.[509] Dieser Bericht wird nach den US-Bundesstrafprozessregeln (Federal Rules of Criminal Procedure) in der Regel von einem Bewährungshelfer (probation officer) erstellt und dem Gericht vor der Strafzumessung vorgelegt, um als wesentliche Grundlage für die Strafverhängung zu dienen.[510] Der PIS besteht aus zwei Hauptteilen: einem Bericht über die Angaben des Angeklagten und einem Bericht über die Straftat. Die Informationen werden vom Angeklagten selbst, seinen Angehörigen, dem Opfer und anderen Personen, die mit dem Vorleben des Angeklagten vertraut sind, bereitgestellt. Darüber hinaus enthält der Bericht Angaben über Vorstrafen, die persönlichen und wirtschaftlichen Verhältnisse des Angeklagten sowie die Stellungnahmen der Verfahrensbeteiligten zur Strafzumessung.[511]

Da die verhängte Strafe nicht nur der Schuld des Täters entsprechen soll, sondern auch den Zweck der Spezialprävention widerspiegeln soll, hat der Richter bei der Strafzumessung eine Vielzahl von Umständen zu berücksichtigen, die mit der Strafbegründung nichts zu tun haben. Ein umfassender Bericht, der von einer objektiven Stelle außerhalb des Verfahrens erstellt wird, kann den Richtern in dieser Hinsicht wertvolle Informationen liefern.[512] In China wird der Strafzumessungsermittlungsbericht hauptsächlich von der Organisation für ambulante Sanktionen erstellt. Die Stellungnahmen der Prozessbeteiligten zur Strafzumessung werden nicht in den Bericht aufgenommen, sondern dem Richter mündlich und direkt im Rahmen einer wechselseitigen Erörterung vorgetragen. Ansonsten ähnelt der Inhalt des Strafzumessungsberichts im Wesentlichen dem amerikanischen PIS.

Bereits vor der Strafzumessungsreform wurde der Strafzumessungsermittlungsbericht in der chinesischen Rechtspraxis im Rahmen der besonderen Strafverfahren gegen Minderjährige（未成年人刑事案件诉讼程序，wei cheng nian ren xing shi an jian su song cheng xu） angewandt (§

509 Chen.R., FXJ 2010, S. 9(11 ff.); Chen.R., 2011, S. 130 ff.; Gao.Y., ZGXSFZZ 2008, S. 81(84 ff.).

510 Siehe: Federal Rules of Criminal Procedure, Rule 32, (c).

511 a.a.O. Rule 32, (c) und (d).

512 Vgl. Gao.Y., ZGXSFZZ 2008, S. 81(81 f.).

§ 277 bis 287 StPG).[513] Gemäß dem Strafprozessgesetz können die Behörde für öffentliche Sicherheit, die Volksstaatsanwaltschaft und das Volksgericht je nach den Umständen den Hergang des Heranwachsens, die Beweggründe für die Straftat, die Betreuung und Erziehung sowie sonstige Umstände des minderjährigen Tatverdächtigen oder Angeklagten untersuchen (§ 279 StPG). Mit der Strafrechtsreform wurde klargestellt, dass das Gericht, die Staatsanwaltschaft, die Ermittlungsbehörden oder der Verteidiger diese Ermittlungsergebnisse in einem Ermittlungsbericht zusammenfassen, in der Hauptverhandlung verlesen und einer Beweisaufnahme unterziehen können.[514] Hier ergeben sich durchaus Parallelen zum deutschen Jugendstrafrecht und dem Bericht der Jugendgerichtshilfe (§§ 38, 43 JGG).

Aufgrund des beträchtlichen Arbeitsaufwands, den der Strafzumessungsermittlungsbericht im Strafverfahren mit sich bringt, wird er in anderen Strafverfahren außer in Jugendstrafsachen, in denen die Resozialisierung des Angeklagten im Vordergrund steht, nur selten eingesetzt. In jüngster Zeit findet jedoch die Verwendung von Ermittlungsberichten zunehmend Akzeptanz in der chinesischen Rechtspraxis, insbesondere bei geringfügigen Delikten.[515] In der neuesten Fassung der SnRStrZ wurde nicht nur die Regelung über den Ermittlungsbericht für jugendliche Angeklagte beibehalten[516], sondern auch der Bericht für Angeklagte eingeführt, die möglicherweise zu Überwachung[517] verurteilt werden oder deren Strafe zur Bewährung ausgesetzt wird. Ein solcher Bericht, erstellt von der Organisation für ambulante Sanktionen, kann dem Richter als Grundlage für die Strafzumessung dienen.[518]

---

513 Siehe: Zong, ZChinaR 2020, S. 28(84 ff.).

514 Art. 11 SnRStrZ 2010.

515 Beispielsweise berichteten die Medien, dass am 19. April 2007 vor dem Amtsgericht Fengtai in Peking ein Fall von vorsätzlicher Körperverletzung verhandelt wurde, bei dem der Leiter der Justizbehörde am Wohnort des Angeklagten vor Gericht erschien und einen „sozialen Ermittlungsbericht" verlas. Siehe: „Pekinger Gericht bezieht erstmals moralische Leistung in die Strafzumessung ein", in: Beijing Morning Post, 20. April 2007.

516 Art. 18 SnRStrZ 2020.

517 Die „Überwachung" ist eine von fünf Arten der Hauptstrafe in China, zu Details siehe Teil 2. B. I. 1. (Vgl. Seiten 49 f.)

518 Art. 3 Abs. 1 SnRStrZ 2020.

3. Verschiedene Ausprägungen des Strafzumessungsverfahrens

Obwohl auf die Einführung des Tatinterlokuts verzichtet wurde, hat die Aufwertung des Strafzumessungsverfahrens dennoch zu einer gewissen Belastung der Hauptverhandlung geführt. Im Einklang mit dem Beschleunigungsgebot erlaubt das chinesische Strafprozessgesetz den Gerichten, bestimmte Verfahrensvorschriften je nach den besonderen Umständen des Falles zu vereinfachen, ohne dabei den Untersuchungsgrundsatz zu verletzen. Das Strafzumessungsverfahren ist daher in den verschiedenen Hauptverhandlungstypen unterschiedlich ausgeprägt.

So kann das relativ getrennte Modell von Schuldfeststellung und Strafzumessung in Fällen, in denen der Angeklagte seine Schuld nicht anerkennt, voll zum Tragen kommen. Hat der Angeklagte hingegen ein Geständnis abgelegt und bestreitet die von der Staatsanwaltschaft vorgeworfenen Taten nicht mehr, so vereinfacht sich die gerichtliche Untersuchung bezüglich der Strafbegründungstatsachen und die entsprechenden Erörterungen. In diesem Fall wird die gesamte Hauptverhandlung im Wesentlichen zu einem Strafzumessungsverfahren, in dem sich die gerichtliche Untersuchung und die wechselseitigen Erörterungen allein auf die Straffrage konzentrieren. Hat sich der Angeklagte schuldig bekannt und den Strafzumessungsvorschlag der Staatsanwaltschaft angenommen, wird das Strafzumessungsverfahren ebenfalls vereinfacht.[519] Der Schwerpunkt der Hauptverhandlung verlagert sich von der Schuld- und Straffrage auf die Frage, ob sich der Angeklagte freiwillig schuldig bekennt und die Sanktion akzeptiert.[520]

Nach dem chinesischen Strafprozessgesetz kann das erstinstanzliche Hauptverfahren (auch „Normalverfahren" （普通程序，pu tong cheng xu） genannt) in zwei verschiedenen Graden vereinfacht werden. Wenn ein Fall in die Zuständigkeit des Amtsgerichts fällt und der Sachverhalt der Straftat einfach ist, die Beweislage klar ist, der Angeklagte sich schuldig bekannt hat und keinen Einwand gegen die Verfahrensvereinfachung erhebt, kann das Gericht den Fall im „vereinfachten Verfahren" （简易程序，jian yi cheng xu） verhandeln. (§§ 214 bis 221 StPG) Im vereinfachten

519 Chen.R., 2021, S. 431.

520 Siehe § 201 Abs. 1 StPG: „In einem Fall, in dem schuldig bekannt und die Sanktion angenommen wird, muss das Volksgericht in der Regel nach dem Recht beim Erlassen des Urteils die Bezeichnung des von der Volksstaatsanwaltschaft beschuldigten Straftatbestands und den Strafzumessungsvorschlag der Volksstaatsanwaltschaft annehmen, es sei denn, folgende Umstände liegen vor: ...... 2. der Angeklagte bekennt sich unfreiwillig schuldig und nimmt unfreiwillig die Sanktion an ......" in: Zong, ZChinaR 2020, S. 28(68).

Verfahren ist das Gericht hinsichtlich der Vernehmung des Angeklagten, der Vernehmung von Zeugen, der Anhörung von Sachverständigen und der wechselseitigen Erörterung nicht an den festen Ablauf der Hauptverhandlung gebunden, hat aber das Recht des Angeklagten auf ein letztes Wort zu gewährleisten (§ 219 StPG). Fällt ein Fall in die Zuständigkeit des Amtsgerichts, ist eine Strafe von weniger als drei Jahren Freiheitsstrafe zu erwarten, ist der Sachverhalt einfach und die Beweislage klar, hat sich der Angeklagte schuldig bekannt, den Strafzumessungsvorschlag der Staatsanwaltschaft akzeptiert und keinen Einwand gegen die Vereinfachung des Verfahrens erhoben, kann das Gericht den Fall im „beschleunigten Verfahren" （速裁程序， su cai cheng xu） verhandeln. (§§ 222 bis 226 StPG). Im beschleunigten Verfahren führt das Gericht in der Regel keine Beweisaufnahme und keine wechselseitigen Erörterungen durch und kann mehrere Fälle in einer Hauptverhandlung zusammen verhandeln, muss aber auch das Recht des Angeklagten auf ein letztes Wort gewährleisten (§ 224 StPG).Aus den Voraussetzungen für die Einleitung vereinfachter und beschleunigter Verfahren lässt sich ableiten, dass die Vereinfachung des Hauptverfahrens im chinesischen Strafprozessrecht von drei wichtigen Kriterien geleitet wird: der gesellschaftlichen Auswirkung des Falles, der Komplexität der Fallumstände und dem freiwilligen Verzicht des Angeklagten auf sein Recht auf rechtliches Gehör. Wenn eine Straftat der Öffentlichkeit erheblichen Schaden zugefügt hat oder in der Öffentlichkeit ein weitverbreitetes Gefühl der Vergeltung hervorgerufen hat, ist die Strafverfolgungsbehörde verpflichtet, den Fall nach den höchsten und strengsten Standards auszumitteln, um die Justizförmigkeit zu gewährleisten. Demgegenüber hat der Staat in Fällen geringeren Unrechts einen gewissen Entscheidungsspielraum, um das Verfahren aus Gründen der Prozessökonomie zu vereinfachen. Da die Wahrheitsfindung nach wie vor ein wichtiges Ziel des chinesischen Strafprozessrechts ist, muss die Verfahrensvereinfachung eine weitere Voraussetzung erfüllen: Der Sachverhalt muss so durchsichtig und die Beweislage so überzeugend sein, dass die Möglichkeit eines Fehlurteils trotz der Verfahrensvereinfachung ausgeschlossen erscheint. Besteht der Angeklagte darauf, im Verfahren der Schuldfeststellung und Strafzumessung in vollem Umfang angehört zu werden, können die staatlichen Justizbehörden aus Rücksicht auf die Verfahrensrechte des Angeklagten und den Grundsatz des „fair trial" das Verfahren nicht vereinfachen. Legt der Angeklagte hingegen freiwillig ein Geständnis ab oder akzeptiert er die Strafzumessungsvorschläge der Staatsanwaltschaft, so kann dies als Verzicht auf seine Verteidigungsrechte hinsichtlich der Schuld- und Straffrage angesehen werden, was die Vereinfachung des Verfahrens rechtfertigt.

Obwohl das Geständnis des Angeklagten nicht bedeutet, dass der Sachverhalt vollständig aufgeklärt ist, kann die Fülle der in der Einlassung des Angeklagten enthaltenen Informationen den Arbeitsaufwand des Schuldfeststellungsverfahrens zweifellos erheblich reduzieren. Bei der Strafzumessung muss der Richter jedoch unter Berücksichtigung verschiedener Strafzwecke eine angemessene Strafe finden, was nicht einfach durch die Annahme des Strafzumessungsvorschlags des Angeklagten gelöst werden kann. Selbst wenn der Angeklagte geständig ist, schließt dies nicht aus, dass er andere Vorstellungen von der Strafzumessung hat. Dies könnte dazu führen, dass in der Hauptverhandlung das Schuldfeststellungsverfahren vereinfacht und das Strafzumessungsverfahren vollständig beibehalten wird. Sobald der Angeklagte jedoch eine abweichende Meinung zur Anklage vertritt, kann er logischerweise den Strafzumessungsvorschlag des Staatsanwalts nicht akzeptieren. Da das Modell des Interlokuts in China nicht eingeführt worden ist und Schuldfeststellung und Strafzumessung in einer einzigen Hauptverhandlung stattfinden, können die Voraussetzungen für ein summarisches Strafzumessungsverfahren nicht erfüllt werden, solange das Schuldfeststellungsverfahren nicht vereinfacht worden ist.

Das SnRStrZ beinhaltet detaillierte Regelungen für die verschiedenen Ausprägungen des Strafzumessungsverfahrens in normaler und in unterschiedlichem Grad vereinfachter Hauptverhandlungen. In Fällen, in denen der Angeklagte kein Geständnis ablegt, erfolgt eine relativ eigenständige Trennung der Schuldfeststellungs- und Strafzumessungsverfahren.[521] Im Rahmen der gerichtlichen Untersuchung sollen neben den Tatsachen zur Schuldfeststellung auch die Tatsachen zur Strafzumessung aufgeklärt werden. Der Angeklagte sowie sein Verteidiger haben die Möglichkeit, Beweiserhebungen zu beantragen, welche die Unschuld des Angeklagten oder eine Milderung der Strafe belegen. In der Phase der wechselseitigen Erörterungen initiiert das Gericht die Diskussion zwischen den beiden Parteien hinsichtlich der Schuldfeststellung. Im Anschluss daran werden beide Parteien durch das Gericht darüber in Kenntnis gesetzt, dass sie im Rahmen der Strafzumessung debattieren und Vorschläge oder Meinungen zur Strafzumessung mit Begründungen äußern können. Die Teilnahme des

521 Art. 15 Abs. 1 SnRStrZ 2020.

Angeklagten und seines Verteidigers am Strafzumessungsverfahren beeinträchtigt nicht ihre Verteidigung auf Freispruch.[522]

Für Fälle, die durch Normalverfahren verhandelt werden und in denen der Angeklagte ein Geständnis abgelegt hat, wird die Hauptverhandlung, nachdem bestätigt wurde, dass der Angeklagte die in der Anklageschrift aufgeführten Tatsachen bestätigt hat, sich freiwillig zu einem Geständnis bereit erklärt hat und über die Rechtsfolgen im Bilde war, hauptsächlich auf die Frage der zu verhängenden Strafe konzentriert. Die gerichtliche Untersuchung sowie die wechselseitigen Erörterungen können entsprechend leicht vereinfacht werden.[523] Für Fälle, die durch vereinfachtes Verfahren verhandelt werden, wird die Hauptverhandlung, nachdem bestätigt wurde, dass der Angeklagte die in der Anklageschrift aufgeführten Tatsachen bestätigt hat, sich freiwillig zu einem Geständnis bereit erklärt hat und über die Rechtsfolgen im Bilde war, *nur* auf die Straffrage beschränkt, wobei eine Differenzierung zwischen Schuldfeststellung und Strafzumessung nicht erfolgt. Das Recht des letzten Wortes des Angeklagten ist jedoch zu gewährleisten.[524] Für Fälle, die durch beschleunigtes Verfahren verhandelt werden, wird die Hauptverhandlung nach Bestätigung der Freiwilligkeit, Echtheit und Rechtmäßigkeit des Schuldbekenntnisses sowie der Annahme der Sanktion durch den Angeklagten ohne Durchführung eines Schuldfeststellungs- und Strafzumessungsverfahrens abgeschlossen. Das Recht des letzten Wortes des Angeklagten soll auch gewährleistet werden.[525]

II. Strafzumessungsbegründung in chinesischen Strafurteilen

Die innerprozessuale Transparenz des Strafzumessungsverfahrens bezieht sich nicht nur auf die Transparenz des richterlichen Strafzumessungsvorgangs gegenüber den Verfahrensbeteiligten, sondern auch auf die Transparenz gegenüber dem Gericht des zweiten Rechtszugs. Die revisionsrechtliche Überprüfung des erstinstanzlichen Urteils erfolgt in China im Wesentlichen durch Akteneinsicht. Grundlage hierfür ist die ausführliche Begründung der Strafzumessung im Urteil.

Vor der Strafzumessungsreform wurde der Frage der Strafzumessung in der Hauptverhandlung allerdings wenig Aufmerksamkeit geschenkt.

522 Art. 15 Abs. 3 SnRStrZ 2020.
523 Art. 14 SnRStrZ 2020.
524 Art. 13 Abs. 1 SnRStrZ 2020.
525 Art. 12 Abs. 1 SnRStrZ 2020.

Die richterlichen Entscheidungen zur Strafzumessung basierten häufig auf minimalen Informationen und wurden daher in den Urteilen selten ausführlich begründet. Selbst in den wenigen Fällen, in denen eine Strafzumessungsbegründung vorlag, beschränkte sich diese in der Regel auf eine allgemeine Beschreibung der relevanten gesetzlichen Strafzumessungstatbestände, wie etwa nachträgliche Selbstanzeige, Notwehr oder Notstand, ohne nähere Erläuterung, warum eine bestimmte Strafe verhängt wurde.[526] Die Einführung der Begründungspflicht war daher ein zentrales Element der Strafzumessungsreform. Nach der SnRStrZ 2010 sind die Volksgerichte verpflichtet, in den Strafurteilen die Gründe für die Strafzumessung darzulegen. Die Begründung muss folgende Punkte enthalten: die festgestellten strafzumessungsrelevanten Tatsachen und deren Einfluss auf die Strafzumessung; die Annahme oder Ablehnung der Strafzumessungsvorschläge der Staatsanwaltschaft, der Privatkläger, der Angeklagten und ihrer Verteidiger sowie der Opfer und ihrer Rechtsvertreter, die Stellungnahmen und die richterlichen Begründungen für die Annahme oder Ablehnung; sowie die rechtlichen Grundlagen für die vom Gericht verhängte Strafe.[527] Die Begründung bedeutet jedoch nicht, dass die einzelnen Schritte der Strafzumessung im Urteil wiedergegeben werden.[528]

Die richterliche Begründung der Strafzumessung in den Urteilen ist nach der Reform zunehmend zum Standard geworden. Eine empirische Studie, die 97 Strafurteile der Volksgerichte aus dem Zeitraum von Oktober 2010 bis September 2011 (ein Jahr nach Erlass der SnRStrZ 2010) analysiert hat[529], zeigt positive Ergebnisse: In 71 Urteilen, d.h. 73,19 % der Gesamtzahl, wurden alle Beweismittel und die festgestellten Tatsachen detailliert aufgeführt; in 34 Urteilen, in denen die Staatsanwaltschaft oder andere Verfahrensbeteiligte Stellungnahmen zur Strafzumessung abgegeben hatten, ging der Richter im Urteil auf diese Stellungnahmen ein; und alle 97 Urteile enthielten die relevanten Gesetzesbestimmungen und Rechtsauslegungen, die die rechtlichen Grundlagen des Urteils klar darlegten.[530]

Die Studie hat jedoch auch Defizite bei der Begründung der Strafzumessung aufgezeigt: In 63 von 97 Fällen wurde neben der Freiheitsstrafe eine Geldstrafe verhängt, wobei in keinem dieser Urteile eine Begründung

526 Peng.H., XTDXXB 2007, S. 30(32).

527 Siehe: § 16 SnRStrZ 2010.

528 Siehe: Mitteilungen des Obersten Volksgerichts zur Umsetzung der Vereinheitlichung des Strafmaßes, Art. 5, Abs. 3.

529 Li.Q., ZGXSFZZ 2012, S. 111(112).

530 Li.Q., a.a.O. S. 112.

für die Verhängung der Geldstrafe enthalten war. In 64,95 % der Urteile wurden Nebenstrafen gänzlich ohne Begründung verhängt. Von den 33 Urteilen, in denen die Strafe zur Bewährung ausgesetzt wurde, enthielten zwar alle eine Begründung für die Strafaussetzung, diese war jedoch häufig zu allgemein gehalten und ließ keine Berücksichtigung der Besonderheiten des Einzelfalls erkennen.[531]

Eine umfassendere und detailliertere empirische Studie, die einige Jahre nach der Strafzumessungsreform durchgeführt wurde, zeigte, dass diese Defizite fortbestehen. Die Forscher analysierten 100 zufällig ausgewählte erstinstanzliche Strafurteile von zehn Bezirksgerichten in China aus den Jahren 2014-2015. Die Analyse ergab, dass der Sprachstil der Strafzumessungsbegründung weitgehend allgemein und formelhaft ist, wobei viele Begründungen zu einfach und ohne die notwendige Argumentation sind.[532] Beispielsweise kann nach § 67 ch-StGB gegen einen Täter, der sich selbst angezeigt hat, eine Strafe leichteren Grades oder eine abgemildert leichte Strafe verhängt werden[533].

In einigen Urteilen wurde nur die Tatsache der Selbstanzeige und die Rechtsgrundlage für die Strafmilderung festgehalten, ohne zu erläutern, warum eine abgemildert leichte Strafe verhängt wurde und nicht eine Strafe leichteren Grades.[534] Auch die Begründung von Nebenstrafen wird häufig vernachlässigt.[535] Diese empirischen Untersuchungen verdeutlichen die Notwendigkeit einer weiteren Verbesserung der Strafzumessungsbegründung in der chinesischen Praxis, um sowohl die Qualität der Urteilsfindung als auch die Effektivität der revisionsrechtlichen Kontrolle zu gewährleisten.

III. Vergleich mit Deutschland

Obwohl der Begriff „Strafzumessungsverfahren“ in der deutschsprachigen Rechtswissenschaft nicht verbreitet ist, finden sich doch zahlreiche Überlegungen und Maßnahmen, die darauf abzielen, den von subjektiven Vorstellungen der Richter geprägten Strafzumessungsvorgang durch verschiedene

531 Li.Q., a.a.O. S. 112.

532 Peng.W., FZYSHFZ 2017, S. 106(108).

533 Zum Unterschiede zwischen „Strafe leichteren Grades“ und „abgemildert leichte Strafe“ siehe Teil 2. B. II. 4. (Vgl. Seite 64.)

534 Peng.W., a.a.O. S. 110.

535 Peng.W., a.a.O. S. 108 f.

Verfahrensregeln zu normieren und damit die Blackbox der Strafzumessung transparenter zu machen. Diese Ansätze waren und sind auch im deutschen Strafprozessrecht von Bedeutung.

Die Diskussion über das Modell des Tatinterlokuts begann in Deutschland wesentlich früher als in China. Bereits 1925 wurde vor dem Hintergrund der zunehmenden Bedeutung der Täterpersönlichkeit und der Behandlungsprobleme im Strafprozess die Idee entwickelt, das Strafverfahren nach dem Vorbild des anglo-amerikanischen Schwurgerichtsverfahrens in zwei Abschnitte zu gliedern. Der erste Abschnitt sollte der Tatfeststellung und dem Schuld- oder Freispruch dienen, während der zweite Abschnitt der präventiven und kriminalpädagogischen Aufgabe der Persönlichkeitserforschung und Strafzumessung gewidmet sein sollte.[536] Diese Idee wurde insbesondere seit den 1970er Jahren intensiv diskutiert.[537] Die Befürworter des Modells sahen den Vorteil darin, dass sich im Falle eines Freispruchs die Frage der Strafzumessung gar nicht stellen würde. Angeklagte, die freigesprochen werden könnten, müssten nicht unnötigerweise mit strafrelevanten Informationen wie Vorstrafen belastet werden.[538] Entscheidend war auch, dass die Hauptverhandlung nach dem Schuldspruch in eine neue Phase eintreten konnte, in der die Grundlage für eine sorgfältige Entwicklung von Resozialisierungsplänen geschaffen werden konnte.[539]

Trotz dieser Vorteile wurde der Grundgedanke einer verfahrensrechtlichen Zäsur, die Zweiteilung des Prozesses in Schuld- und Straffrage, bald als unrealistisch verworfen. Dies lag vor allem an den knappen personellen Ressourcen in der Justiz und der angespannten Haushaltslagen.[540] Dennoch fand eine alternative, „informelle“ Variante des Tatinterlokut-Modells[541] rasch Unterstützer. Dabei geht es darum, dass das Gericht während der laufenden Hauptverhandlung nach Beratung seine Auffassung über die Schuld des Angeklagten zum Ausdruck bringt, was zu einer „Verlagerung

536 Goldschmidt, DJZ 1920, 162(162ff.); vgl. Jescheck, ZStW 86(1974), S. 761(767).

537 Roxin/Schünemann, 2022, § 44 Rn. 82; Eingehend Achenbach, JR 1974, S. 401(401ff.); Dölling, 1978, S. 1 ff.; Herrmann, ZStW 100 (1988), S. 41(41 ff.); Moos, ZStW 103 (1991), S. 553(553 ff.); Bruns/Güntge, 2019, Kap.22, Rn. 2 f.

538 Schöch, in: Schreiber/Beulke(Hrsg.), Strafprozeß und Reform, 1979, S. 59; Vgl. Bruns/Güntge, 2019, Kapital.22, Rn. 2.

539 Jung, 2023, S. 307(309).

540 Vgl. Bruns/Güntge, 2019, Kapital.22, Rn.3.

541 Bruns/Güntge, a.a.O. Rn. 3; vgl. Roxin/Schünemann, 2022, § 44 Rn. 83.

des Schwerpunkts der Hauptverhandlung in den Bereich des Rechtsfolgenausspruchs hinein erfolgen führen könnte."[542]

Ähnlich der empirischen Untersuchung in China wurde dieses Modell des „informellen" Tatinterlokuts vor niedersächsischen Gerichten erfolgreich erprobt und als „Göttinger Modell" bekannt.[543] In dem 1985 veröffentlichten Alternativentwurf „Reform der Hauptverhandlung" (abgekürzt: AE-StPO-HV) findet sich sogar ein ausgearbeiteter Gesetzesvorschlag.[544] Danach soll, wenn sich im ersten Teil der Hauptverhandlung ergibt, dass der Angeklagte die ihm zur Last gelegte Tat begangen hat, dies in einem Zwischenurteil festgestellt werden, das an das Gericht grundsätzlich gebunden ist (§§ 239 Abs. 3-5, 240 AE-StPO-HV).[545] Der zweite Teil der Hauptverhandlung soll sich möglichst unmittelbar an den Zwischenbescheid anschließen.[546] Dieses Modell wurde jedoch als nicht mit der deutschen Verfahrensrealität vereinbar angesehen und konnte den Gesetzgeber letztlich nicht überzeugen. Ein wesentlicher Kritikpunkt war, dass der vom Gericht während der laufenden Hauptverhandlung erlassene Zwischenbescheid keine Urteilswirkung hatte und daher von den Prozessbeteiligten als Vorverurteilung des Richters während der noch laufenden Hauptverhandlung in Frage gestellt werden konnte.[547] In den fünfzig Jahren, die seit der Diskussion der Zweiteilung der Hauptverhandlung vergangen sind, wird diese Idee heute nur noch selten diskutiert. Der Grund dafür liegt möglicherweise darin, dass die Rahmenbedingung dieser Idee - das Resozialisierungskonzept - in der Straftheorie an Bedeutung verloren hat.[548] Dennoch gibt es nach wie vor Befürworter, die der Meinung sind, dass das Modell des Tatinterlokuts zumindest als eine optionale Wahlmöglichkeit bestehen bleiben sollte, das in Fällen, bei denen die Strafzumessung im Mittelpunkt steht, sinnvoll angewendet werden könnte, da die Strafzumessung stärker in den Fokus praktischer und grundlegender strafrechtlicher Fragestellungen gerückt und klarer von der Schuldfrage getrennt werden sollten.[549]

542 Bruns/Güntge, a.a.O. Rn. 3; Eingehend Dölling, 1978, S. 78 ff.; Hermann, ZStW 100 (1988), S. 41(74 ff.).
543 Dölling, 1978, S.17 ff.
544 Baumann u.a., 1985, S.9 ff. vgl. Hermann, ZStW 100 (1988), S. 41(74); Roxin/Schünemann, 2022, § 44 Rn. 83.
545 Baumann u.a., 1985, S. 18 f.
546 Baumann u.a., 1985, S. 6.
547 Bruns/Güntge, 2019, Kap.22, Rn. 3.
548 Jung, 2023, S. 307(312).
549 Jung, a.a.O. S. 316, 324.

Heutzutage folgt das deutsche Strafprozessrecht einem ähnlichen Weg wie China bei der Transparenz des Strafzumessungsverfahrens. Zwar gibt es in Deutschland keinen formellen oder informellen Zwischenbescheid des Richters zwischen den Tat- und Rechtsfolgenverhandlungen, jedoch wird durch die Bestimmungen, dass die Ermittlung der strafzumessungsrelevanten Tatsachen und die Debatten der Prozessbeteiligten über die Straffrage in der Hauptverhandlung eine wichtige Rolle einnehmen, eine innerprozessuale Transparenz in der Strafzumessung des Richters gewährleistet.

In der deutschen Hauptverhandlung erfolgt die Ermittlung des Sachverhalts einschließlich der strafzumessungsrelevanten Tatsachen im Wesentlichen durch die Vernehmung des Angeklagten zur Sache (§ 243 Abs. 5 S. 2 StPO) und die sich daran anschließende Beweisaufnahme, die in den §§ 244 bis 257a StPO geregelt ist. Anders als in China gehört in Deutschland die Vernehmung des Angeklagten nicht zur Beweisaufnahme. Auch seine Einlassung gilt nicht als Beweismittel im formellen Sinne.[550] Die Vernehmung des Angeklagten hat stets vor der Beweisaufnahme stattzufinden[551], um sicherzustellen, dass der Angeklagte Gelegenheit erhält, sich vor Gericht umfassend zu verteidigen, so dass seine Einlassung bei der anschließenden Beweisaufnahme mit ihrem vollen Gewicht berücksichtigt werden kann.[552] Gegenstand der Vernehmung sind der dem Angeklagten „in der Anklageschrift zur Last gelegte geschichtliche Vorgang" sowie die für die Rechtsfolgenfrage bedeutsamen Umstände.[553]

Die Beweisaufnahme, die auf die Vernehmung des Angeklagten folgt, dient der umfassenden Ermittlung der Tatsachen. Gemäß § 244 Abs. 2 StPO hat das Gericht die Aufklärungspflicht, d.h., es ist verpflichtet, die Beweisaufnahme von Amts wegen auf alle entscheidungsrelevanten Tatsachen und Beweismittel zu erstrecken. Dies umfasst nicht nur die Tatsachen zur Schuldfrage, sondern auch alle für die Strafzumessung relevanten Tatsachen, insbesondere der persönlichen Umstände des Angeklagten.[554] Der Umfang der Beweisaufnahme zu Strafzumessungstatsachen hängt von ihrer Relevanz ab. Da eine angemessene Strafzumessung die Persönlichkeit des Angeklagten berücksichtigt, muss die Beweisaufnahme entsprechend

550 Aber sie wird in der Literatur als: „Beweismittel im weiteren Sinn" eingeordnet, vgl. Fezer, JuS 1977, S. 234(234).

551 KG, StV 82,10.

552 LR/Becker, § 244 Rn. 4.

553 Meyer-Goßner/Schmitt, § 243 Rn. 29.

554 BGH StV 1998 S. 636(636); BGH StraFo 2016, S. 347 f.

darauf erstreckt werden, was im Katalog des § 46 Abs. 2 StGB seinen Niederschlag findet.[555] Außerdem hat die Rechtsprechung bereits 1951 festgestellt, dass der Tatrichter bei der Feststellung und Wertung von Strafzumessungstatsachen nicht durch den Anklagegrundsatz beschränkt ist. Er darf vielmehr alle Umstände berücksichtigen, die für die Strafzwecke von Bedeutung sind.[556]

In der Beweisaufnahme müssen alle entscheidungsrelevanten Tatsachen in der gesetzlich vorgeschriebenen Form des Beweismittels, nämlich durch Zeugen, Sachverständige, Urkunden und Augenschein, und unter Beachtung der Prozessmaximen der Mündlichkeit, Unmittelbarkeit und Öffentlichkeit aufgeklärt werden.[557] Die Einhaltung strenger Förmlichkeit der Beweiserhebung verlangt, dass alle für die Rechtsfolgenfrage erheblichen Umstände, einschließlich der persönlichen Verhältnisse des Angeklagten wie das Vorleben, der Werdegang, die berufliche Ausbildung und Tätigkeit sowie die familiären und wirtschaftlichen Verhältnisse, in diesen vier Beweismitteln durch entsprechend geregelte Verfahren (mit Ausnahme des Augenscheins) in der Hauptverhandlung präsentiert werden.[558]

Dies bedeutet jedoch nicht, dass die richterliche Strafzumessung ausschließlich auf der Vernehmung des Angeklagten sowie den durch die Beweisaufnahme mit den vier Beweismitteln gewonnenen Informationen basieren muss. Gemäß § 261 StPO muss sich die richterliche Beweiswürdigung auf den „Inbegriff der Verhandlung" stützen. Dies impliziert, dass jede sonstige Tätigkeit des Gerichts in der Hauptverhandlung, die dazu dient, Gewissheit über das Vorliegen eines bestimmten entscheidungserheblichen Sachverhalts zu erlangen, zur Informationsgrundlage für die Strafzumessung werden kann.[559] Beispielsweise gehören äußere Erscheinung, Mimik, Gestik, Auftreten und Sprachverhalten der Beweispersonen zum „Inbegriff der Verhandlung".[560] Trotzdem bleibt die Grundlage der richterlichen Strafzumessung stets auf eine transparente, von allen Verfahrensbeteiligten gemeinsam durchgeführte Hauptverhandlung beschränkt und wird durch die gesetzlich vorgesehenen Verfahrenshandlungen demonstriert.

Im chinesischen Strafverfahrensrecht werden Beweise in acht Kategorien eingeordnet, nämlich: (1) Sachbeweis; (2) Urkunden; (3) Zeugenaussagen;

---

555 Bruns/Güntge, 2019, Kap. 20, Rn. 7.
556 BGH NJW 1951, S. 769(769); vgl. Bruns/Güntge, a.a.O. Rn. 9.
557 Eisenberg, 2017, Rn. 35; LR/Becker, § 244 Rn. 17.
558 Vgl. Schäfer/Sander/van Gemmeren, 2017, Rn. 1274.
559 LR/Becker, § 244 Rn. 3.
560 Meyer-Goßner/Schmitt, § 261 Rn. 5; vgl. BGH 5 StR 175/20 vom 18.8.2020.

(4) Aussagen des Verletzten; (5) Geständnisse sowie Aussagen und Verteidigung sowie Erklärungen des Tatverdächtigen/Angeklagten; (6) Gutachten des Sachverständigen; (7) Protokolle, wie etwa über Augenschein, Untersuchung, erkennungsdienstliche Maßnahmen oder Ermittlungsexperimente; (8) Video- oder Audiomaterialien und elektronische Daten.[561] Obwohl das StPG auch spezifische Standards für die Verwertung der verschiedenen Beweisarten festlegt, beschränkt es nicht strikt die Präsentation bestimmter Beweisarten auf bestimmte Formen bei der Beweisaufnahme wie in Deutschland. Beispielsweise können Zeugenaussagen und Gutachten des Sachverständigen in der Regel wie Urkunden durch Verlesung in die Verhandlung eingebracht werden.[562] Nur wenn Verfahrensbeteiligte gegen diese Beweise Zweifel haben und das Gericht persönliche Vernehmung für erforderlich hält, müssen die Zeugen oder Sachverständigen in der Hauptverhandlung erscheinen.[563]

Darüber hinaus, obwohl das StPG die gesetzlichen Beweisarten festlegt, schließt es nicht die Möglichkeit aus, dass andere Materialien, die nicht zu diesen Kategorien gehören, als Beweismittel anerkannt werden können. Das Gesetz trifft keine klaren Regelungen darüber, ob solche Materialien in der Beweisaufnahme dargestellt und als Entscheidungsgrundlage berücksichtigt werden können. In der Praxis führen Staatsanwälte und Verteidiger manchmal Diskussionen darüber, ob ein bestimmtes Material zur den „gesetzlichen Beweisarten“ gehören. Dennoch wird das Gericht in der Regel solche Materialien nicht allein aufgrund dieses Streits von der Entscheidungsfindung ausschließen.[564] Ein Beispiel hierfür ist der Strafzumessungsermittlungsbericht, der trotz seiner fehlenden Klassifizierung in eine der acht gesetzlichen Beweisarten zunehmend als Beweismittel zur Straffrage verwendet wird und von den Gerichten akzeptiert wird.

In der deutschen Hauptverhandlung gibt es zwar keinen vergleichbaren Strafzumessungsermittlungsbericht, der von einer außerhalb des Strafverfahrens stehenden unabhängigen Institution erstellt wird (allenfalls Bericht der Jugendgerichtshilfe nach § 38 JGG weist gewisse Parallelen auf), jedoch fallen die im Strafzumessungsermittlungsbericht enthaltenen Informationen unter die im § 46 Abs. 2 StGB genannten strafzumessungsrelevanten Tatsachen. Diese Tatsachen gehören somit zum Bereich der Aufklärungs-

561 Siehe: § 50 Abs. 1 StPG, in: Zong, ZChinaR 2020, S. 28(38).
562 Siehe: § 195 StPG, in: Zong, ZChinaR 2020, S. 28(67).
563 Siehe: § 192 Abs. 1,3 StPG, in: Zong, ZChinaR 2020, S. 28(66).
564 Chen.R., 2021(2), S. 270.

pflicht des Richters und müssen in der Beweisaufnahme in Form einer der vier Beweismittel dargestellt werden. Beispielsweise können Auszüge aus dem Bundeszentralregister (§ 39 Abs. 1 Nr. 1 BZRG) und dem Fahreignungsregister (§ 28 StVG) als Urkunden zur Feststellung der in ihnen enthaltenen Daten nach § 249 Abs. 1 S. 2 StPO verlesen werden.[565] Zur Ermittlung der Verdienstbescheinigungen, schriftlichen Erklärungen des Arbeitgebers über Art und Qualität der beruflichen Tätigkeit, Äußerungen des Geschädigten über die Höhe des Schadens und der Schadenswiedergutmachung oder Äußerungen des Bewährungshelfers werden persönliche Vernehmungen nach § 250 S. 2 StPO durchgeführt.[566]

Die im chinesischen Strafzumessungsermittlungsbericht beinhalteten subjektiven Bewertungen oder Prognosen der Gefährlichkeit und Resozialisierungsmöglichkeiten des Straftäters können jedoch nicht direkt als Gegenstand der Beweisaufnahme in der deutschen Hauptverhandlung ermittelt werden. Denn die Wertungen und Legalprognosen (z.B. Sozialprognose gemäß § 56 Abs. 1 StGB; Gefährlichkeitsprognose gemäß §§ 63 ff. StGB), die das Gesetz dem Richter überträgt, sind Teil der Rechtsanwendung (Subsumtion) und somit nicht dem Beweis zugänglich.[567] Gegenstand der Beweisaufnahme sind lediglich die Tatsachen und Erfahrungssätze, auf denen die Wertung oder Prognose aufbaut.[568] Aber die Gutachten des Sachverständigen als Unterstützung bei der richterlichen Wertung oder Prognose sind dadurch nicht ausgeschlossen (etwa bei der Gefährlichkeitsprognose nach § 63 StGB[569]). Diese Gutachten dienen dazu, dem Gericht eine fundierte Grundlage für seine Entscheidungsfindung zu bieten, indem sie wissenschaftliche und fachliche Erkenntnisse bereitstellen, auf denen der Richter seine Wertung stützen kann. Versuche, wissenschaftlich abgesicherte, kriminologische Prognosemethoden zum Standard zu machen, etwa durch Leitfäden wie der Methode der idealtypisch-vergleichenden Einzelfallanalyse (MIVEA)[570], haben sich bisher nicht durchsetzen können.

Ein weiterer Aspekt, der Ähnlichkeiten mit dem chinesischen Strafverfahren aufweist, ist die Möglichkeit der Verfahrensvereinfachung aus Gründen der Prozessökonomie. Nach der im Jahr 2009 eingeführten Vorschrift

565 Schäfer/Sander/van Gemmeren, 2017, Rn. 1288.
566 Schäfer/Sander/van Gemmeren, a.a.O. Rn. 1290.
567 LR/Becker, § 244 Rn. 5.
568 LR/Becker, a.a.O. Rn. 5.
569 Vgl. NK/Pollähne, § 63 Rn. 64; Eisenberg, 2017, Rn. 1815.
570 Brettel, StV 2005, S. 99(99); krit. Graebsch/Burkhardt, StV 2008, S. 327(328).

des § 257c StPO[571] kann sich das Gericht in „geeigneten Fällen“ mit den Verfahrensbeteiligten über die Rechtsfolgen verständigen (§ 257c Abs. 1 S. 1, Abs. 2 S. 1 StPO). Diese Verständigung, bis zu gesetzlichen Regelungen auch als Absprache oder (abwertend) als „Deal“ bekannt, weist viele interessante Gemeinsamkeiten zu dem in China in Jahr 2018 eingeführten Institut der Absprache auf, welche im folgenden Teil der Arbeit detailliert behandelt werden (Siehe: 5.Teil C). In Bezug auf die Vereinfachung der Hauptverhandlung haben beide Institute jedoch ähnliche Wirkungen, indem sie das Schwergewicht der gerichtlichen Tätigkeit von der Schuldfeststellung auf die Strafzumessung verlagern. Die Knüpfung der Verständigung an das Vorliegen eines Geständnisses (§ 257c Abs. 2 S. 2 StPO) führt „in gewisser Weise zu einem Schuldinterlokut“[572], da das Gericht zwar weiterhin das Geständnis des Angeklagten auf Glaubhaftigkeit überprüfen muss (Untersuchungsgrundsatz) und den durch das Geständnis verfahrensgegenständlich gewordenen Sachverhalt einer rechtlichen Würdigung unterzieht, die Beweisaufnahme über den Schuldspruch sich jedoch auf ein Minimum beschränkt, wenn dem Geständnis Glauben geschenkt wird. [573] Die Gerichte beschränken sich nach Ablegung eines Geständnisses in der Praxis nicht selten auf einen Abgleich mit dem Akteninhalt und verneinen, wenn dieser positiv ausfällt, einen weiteren Aufklarungsbedarf.[574]

Im deutschen Strafprozess existieren noch zwei weitere besondere Arten der vereinfachten Verfahren, nämlich das beschleunigte Verfahren und das Strafbefehlsverfahren. Das beschleunigte Verfahren weist in Bezug auf seine Voraussetzungen und den Grad der Vereinfachung eine hohe Ähnlichkeit zu seinem chinesischen Pendant auf. Es kann nur angewendet werden, wenn der Fall in die Zuständigkeit des Amtsgerichts fällt, aufgrund eines einfachen Sachverhalts oder klarer Beweislage zur sofortigen Verhandlung geeignet ist (§ 417 StPO), und die verhängte Strafe nicht über ein Jahr Freiheitsstrafe ohne Maßregel der Besserung und Sicherung beträgt (§ 419 Abs. 1 S. 2 StPO). Die Besonderheiten im Vergleich zum Normalverfahren bestehen darin, dass eine Ladung des Angeklagten nur erfolgt, wenn er sich nicht freiwillig zur Hauptverhandlung stellt oder nicht dem Gericht vorgeführt wird (§ 418 Abs. 2 S. 1 StPO). Zudem können die meisten Be-

571 Siehe: BGBl. I, 2009, S. 2353 ff.

572 Bruns/Güntge, 2019, Kap.22, Rn.4.

573 Bruns/Güntge, a.a.O. Rn.4. Zu Gefahren für falsche, meist schlanker (Teil)Gestandnisse im Rahmen verfahrensbeendender Verstandigungen (§ 257c StPO) vgl. auch LR/Schuster, Vor § 359 Rn. 11.

574 Altenhain/Hagemeier/Haimerl, NStZ 2007 S. 71(76).

weismittel mit Zustimmung aller anwesenden Verfahrensbeteiligten durch Verlesung der Protokolle oder anderer schriftlicher Unterlagen präsentiert werden, einschließlich der persönlichen Vernehmung der Zeugen, Sachverständigen, Mitschuldigen sowie der Erklärung von Behörden und sonstigen Stellen über ihre dienstlichen Wahrnehmungen, Untersuchungen, Erkenntnisse und über diejenigen ihrer Angehörigen (§ 420 StPO).

Das beschleunigte Verfahren wird in der Wissenschaft heftig kritisiert (aber auch selten praktiziert), da es möglicherweise gegen das Rechtsstaatsprinzip verstoßen könnte.[575] Eine umfassende Untersuchung der Persönlichkeit des Täters sowie der darauf basierenden Strafzumessungsumstände ist im beschleunigten Verfahren nahezu praktisch unmöglich. Daher ist dieses „Schnellverfahren" lediglich dann zu empfehlen, wenn der Sachverhalt ohne umfangreiche Beweiserhebung und -bewertung schematisch festgestellt werden kann. Bei anhaltenden aufrührerischen Demonstrationen hingegen wäre es unangebracht, da in solchen Fällen bei der Strafzumessung die Gefahr einer einseitigen Betonung der Generalprävention besteht.[576]

Das Strafbefehlsverfahren ist eine andere Art des summarischen Strafverfahrens im deutschen Strafprozess mit weitaus höherer praktischer Bedeutung. Im Verfahren vor dem Strafrichter oder zur Zuständigkeit des Schöffengerichts gehört, können bei Vergehen auf schriftlichen Antrag der Staatsanwaltschaft die Rechtsfolgen der Tat durch schriftlichen Strafbefehl ohne Hauptverhandlung festgesetzt werden (§ 407 Abs. 1 S. 1 StPO). Durch Strafbefehl dürfen nicht nur Geldstrafe und verschiedene Nebenstrafen und -folgen verhängt werden (§ 407 Abs.2 S.1 StPO), sondern auch Freiheitsstrafe bis zu einem Jahr festgesetzt wird, wenn deren Vollstreckung zur Bewährung ausgesetzt wird und der Angeschuldigte einen Verteidiger hat (§ 407 Abs. 2 S. 2 StPO).

Im Vergleich zum vereinfachten und beschleunigten Verfahren im chinesischen Recht vereinfacht das deutsche Strafbefehlsverfahren das Normalverfahren so vollständig, dass keine Hauptverhandlung stattfindet. Es kann sogar als ein Ersatzmodell der Schuldfeststellung und Strafzumessung angesehen werden, wobei die Entscheidungen des Richters rein auf der Akteneinsicht basieren. Das Verfahren gilt auch für den Angeklagten weit weniger belastend, da die „Prangerwirkung" einer offentlichen Hauptverhandlung entfällt. Aufgrund des summarischen Charakters gilt es aber gleichzeitig als

575 Siehe: Ambos, Jura 1998, S. 281(289); vgl. Roxin/Schünemann, 2022, § 62 Rn. 1; Beulke/Swoboda, 2020, Rn. 804.

576 Roxin/Schünemann, 2022, § 62 Rn. 1.

besonders fehleranfallig[577]. Der Richter muss jedoch dem Untersuchungsgrundsatz folgen. Mangels hinreichenden Tatverdachts muss der Richter den Erlass des Strafbefehls ablehnen, was die gleiche Wirkung hat wie die Ablehnung der Eröffnung des Hauptverfahrens (§ 203 StPO).[578] Wenn der Richter keine Bedenken gegen den Antrag der Staatsanwaltschaft hat, kann er den Strafbefehl erlassen, darf aber nicht von den festgesetzten Rechtsfolgen im Antrag abweichen (§ 408 Abs. 3 S. 1 StPO), weil die vollständige Übereinstimmung zwischen Staatsanwaltschaft und Gericht über die rechtliche Beurteilung der Tat und bezüglich der festzusetzenden Rechtsfolge die Voraussetzung für die Aburteilung durch Strafbefehl ist.[579] Bei Bedenken des Richters oder wenn er von der rechtlichen Beurteilung im Antrag abweichen möchte, muss eine Hauptverhandlung stattfinden (§ 408 Abs. 3 StPO). Wenn der Richter von der rechtlichen Beurteilung oder von der beantragten Rechtsfolgen im Strafbefehlsantrag abweichen möchte und die Staatsanwaltschaft auf ihrem Antrag beharrt, muss eine Hauptverhandlung durchgeführt werden (§ 408 Abs. 3 StPO). Aus dieser Perspektive hat der Strafbefehlsantrag eine ähnliche „Bindungskraft" für den Richter wie der Strafzumessungsvorschlag der chinesischen Staatsanwaltschaft in Fällen, in denen die Beschuldigten sich schuldig bekennen und die Sanktion akzeptieren[580].

Wie *Puppe* gezeigt hat, wird dem Richter in einem Rechtsstaat viel Macht gegeben, aber der Unterschied zwischen einem Richterspruch und einem Machtspruch liegt darin, dass der Richter seinen Spruch begründen muss.[581] Im Gegensatz zur chinesischen Praxis, die der Bedeutung der Strafzumessungsbegründung weniger Aufmerksamkeit schenkt, steht der Begründungszwang im deutschen Recht im Mittelpunkt der Kontrolle richterlicher Strafzumessungsentscheidungen.[582] Der Begründungszwang ist wesentlich für die Kontrollierbarkeit und Überprüfungsfähigkeit der Strafzumessungsentscheidungen.[583] Ohne die ausführliche Darlegung der Gründe durch den Tatrichter wäre die revisionsrechtliche Überprüfung, die auf der Akteneinsicht basiert, technisch erschwert und praktisch fast

577 Jehle, FPPK 2013 S.220(224 f.); Kemme/Dunkel, StV 2020, S.52(52); LR/Schuster, Vor § 359, Rn. 11, § 371 Rn. 1 m.w.N.
578 Vgl. Meyer-Goßner/Schmitt, § 408 Rn. 7.
579 Meurer, JuS 1987, S. 882(883); Meyer-Goßner/Schmitt, § 408 Rn. 11.
580 Zu Details siehe Teil 5. C. I. (Vgl. Seiten 238 ff.)
581 Puppe, NStZ 2012, S. 409
582 Vgl. Albrecht, 1994, S. 151 ff.
583 Albrecht, a.a.O. S. 151.

unmöglich,[584] da nur so gewährleistet werden kann, dass der Strafzumessungsvorgang transparent und nachvollziehbar ist.

Im deutschen Urteil müssen die Grundlagen in jeder der drei Phasen des Strafzumessungsvorgangs[585] angegeben werden. Gemäß § 267 Abs. 3 StPO ist der Richter verpflichtet, nicht nur die für die Zumessung der Strafe bestimmenden Umstände, sondern auch die für die Strafrahmenbestimmung bedeutsamen Umstände, wie das Vorliegen minder oder besonders schwerer Fälle sowie die Gründe zur Strafaussetzung, der Verwarnung mit Strafvorbehalt und dem Absehen von Strafe, anzuführen. Diese Begründungspflicht verlangt lediglich, dass das Urteil die *tatsächlich* relevanten Umstände mitteilt, die den Richter bei der Beratung dazu bewegt haben, diese und keine andere Strafe zu verhängen.[586] Nicht alles, was der Richter bedenkt, muss also mitgeteilt werden.[587]

Obwohl eine erschöpfende Aufzählung aller Strafzumessungserwägungen in den Urteilsgründen weder vorgeschrieben noch möglich ist,[588] hat die Rechtsprechung zahlreiche spezifische Umstände in den Begründungszwang des Richters einbezogen. Beispielsweise sind die Aufklärung und Mitteilung der Feststellungen zu den persönlichen Verhältnissen des Angeklagten[589] sowie zu den Feststellungen zum Tatgeschehen, etwa die Höhe des Schadens, die Folgen der Tat, die Art der Tatbegehung, die Menge und Qualität des gehandelten Rauschgifts und das Mitverschulden, als erforderlich angesehen.[590] Bei der Festsetzung einer Jugendstrafe muss der Richter im Urteil auch darlegen, dass er „dem Erziehungsgedanken die ihm zukommende Beachtung geschenkt und bei der Bemessung der Jugendstrafe das Gewicht des Tatunrechts gegen die Folgen der Strafe für die weitere Entwicklung des Heranwachsenden abgewogen hat".[591] Wenn in den Urteilsbegründungen Tatsachen oder Erwägungen fehlen, die zu den entscheidenden Umständen gehören, wird vermutet, dass diese nicht

584 Bruns/Güntge, 2019, Kap.18, Rn. 1.
585 Vgl. Teil 3. B. II. (Vgl. Seiten 113 ff.)
586 Schäfer/Sander/van Gemmeren, 2017, Rn. 1352; LR/Stuckenberg, § 267 Rn. 89.
587 Vgl. BGHSt 3, 179; BGHSt 24, 268.
588 Vgl. etwa BGH NStZ-RR 2008, S. 343(343 f.); NStZ-RR 2012, S. 336(337); BGH 16.4.2015 – 3 StR 638/14; LR/Stuckenberg, § 267 Rn. 89 m.w.N.
589 Vgl. etwa BGH JR 1977, S.162 mit Anm. Bruns; BGH 2014 171; BGH StV 1990, S. 438(438); BGH StV 1992, S. 463(463); LR/Stuckenberg, § 267 Rn. 85 m.w.N.
590 Schäfer/Sander/van Gemmeren, 2017, Rn. 1354.
591 BGH, NStZ 2023, S. 434(434).

vom Tatrichter ermittelt oder in die Abwägung einbezogen wurden, da die schriftlichen Urteilsgründe als die „wahren" Gründe angesehen werden.[592]

Im Vergleich zu China sind die Anforderungen an die Strafzumessungsbegründung in Deutschland deutlich detaillierter, wobei zu beachten ist, dass im Falle eines Rechtsmittelverzichts die Begründung ganz unterbleiben kann (§ 267 Abs. 4 StPO). Die in chinesischen Studien dargestellte bloße Aufzählung der in Betracht kommenden Gesichtspunkte mit formelhafter Begründung wie „das Gericht sie als angemessene und erforderlich ansieht" genügt dafür nicht.[593] In Deutschland müssen die für Auswahl und Bemessung der Rechtsfolgen maßgebenden Feststellungen und Erwägungen nachvollziehbar sein, sodass erklärt wird, warum diese und keine andere Rechtsfolge gewählt wurde.[594] Je näher sich die Strafe oder eine andere Rechtsfolge der oberen oder unteren Grenze des zulässigen Rahmens nähert, desto ausführlicher muss die Begründung sein.[595] Falls die Strafe sehr hoch ist und stark von den in ähnlichen Fällen von anderen Gerichten verhängten Strafen abweicht, müssen die Besonderheiten des Falls diese Abweichung verständlich aufgeklärt werden.[596] Ähnlich wie in China ist es jedoch im deutschen Strafzumessungsprozess auch nicht erforderlich, der richterliche Strafzumessungsprozess im Detail in den Urteilsgründen darzulegen. Obwohl die deutsche Rechtsprechung die Spielraumstheorie etabliert hat und diese als wichtigen Standard für die revisionsrechtliche Überprüfung der Strafzumessung verwendet, verlangt das Urteil nur, dass das Endergebnis der Strafzumessung zahlenmäßig mitgeteilt wird, nicht jedoch der dazwischen festgesetzte Schuldrahmen.[597]

Obwohl die Beweiswürdigung bei den strafzumessungsrelevanten Tatsachen in Deutschland keinen niedrigeren Standard hat als die bei der Schuldfeststellung, und obwohl die Rechtsprechung detaillierte Standards für die Strafzumessungsbegründung festgelegt hat, gibt es möglicherweise Diskrepanzen zwischen dem geschriebenen Recht und der tatsächlichen Praxis. Wie *Hörnle* gezeigt hat, wäre es beispielsweise nicht ausreichend, sich bei der Bestimmung des Tagessatzes bloß auf die Selbstauskünfte der Angeklagten über ihr Einkommen zu verlassen, wenn der Standard

592 Schäfer/Sander/van Gemmeren, 2017, Rn. 1355; LR/Stuckenberg, § 267 Rn. 183.

593 Vgl. OLG Celle StV 1994 S. 131(131).

594 Meyer-Goßner/Schmitt, § 267 Rn. 18; LR/Stuckenberg, § 267 Rn. 89; vgl. BGH NJW 76, 2220.

595 BGH StV 2012, S. 668(668).

596 BGH 5 StR 522/12 vom 29.11.2012.

597 Meyer-Goßner/Schmitt, § 267 Rn. 19.

der „geschöpften Überzeugung" ernst genommen würde. In allgemeinen Strafverfahren ist es kaum möglich, umfassende Beweise für jedes einzelne für die Strafzumessung relevante Detail zu sammeln. Richter neigen dazu, auf die Anforderung des deutschen Rechts, dass die Strafzumessung in den Urteilen erklärt werden muss, auf rhetorische Weise zu reagieren, was nicht sehr hilfreich ist, um ihre tatsächlichen Überlegungen zu verstehen.[598]

C. Öffentlichkeit der Strafzumessung

Die innerprozessuale Transparenz der Strafzumessung stellt sicher, dass die richterliche Strafzumessung im Rahmen des Strafprozesses erfolgt, was die Teilhabe der Verfahrensbeteiligten und die revisionsrechtliche Überprüfung des Strafzumessungsvorgangs ermöglicht. Eine weitere Möglichkeit zur Kontrolle des richterlichen Entscheidungsspielraums besteht darin, die richterliche Strafzumessung der Öffentlichkeit zugänglich zu machen und so eine gesellschaftliche Kontrolle zu realisieren.

Die Bemühungen im Rahmen der chinesischen Strafzumessungsreform, einschließlich der Betonung des Strafzumessungsprozesses in der Hauptverhandlung und der Verpflichtung der Richter, ihre Strafzumessungsentscheidungen zu begründen, bilden die Grundlage für die Transparenz der Strafzumessung gegenüber der Öffentlichkeit. Durch die Öffentlichkeit der Hauptverhandlung werden die richterliche Prüfung der strafzumessungsrelevanten Umstände und die entsprechenden wechselseitigen Erörterungen auch für die Zuschauer sichtbar. (I.) Darüber hinaus wird die richterliche Strafzumessungsbegründung durch die Veröffentlichung der Urteilsgründe im Internet nicht nur zu einer wichtigen Grundlage für die revisionsrechtliche Überprüfung, sondern auch zu einem wesentlichen Mechanismus, durch den die Öffentlichkeit die Gründe für die richterliche Strafzumessung nachvollziehen und gesellschaftliche Kontrolle ausüben kann. (II.)

I. Öffentlichkeit der Strafzumessung in China

Im Zeitalter der digitalen Medien verbreiten sich Informationen rasant. In den letzten Jahren haben immer mehr Einzelfälle in China durch

598 Hörnle, in: K. Brown/Turner/Weisser(ed.): The Oxford Handbook of Criminal Process, 2019, p.904.

das Internet und Medienberichte eine breite öffentliche Aufmerksamkeit erlangt. Häufig bestehen jedoch auch in China Diskrepanzen zwischen den Straferwartungen der Öffentlichkeit und den tatsächlichen Strafzumessungsentscheidungen der Gerichte. Diese Diskrepanzen führen häufig dazu, dass die Öffentlichkeit die richterlichen Entscheidungen in Frage stellt, was sich in emotionalen und polarisierten Diskussionen in den sozialen Medien niederschlägt.[599] Die Enttäuschung der Öffentlichkeit über Strafzumessungsentscheidungen resultiert häufig nicht aus einem Missbrauch des richterlichen Entscheidungsspielraums, sondern aus einem mangelnden Verständnis der Öffentlichkeit und der Medien für die Hintergründe der Entscheidungen.[600] Um das Verständnis der Öffentlichkeit für richterliche Entscheidungen zu fördern und die gesellschaftliche Kontrolle des Entscheidungsspielraums zu aktivieren, ist es notwendig, die Transparenz von Strafzumessungsentscheidungen gegenüber der Öffentlichkeit zu gewährleisten.

1. Öffentlichkeit der Hauptverhandlung

Kaum ein anderer Verfahrensgrundsatz scheint eine so übergreifende Bedeutung zu haben wie der Öffentlichkeitsgrundsatz, der in nahezu allen nationalen und internationalen Verfahrensordnungen Eingang gefunden hat.[601] Auch im chinesischen Strafprozessrecht ist das Öffentlichkeitsprinzip eine der zentralen Prozessmaximen (§ 11 StPG), der die öffentliche Durchführung der Hauptverhandlung vorschreibt. Bürger dürfen die Verhandlung im Gerichtssaal verfolgen, auch Journalisten dürfen anwesend sein und berichten.[602] In den folgenden Ausnahmefällen ist die Öffentlichkeit jedoch ausgeschlossen:

a. Fälle, die staatliche Geheimnisse oder im besonderen Maße die individuelle Privatsphäre betreffen, werden nicht öffentlich verhandelt (§ 188 Abs. 1 S. 2 HS. 1 StPG).
b. Fälle, die geschäftliche Geheimnisse betreffen, können auf Antrag der Parteien nicht öffentlich verhandelt werden (§ 188 Abs. 1 S. 2 HS. 2 StPG).

599 Shu/Wang, JMFLPL 2023, S. 1(1 f.).
600 Shi.J., XDFX 2009, S. 104(110).
601 Blazko, in: Eifer-Uhe u.a.(Hrsg.), Einheit der Prozessrechtswissenschaft?, 2016, S. 25(25).
602 Chen.G., 2021, S. 109.

c. Fälle, in denen der Angeklagte zur Zeit des Hauptverfahrens das 18. Lebensjahr noch nicht vollendet hat, werden nicht öffentlich verhandelt. Mit Zustimmung des minderjährigen Angeklagten und dessen gesetzlichen Vertreters können jedoch Vertreter der Schule oder der Organisation für den Schutz von Minderjährigen anwesend sein (§ 285 Abs. 1 StPG).

In nichtöffentlichen Verfahren sind die Gründe für den Ausschluss der Öffentlichkeit in der Sitzung bekannt zu geben.

Obwohl das chinesische Strafprozessgesetz kein dem deutschen Strafbefehlsverfahren vergleichbares Verfahren kennt und alle Formen von Hauptverfahren in erster Instanz öffentlich durchzuführen sind (§ 188 Abs. 1 S. 1 StPG), gibt es jedoch Situationen, bei denen Gerichtentscheidungen zu Straffragen ohne Eröffnung einer Hauptverhandlung getroffen werden können, so z.B. in den meisten Berufungsverfahren in zweiter Instanz[603] und in den Überprüfungsverfahren der Todesstrafe durch das Oberste Volksgericht[604]. Bei solchen Situationen wird die Öffentlichkeit durch regelmäßige oder unregelmäßige Pressekonferenzen vor den zuständigen Volksgerichten oder Veröffentlichungen im Gerichtsbericht informiert.[605]

Trotz detaillierter Vorschriften über die Öffentlichkeit der Hauptverhandlung gibt es in der chinesischen Praxis zahlreiche Probleme. Die Gerichte wollen übermäßige öffentliche Aufmerksamkeit vermeiden, um den Druck der öffentlichen Meinung auf ihre Arbeit zu verringern. Daher neigen sie i.d.R. dazu, die gesetzlichen Anforderungen an die Öffentlichkeit der Hauptverhandlung zu umgehen. Gemäß § 188 Abs. 1 S. 1 StPG müssen chinesische Gerichte die Verhandlung zwar öffentlich durchführen, wird bei Fällen von großem öffentlichem Interesse häufig eine sogenannte „interne Öffentlichkeit"-Strategie praktiziert.[606] Dies bedeutet, dass durch die Einführung von Zuhörerausweisen und die Wahl kleinerer Gerichtssäle die

603 Gemäß § 234 StPG muss das Volksgericht des zweiten Rechtszugs nur in folgenden Fällen die Hauptverhandlung eröffnen: 1. Berufungsfälle, in denen der Angeklagte, der Privatkläger sowie deren gesetzliche Vertreter Einwände gegen die im ersten Rechtszug festgestellten Tatsachen oder Beweise vorbringen und dies die Schuldfeststellung und Strafzumessung beeinflussen kann; 2. Berufungsfälle, in denen der Angeklagte zu Todesstrafe verurteilt wird; 3. Fälle, in denen staatsanwaltschaftliche Beschwerde eingelegt wird; 4. sonstige Fälle, in denen die Hauptverhandlung eröffnet werden muss. in: Zong, ZChinaR 2020, S. 28(74).

604 Siehe Teil 2. B. I. 1. (Vgl. Seite 55.)

605 Cheng/Zhou, ZGFX 1998, S. 33(39).

606 Long.Z., DDFX 2013, S. 3(5).

Zahl der Zuhörer auf kontrollierbare „interne Personen“ wie Angestellten der Strafverfolgungsbehörden, Anwälte und Angehörigen der Verfahrensbeteiligten beschränkt wird. Medienvertreter, die als unkontrollierbar gelten, werden demgegenüber ausgeschlossen, da abweichende Berichte die öffentliche Aufmerksamkeit auf den Fall lenken und den Druck der öffentlichen Meinung auf das Gericht erhöhen könnten.[607] Darüber hinaus erfordert der Entscheidungsvorgang in bedeutenden, komplexen oder öffentlich beachteten Fällen i.d.R. zusätzliche interne Überprüfungsverfahren, einschließlich der (der Deutschland fremden) Konsultation von höheren Gerichten, der Kommunikation mit der Staatsanwaltschaft und anderen Behörden[608], die nicht als Teil der Öffentlichkeit angesehen werden.[609]

In China hat das Öffentlichkeitsprinzip neben der Anhörung der Bürger im Gerichtssaal und der Berichterstattung durch die Medien eine weitere wichtige Ausdrucksform: die Live-Übertragung von Hauptverhandlungen. Am 11. Juli 1998 übertrug das chinesische Zentralfernsehen (CCTV) erstmals eine vierstündige Hauptverhandlung live, was damals in den nationalen und internationalen Medien großes Aufsehen erregte und als Meilenstein in der chinesischen Justiz- und Mediengeschichte betrachtet wurde.[610] Mit der Entwicklung der Internettechnologie löste die Online-Übertragung die Fernsehübertragung schnell ab und wurde zum wichtigsten Kanal für den direkten Zugang der Öffentlichkeit zu Gerichtsverhandlungen.

In Deutschland wäre Vergleichbares – angesichts § 169 Abs. 1 S. 2 GVG – kaum denkbar. Der Oberste Volksgerichtshof Chinas misst der Rolle des Internets bei der Öffentlichkeit von Gerichtsverhandlung jedoch große Bedeutung bei. In den „Sechs Bestimmungen zur Offenheit der Justiz“ (verkürzt: SBOJ) vom Dezember 2009 wird gefordert, dass Gerichte bei begrenzten räumlichen Kapazitäten die Öffentlichkeit und die Medien durch Videoübertragungen und Live-Streams über den Verlauf der Verhandlungen informieren können.[611] Im November 2010 wurden weitere Bestimmungen erlassen, die die Live-Übertragung von Gerichtsverfahren durch die

607 Long.Z., a.a.O. S.5.

608 Zu Details siehe Teil 6. C. (Vgl. Seiten 284 ff.)

609 Long.Z., a.a.O. S.5.

610 He.W., ZGLS 1998, S. 60(60).

611 Mitteilung des Obersten Volksgerichts über die Herausgabe der sechs Bestimmungen zur Offenheit der Justiz und der Bestimmungen über die Akzeptanz der öffentlichen Kontrolle durch die Nachrichtenmedien（最高人民法院印发《关于司法公开的六项规定》和《关于人民法院接受新闻媒体舆论监督的若干规定》的通知）, BOV, 2009, Nr. 58.

Volksgerichte regeln.[612] Zudem wurde in den „Kriterien für die Öffentlichkeit“ vom Oktober 2010 festgelegt, dass jedes Volksgericht jährlich eine bestimmte Anzahl von Fällen live übertragen werden muss.[613] Neben den gesetzlichen Initiativen hat der Oberste Volksgerichtshof auch die Plattform „China Court Trial Online“（中国庭审公开网）ins Leben gerufen.[614] Bis zum 2. Juni 2020 wurden auf dieser Plattform landesweit 7.363.941 Fälle live übertragen, mit insgesamt 24.367.001.348 Zugriffen. Alle 3.494 Volksgerichte in China haben diese Plattform mindestens einmal für Live-Übertragungen genutzt. Neben der Übertragung von Routinefällen wurden auch bedeutende, komplexe und öffentlichkeitswirksame Fälle live oder als Aufzeichnung übertragen.[615] Durch die Plattform konnte die Anzahl der live übertragenen Fälle erheblich gesteigert und die öffentliche Aufmerksamkeit erhöht werden.

Nach herrschender Meinung sind Live-Übertragungen nicht durch die physische Raumkapazität des Gerichtssaals begrenzt und ermöglichen es einer größeren Zahl von Menschen, die Verhandlungen „mitzuerleben“. Dies fördert das Verständnis der Öffentlichkeit für das Strafverfahren und kann dazu beitragen, dass Richter ihren Entscheidungsspielraum vorsichtiger ausüben. Durch die Offenlegung der Hauptverhandlung für die Gesellschaft erhoffen sich die Gerichte eine größere Akzeptanz der Urteile sowohl bei den Parteien als auch in der Öffentlichkeit besser und damit eine Stärkung des Vertrauens in die Justiz.[616]

Trotz dieser Fortschritte werden die Rechte der Verfahrensbeteiligten auf Privatsphäre bei der Live-Übertragungen nicht berücksichtigt. Dies führt zu einer Instrumentalisierung der Verfahren und zu einer Formalisierung der Transparenz.[617] Gerichte glauben idealerweise, dass eine breite Beteiligung der Öffentlichkeit im Internet automatisch die Gerechtigkeit fördert.

---

612 z.B. Mitteilung des Obersten Volksgerichts über die Herausgabe der Bestimmungen über die Veröffentlichung von Gerichtsdokumenten im Internet und der Bestimmungen über die Live-Übertragung und Aufzeichnung von Hauptverhandlung durch die Volksgerichte（最高人民法院印发《关于人民法院在互联网公布裁判文书的规定》和《关于人民法院直播录播庭审活动的规定》的通知）, BOV, 2010, Nr. 48.

613 Mitteilung des Obersten Volksgerichts über die Herausgabe des Beschlusses zur Bestimmung von Mustergerichten für die Offenheit der Justiz（最高人民法院印发《关于确定司法公开示范法院的决定》的通知）,BOV, 2010, Nr. 383.

614 Siehe: https://tingshen.court.gov.cn/ (Abruf v. 17.06.2025).

615 Vgl. Zuo.W., ZZYFL 2020, S. 91(92).

616 Liu.X., FLKX 2015, S. 64(65).

617 Liu.X., a.a.O. S.67.

Daher konzentrieren sie sich hauptsächlich darauf, die Zahl der live übertragenen Fälle zu erhöhen, anstatt die Rechte der Verfahrensbeteiligten im Verfahren zu schützen. Dabei hat der Oberste Volksgerichtshof in den SBOJ die gerichtliche Transparenz in sechs Bereiche unterteilt: die Transparenz der Registrierung, der Verhandlung, der Vollstreckung, der Anhörung, der Urteilsverkündung sowie der Gerichtsverwaltung. Jeder Aspekt wird als Teil der Leistung der Justizbehörden quantitativ bewertet.[618] Diese typische Verwaltungsmaßnahme wurde auch von den unteren Volksgerichte befolgt und als Mittel zur Kontrolle durch übergeordnete Instanzen oder zur Kontrolle der Richter verwendet.[619]

Um den Anforderungen gerecht zu werden, wenden die Richter die Live-Übertragung von Gerichtsverhandlungen übermäßig an. Dabei neigen sie i.d.R. dazu, einfache und unkontroverse Fälle für die Live-Übertragung auszuwählen und umfangreiche Vorbereitungen zu treffen, die häufig zu einer Vorverurteilung führen. Tatsächlich wird dagegen der für das Urteil entscheidende Entscheidungsprozess vor der öffentlichen Live-Übertragung nicht gezeigt, so dass das Publikum nur eine „Theateraufführung" zu sehen bekommt.[620] Außerdem ist zu berücksichtigen, dass der Anteil der kontroversen und öffentlichkeitswirksamen Fälle, die tatsächlich live übertragen werden, nicht sonderlich hoch ist. Die Mehrzahl der live übertragenen Fälle zieht in der Regel nur wenige Zuschauer an und löst selten öffentliche Aufmerksamkeit oder Diskussionen aus.[621] In der Praxis bleibt daher fraglich, ob die Live-Übertragungen von Hauptverhandlungen tat-

618 Die quantitative Bewertung der einzelnen Aspekte der gerichtlichen Transparenz ist wie folgt festgelegt: Registrierungsoffenheit (15 Punkte), Verhandlungsoffenheit (20 Punkte), Vollstreckungsoffenheit (15 Punkte), Anhörungsoffenheit (10 Punkte), Urteilsveröffentlichung (10 Punkte), Verwaltungsöffentlichkeit (10 Punkte) und Arbeitsmechanismen (20 Punkte). Siehe: Mitteilung des Obersten Volksgerichts über die Herausgabe des Beschlusses zur Bestimmung von Mustergerichten für die Offenheit der Justiz（最高人民法院印发《关于确定司法公开示范法院的决定》的通知）,BOV, 2010, Nr. 383.

619 Ein Beispiel hierfür ist das Volksgericht Guangzhou, das die „Regeln für die Durchführung von Online-Übertragungen von Gerichtsverhandlungen (zur probeweisen Durchführung)" verkündet hat. Diese Regeln verlangen, dass jeder Richter mindestens einmal pro Jahr die Hauptverhandlung live überträgt. Zudem werden die Online-Übertragungen mit der Qualitätsbewertung der Fälle verknüpft, wobei die live übertragenen Fälle in die Bewertung einfließen und als zentrales Kriterium für die Leistungsbewertung der Richter dienen. vgl. Xuan/Xie/Ma, ZGSP 2013, S. 32(32 ff.).

620 Liu.X., FLKX 2015, S. 64(67).

621 Zuo.W., ZZYFL 2020, S. 91(96).

sächlich die erhoffte Wirkung der öffentlichen Kontrolle entfalten und den richterlichen Entscheidungsspielraum wirksam kontrollieren können.

2. Veröffentlichung der Urteile

Nach der Einführung der Begründungspflicht für die Strafzumessung im Rahmen der Strafzumessungsreform in China stellt die Veröffentlichung von Urteilen im Internet eine weitere wichtige Möglichkeit für die Öffentlichkeit dar, den gerichtlichen Strafzumessungsprozess nachzuvollziehen. Im November 2013 erließ der Oberste Volksgerichtshof die „Bestimmungen des Obersten Volksgerichtshofs zur Veröffentlichung von Gerichtsentscheidungen durch Volksgerichte im Internet" (verkürzt: BVeröEI 2013). Diese Bestimmungen verpflichten alle Volksgerichte in China, alle veröffentlichungsfähigen Gerichtsentscheidungen in schriftlicher Form ins Internet zu stellen.[622] Im Oktober 2016 wurden diese Bestimmungen weiter präzisiert und detailliert (verkürzt: BVeröEI 2016).[623]

Gemäß BVeröEI 2016 müssen alle Entscheidungen chinesischer Gerichte in Straf-, Zivil- und Verwaltungssachen, die wesentliche Auswirkungen auf die Rechte der Parteien haben (einschließlich Urteile, Beschlüsse, Anordnungen usw.), mit Ausnahme von fünf ausdrücklich genannten Ausnahmefällen[624], online veröffentlicht werden.[625] Auch wenn eine Gerichtsentscheidung aus rechtlichen Gründen nicht veröffentlicht werden kann, müssen das Aktenzeichen, das zuständige Gericht, das Datum der Entscheidung

622 Bestimmungen des Obersten Volksgerichts über die Veröffentlichung von gerichtlichen Entscheidungen durch Volksgerichte im Internet（最高人民法院《关于人民法院在互联网公布裁判文书的规定》）, BOV 2013, Nr. 26.

623 Bestimmungen des Obersten Volksgerichts über die Veröffentlichung von gerichtlichen Entscheidungen durch Volksgerichte im Internet (2016 Version)（最高人民法院《关于人民法院在互联网公布裁判文书的规定(2016 年版)》）, BOV 2016, Nr. 19.

624 Die Entscheidungen des Volksgerichts werden in folgenden Fällen nicht im Internet veröffentlicht:1. Wenn sie Staatsgeheimnisse betreffen; 2.Wenn sie Straftäter von Minderjährigen betreffen; 3.Wenn die Fälle durch Vergleich abgeschlossen wurde, es sei denn, die Offenlegung ist zum Schutz der nationalen Interessen, des öffentlichen Interesses oder der berechtigten Interessen anderer erforderlich; 4.Wenn es sich um Scheidungsverfahren oder um die Betreuung und Vormundschaft von minderjährigen Kindern handelt; 5. Wenn das Volksgericht der Ansicht ist, dass andere Umstände vorliegen, die eine Veröffentlichung im Internet ungeeignet machen. Siehe: Art. 4 BVeröEI 2016.

625 Art.3 BVeröEI 2016.

und die Gründe für die Nichtveröffentlichung online angegeben werden.[626] Rechtskräftige Entscheidungen sind innerhalb von sieben Werktagen nach Eintritt der Rechtskraft im Internet zu veröffentlichen. Wird gegen ein erstinstanzliches Urteil oder einen erstinstanzlichen Beschluss staatsanwaltschaftliche Beschwerde oder Berufung eingelegt, so ist das Urteil oder der Beschluss innerhalb von sieben Werktagen nach Rechtskraft der zweitinstanzlichen Entscheidung im Internet zu veröffentlichen.[627]

In beiden Fassungen der BVeröEI wird das 2013 vom Obersten Volksgerichtshof eingerichtete Internetportal China Judgements Online (中国裁判文书网，verkürzt: CJO) ausdrücklich als zentrales Internetportal für die Veröffentlichung von Gerichtsentscheidungen aller Gerichte in China bekannt.[628] Bis zum 16. Juli 2024 wurden über 140 Millionen Dokumente auf CJO veröffentlicht, mit einem täglichen Zuwachs von über 3.800 Dokumenten und insgesamt über 112 Milliarden Zugriffen.[629] Diese riesige Datenbank mit Gerichtsentscheidungen ist auch im internationalen Vergleich einzigartig. Statistiken zeigen, dass nach 2013 die Anzahl der auf CJO veröffentlichten Entscheidungen etwa 50% der jährlich in China abgeschlossenen Fälle entspricht.[630] Da die durch Vergleichsvereinbarung abgeschlossenen Fälle gemäß BVeröEI 2016 nicht veröffentlicht werden müssen, wäre der Anteil der veröffentlichten Entscheidungen ohne diese Fälle noch höher.[631]

Durch die Hervorhebung der Strafzumessungsbegründung in den Urteilen und deren Veröffentlichung im Internet hat sich die Transparenz des gerichtlichen Strafzumessungsprozesses für die Öffentlichkeit erheblich verbessert. Dies zeigt sich auch an der positiven Resonanz in der Öffentlichkeit, wie das Beispiel des Falles Yudeshui im Jahr 2015[632], der aufgrund seiner Ähnlichkeit mit dem bereits erwähnten Fall Xuting[633] große Aufmerksamkeit erregte. Anders als im Fall Xuting, in dem die Strafzumessung große Kontroversen auslöste, stand im Fall Yudeshui die ausführliche und nachvollziehbare Urteilsbegründung, insbesondere die Begründung der

---

626 Art. 6 BVeröEI 2016.

627 Art. 7 BVeröEI 2016.

628 Siehe: Art. 2 Abs. 1 BVeröEI 2013 und Art. 2 BVeröEI 2016.

629 https://wenshu.court.gov.cn/ (Abruf v. 17.06.2025).

630 Ma/Yu/He, ZGFLPL 2016, S. 195(200).

631 Tang.Y., QHFX 2018, S. 35(42).

632 Vgl. Urteil von huiyangfaxingerchu, 2014, No. 83（广东省惠州市惠阳区人民法院(2014) 惠阳法刑二初字第 83 号刑事判决书）.

633 Siehe Teil 2. C. II. (Vgl. Seiten 80 ff.)

Strafzumessung, im Mittelpunkt des öffentlichen Interesses. Die Entscheidung in diesem Fall wurde in den sozialen Medien in China weit verbreitet und von der Öffentlichkeit als „großes Urteil“ gelobt.[634]

Die Veröffentlichung von Gerichtsentscheidungen im Internet hat jedoch nicht nur den erhofften Effekt der Transparenz und Bürgeraufsicht entfaltet, sondern auch tiefgreifende Auswirkungen auf die chinesische Justizpraxis und die Rechtsforschung. Erstens hat diese Maßnahme dazu geführt, dass Richter, Staatsanwälte, Anwälte und sogar die Parteien selbst zunehmend ähnliche Fälle und deren Entscheidungen im CJO recherchieren, um sich über anhängige Fälle zu informieren, Prozessstrategien zu entwickeln und ihre Argumente zu untermauern. Diese Praxis, die von Wissenschaftlern als „spontane Nutzung der Rechtsprechung“ bezeichnet wird, hat die Strafzumessungsgleichheit in der chinesischen Justiz erheblich vorangebracht.[635] Ein Problem ist jedoch, dass es in China keine Tradition des Präzedenzfallrechts gibt. Wie in Deutschland dienen frühere Entscheidungen allenfalls als Auslegungshilfe ohne Bindungswirkung. Ähnlich gelagerte Fälle, die auf CJO gefunden werden, sind keine ausgereiften „Präzedenzentscheidungen“ und es gibt keine Standards, um diese Fälle zu unterscheiden und zu vergleichen. In vielen Fällen können ähnliche, aber unangemessen Urteile die richterliche Entscheidungsfindung des Richters sogar einschränken oder sogar fehlleiten.

Ein weiterer bemerkenswerter Punkt ist jedoch, dass die enorme Menge an Gerichtsentscheidungen auf CJO zu einer wertvollen Datenquelle für empirische Studien und kommerzielle juristische Arbeitsprogramme geworden ist.[636] Wie die oben beschriebenen empirischen Studien zur Ungleichheit bei der Strafzumessung in China zeigen[637], werden die meisten aussagekräftigen empirischen Forschungen, die auf einer großen Menge von Falldaten basieren, nach 2013 durchgeführt. Darüber hinaus haben die auf CJO verfügbaren Entscheidungen viele kommerzielle Anwaltsassistendatenbanken beflügelt. Mit der Entwicklung der künstlichen Intelligenz haben diese Entscheidungen auch die Entwicklung intelligenter Assistenzsysteme auf der Grundlage von Massendaten ermöglicht, wie z.B. das

---

634 Peng.W., FZYSHFZ 2017, S. 106(106).
635 Gu.P., FXYJ 2018, S. 76(76 ff.).
636 Vgl. Zuo/Wang, HDZFDXXB 2020, S. 64(64 ff.).
637 Siehe Teil 2. C. I. (Vgl. 74 ff.)

intelligente Assistenzsystem für Strafsachen in Shanghai (das sog. „206-System“) [638].

Es ist jedoch zu beachten, dass die auf CJO verfügbaren Daten die tatsächliche Praxis der chinesischen Justiz möglicherweise nicht vollständig widerspiegeln können. Studien zeigen, dass es trotz der hohen Veröffentlichungsrate von Gerichtsentscheidungen immer noch eine beträchtliche Abweichung vom Standard gibt, dass „grundsätzlich alles veröffentlicht werden sollte“. Unter Berücksichtigung der Fälle, die von Rechts wegen nicht veröffentlicht werden müssen, bleiben mehr als 20% der Entscheidungen unzugänglich, obwohl sie veröffentlicht werden sollten. [639] Seit 2021 ist die Veröffentlichungsquote von Gerichtsentscheidungen sogar signifikant gesunken.[640] Dies deutet darauf hin, dass viele Volksgerichte in der Praxis die Anforderungen der BVeröEI 2016 nicht vollständig einhalten und eine selektive „Filterung“ vornehmen, bei der Entscheidungen, die möglicherweise unzureichend begründet sind oder kontroverse Argumente enthalten, nicht veröffentlicht werden. Wenn Analysen auf der Grundlage gefilterter Daten durchgeführt werden und diese Filtereffekte nicht ausreichend berücksichtigt werden, können fehlerhafte Forschungsergebnisse oder verzerrte Algorithmen die Folge sein.

Ein weiterer Aspekt, der nicht ausreichend berücksichtigt wird, sind die potenziellen negativen Auswirkungen der Online-Veröffentlichung von Gerichtsentscheidungen auf die Verfahrensbeteiligten. Obwohl die BVeröEI 2016 die Anonymisierung bestimmter Verfahrensbeteiligter[641] und die Entfernung sensibler Informationen aus den Urteilen[642] vorschreiben, ent-

---

638 Jiang.W., China uses AI assistive tech on court trial for first time, siehe: https://www.chinadaily.com.cn/a/201901/24/WS5c4959f9a3106c65c34e64ea.html (Abruf v. 17.06.2025).

639 Li.G., FSYJ 2022, S. 22(23).

640 Li.G., a.a.O. S. 22.

641 Bei der Veröffentlichung von Urteilen im Internet muss das Volksgericht die Namen der folgenden Personen anonymisieren: 1. Die Parteien und ihre gesetzlichen Vertreter in Fällen von Ehe- und Familienstreitigkeiten sowie Erbschaftsstreitigkeiten; 2. Die Opfer in Strafverfahren sowie ihre gesetzlichen Vertreter, Kläger in Nebenklagen und deren gesetzliche Vertreter, Zeugen und Sachverständige; 3. Minderjährige und ihre gesetzlichen Vertreter. Siehe: Art. 8 BVeröEI 2016.

642 Bei der Veröffentlichung von Urteilen im Internet muss das Volksgericht die folgenden Informationen entfernen: 1. Persönliche Informationen von natürlichen Personen wie Wohnadresse, Kontaktinformationen, Personalausweisnummer, Bankkontonummer, Gesundheitszustand, Kfz-Kennzeichen usw.; 2. Informationen von juristischen Personen und anderen Organisationen wie Bankkontonummern, Kfz-Kennzeichen usw.; 3. Informationen, die Geschäftsgeheimnisse betreffen; 4. Informatio-

halten die veröffentlichten Entscheidungen dennoch eine Vielzahl personenbezogenen Daten, einschließlich der Namen von Angeklagten und Verteidigern. Der ursprüngliche Zweck der umfassenden Online-Veröffentlichung von Gerichtsentscheidungen war es, der Öffentlichkeit eine Kontrolle der gerichtlichen Tätigkeit zu ermöglichen. Damit die Öffentlichkeit die tatsächlichen Fälle mit den veröffentlichten Entscheidungen identifizieren kann, werden diese personenbezogenen Informationen nicht entfernt. Nach der Veröffentlichung im Internet werden die Entscheidungen zudem von anderen Datenbanken gesammelt und kommerziell verwendet, wodurch sie dauerhaft online zugänglich bleiben. Dies stellt einen schwerwiegenden Eingriff in das Recht auf Vergessen im Internet dar[643] und führt dazu, dass die kriminellen Aufzeichnungen über Angeklagten für immer zugänglich bleiben. [644]Dass dies dem Anliegen der Resozialisierung in erheblichem Maße entgegenläuft, dürfte offensichtlich sein.[645]

II. Vergleich mit Deutschland

Das Prinzip der öffentlichen Gerichtsverhandlung hat in der deutschen Rechtsgeschichte eine lange Tradition, die bis in die Zeit der Aufklärung zurückreicht und insbesondere von Immanuel Kant, Georg Wilhelm Friedrich Hegel und Anselm von *Feuerbach* geprägt wurde.[646] Nach § 169 S. 1 GVG und Art. 6 Abs. 1 S. 1, 2 EMRK ist die Verhandlung vor dem erkennenden Gericht einschließlich der Verkündung der Urteile und Beschlüsse stets öffentlich.

Öffentlichkeit bedeutet, dass jedermann, unabhängig von der Zugehörigkeit zu bestimmten Bevölkerungsgruppen oder persönlichen Eigenschaften, die Möglichkeit hat, als Zuhörer an Gerichtsverhandlungen teilzunehmen.[647] Ausgenommen sind Minderjährige oder Personen, die in einer der Würde des Gerichts nicht entsprechenden Weise erscheinen (§ 175 Abs. 1 GVG), sowie Personen, gegen die wegen Beteiligung an der verhandelten

nen, die in Familienangelegenheiten oder Persönlichkeitsrechtsstreitigkeiten die Privatsphäre betreffen; 5. Informationen über technische Ermittlungsmaßnahmen; 6. Andere Informationen, die das Volksgericht für nicht veröffentlichungsgeeignet hält. Siehe: Art. 10 BVeröEI 2016.

643 Li, Guangde, FSYJ 2022, S. 22(23).

644 Yu.Z., XDFX 2014, S.170(170 ff.).

645 Vgl. für Deutschland etwa BVerfGE 35, 202 = NJW 1973, S. 1226.

646 Vgl. Alber, 1974, S. 12 ff.

647 BGHSt 28, 341(343 ff.); Beulke/Swoboda, 2020, Rn. 576.

Tat ermittelt wird oder die als Zeugen im Verfahren in Betracht kommen (§ 58 Abs. 1 StPO). Nichtöffentlich verhandelt wird u.a. gegen Jugendliche (§ 48 Abs. 1 JGG) und Heranwachsende, wenn dies dem Wohl des Heranwachsenden dient (§ 109 Abs. 1 S. 5 JGG). Weitere Ausschlussgründe sind in den §§ 171a, 171b, 172 GVG geregelt, soweit schutzwürdige private oder öffentliche Interessen betroffen sind.

Das Öffentlichkeitsprinzip in Deutschland zielt ursprünglich auf die „Kontrolle des Gerichtsverfahrens durch die Öffentlichkeit".[648] Durch öffentliche Gerichtsverfahren soll die Einhaltung des formellen und materiellen Rechts gewährleistet und das Funktionieren der Rechtsordnung transparent gemacht werden.[649] Mit der Entwicklung zur Informationsgesellschaft[650] hat sich die Kontrollfunktion von der „unmittelbaren Öffentlichkeit" (oder „Saalöffentlichkeit" im Sinne von § 169 Abs. 1 S. 1 GVG) auf die durch die Medien vermittelte „mittelbare Öffentlichkeit" (oder „Medienöffentlichkeit") verlagert.[651] Nach der Rechtsprechung kommt dem Zugang von Medienvertretern zu Gerichtsverhandlungen besondere verfassungsrechtliche Bedeutung zu.[652] In öffentlich durchgeführten Verfahren können Platzkontingente für Medienvertreter reserviert werden.[653] Reicht dies nicht aus, muss ein „faires Auswahlverfahren" durchgeführt werden.[654] Im Vergleich zu China sind die deutschen Regelungen zur Medienöffentlichkeit detaillierter und umfassender, was dazu beiträgt, die in der chinesischen Praxis anzutreffende Strategie einer bloß „internen Öffentlichkeit"[655] zu vermeiden.

Allerdings sind die deutschen Regelungen zu Ton- und Filmaufnahmen in der Hauptverhandlung konservativer, insbesondere im Vergleich zur Live-Übertragung von Hauptverhandlungen in China. Nach § 169 Abs. 1 S. 2 GVG sind solche Aufnahmen zum Zwecke der öffentlichen Vorführung oder der Veröffentlichung ihres Inhalts unzulässig. Zum Hintergrund wird argumentiert, dass solche Aufnahmen die Angeklagten und Zeugen von der Verhandlung ablenken und die Angeklagten sowie ihre Verteidiger daran hindern könnten, frei zu sprechen. Zudem wird befürchtet, dass

648 BVerfG NJW 2013, 1058(1064 f.).
649 LR/Krauß, § 169 GVG Rn. 6.
650 Vgl. dazu Habermas, 1990, S. 249 ff.
651 LR/Krauß, § 169 GVG Rn. 6.
652 BVerwG NJW 2015, S. 807(809).
653 BVerfG NJW 1993, S. 915(915).
654 EGMR NJW 2013, S. 521(521); BVerfG NJW 2013, S. 1293.
655 Vgl. oben Fn. 606.

Rundfunk- und Fernsehaufnahmen den Zweck des § 243 Abs. 2 StPO unterlaufen könnten, wonach Zeugen bei der Vernehmung des Angeklagten nicht anwesend sein dürfen. Weiterhin bestehe die Gefahr, dass noch nicht verurteilte Angeklagte in unzulässiger Weise in die Öffentlichkeit gezerrt würden (Prangerwirkung).[656] Das BVerfG hält das Verbot von Ton- und Filmaufnahmen in der Hauptverhandlung für verfassungskonform und aus Gründen des Persönlichkeitsschutzes und der Verfahrensgerechtigkeit für geboten.[657]

In den letzten Jahrzehnten wurde es versäumt, das Konzept der Öffentlichkeit an die multimediale Gesellschaft anzupassen.[658] Auch die Einschränkungen für Aufnahmen werden nach und nach gelockert. Mit der Änderung des BVerfGG vom 23. Juli 1998 wurde der § 17a eingeführt, der Fernsehaufnahmen zu Beginn der mündlichen Verhandlung und bei der Urteilsverkündung zulässt. Das Gericht kann diese Möglichkeit „zur Wahrung schutzwürdiger Interessen der Beteiligten oder Dritter sowie eines ordnungsgemäßen Ablaufs des Verfahrens" einschränken oder untersagen, um schutzwürdige Interessen der Beteiligten oder Dritter sowie einen ordnungsgemäßen Verfahrensablauf zu gewährleisten.[659] Auf dieser Rechtsgrundlage übertrugen die Fernsehsender n-tv und Phoenix am 27.10.1998 erstmals die 55-minütige Verkündung einer Entscheidung des BVerfG, teils live und teils zeitversetzt, im Fernsehen.[660]

Ausgehend von der Annahme, dass eine erweiterte mediale Darstellung von Gerichtsverhandlungen ein positiveres Bild der Justiz in der Bevölkerung vermitteln kann und eine behutsame Öffnung den Anliegen der Justiz grundsätzlich besser gerecht wird, hatte die damalige Bundesregierung am 26. Oktober 2016 einen Gesetzesentwurf zur Erweiterung der Medienöffentlichkeit in Gerichtsverfahren vorgelegt. Das Gesetz wurde am 22. Juni 2017 vom Bundestag verabschiedet und ist am 18. April 2018 in Kraft getreten.[661] Der mit diesem Gesetz eingeführte § 169 Abs. 1 S. 3 GVG ermöglicht nunmehr die Tonübertragung in einen Arbeitsraum für Medi-

---

656 BT-Drucks. IV/178 S. 45.

657 BVerfGE 103, 44(59).

658 Blazko, in: Eifer-Uhe u.a.(Hrsg.), Einheit der Prozessrechtswissenschaft?, 2016, S. 25(28).

659 Gesetz zur Änderung des BVerfGG und des Gesetzes über das Amtsgehalt der Mitglieder des BVerfG vom 16.7.1998, siehe: BGBl. I, 1998, S. 1823.

660 LR/Krauß, § 169 GVG Rn. 68.

661 BGBl. I, 2017, S. 3546.

envertreter, um Kapazitätsengpässen im Sitzungssaal zu begegnen.[662] Die Neuregelung scheint jedoch die Erwartungen nicht vollständig zu erfüllen. Die Medienvertreter, für die diese Regelung vorgesehen ist, scheinen sie nicht angenommen zu haben, da sie – verständlicherweise – einen visuellen Eindruck vom Geschehen im Sitzungssaal gewinnen wollen.[663]

Ton- und Filmaufnahmen zu justizinternen Zwecken durch das Gericht sind zulässig. Insbesondere zur Erstellung des gerichtlichen Protokolls darf der Verlauf der Verhandlung auch vorübergehend mit einem Tonaufnahmegerät aufgezeichnet werden (§ 168a Abs. 2 S. 1 StPO).[664] Am 26.5.2023 hat die Bundesregierung einen Entwurf eines Gesetzes zur digitalen Dokumentation der strafgerichtlichen Hauptverhandlung (Hauptverhandlungsdokumentationsgesetz - DokHVG) vorgelegt. Danach soll bis zum 1. Januar 2030 bundesweit schrittweise eine digitale Inhaltsdokumentation durch Tonaufzeichnung der erstinstanzlichen Hauptverhandlung in Strafverfahren vor den Landgerichten und Oberlandesgerichten, die automatisierte Übertragung mittels Transkriptionssoftware in ein Textdokument sowie die Möglichkeit einer ergänzenden Bildaufzeichnung durch die Länder eingeführt werden.[665] Dieser Gesetzentwurf stieß jedoch im Gesetzgebungsverfahren auf erhebliche Probleme. Am 19. Dezember 2023 hat der Bundesrat den Vermittlungsausschuss angerufen, da das DokHVG auf „erhebliche, grundlegende und tiefgreifende fachliche Bedenken“ stoße, z.B. hinsichtlich der Gefährdung der Wahrheitsfindung, der Beeinträchtigung des Opferschutzes sowie der Gefahr von Verfahrensverzögerungen.[666] Weitere Ergebnisse liegen noch nicht vor.

Außerdem ergibt sich die Pflicht zur Publikation von Gerichtsentscheidungen auch aus dem Grundsatz der Öffentlichkeit von Gerichtsverhandlungen und Urteilsverkündungen.[667] Zwar gibt es in Deutschland keine ausdrücklichen Vorschriften über die Veröffentlichung von Gerichtsentscheidungen, die Rechtsprechung geht jedoch davon aus, dass die Veröffentlichung von Gerichtsentscheidungen eine öffentliche Aufgabe und eine verfassungsunmittelbare Aufgabe der rechtsprechenden Gewalt ist. Alle Entscheidungen, an deren Veröffentlichung die Öffentlichkeit ein Interes-

662 BT-Drucks. 18/10144 S. 12, 24.
663 Meyer-Goßner/Schmitt, § 169 GVG Rn. 17.
664 Beulke/Swoboda, 2020, Rn. 579.
665 BR-Drucks. 227/23, S. 2.
666 BT-Drucks. 20/9878, S. 1.
667 Vgl. Albrecht CR 1998, S. 373(374).

se haben kann, sind zu veröffentlichen. [668] Denn Gerichtsentscheidungen konkretisieren die Gesetze und entwickeln das Recht fort. Ihre Veröffentlichung hat daher eine ergänzende Funktion zur Verkündung von Rechtsnormen. Der Bürger muss wissen, welche Rechte und Pflichten und welche individuellen Rechtsschutzmöglichkeiten er hat. Ohne eine ausreichende Veröffentlichung der Rechtsprechung ist dies nicht möglich. [669]

Die amtliche Veröffentlichung von Gerichtsentscheidungen im Internet wird hauptsächlich von den Gerichten selbst betrieben. So veröffentlicht das Bundesverfassungsgericht alle wesentlichen Entscheidungen seit 1998 auf seinen Internetseiten[670] und der Bundesgerichtshof stellt alle Entscheidungen seit dem 1. Januar 2000 vollständig in seiner Online-Datenbank zur Verfügung.[671] Darüber hinaus gibt es umfangreiche Datenbanken wie die des Bundesministeriums der Justiz und des Bundesamts für Justiz, die ab 2010 ausgewählte Entscheidungen des Bundesverfassungsgerichts, der obersten Gerichtshöfe des Bundes und des Bundespatentgerichts kostenlos im Internet zur Verfügung stellen.[672]

Daneben gibt es eine Vielzahl von inoffiziellen Datenbanken, die Entscheidungen kostenfrei oder kostenpflichtig Entscheidungen veröffentlichen, wie z.B. juris Rechtsprechung oder Beck Online. An der Universität Köln wird ein Projekt „Smart Sentencing" durchgeführt, das durch die Sammlung von öffentlich zugänglicher Fallmaterien eine Datenbank zur Strafzumessung aufbaut, die sowohl für Praktiker als auch für die Öffentlichkeit zugänglich ist. Ziel des Projekts ist es, alle in Deutschland ergangenen und noch ergehenden Strafzumessungsentscheidungen zu sammeln und nach den darin enthaltenen Strafzumessungsfaktoren zu kategorisieren. Dies soll den Richtern ermöglichen, sich ein objektives Bild von der Strafzumessungspraxis zu machen und allen Verfahrensbeteiligten eine bessere Entscheidungsgrundlage durch mehr Transparenz und Rationalität zu bieten.[673] Leider ist diese Datenbank bisher noch relativ klein und kann ihre erhoffte Wirkung noch nicht voll entfalten.

668 BVerwG NJW 1997, S. 2694(2694).

669 BVerwG, a.a.O. S.2695.

670 Siehe: https://www.bundesverfassungsgericht.de/SiteGlobals/Forms/Suche/Entscheidungensuche_Formular.html?language_=de (Abruf v. 17.06.2025).

671 Siehe: https://juris.bundesgerichtshof.de/cgi-bin/rechtsprechung/list.py?Gericht=bgh&Art=en&Datum=Aktuell&Sort=12288 (Abruf v. 17.06.2025).

672 Siehe: https://www.rechtsprechung-im-internet.de/jportal/portal/page/bsjrsprod.psml (Abruf v. 17.06.2025).

673 Rostalski/Schmude/Völkening/Ye, LRZ 2021, S. 166(178).

In der Praxis konzentrieren sich die in Deutschland veröffentlichten Gerichtsentscheidungen vor allem auf Entscheidungen des Bundesverfassungsgerichts, des Bundesgerichtshofs und der Oberlandesgerichte. Berücksichtigt man jedoch die Entscheidungen aller Amts- und Landgerichte, so ist die Publikationsdichte in Deutschland insgesamt sehr gering.[674] Nach einer Analyse von *Wagner-Döble* für den Jahrgang 1991 bei Juris schwankt die Veröffentlichungsquote zwischen den Instanzen sehr stark: Die ersten Instanzen veröffentlichen ihre Entscheidungen deutlich unter 1%, die Berufungsinstanzen kommen auf ca. 10% und die Bundesgerichte (ohne das Bundesverfassungsgericht) auf ein Drittel.[675] Eine aktuelle Studie von *Hamann* aus dem Jahr 2021 zeigt, dass mindestens 99 von 100 streitigen Entscheidungen der ordentlichen Gerichte unveröffentlicht bleiben. Daran hat auch ein halbes Jahrhundert technischen Fortschritts (Digitalisierung) kaum etwas geändert.[676]

Hamann vergleicht in seiner Untersuchung auch die Anzahl der Gerichtsentscheidungen in der deutschen juris-Datenbank und deren Online-Veröffentlichungsrate mit der Veröffentlichung von Gerichtsentscheidungen auf CJO in China. Er kommt zu dem Schluss, dass die Gerichte in China mittlerweile sechshundert Mal transparenter entscheiden als in Deutschland.[677] Er argumentiert, dass der große Unterschied bei der Online-Veröffentlichung von Gerichtsentscheidungen die Entwicklung computergestützter Methoden zur Analyse von Rechtstexten maßgeblich beeinflusst. „Die Technologieführerschaft Chinas wird uneinholbar, während die deutsche Forschung zu computergestützten Methoden in der Rechtsanwendung und Rechtswissenschaft im Wettbewerb rasant zurückfällt.“[678] Auch wenn *Hamann* die tatsächliche Situation der Online-Veröffentlichung in China offensichtlich überschätzt und die in der Praxis bestehenden Probleme nicht berücksichtigt hat, so bleibt doch festzuhalten, dass der Anteil der Online-Veröffentlichungen in China deutlich höher ist als in Deutschland.

Ein weiterer bemerkenswerter Unterschied ist die Anonymisierungspflicht für veröffentlichte Gerichtsentscheidungen in Deutschland[679], die sich von der „weit überwiegenden Zahl der Staaten der Welt“ unterschei-

674 Bock, 2000, S. 101.
675 Wagner-Döbler, CR 1994, S. 305(305).
676 Hamann, JZ 2021, S. 656(658).
677 Hamann, a.a.O. S. 662 f.
678 Hamann, a.a.O. S.663.
679 BVerwG NJW 1997, S. 2694(2695).

det.[680] Die Identifizierbarkeit der Parteien stellt sicher, dass einflussreiche Personen nicht anders behandelt werden als andere und ermöglicht die Kontextualisierung von Entscheidungstexten, die zunehmend als Aufgabe der Rechtswissenschaft anerkannt wird.[681] Gleichwohl schützt die Anonymisierung aus datenschutzrechtlichen Bedenken die Privatsphäre der Verfahrensbeteiligten besser und verhindert die Beeinträchtigung des Rechts auf Vergessen im Internet[682] durch die langfristige Verbreitung von Gerichtsentscheidungen im Internet.

Die Unterschiede in den Maßnahmen zur Online-Veröffentlichung von Gerichtsentscheidungen zwischen China und Deutschland lassen sich auf unterschiedliche Funktionserwartungen zurückführen. In Deutschland zielt die Veröffentlichung von Gerichtsentscheidungen in erster Linie darauf ab, dass diese Entscheidungen als Präzedenzfälle und damit als Referenz für nachfolgende Gerichtsentscheidungen und als Material für das Verständnis von Rechtsnormen durch die Öffentlichkeit dienen. Aus diesem Grund sind die Entscheidungen höherer Gerichte für die Veröffentlichung von größerem Interesse als Entscheidungen der ordentlichen Gerichte. Die veröffentlichten Urteile sollten anonymisiert werden, um die Interessen der Verfahrensbeteiligten zu schützen, da der Schwerpunkt der Veröffentlichung auf der juristischen Argumentation und nicht auf den spezifischen Details der Fälle liegt. In China hingegen dient die Online-Veröffentlichung von Gerichtsentscheidungen vor allem der Stärkung der öffentlichen Kontrolle der Justiz. Gegenstand dieser Kontrolle sind sowohl die Entscheidungen der höheren Gerichte als auch die der ordentlichen Gerichte. Damit die Öffentlichkeit die Gerichtsentscheidungen mit den konkreten Fällen in Verbindung bringen kann, müssen die wesentlichen Informationen erhalten bleiben und (teilweise) auf die Anonymisierung verzichten. Daher haben die deutschen Gesetzgeber, während sie sich zunehmender der potenziellen Beeinträchtigung der Rechte der Beteiligten durch die langfristige Verbreitung von Gerichtsentscheidungen im Internet bewusst wurden, zugleich darauf verzichtet, die Veröffentlichung von Urteilsbegründungen als ein (relativ radikales) Mittel zur öffentlichen Kontrolle der richterlichen Entscheidungen einzuführen.

680 Hirte, in: FS-Großfeld, 1999, S. 393(394); Albrecht CR 1998, S. 373(375).
681 Hamann, JZ 2021, S. 656(664).
682 EuGH, Urt. v. 13.5.2014 – C 131/12; EuGRZ 2014, 320 ff.

Teil 5. Partizipation der Prozessbeteiligten an der Strafzumessung

A. Theoretische Grundlagen

In der gesellschaftspolitischen Diskussion wird der Begriff „Partizipation" häufig für Strömungen verwendet, die eine Überwindung traditioneller, obrigkeitlich-hierarchisch organisierter Staats- und Gesellschaftssysteme – auch als „top-down orientierte Formen der Staatsorganisation" bezeichnet – anstreben. Ziel dieser Bewegungen ist es, den Bürgern eine stärkere Beteiligung an Entscheidungsprozessen zu ermöglichen[683]. Im Rahmen rechtsvergleichender Untersuchungen wird das Inquisitionsverfahren häufig als Idealtypus gegenüber den klassischen „kontinentaleuropäischen Prozessordnungen" verwendet, die durch ein klar obrigkeitlich-hierarchisches System gekennzeichnet sind.[684] Dies gilt insbesondere für die Strafzumessungsentscheidung, auch wenn die moderne deutsche Strafprozessordnung in den letzten zweihundert Jahren zahlreiche adversatorische Elemente übernommen hat und viele der traditionellen Merkmale des inquisitorischen Verfahrens verloren gegangen sind.[685] Die Strafzumessungsentscheidung ist aber nach wie vor eine richterliche Ermessensentscheidung im Rahmen der gesetzlichen Vorgaben, die stark von der Persönlichkeit des Richters abhängt.[686] Selbst im angloamerikanischen Strafverfahren, das als das am wenigsten obrigkeitlich-hierarchische gilt, weist das Strafzumessungsverfahren weit weniger adversatorische Elemente auf als das Schuldspruchverfahren und wird als „an inquisitorial soul in an adversarial body" beschrieben.[687]

Die Partizipation der Prozessbeteiligten an der Strafzumessung bietet in der Tat ein enormes Potenzial für eine wirksame Kontrolle der oft zu weiten richterlichen Entscheidungsspielräume. Unter dem Gesichtspunkt der Legitimität würde die Legitimation des Verfahrensausgangs zumindest teilweise entfallen, „wenn etwa die Entscheidung in einem Geheimverfahren ohne nennenswerte Mitwirkung der Parteien von einer nicht zur Objekti-

683 Jung, 2023, S. 307(316).
684 Hörnle, ZStW 117 (2005), S. 801(803 f.).
685 Hörnle, a.a.O. S. 825 ff.
686 Frisch, 1971, S. 69.
687 Pizzi, in: Jackson etc., 2008, .pp.65.

vität verpflichteten Person getroffen würde."[688] Der britische Rechtswissenschaftler *Antony Duff* beschreibt dieses Bedürfnis nach Verfahrensgerechtigkeit als „communicative participation". Er betont, dass die Urteilsfindung nicht nur die Wahrheit offenbaren, sondern auch das Wissen des Gerichts über den Fall zum Ausdruck bringen muss, wobei dieses Wissen durch geeignete, partizipative Verfahren gewonnen werden sollte.[689] *Hans Werner Bierhoff* verwendet das Schlagwort „Mitsprache", um dieses Element der Verfahrenskontrolle zu charakterisieren.[690] Nach *Bierhoff* erfordert die Legitimität des Strafverfahrens, dass die Interessen aller Betroffenen im Verfahren repräsentiert sind. Dies setzt die Mitsprache der Beteiligten im Sinne eines rechtlichen Gehörs voraus, sowohl allgemein als auch insbesondere in Hinblick auf die konkrete Einflussnahme auf die Auswahl der Informationen, die der Entscheidungsfindung zugrunde gelegt werden.[691]

Unter dem Gesichtspunkt der Rationalität sollte die Strafzumessungsentscheidung nicht nur als das Ergebnis einer „Datenverarbeitung im organischen Computer Strafrichter", sondern in erster Linie als Ergebnis eines „Interaktionsgeschehens im Prozess" zu verstehen.[692] Der Grad der Rationalität einer solchen Entscheidung hängt unmittelbar davon ab, wie umfassend und wie kompetent die Verfahrensbeteiligten, insbesondere der Angeklagte, an der Entscheidungsfindung beteiligt waren.[693] Psychologische Studien unterstützen diese Sichtweise und zeigen, dass Entscheidungen, die auf einer gründlichen Kommunikation mit den Prozessbeteiligten basieren, eher auf breite Akzeptanz stoßen.[694] Umgekehrt führt eine als eingeschränkt empfundene Partizipationsmöglichkeit zu einer signifikant geringeren Akzeptanz des Urteils und zu mehr Stress bei den Beteiligten.[695]

Darüber hinaus weisen empirische Studien darauf hin, dass die Mitsprache zu einem Frustrationseffekt führen kann, wenn sie nicht als *„authentische Beteiligung"* wahrgenommen wird, die tatsächlich Einfluss auf die Entscheidung nehmen kann.[696] Es ist offensichtlich, dass authentische Beteiligung nicht nur die Weiterentwicklung und Verfeinerung der Verfah-

688 Weigend, 1989, S. 203; vgl. Börner, 2014, S. 73 ff.
689 Duff/Farmer/Marshall/Tadros (edit.), p.199.
690 Bierhoff, ZfSP 1992, S. 162(167 f.).
691 Bierhoff, a.a.O. S. 165; Börner, 2014, S. 73 ff.
692 Hassemer, ZStW 90(1978), S. 64(87).
693 Hassemer, a.a.O. S.87.
694 Jung, JZ 2004, S. 1155(1159).
695 Wolf/Steller, in: Bierbrauer u.a.(Hrsg.), 1995, S. 163(164 f.); Börner, 2014, S. 74.
696 Bierhoff, ZfSP 1992, S. 162(168).

rensnormen erfordert, sondern auch höhere Anforderungen an die Richter selbst stellt. In einem partizipativen Verfahren ist der Vorsitzende nicht nur Entscheider, sondern auch Moderator.[697] Je unsicherer ein Richter in Bezug auf sein Urteil ist, desto stärker wird er durch die Einflussnahme der Prozessbeteiligten beeinflusst, was wiederum stark mit der persönlichen Erfahrung des Richters in der Fallbearbeitung zusammenhängt.[698]

Wird der Strafzumessungsvorgang als ein sozialer Prozess verstanden[699], so wird er als eine gemeinschaftliche Tätigkeit angesehen, die von zahlreichen Strafzumessungsexperten („Sentencing Professions“) wie Richtern, Staatsanwälten und Verteidigern gemeinsam durchgeführt wird.[700] Aus dieser Perspektive ist der Strafzumessungsprozess durch das Zusammenwirken einer Vielzahl von aktiv handelnden Personen und Institutionen geprägt, deren Handlungen sich gegenseitig beeinflussen und deren Ergebnis maßgeblich bestimmt wird. Dabei wird das Merkmal des autonomen Individualismus der Beteiligten hervorgehoben, wobei jeder Beteiligte eine unersetzliche Rolle spielt.[701] Die Mittel der gegenseitigen Einwirkung sind in erster Linie die Prozesshandlungen.[702]

Mit Hilfe der Rollentheorie lässt sich dieser Ansatz der Strafzumessung vielleicht noch besser verstehen. Nach dieser Theorie wird der Strafzumessungsprozess, insbesondere derjenige, der im Gerichtssaal abläuft, mit einem Theaterstück verglichen.[703] In diesem Vergleich spielt jeder Prozessbeteiligte seine eigene Rolle in der Strafzumessung, was eine bildhafte Kommunikation über die Verfahrensbeteiligten und ihre Interaktionen ermöglicht.[704] Wie in einem Theaterstück wird auch im Strafzumessungsprozess zwischen Haupt- oder tragenden Rollen und Nebenrollen unterschie-

697 Mall, in: Jung u.a.(Hrsg.), 2018, S. 91(94).

698 Murmann, in: FS-Frisch, 2013, S. 1131(1150).

699 Zur Details siehe Teil 3. B. III. (Vgl. Seiten 122 ff.)

700 Tata, 2020, S. 93 ff.

701 Tata, a.a.O. S. 75 ff.

702 LR/Kühne, Einl. J. Rn. 1.

703 Die Ähnlichkeit zwischen dem Prozess und dem Theater liegt in verschiedenen Aspekten begründet. Beide haben ihre eigenen, vom Alltag entrückten Sprachformen und Riten entwickelt, die spezifisch für ihre jeweiligen Kontexte sind. Darüber hinaus werden die Abläufe sowohl im Prozess als auch im Theater nach einem bestimmten Plan oder Drehbuch verhandelt und durchgeführt. Diese strukturelle Parallelität unterstreicht die inszenierte Natur beider Vorgänge, wobei sowohl im Gerichtsprozess als auch auf der Theaterbühne eine klare Rollenverteilung besteht und die Beteiligten ihre Aufgaben in einem formalisierten, ritualisierten Rahmen erfüllen. Siehe: Jung, GA 2020, S. 1233(1237f.).

704 Jung, GA 2020, S. 1233(1240).

den. Diese Rollenverteilung überschneidet sich mit der genuin verfahrensrechtlichen Differenzierung zwischen „Subjekt" und „Objekt" des Verfahrens.[705] Die Prozesssubjekte werden als „Produkte menschlich praktischer Vernunft" verstanden, wodurch die Selbstbestimmung jedes Subjekts aufgrund seines Menschseins im Alltag praktisch verwirklicht wird. Diese Subjektivität findet ihren Ausdruck in den vom Grundgesetz gewährten Rechten, die entweder allgemein (z.B. Art. 1 Abs. 1 GG) oder konkret (z.B. Art. 103 Abs. 1 GG) sind.[706] Diese Rechte werden durch verschiedene Institute und Regelungen des Strafverfahrensrechts im Einzelnen konkretisiert und geschützt.

Diese Differenzierung zwischen Subjekt und Objekt verdeutlicht, wie die individuellen Rechte und Pflichten der Verfahrensbeteiligten im Strafverfahren strukturiert und geregelt sind, wobei die Prozesssubjekte aktiv in den Prozess eingebunden sind und ihre Positionen durch verfahrensrechtliche Normen und Grundrechte gestützt werden. Unter allen Verfahrensbeteiligten ist das entscheidende Kriterium, das Prozesssubjekte von anderen Prozessobjekten unterscheidet, ob sie im Strafverfahren die rechtliche Befugnis haben, auf den Prozessgegenstand final gestaltend einzuwirken.[707]

Offensichtlich zählen zu den Prozesssubjekten der Staatsanwalt sowie der Beschuldigte und sein Verteidiger. Als „Herr des Ermittlungsverfahrens" und Anklagevertreter im Zwischen- und Hauptverfahren ist der Staatsanwalt der wichtigste Informationsgeber für die richterliche Strafzumessung und daher als Prozesssubjekt angesehen. Im Zuge der Modernisierung des Strafverfahrens hat sich der Beschuldigte vom bloßen Prozessobjekt zum Prozesssubjekt gewandelt. Durch die schrittweise Einführung einer Reihe von Rechtsschutzvorschriften, wie dem Grundrecht auf rechtliches Gehör (Art. 103 Abs. 1 GG), dem Recht auf Verteidigung (§ 137 Abs. 1 S. 1 StPO), dem Beweisantragsrecht (§2 44 Abs. 3 StPO) und dem Schweigerecht (§ 136 Abs. 1 StPO), ist der Beschuldigte zu einem ebenso wichtigen Prozesssubjekt wie der Staatsanwalt geworden. Diese Entwicklung ermöglicht es dem Angeklagten, einen erheblichen Einfluss auf die Urteilsfindung zu nehmen.

Die Strömung, dass der subjektiven Rechtsstellung des Opfers im Strafverfahren gewährleistet werden soll, ist ein Ergebnis der Entwicklung der Viktimologie in den letzten vier Jahrzehnten.[708] Nach den neueren Straf-

705 Jung, a.a.O. S. 1241.
706 Kahlo, KritV 1997, S. 183(199 f.).
707 LR/Kühne, Einl. J. Rn. 3.
708 LR/Kühne, Einl. J. Rn. 115.

theorien, insbesondere den expressiven Straftheorien, soll die Strafe dem Opfer durch die Autorität des Urteils bestätigen, dass ihm „nicht bloß Unglück, sondern Unrecht widerfahren ist."[709] Da die Resozialisierung des Opfers selbst zu einem der Hauptziele der Strafzumessung geworden ist, sind die Ansichten des Opfers zu einer entscheidenden Informationsquelle für die Strafzumessung geworden. Es ist von wesentlicher Bedeutung, dass das Recht des Opfers, sich zu äußern und am Strafzumessungsprozess teilzunehmen, gewährleistet wird. Die Subjektivität des Opfers kommt darin zum Ausdruck, dass seine Beteiligung in hohem Maße von seinem eigenen Willen abhängt. Das Opfer ist nicht mehr nur Objekt (z.B. in der Rolle des Zeugen), sondern nimmt als Subjekt am Verfahren teil und bringt seine eigenen Anliegen aktiv ein. Dieser Wandel im Straf- und Strafprozessrecht spiegelt eine verstärkte Betonung und den Schutz der Menschenwürde des Opfers wider.[710]

Zeugen und Sachverständige als Träger des Personalbeweises sind hingegen keine Prozesssubjekte, da ihnen trotz der faktischen Möglichkeit, dass ihre Aussage den Prozessgegenstand gestaltend beeinflusst, die Subjektivität fehlt.[711] Dies unterscheidet sie von den Staatsanwälten, die zwar zur Objektivität verpflichtet sind, die Auswahl der vor Gericht vorgebrachten Beweismittel und die Darstellung ihrer Sichtweise auf subjektiven beruflichen Erfahrungen beruhen lassen. Ebenfalls nicht zu den Prozesssubjekten zählen Urkundsbeamte, Dolmetscher, Gerichtshelfer und ähnliche Personen. Diese Personen üben eine unterstützende Funktion aus, ohne selbst entscheidenden Einfluss auf den Prozessgegenstand zu nehmen, und sind daher keine eigenständigen Subjekte des Verfahrens.[712]

Die Partizipation der Prozesssubjekte an der Strafzumessung manifestiert sich in den zwei unterschiedlichen Modellen – dem konfrontativen Verfahren und dem kooperativen Verfahren – in jeweils unterschiedlicher Ausprägung. Der Unterschied zwischen diesen beiden Verfahrensmodellen beruht im Wesentlichen auf der Art und Weise, wie sich der Angeklagte am Strafverfahren beteiligt. Kämpft der Angeklagte für einen Freispruch und besteht zwischen ihm und der Staatsanwaltschaft ein grundsätzlicher Dissens über die Schuldfrage, so liegt ein konfrontatives Modell vor, in dem beide Parteien gegenüberstehen. Ist der Angeklagte hingegen von Anfang

709 Roxin/Greco, 2020, § 3 Rn. 36h.
710 Beloof, ULR 1999, p.298.
711 LR/Kühne, Einl. J. Rn. 5.
712 LR/Kühne, a.a.O. Rn.5.

an voll oder zumindest im Wesentlichen geständig, stellt sich das Verfahren als kooperatives Modell dar. In diesem Fall arbeiten die Prozesssubjekte gemeinsam an der Wahrheitsfindung und an einer angemessenen Strafzumessung.[713] Im kooperativen Verfahren erhält die Strafzumessung eine weitreichende Flexibilisierung, indem die Möglichkeit eröffnet wird, die Strafe innerhalb gewisser Grenzen „auszuhandeln".[714] Dieses Modell betont die Zusammenarbeit der Verfahrensbeteiligten und stellt die gemeinsame Suche nach Gerechtigkeit in den Vordergrund, lässt aber auch Raum für pragmatische Lösungen.

In diesem Teil der Arbeit stehen folgende Fragen im Mittelpunkt: Wie nehmen die verschiedenen Prozesssubjekte – Staatsanwalt, Angeklagter, Verteidiger und Opfer – in China und Deutschland an der Strafzumessung teil und inwieweit wird dabei eine „authentische Partizipation" dieser Prozesssubjekte erreicht? Außerdem wird untersucht, wie die Partizipation in den beiden unterschiedlichen Verfahrensmodellen, dem konfrontativen Verfahren (B.) und dem kooperativen Verfahren (C.), jeweils ausgestaltet ist.

B. Partizipation an der Strafzumessung im konfrontativen Verfahren

Sowohl in China als auch in Deutschland stellt das konfrontative Modell die Standardform der Gestaltung des Strafverfahrens dar. Die Verfahrensbeteiligten, insbesondere die Staatsanwaltschaft und der Beschuldigte, haben dabei in der Regel unterschiedliche Auffassungen über die Rechtsfolgen und sollten nach festgelegten Regeln am Strafzumessungsprozess partizipieren. In dieser Arbeit wird zunächst erörtert, wie die chinesische Staatsanwaltschaft durch das Institut des Strafzumessungsvorschlags Einfluss auf die richterliche Strafzumessungsentscheidung nimmt.(I.) Anschließend wird untersucht, ob die Verteidigung des Beschuldigten in China einen vergleichbaren Einfluss ausüben kann.(II.) Darüber hinaus wird die Möglichkeit diskutiert, dass der Verletzte im chinesischen Strafverfahren als Verfahrenssubjekt an der Strafzumessung mitwirkt.(III.) Abschließend erfolgt ein Vergleich mit der Situation in Deutschland.(IV.)

713 Roxin, in: FS-Jauch, 1990, S. 183(190).
714 Ashworth, in: FS-Jung, 2007, S. 19(19ff).

I. Der Strafzumessungsvorschlag der Staatsanwaltschaft in China

Die Staatsanwaltschaft hat im chinesischen Strafverfahren drei Funktionen. Erstens ist die Staatsanwaltschaft eine der Ermittlungsbehörden. Obwohl die Ermittlungen gegen die meisten Strafsachen von der Behörde für öffentliche Sicherheit durchgeführt werden[715], hat die Volksstaatsanwaltschaft gemäß § 19 Abs. 2 StPG die Befugnis, ein Strafverfahren einzuleiten und zu ermitteln, wenn sie während der gesetzlichen Überwachung von prozessualen Handlungen auf illegale Inhaftierung, Folter, Vergeltung, illegale Durchsuchung oder andere Gesetze stößt, die von Justizmitarbeitern unter Missbrauch ihrer Amtsbefugnisse begangen werden und die Rechte der Bürger oder die justizielle Gerechtigkeit beeinträchtigen.[716]

Zweitens ist die Volksstaatsanwaltschaft die einzige Anklagebehörde in China. Jeder Fall, der eine öffentliche Klage erfordert, wird stets von der Volksstaatsanwaltschaft geprüft, die darüber entscheidet, ob eine solche Anklage erhoben wird.[717] Nach dem Opportunitätsprinzip steht es der Volksstaatsanwaltschaft frei, ob sie in bestimmten Fällen, unter Berücksichtigung der gesetzlichen Voraussetzungen aus Zweckmäßigkeitsgründen von einer Anklageerhebung abzusehen und das Verfahren einzustellen (z.B. § 282 StPG).

Drittens fungiert die Staatsanwaltschaft gemäß § 8 StPO als besondere Aufsichtsbehörde. Die Volksstaatsanwaltschaft übt eine Rechtsaufsicht über die Rechtmäßigkeit jedes einzelnen Abschnitts des Strafverfahrens aus. Stellt die Volksstaatsanwaltschaft beispielsweise fest, dass die Ermittlungsmaßnahmen der Behörde für öffentliche Sicherheit im Ermittlungsverfahren rechtswidrig sind, kann sie die Behörde anweisen, ihre Fehler zu korrigieren. Hat das Gericht gegen Verfahrensvorschriften verstoßen oder bei der Urteilsfindung Fehler bei der Tatsachenfeststellung oder der Rechtsanwendung gemacht, kann die Volksstaatsanwaltschaft entweder Korrekturen vorschlagen oder eine staatsanwaltschaftliche Beschwerde einlegen.[718]

Die Beteiligung der Staatsanwaltschaft an der Strafzumessung in China beruht auf ihrer Doppelrolle als alleinige Anklagebehörde und Aufsichtsbehörde im Strafverfahren. Konkret zeigt sich dies im Institut des Strafzumessungsvorschlags. Nach der „Stellungnahmen der Volksstaatsan-

715 § 19 Abs. 1 StPG, in: Zong, ZChinaR 2020, S. 28(32).
716 § 19 Abs. 2 StPG, in: Zong, ZChinaR 2020, S. 28(32).
717 § 169 StPG, in: Zong, ZChinaR 2020, S. 28(61).
718 Chen.R., 2021, S. 186.

waltschaften zur Arbeit des Strafzumessungsvorschlags (zur probeweisen Durchführung)“ (abgekürzt: SnStrZV)[719] ist der Strafzumessungsvorschlag eine Empfehlung der Volksstaatsanwaltschaft an das Volksgericht über die Art, den Rahmen und die Vollstreckungsform der Strafe, die dem Angeklagten, gegen den eine öffentliche Anklage erhoben wurde, zu verhängen ist (Art. 1 SnStrZV).

Im Strafzumessungsvorschlag hat die Staatsanwaltschaft alle Faktoren, die sich potenziell auf die Strafzumessung auswirken könnten, umfassend zu berücksichtigen. Dazu gehören sowohl obligatorische als auch fakultative Strafzumessungsgründe, die zu einer Strafe leichteren Grades, einer Strafe schwereren Grades, einer abgemilderten leichten Strafe oder sogar zu einem Absehen von Strafe führen können (Art. 9 SnStrZV). Der Strafzumessungsvorschlag muss sich innerhalb des gesetzlichen Strafrahmens bewegen.

Gemäß Art. 3 Abs. 1 SnRStrZ 2010[720] soll der Strafzumessungsvorschlag in der Regel einen gewissen Rahmen umfassen, der die Flexibilität ermöglicht, den individuellen Umständen des Falles angemessen Rechnung zu tragen und gleichzeitig die gesetzlichen Vorgaben einzuhalten. Wird eine Freiheitsstrafe vorgeschlagen, sollte in der Regel ein engerer Strafrahmen als der gesetzliche Strafrahmen angegeben werden. Bei einem gesetzlichen Strafrahmen von enger als 3 Jahren (einschließlich 3 Jahren) sollte der vorgeschlagene Strafrahmen nicht weiter als 1 Jahr sein; bei einem gesetzlichen Strafrahmen von weiter als 3 Jahren und enger als 5 Jahren (einschließlich 5 Jahren) sollte der vorgeschlagene Strafrahmen nicht weiter als 2 Jahre sein; und bei einem gesetzlichen Strafrahmen von weiter als 5 Jahren sollte der vorgeschlagene Strafrahmen nicht weiter als 3 Jahre sein (Art. 5 Abs. 1 SnStrZV).

Die Volksstaatsanwaltschaft erstellt in der Regel einen Strafzumessungsvorschlag in schriftlicher Form. Je nach den spezifischen Umständen des Falles kann dieser Vorschlag auch in der Anklageschrift enthalten sein

---

719 Stellungnahmen der Volksstaatsanwaltschaften zur Arbeit der Strafzumessungsvorschlag (zur probeweisen Durchführung) (《人民检察院开展量刑建议工作的指导意见（试行）》) BOVS, 2010, Nr. 21.

720 Mitteilungen des Obersten Volksgericht, der Obersten Volksstaatsanwaltschaft, des Ministeriums für öffentliche Sicherheit, des Ministeriums für Staatssicherheit und des Justizministeriums über die Herausgabe der Stellungnahmen zu den Problemen im Zusammenhang mit der Regulierung von Strafzumessungsverfahren (zur probeweise Durchführung) (最高人民法院、最高人民检察院、公安部、国家安全部、司法部印发《关于规范量刑程序若干问题的意见（试行）》的通知), BOV, 2010, Nr. 35; Zu Details siehe Teil 2. D. II. 1. (Vgl. Seiten 90 ff.)

(Art. 11 Abs. 1 SnStrZV). Vor der Hauptverhandlung sollte der Strafzumessungsvorschlag dem Volksgericht in der Regel zusammen mit der Anklageschrift übermittelt werden. Sollte sich der Strafzumessungsvorschlag im Laufe der Hauptverhandlung ändern, kann der korrigierte Strafzumessungsvorschlag dem Gericht nach der Hauptverhandlung vorgelegt werden (Art. 18 Abs. 1 SnStrZV). Nach Erhalt des Urteils oder des Beschlusses des Volksgerichts hat die Volksstaatsanwaltschaft zu prüfen, ob der Strafzumessungsvorschlag der Staatsanwaltschaft berücksichtigt wurde und ob die Rechtsgrundlagen sowie die Begründung der Strafzumessung überzeugend sind. Hält die Staatsanwaltschaft das Urteil oder den Beschluss hinsichtlich der Strafzumessung für fehlerhaft, so kann sie staatsanwaltschaftliche Beschwerde einlegen (Art. 19 Abs. 1 SnStrZV). Die Ablehnung des Strafzumessungsvorschlags ist jedoch kein absoluter Beschwerdegrund. Stellt die Ablehnung durch das Gericht keine Unangemessenheit dar, hat die Volksstaatsanwaltschaft dies gegebenenfalls den Betroffenen zu erklären. (Art. 19 Abs. 2 SnStrZV).

Nach herrschender Meinung in China beruht das Recht der Staatsanwaltschaft, dem Gericht Vorschläge zur Strafverhängung zu unterbreiten, in erster Linie auf ihrer Funktion als Anklagebehörde. Das Recht, öffentliche Anklage zu erheben, ermöglicht es der Staatsanwaltschaft, in einem Strafverfahren Anklage gegen den Verdächtigten zu erheben und das Gericht aufzufordern, die Straftat anzuerkennen und die strafrechtliche Verantwortlichkeit festzustellen. Das Recht der Staatsanwaltschaft, Anklage zu erheben, lässt sich inhaltlich in zwei Hauptbestandteile gliedern: das Recht, beim Gericht die Feststellung einer Straftat aufzufordern, und das Recht, beim Gericht die Entscheidung über die Strafe zu beantragen.[721]

Der Strafzumessungsvorschlag der Staatsanwaltschaft erfüllt somit zwei wesentliche Funktionen. Zum einen eröffnet er das Strafzumessungsverfahren. Nach dem Offizialprinzip wird das Hauptverfahren theoretisch durch die Anklageschrift der Staatsanwaltschaft eröffnet. Der Strafzumessungsvorschlag stellt als ein zweiter, „selbständiger“ Antrag der Ermittlungsbehörde, neben der Anklageschrift einen Vorschlag dar, den Angeklagten mit einer bestimmten Strafe zu belegen. Dieser Vorschlag kann als ein eigenständiger prozessualer Antrag betrachtet werden, den das Gericht ernsthaft abwägen und dessen Zulässigkeit und Begründetheit es in einer besonderen Teil der Hauptverhandlung prüfen muss. In diesem Sinne führt der Strafzumes-

721 Zhu.X., 2010, S. 5(5 f.).

sungsvorschlag der Staatsanwaltschaft zu einem „zweiten Hauptverfahren“ vor Gericht, das sich ausschließlich der Straffrage widmet.[722]

Zum anderen übt der Strafzumessungsvorschlag eine Kontrollfunktion gegenüber der richterlichen Strafzumessungsentscheidung aus. Diese Kontrollfunktion manifestiert sich in drei Aspekten:

a) Begrenzung des Strafrahmens: Das Gericht kann nur gegen den Angeklagten und für die Straftat eine Strafe verhängen, die Gegenstand der Anklage und des Strafzumessungsvorschlags der Staatsanwaltschaft ist. Es kann keine Strafe gegen andere Personen oder für andere Taten verhängt werden.[723]
b) Ermahnung zur sorgfältigen Entscheidung: Wenn die vom Gericht getroffene Strafzumessungsentscheidung erheblich von dem Strafzumessungsvorschlag der Staatsanwaltschaft abweicht, könnte dies dazu führen, dass die Staatsanwaltschaft die Entscheidung als unangemessen ansieht und eine staatsanwaltschaftliche Beschwerde einlegt (Art. 19 Abs. 1 SnStrZV).
c) Verpflichtung zur Begründung: Im Urteil muss das Gericht auf den Strafzumessungsvorschlag reagieren, indem es dem Angeklagten eine bestimmte Strafe auferlegt und die Gründe hierfür ausführlich darlegt. Wird der Vorschlag der Staatsanwaltschaft nicht berücksichtigt, muss das Gericht die Gründe für die Nichtberücksichtigung detailliert erläutern (Art. 25 SnRStrZ 2020).[724]

Obwohl der Strafzumessungsvorschlag für die Richter nicht bindend ist, übt er in der gerichtlichen Praxis dennoch einen erheblichen Einfluss auf die richterliche Strafzumessung aus. Er fördert eine umfassende Auseinandersetzung mit dem Thema, da die Argumente beider Parteien zu einer ausgewogeneren Entscheidungsfindung beitragen können. Außerdem begrenzt der Vorschlag den Rahmen der Debatte und zwingt alle Beteiligten,

722 Chen.R., ZGFX 2009, S. 163(163 f.).
723 Zhu.X., 2010, S. 5(6).
724 Mitteilung des Obersten Volksgericht, der Obersten Volksstaatsanwaltschaft, des Ministeriums für öffentliche Sicherheit, des Ministeriums für Staatssicherheit und des Justizministeriums über die Herausgabe der Stellungnahmen zu den Problemen im Zusammenhang mit der Regulierung von Strafzumessungsverfahren （最高人民法院、最高人民检察院、公安部、国家安全部、司法部印发《关于规范量刑程序若干问题的意见》的通知）, BOV, 2020, Nr. 38. Vgl. SnAStrZ 2010, BOV, 2010, Nr. 36.

sich auf bestimmte Aspekte der Strafzumessung zu konzentrieren, was die Zielgerichtetheit und Wirksamkeit der Diskussion steigert.[725]

Eine empirische Untersuchung, bei der die Strafzumessungsvorschläge und die Urteile aller im Jahr 2011 vor einem Amtsgericht abgeschlossenen Strafverfahren verglichen wurden, ergab folgende Ergebnisse: In der überwiegenden Mehrheit der Fälle lag das endgültige Strafmaß innerhalb des von der Staatsanwaltschaft vorgeschlagenen Strafrahmens. Die Annahmequote der Strafzumessungsvorschläge lag bei 96%. Die Obergrenze des von der Staatsanwaltschaft vorgeschlagenen Strafrahmens fungierte als „Deckel" für die richterliche Strafzumessung. In keinem der untersuchten Fälle lag die vom Richter verhängte Strafe über der Obergrenze des vorgeschlagenen Strafrahmens, es sei denn, Richter und Staatsanwalt waren sich in der Tatsachenfeststellung nicht einig. Dies bedeutet, dass der Strafzumessungsvorschlag der Staatsanwaltschaft eine Orientierungsfunktion hat, um eine übermäßige oder unangemessene Strafzumessung durch den Richter zu vermeiden. Innerhalb des vorgeschlagenen Strafrahmens war eine allgemeine Tendenz zu milderen Strafen durch die Richter festzustellen. In den meisten Fällen lag das endgültige Strafmaß unter dem Mittelwert des von der Staatsanwaltschaft vorgeschlagenen Strafrahmens. Dies deutet darauf hin, dass die Richter häufig dazu neigen, eine geringere Strafe zu verhängen als die Staatsanwaltschaft es ursprünglich vorgeschlagen hatte.[726]

Die hohe Annahmequote des Strafzumessungsvorschlags verdeutlicht die tiefgehende Beteiligung der Staatsanwaltschaft am richterlichen Strafzumessungsprozess durch dieses Institut. Neben der Kontrolle der richterlichen Strafzumessung durch die nachträgliche Überprüfung im Wege der staatsanwaltschaftlichen Beschwerde versuchen viele Staatsanwaltschaften in der Praxis, den richterlichen Strafzumessungsprozess durch die Teilnahme des Generalstaatsanwalts an den Sitzungen der Gerichtsstrafausschüsse (审判委员会) aktiv zu überwachen.[727] Nach den „Stellungnahmen zur Teilnahme von Generalstaatsanwälten an Sitzungen der Strafausschüsse der Volksgerichte" (abgekürzt: SnTGSS)[728] kann der Generalstaatsanwalt in bestimmten Fällen an den Sitzungen der Gerichtsstrafausschüsse teilnehmen,

725 Lan.J., XDFX 2013, S. 92(96).

726 Su.J., ZZYFL 2013, S. 151(152f).

727 Su.J., ZZYFL 2013, S. 151(156).

728 Mitteilung des obersten Volksgericht und obersten Volksstaatsanwaltschaft über die Stellungnahme zur Teilnahme von Generalstaatsanwälten an Sitzungen der Strafausschüsse der Volksgerichte, (最高人民法院、最高人民检察院印发《关于人民检察院检察长列席人民法院审判委员会会议的实施意见》的通知）, BOV, 2010, Nr. 4.

z.B. wenn der Angeklagte freigesprochen oder zur Todesstrafe verurteilt werden könnte, wenn die Staatsanwaltschaft eine Beschwerde eingelegt hat oder wenn andere Themen besprochen werden, die für die Staatsanwaltschaft von Interesse sind (Art. 3 SnTGSS).

Obwohl sich diese Justizauslegung hauptsächlich auf Fragen der Schuld und mögliche Freisprüche oder Todesurteile bezieht, haben in der Praxis viele Generalstaatsanwälte die Strafzumessung letztlich beeinflusst und verändert, indem sie ihre Strafzumessungsvorschläge in den Sitzungen des Gerichtsstrafausschusses erneut vortrugen oder überzeugend begründeten.[729] Ein Amtsgerichtspräsident äußerte sich positiv über diese Art der Zusammenarbeit: „Wenn es vor der Hauptverhandlung zu keiner Einigung kommt, ist es hilfreich, wenn der Generalstaatsanwalt nach der Hauptverhandlung an den Sitzungen der Strafausschüsse teilnimmt und seine Argumente zum Strafzumessungsvorschlag vorträgt. Dies erleichtert die Konsensfindung zwischen Staatsanwaltschaft und Gericht. Wir begrüßen diese Form der Rechtsaufsicht“[730]

II. Die Strafzumessungsverteidigung in China

Der Begriff „Strafzumessungsverteidigung“ (liang xing bian hu, 量刑辩护) bezeichnet in China alle Prozesshandlungen des Beschuldigten und seines Verteidigers, die darauf abzielen, das Strafmaß zugunsten des Beschuldigten zu beeinflussen. Dabei kommen verschiedene Strategien zum Einsatz, um die vom Gericht verhängte Strafe zu leichteren Grad oder, im besten Fall, eine abgemilderte leichte Strafe zu erreichen. In einem konfrontativen Verfahrensmodell können der Beschuldigte und sein Verteidiger in der Hauptverhandlung Beweismittel vorbringen, die für eine Strafmilderung des Angeklagten sprechen, oder die von der Staatsanwaltschaft vorgetragenen strafzumessungserheblichen Tatsachen in Frage stellen. Sie können auch eigene Ansichten äußern, die von den Strafzumessungsvorschlägen der Staatsanwaltschaft abweichen (Art. 15 SnRStrZ 2020). Das Gericht ist verpflichtet, in seinen Urteilen auf die von dem Beschuldigten und seinem Verteidiger vorgebrachten Strafzumessungsansichten einzugehen (Art. 25 SnRStrZ 2020). Gegen die erstinstanzliche Strafzumessungsentscheidung

729 Su.J., ZZYFL 2013, S. 151(156).

730 Siehe: Wang/Lu/Yang, „23 Strafzumessungssvorschläge, 22 angenommen“, Procurator Daily （jian cha ri bao，检察日报）, 20.7.2010.

kann der Angeklagte schriftlich oder mündlich Berufung beim nächsthöheren Volksgericht einlegen. Auch der Verteidiger und die nahen Verwandten des Beschuldigten können mit Zustimmung des Beschuldigten Berufung einlegen.[731]

Die Einflussmöglichkeiten des Beschuldigten und seines Verteidigers auf die Strafzumessungsentscheidung des Richters sind jedoch wesentlich geringer als die der Staatsanwaltschaft. Der im Jugendstrafverfahren angewandte Strafzumessungsermittlungsbericht[732] hat im normalen Strafverfahren keine breite Anwendung gefunden. Darüber hinaus räumen weder die chinesische Strafprozessordnung noch die Justizauslegungen dem Beschuldigten und seinem Verteidiger die Befugnis ein, strafmildernde Umstände zugunsten des Angeklagten zu ermitteln. Versucht der Verteidiger auf eigene Faust, strafzumessungsrelevante Informationen zu ermitteln und dabei auf Widerstand seitens der zu befragenden Personen stößt, so hat er keine Möglichkeit, gerichtliche Unterstützung zu erhalten.[733] Die Strafprozessordnung sieht auch keine erweiterten Mittel vor, die es dem Gericht ermöglichen würden, die soziale Gefährlichkeit des Verhaltens oder die persönliche Gefährlichkeit des Beschuldigten objektiv und präzise zu bewerten. Aus diesem Grund sind sowohl der Beschuldigte und sein Verteidiger als auch der Richter als Entscheidungsträger bei der Ermittlung der strafzumessungsrelevanten Umstände in hohem Maße auf die von der Staatsanwaltschaft erhobenen und vorgelegten Beweismaterialien angewiesen.

Darüber hinaus zeigt sich, dass Richter die Ansicht des Beschuldigten und seines Verteidigers an der Strafzumessung im Vergleich zu den Strafzumessungsvorschlägen der Staatsanwaltschaft weniger ernst nehmen. Die empirischen Studienergebnisse verdeutlichen diese Tendenz: Von den 71 befragten Richtern gaben 60 an, die Ansichten beider Parteien zu berücksichtigen, aber 10 Richter gaben an, dem Strafzumessungsvorschlag der Staatsanwaltschaft mehr Gewicht beizumessen. Auch die Einschätzungen von Staatsanwälten und Verteidigern hinsichtlich der Übernahme ihrer Strafzumessungsvorschläge durch das Gericht bestätigen dieses Ungleichgewicht. Die Mehrheit der Staatsanwälte (71,2 %) ist der Meinung, dass ihre Strafzumessungsvorschläge in den meisten Fällen übernommen werden, während nur eine kleine Minderheit (4,6 %) der Staatsanwälte angibt, dass ihre Vorschläge selten übernommen werden. Demgegenüber sind die

731 § 227 StPG, in: Zong, ZChinaR 2020, S. 28(73).
732 Zu Details siehe Teil 4. B. I. 2. (Vgl. Seiten 168 ff.)
733 Chen.R., 2011, S. 189.

Rechtsanwälte deutlich weniger zuversichtlich, dass ihre Ansichten vom Gericht akzeptiert werden. Ein beträchtlicher Anteil (35,3 %) der Anwälte glaubt, dass nur ein kleiner Teil ihrer Ansichten an der Strafzumessung vom Gericht berücksichtigt wird.[734]

Ein weiteres Dilemma, mit dem sich Strafverteidiger im Strafzumessungsverfahren häufig konfrontiert sehen, ist das Spannungsfeld zwischen Unschulds- und Milderungsverteidigung („Antragsdilemma der Verteidigung"). Obwohl dieses Problem im Rahmen der Strafzumessungsreform ausführlich diskutiert wurde, gibt es nach der Aufgabe des Schuldinterlokutmodells keine befriedigende Lösung für dieses Dilemma. Die Justizauslegung legt lediglich fest, dass „die Teilnahme des Angeklagten und seines Verteidigers an der Untersuchung von Strafzumessungsumständen die Unschuldsverteidigung nicht beeinträchtigt" (Art. 15 Abs. 3 S. 3 SnRStrZ 2020), was jedoch kaum zur Lösung des Problems beiträgt.

In der Praxis haben die Verteidiger jedoch eine Strategie entwickelt, die darauf abzielt, durch eine Unschuldsverteidigung den Effekt einer erfolgreichen Strafzumessungsverteidigung zu erzielen. Obwohl es im gegenwärtigen chinesischen Justizsystem schwierig ist, das Gericht durch eine Unschuldsverteidigung von einem Freispruch zu überzeugen, kann diese Strategie manchmal dazu führen, dass das Gericht eine mildere Strafe verhängt. Dies gilt insbesondere in Fällen von großer gesellschaftlicher Bedeutung, in denen das Gericht unter erheblichem Druck steht und es ihm schwerfällt, ein unabhängiges Urteil zu fällen. In solchen Fällen kann die Unschuldsverteidigung der Anwälte zwar die Anklage der Staatsanwaltschaft erheblich erschüttern, aber das Gericht nicht zu einem Freispruch bewegen. Dabei neigen viele Richter zur Strafzumessungslösung. Das bedeutet, dass zwar die Anklage der Staatsanwaltschaft bestätigt wird, das Gericht jedoch eine leichtere Strafe verhängt.[735] Aus der Sicht mancher Anwälte hat die Unschuldsverteidigung damit das Ziel erreicht, das Gericht zu einer milderen Behandlung des Angeklagten zu bewegen, was letztlich zum Erfolg der Strafzumessungsverteidigung beiträgt. Dieses durch die Unschuldsverteidigung erreichte Ergebnis kann manchmal zu einer milderen Strafzumessung führen, die durch eine normale Strafzumessungsverteidigung nicht erreicht worden wäre.[736]

Die strukturelle Abhängigkeit von den Ermittlungsergebnissen der Staatsanwaltschaft und die tendenzielle Bevorzugung der staatsanwalt-

734 Su.J., ZZYFL 2013, S. 151(152).
735 Chen.R., FXLT 2010, S. 26(26).
736 Chen.R., 2011, S. 200.

schaftlichen Strafzumessungsvorschläge durch die Richter schwächt die Position der Verteidigung im Strafzumessungsverfahren erheblich und begrenzt die Möglichkeiten des Beschuldigten und seines Verteidigers, das Gericht in ihrem Sinne zu beeinflussen. Dies führt zu einer unausgewogenen Dynamik im Strafprozess, bei der die Staatsanwaltschaft eine dominierende Rolle bei der Strafzumessung spielt, während die Verteidigung vergleichsweise wenig Einfluss auf das Endergebnis nehmen kann. Die in diesem Kontext entwickelte Strategie, durch eine Unschuldsverteidigung eine mildere Strafzumessung zu erreichen, steht offensichtlich im Widerspruch zum eigentlichen Ziel des Strafprozesses, der Wahrheitsfindung. Statt das Verfahren auf die eindeutige Feststellung von Schuld oder Unschuld auszurichten, birgt eine solche Strategie die Gefahr, dass das Verfahren von seinem Hauptziel abweicht und die Wahrheitsfindung zugunsten taktischer Überlegungen in den Hintergrund tritt. Dies könnte das Vertrauen in die Gerechtigkeit des Strafprozesses untergraben und die Legitimität der Strafzumessung gefährden.

III. Die prozesssubjektive Rechtsstellung des Verletzten in China

Die Rechtsstellung des Verletzten in chinesischen Strafverfahren hat einen Entwicklungsprozess durchlaufen. Gemäß der Strafprozessordnung von 1979 nimmt der Verletzte in drei verschiedenen Arten von Verfahren unterschiedliche Rollen ein: (1) Im öffentlichen Klageverfahren gehört der Verletzte zu den passiven Prozessbeteiligten und wird lediglich als Zeuge angesehen. (2) In Fällen, die nur auf Strafantrag verfolgt werden können, in Fällen von Geringfügigkeit, die vom Verletzten zu beweisen ist, oder in Fällen, in denen die persönlichen oder vermögensrechtlichen Interessen des Verletzten verletzt werden und eine strafrechtliche Verfolgung des Beschuldigten nach dem Gesetz erfolgen sollte, aber von der Behörde für öffentliche Sicherheit oder der Volksstaatsanwaltschaft abgelehnt wird, hat der Verletzte das Recht, eine Privatklage zu erheben, sich als Privatkläger am Verfahren zu beteiligen und die Rechte eines Privatklägers gemäß § 210 StPG wahrzunehmen.[737] (3) Erleidet der Verletzte durch die Straftat des Angeklagten materielle Schäden, kann er im Strafverfahren ein Adhäsionsverfahren gemäß § 101 Abs. 1 S. 1 StPG einleiten.

737 § 210 StPG, in: Zong, ZChinaR 2020, S. 28(70).

Mit der Strafprozessnovelle 1996 wurde die Stellung des Verletzten als Prozesssubjekt festgeschrieben (§ 108 Abs. 2 StPG). In einem kontradiktorischen Verfahrensmodell kann sich der Verletzte des Beistands eines Rechtsanwalts bedienen, das Recht auf Ablehnung von Richtern ausüben, gegen die von Staatsanwaltschaft getroffene Entscheidung zur Einstellung des Verfahrens Beschwerde bei der nächsthöheren Volksstaatsanwaltschaft einlegen sowie die Erhebung der öffentlichen Klage beantragen. Die Staatsanwaltschaft ist verpflichtet, dem Verletzten ihre Entscheidung über die Beschwerde mitzuteilen. Bleibt die Staatsanwaltschaft bei ihrer Entscheidung, keine Anklage zu erheben, kann der Verletzte beim Volksgericht Privatklage erheben.[738] Als Prozesssubjekt hat der Verletzte das Recht, an der gerichtlichen Untersuchung der strafzumessungsrelevanten Tatsachen sowie an der Erörterung der Rechtsfolgen teilzunehmen, sich seine eigene Ansicht zur Strafzumessung zu äußern und mit den anderen Prozessbeteiligten zu debattieren. Gegen die erstinstanzliche Entscheidung über die Strafzumessung können der Verletzte und sein gesetzlicher Vertreter innerhalb von fünf Tagen nach Erhalt der Urteilsschrift die Volksstaatsanwaltschaft auffordern, eine staatsanwaltschaftlichen Beschwerde einzulegen. Die Volksstaatsanwaltschaft hat innerhalb von fünf Tagen nach Eingang des Antrags des Verletzten und seines gesetzlichen Vertreters über die Einlegung der staatsanwaltschaftlichen Beschwerde zu entscheiden und die Antragsteller von ihrer Entscheidung zu benachrichtigen.[739]

In der chinesischen Rechtspraxis ist es jedoch trotz der Stellung des Verletzten als Prozesssubjekts relativ selten, dass er tatsächlich als „Verletzter“ am Gerichtsverfahren teilnimmt. Insbesondere bei Verhandlungen vom Amtsgericht nehmen die Verletzten in Fällen von Gewaltverbrechen häufig nur als „Kläger des Adhäsionsverfahrens“ an der Diskussion über zivilrechtlichen Fragen teil, während ihnen die Partizipation am strafrechtlichen Teil des Verfahrens verwehrt bleibt. Die Aussage des Verletzten gilt im chinesischen Strafprozess als eine besondere Art von Beweismittel.[740] Der Verletzte kann den durch das Verhalten des Beschuldigten verursachten materiellen und seelischen Schäden umfassend schildern, was für die Strafzumessung durch den Richter von erheblicher Bedeutung ist. Allerdings hat der Verletzte in der Regel nicht die Möglichkeit, diese Aussage persönlich vor Gericht darzulegen; stattdessen werden seine Aussagen –

738 § 180 S. 2, 3 StPG, in: Zong, ZChinaR 2020, S. 28(64).
739 § 229 StPG, in: Zong, ZChinaR 2020, S. 28(73).
740 § 50 Abs. 2 Nr. 4 StPG, in: Zong, ZChinaR 2020, S. 28(38).

anders als in Deutschland – oft vom Staatsanwalt aus dem Protokoll einer früheren Vernehmung verlesen. Darüber hinaus hat der Verletzte, wenn er die Strafzumessung für unangemessen hält, kein eigenes Berufungsrecht wie der Beschuldigte (ähnlich § 400 Abs. 1 StPO). Er kann lediglich die Staatsanwaltschaft um die Einlegung einer staatsanwaltschaftlichen Beschwerde ersuchen, was seine Möglichkeiten, aktiv und effektiv auf die richterliche Strafzumessungsentscheidung Einfluss zu nehmen, erheblich einschränkt.[741]

IV. Vergleich mit Deutschland

In Deutschland erfolgt die Partizipation der Prozessbeteiligten am Strafzumessungsprozess im Wesentlichen durch die Äußerung ihrer Meinung zu den Rechtsfolgen in der Hauptverhandlung. Obwohl die StPO kein eigenes Institut wie den „Strafzumessungsvorschlag" vorsieht, haben sowohl der Staatsanwalt als auch der Angeklagte und sein Verteidiger gemäß § 258 Abs. 1 StPO das Recht, Schlussvorträge zu halten. Der Angeklagte selbst hat zudem das Recht, als Letzter vor der Urteilsberatung zu sprechen, auch wenn er bereits zuvor einen Schlussvortrag gehalten hat (§ 258 Abs. 2 StPO).

Im Schlussvortrag können sowohl der Staatsanwalt als auch der Angeklagte und sein Verteidiger Strafforderungen stellen, einschließlich konkreter Vorstellungen über Art und Höhe der Haupt- und Nebenstrafen sowie über mögliche Nebenfolgen oder Maßregeln der Besserung und Sicherung. Besteht die Möglichkeit einer Strafaussetzung zur Bewährung, so kann auch dies in den Schlussvorträgen thematisiert werden.[742] Alle Ausführungen müssen sich auf den Inhalt und das Ergebnis der mündlichen Verhandlung in der Hauptverhandlung stützen (§ 261 Abs. 2 StPO). Unzulässig ist die Einführung von verhandlungsfremdem Stoff, wie z.B. privates Wissen, die Bezugnahme auf den Inhalt eines anderen Strafverfahrens oder die Vorlage oder Verlesung von Schriften, die nicht Gegenstand der Hauptverhandlung waren.[743] Eine Aufteilung der Schlussvorträge im Sinne eines (informellen) Tat- oder Schuldinterlokuts, bei dem zunächst abschließend nur die Schuldfrage und anschließend die Rechtsfolgen behandelt werden,

741 Chen.R., 2011, S. 232 f.
742 LR/Stuckenberg, § 258 Rn. 30.
743 Meyer-Goßner/Schmitt, § 258 Rn. 13.

ist gesetzlich nicht vorgesehen, kann aber im Einzelfall zweckmäßig sein und ist mit Zustimmung aller Prozessbeteiligten zulässig.[744]

Die von der Staatsanwaltschaft und der Verteidigung vorgebrachten Strafforderungen können einen Ankereffekt auf die richterliche Strafzumessungsentscheidung ausüben.[745] *Englich* hat in einer Reihe von empirischen Studien die Existenz von Ankereffekt in Strafverfahren bestätigt. Die Forschungsergebnisse zeigen, dass Richter, selbst wenn sie die Strafforderung als offensichtlich voreingenommen ansehen, aufgrund des Ankereffekts dennoch unvermeidlich von ihr beeinflusst werden. Dieses Phänomen ist bei Laienrichtern besonders ausgeprägt.[746] Darüber hinaus führt dieses Phänomen dazu, dass die von der Staatsanwaltschaft vorgebrachte Strafforderung einen stärkeren Einfluss ausübt als der Forderung des Angeklagten und seines Verteidigers. Dies liegt daran, dass die StPO zwar dem Angeklagten das Recht des letzten Wortes einräumt, aber auch der Staatsanwaltschaft das Recht gibt, ihre Strafforderung vor den anderen Prozessbeteiligten vorzubringen. Dieser Vorteil in der Reihenfolge der Stellungnahmen macht es wahrscheinlicher, dass die Strafforderung der Staatsanwaltschaft stärkere Ankereffekte auf die richterliche Strafzumessung ausübt.[747]

Der Einfluss der Prozessbeteiligten auf die richterliche Strafzumessung ist ebenfalls Gegenstand zahlreicher empirischer Studien.[748] Die empirische Forschung von *Albrecht* zeigt, dass die Strafmaßanträge der Staatsanwaltschaft systematisch höher ausfallen als die richterlichen Entscheidungen, was im Wesentlichen auf ihre strafverfolgende Rolle zurückzuführen ist. Gegen Urteile, die unter der Straferwartung der Staatsanwaltschaft liegen, wird jedoch selten staatsanwaltschaftliche Beschwerde eingelegt.[749] Trotz des statistisch signifikanten Zusammenhangs zwischen den Strafmaßanträgen der Staatsanwaltschaft und den endgültigen richterlichen Entscheidungen bedeutet dies jedoch keinen Kausalitätsnachweis. Es ist denkbar, dass sich bereits die Staatsanwälte in ihren Strafforderungen an einer regional vorherrschenden Praxis ausrichten, die auch von den Richtern vor Ort praktiziert wird.[750]

744 LR/Stuckenberg, § 258 Rn. 27.

745 Streng, 2011, S. 39(54f.); Kaspar, 2018, C 17; Habermann, 2023, S. 190.

746 Englich, ZfSP 2005, S. 215(222 f.).

747 Englich, Law & Policy 2006, p.509; ferner siehe: Nickolaus, 2018, S. 77 ff.

748 Vgl. Schünemann, 1988, S. 277; Albrecht, 1994, S. 361 ff.; Streng, 2011, S. 53 f.; Kaspar, 2018, C 17.

749 Albrecht, 1994, S. 484 f.

750 Kaspar, 2018, C 17.

Ähnliche Überlegungen zum Einfluss der Strafforderung auf die richterliche Strafzumessung lassen sich selbstverständlich auch auf die Verteidigerseite übertragen, deren Forderungen in der Regel unterhalb der verhängten Strafen liegen. In einer von *Albrecht* durchgeführten empirischen Studie zum Einbruchsdiebstahl konnte jedenfalls bei statistischer Kontrolle der ermittelbaren Tat- und Tätervariablen kein interpretierbarer Einfluss der Verteidigerbeteiligung auf die richterliche Strafzumessung festgestellt werden.[751]

Eine weitere wichtige Einflussmöglichkeit der Prozessbeteiligten auf die richterliche Strafzumessung stellt die Bereitstellung von Strafzumessungsinformationen dar. Obwohl Richter aufgrund ihrer Aufklärungspflicht alle für die Strafzumessung relevanten Tatsachen und Beweismittel von Amts wegen zu untersuchen haben, stützt sich die Beweisaufnahme in der Praxis weitgehend auf die von der Staatsanwaltschaft vorgelegten Beweismittel. Insbesondere unter Zeitdruck neigen Richter dazu, sich auf die in den Akten enthaltenen Informationen zu beschränken, nur diese abzufragen und den Inhalt der Akten unbewusst zu bestätigen.[752] Darüber hinaus können die Erzählungen und Darstellungen im Aktenmaterial die Urteilsfindung der Richter unbewusst beeinflussen. Dies wurde in einer empirischen Studie von *Schünemann* eindrucksvoll belegt: Versuchspersonen, bestehend aus Richtern und Staatsanwälten, wurde ein Fall der Gefangenenbefreiung (§ 120 StGB) vorgelegt, der je nach Begründung sowohl zu einer Verurteilung als auch zu einem Freispruch führen konnte. Alle 17 Personen, die die Ermittlungsakte kannten, entschieden sich für eine Verurteilung. Im Gegensatz dazu entschieden sich von den insgesamt 18 Personen, die die Ermittlungsakte nicht kannten, nur acht für eine Verurteilung, während zehn einen Freispruch befürworteten.[753] Dieses Experiment bestätigt, dass Richter, nachdem sie sich durch Akteneinsicht eine vorläufige Meinung über den Fall gebildet haben, dazu neigen, in der Hauptverhandlung nach Bestätigungen ihrer bereits gebildeten Vorstellungen zu suchen. Dabei überschätzen sie tendenziell konsonante Informationen, die ihre vorgefasste Meinung stützen, und unterschätzen dissonante Informationen, die im Widerspruch zu ihrer Meinung stehen.[754]

751 Albrecht, 1994, S. 369 f.
752 Habermann, 2023, S. 189.
753 Schünemann, StV 2000, S. 159(160).
754 Schünemann, a.a.O. S.160; vgl. Schünemann, in: FS-Streng, 2017, S. 762 f.

Für die meisten Angeklagten ist das Geständnis der wichtigste Strafmilderungsumstand, den sie geltend machen können. Sowohl in der Vernehmung zur Sache vor der Beweisaufnahme als auch im Schlussvortrag und im letzten Wort hat der Angeklagte ausreichend Gelegenheit, ein Geständnis in der Hauptverhandlung abzulegen. Durch das Geständnis kann der Angeklagte seine Schuldeinsicht und Reue zum Ausdruck bringen und damit das Prozessziel der Erreichung von Rechtsfrieden fördern.[755] Ein Geständnis wird regelmäßig als maßgeblicher Strafmilderungsgrund im Sinne des § 267 Abs. 3 S. 1 StPO betrachtet. Allerdings ist ein Geständnis nicht immer Ausdruck echter Reue, sondern wird mitunter aus prozesstaktischen Gründen abgelegt, um eine Strafmilderung zu erreichen. Der BGH hat in neuerer Rechtsprechung klargestellt, dass es rechtlich problematisch wäre, allein aus dem Zeitpunkt der Äußerung eines zuvor schweigenden Angeklagten im Rahmen des letzten Wortes auf eine rein prozesstaktische Motivation zu schließen. Die Würdigung und Bewertung des Geständnisses sowie die Bestimmung seines strafmildernden Gewichts obliegt dem Tatgericht, das bei seiner Überzeugungsbildung den Zweifelssatz zu beachten hat.[756] Für andere strafzumessungserhebliche Tatsachen haben der Angeklagte und sein Verteidiger die Möglichkeit, das Gericht durch einen Beweisantrag zu verlangen, in der Hauptverhandlung ein bestimmtes Beweismittel zu erheben (§ 244 Abs. 3 StPO). Dies ermöglicht es dem Angeklagten, zusätzliche strafmildernde Umstände oder Entlastungsbeweise vorzubringen, die für die Strafzumessung von Bedeutung sein können.

Ein weiteres wichtiges Mittel der Einflussnahme der Prozessbeteiligten auf die Strafzumessung ist die Kontrolle der richterlichen Strafzumessung durch Rechtsmittel. Gegen die Urteile des Strafrichters und des Schöffengerichts haben die Staatsanwaltschaft, der Angeklagte und sein Verteidiger die Möglichkeit, durch die Einlegung einer Berufung eine vollständige Neuverhandlung zur sachlichen und rechtlichen Sache zu eröffnen (§ 312 StPO). Das bedeutet, dass das gesamte Verfahren erneut geprüft und verhandelt werden kann. Gegen die Urteile der Strafkammern, der Schwurgerichte sowie gegen die im ersten Rechtszug ergangenen Urteile der Oberlandesgerichte steht den Prozessbeteiligten das Rechtsmittel der Revision zu (§ 333 StPO). Die Revision kann jedoch nur darauf gestützt werden, dass das Urteil auf der Verletzung des Gesetzes beruht (§ 337 Abs. 1 StPO). Darunter fallen auch Fehler des Tatrichters beim Rechtsfolgenausspruch, insbeson-

755 BGH NStZ 2023, 226.
756 BGH NStZ 2023, 95.

dere auch bei der Strafzumessung.[757] Durch die Einlegung solcher Rechtsmittel können die Prozessbeteiligten versuchen, eine erneute Überprüfung der richterlichen Entscheidung zu erzwingen, insbesondere wenn sie die Strafzumessung für rechtsfehlerhaft oder unangemessen halten. Auf diese Weise können Rechtsmittel ein wirksames Instrument sein, um auf die richterliche Strafzumessung Einfluss zu nehmen und sie gegebenenfalls zu korrigieren.

Im traditionell von zwei Parteien geprägten konfrontativen Verfahrensmodell zeichnet sich in der deutschen Strafprozessordnung ein neuer Trend ab: die stärkere Hervorhebung und Gewährleistung der Rechte des Verletzten als Verfahrensbeteiligten. Die Stellung des Verletzten im materiellen Strafrecht und im Prozessrecht ist in den letzten zwei Jahrzehnten des 20. Jahrhunderts in den Mittelpunkt der deutschen wissenschaftlichen Forschung und vereinzelter rechtspolitischer Aktivitäten gerückt. Die intensive Diskussion dieses Themas auf dem 55. Deutschen Juristentag (DJT)[758] und die Verabschiedung des Opferschutzgesetzes im Jahre 1986 waren markante Meilensteine in dieser Entwicklung, die den Wandel verdeutlichen, durch den der Verletzte allmählich zu einem unverzichtbaren Prozesssubjekt im deutschen Strafverfahren wurde.[759]

Die durch das Opferschutzgesetz eingefügten §§ 406d bis 406l StPO regeln umfassend die allgemeinen Befugnisse des Verletzten zur Verfahrensbeteiligung. Dazu gehören z.B. das Recht auf Auskunft über den Stand des Verfahrens (§ 406d StPO), das Recht auf Akteneinsicht (§ 406e StPO), das Recht, sich des Beistands eines Rechtsanwalts zu bedienen (§ 406f StPO), sowie das Recht auf psychosoziale Prozessbegleitung (§ 406g StPO). Trotz dieser Rechte bleibt es für den Verletzten jedoch eine Herausforderung, seine Auffassung zur Strafzumessung effektiv an den Richter zu übermitteln oder durch die Einlegung von Rechtsmitteln eine nachhaltige Kontrolle der Strafzumessungsentscheidungen auszuüben. Obwohl Verletzte als Zeugen im Rahmen einer richterlichen Vernehmung die Möglichkeit haben, die Auswirkungen der Straftat auf sie zu schildern und damit potenziell Einfluss auf die Strafzumessung zu nehmen, gibt es in Deutschland kein fest etabliertes Verfahren für ein sogenanntes „Victim Statement". Es liegt im Ermessen des Richters, im Rahmen seiner Aufklärungspflicht zu entscheiden, ob es notwendig ist, die Stellungnahme des Verletzten anzuhören.

757 BGH NJW 2009, 1979(1983f.).
758 Rieß, 1984, C 1 ff.
759 BGBl. I 1986 S. 2496 ff.

Diese Flexibilität bedeutet, dass die Berücksichtigung der Perspektive des Verletzten bei der Strafzumessung stark von der individuellen Entscheidung des Richters abhängt und daher nicht systematisch gewährleistet ist.[760]

Für bestimmte Verletzte und ihre Angehörige, insbesondere Opfer schwerer Straftaten gegen höchstpersönliche Rechtsgüter (§ 395 StPO), bietet die Möglichkeit der Nebenklage eine bedeutende Erweiterung ihrer prozessualen Rechte. Durch die Nebenklage treten diese „privilegierten Verletzten" als eigenständige Prozesssubjekte in das Verfahren ein und nehmen neben der Staatsanwaltschaft eine wichtige Rolle ein. Diese Rolle dient der Wahrnehmung ihrer Interessen, die nicht unbedingt mit denen der Staatsanwaltschaft übereinstimmen müssen.[761] Diese „privilegierten Verletzten" verfügen über „authentische" Partizipationsrechte im Strafzumessungsverfahren, die ihnen eine aktive Einflussnahme ermöglichen. Dazu gehören z.B. das Fragerecht (§ 242 Abs. 2 StPO), das Beweisantragsrecht (§ 244 Abs. 3 StPO) sowie das Recht, im Schlussvortrag Stellung zu nehmen (§ 258 StPO). Darüber hinaus kann der Nebenkläger unabhängig von der Staatsanwaltschaft Rechtsmittel einlegen, wodurch er die richterliche Strafzumessungsentscheidung nachhaltig beeinflussen kann. Diese Möglichkeit stellt einen erheblichen Unterschied zur Situation des Verletzten im chinesischen Strafverfahren dar, wo eine solche unmittelbare und unabhängige Einflussnahme auf die Strafzumessung nicht gegeben ist.

Schließlich steht dem Verletzten als letzte und zugleich stärkste Form der Verfahrensbeteiligung die Privatklage zur Verfügung. Die Privatklage ist in erster Linie eine Ergänzung der Pflicht der Staatsanwaltschaft zur Erhebung der öffentlichen Klage, die für einen begrenzten Kreis von Delikten an die Stelle der Funktionen der Staatsanwaltschaft tritt (§ 374 StPO). Diese Form der Beteiligung ermöglicht es dem Verletzten, selbst als Ankläger aufzutreten, wenn die Staatsanwaltschaft keine öffentliche Klage erhebt. Die Rechte des Privatklägers sind entsprechend weitgehend ausgestaltet und orientieren sich größtenteils an den Befugnissen der Staatsanwaltschaft. In einigen Aspekten gehen sie sogar über die Rechte hinaus, die bei anderen Beteiligungsformen des Verletzten bestehen.[762]

Zusammenfassend lässt sich sagen, dass die Einflussnahme der Prozessbeteiligten auf die richterliche Strafzumessungsentscheidung hauptsächlich über drei Mechanismen erfolgt: die Äußerung individueller Strafzumes-

760 Hörnle, in: K. Brown/Turner/Weisser(Hrsg.): The Oxford Handbook of Criminal Process, 2019, p.904.

761 LR/Wenske, Vor § 373b Rn. 7.

762 LR/Wenske, a.a.O. Rn. 6.

sungsvorstellungen, die Bereitstellung strafzumessungsrelevanter Informationen und die nachhaltige Kontrolle der richterlichen Strafzumessung durch Rechtsmittel. Das Ausmaß, in dem das Verfahren die Rechte der verschiedenen Prozessbeteiligten in diesen drei Bereichen schützt, ist ein entscheidendes Kriterium dafür, ob ein Prozessbeteiligter „authentisch" am Strafzumessungsprozess teilnehmen kann.

So gesehen haben sowohl in Deutschland als auch in China die Staatsanwaltschaft, der Angeklagte und sein Verteidiger die Möglichkeit, aktiv am Strafzumessungsprozess teilzunehmen. Allerdings hat die Staatsanwaltschaft häufig einen größeren Einfluss auf die richterliche Strafzumessung, was auf das Machtungleichgewicht zwischen den beiden Hauptparteien im konfrontativen Verfahrensmodell hinweist. Hinsichtlich der Beteiligung des Verletzten an der Strafzumessung hat Deutschland im Vergleich zu China, insbesondere nach der Reform des Opferschutzgesetzes, Fortschritte gemacht. In der deutschen Strafprozessordnung haben Verletzte, insbesondere in Form der Nebenklage, die Möglichkeit, die richterliche Strafzumessungsentscheidung weitgehend zu beeinflussen, was im chinesischen Strafverfahren in dieser Form nicht gewährleistet ist.

C. Partizipation an der Strafzumessung im kooperativen Verfahren

Das traditionelle Strafprozesssystem basiert auf der Verteidigung des Angeklagten mit dem Ziel eines Freispruchs und dem adversatorischen Vorgehen zwischen Staatsanwaltschaft und Verteidigung, was deutliche Merkmale der konfrontativen Justiz aufweist. Im Falle eines Geständnisses des Angeklagten wird jedoch die Möglichkeit eines kooperativen Verfahrensmodells eröffnet. Als ein solches Verfahren wird ein Modell bezeichnet, bei dem die Prozessbeteiligten durch bestimmte Verfahrensweisen interagieren und eine teilweise oder vollständige Einigung über ihre prozessualen Ansprüche erzielen, um gemeinsam dem Richter zu einer gerechten Entscheidung zu verhelfen.

Die erste Art von Kooperation findet zwischen der Staatsanwaltschaft, die den Staat vertritt, und dem Angeklagten statt, also zwischen einer staatlichen Institution und einem Privatrechtssubjekt. Diese Art der Kooperation trägt den Charakter des hoheitlichen Handelns und wird in der Theorie als „das öffentliche Kooperationsmodell im Strafverfahren" (刑

事诉讼的公力合作模式)[763] bezeichnet. Es manifestiert sich insbesondere im Institut des Schuldbekenntnisses und der Annahme der Sanktion (I.). Wird hingegen das Verhältnis zwischen dem Straftäter und dem Opfer in den Mittelpunkt des Strafverfahrens gestellt (Täter-Opfer-Ausgleich), so handelt es sich um eine Kooperation zwischen Privatrechtssubjekten, die stärker von Freiwilligkeit geprägt ist. Diese Art der Kooperation wird als „das private Kooperationsmodell im Strafverfahren" (刑事诉讼的私力合作模式)[764] bezeichnet und findet im chinesischen Strafprozessrecht ihren Niederschlag als besonderes Verfahren des Täter-Opfer-Vergleichs in der öffentlichen Klage (II.). Die Ausgestaltung dieser beiden Kooperationsmodelle im deutschen Strafverfahren wird im Rahmen des Vergleichs mit dem chinesischen Recht näher betrachtet (III.).

I. Institut des Schuldbekenntnisses und der Annahme der Sanktion in China

1. Entstehungsgeschichte der Absprache im chinesischen Strafverfahren

Sowohl der chinesische Gesetzgeber als auch die Justizbehörden haben unter dem Einfluss traditioneller Rechtsvorstellungen eine ablehnende Haltung gegenüber dem aus dem anglo-amerikanischen Rechtskreis stammenden Konzept der Absprache eingenommen. Dies hat dazu geführt, dass das System, bei dem Staatsanwaltschaft und Verteidigung durch Verständigung eine zügige Abwicklung des Verfahrens erreichen, in der chinesischen Rechtsordnung lange Zeit nur begrenzter Raum gefunden hat. Im Jahr 2002 führte das Eisenbahngericht der Stadt Mudanjiang in der Provinz Heilongjiang im Fall Mengguanghu, der als „der erste Plea-Bargaining-Fall in China" bezeichnet wurde, erstmals den Faktor „Absprache" in das Verfahren ein.[765] Da das Gerichtsverfahren in diesem Fall jedoch von den traditionellen chinesischen Verfahrensvorstellungen abwich, stieß es zunächst auf Kritik innerhalb der Justiz.[766]

Im Rahmen der 2010 eingeleiteten Strafzumessungsreform wurde die Möglichkeit der Einführung eines Absprachevefahrens nicht in Betracht

763 Chen.R., FXLT 2019, S. 5(6 ff.).

764 Chen.R., ZGFX 2006, S. 15(16 ff.).

765 Vgl. Zhang Jingyi, Fokus auf den ersten innerstaatlichen „plea bargaining"-Fall, People's Court Daily（ren min fa yuan bao, 《人民法院报》）, 8.8.2002.

766 Vgl. Chen.R., FXLT 2019, S. 5(6).

gezogen. Erst mit der neuen Justizreform, die China 2014 startete, wurde die Einrichtung eines „Instituts des Schuldbekenntnisses und der Annahme der Sanktion“ zu einem zentralen Thema. Zwischen 2014 und 2016 führten der Oberste Volksgerichtshof und die Oberste Volksstaatsanwaltschaft in einigen Städten Pilotprojekte für ein „beschleunigtes Verfahren“ (ein vereinfachtes Verfahren, das speziell für Absprachefälle konzipiert wurde, siehe 4. Teil B. I. 3.) durch. In den Jahren 2016 bis 2018 haben der Oberste Volksgerichtshof und die Oberste Volksstaatsanwaltschaft diese Pilotprojekte zum „Institut des Schuldbekenntnisses und der Annahme der Sanktion“ ausgeweitet und den Anwendungsbereich ausgedehnt, in dem dem Beschuldigten eine Freiheitsstrafe von bis zu drei Jahren droht. Diese Pilotprojekte führten zur Einführung eines Systems, in dem Anklage und Verteidigung eine Vereinbarung über die Rechtsfolgen treffen konnten, was zu einer raschen und vereinfachten Abwicklung einer großen Zahl von Bagatellfällen beitrug.

Im Jahr 2018 wurde mit der Änderung der chinesischen Strafprozessordnung das Institut des Schuldbekenntnisses und der Annahme der Sanktion offiziell etabliert. Mit dieser Änderung wurde nicht nur der Grundsatz, dass „ein Beschuldigter, der freiwillig und wahrheitsgemäß ein Geständnis ablegt und die Sanktion annimmt, nach dem Gesetz milder behandelt werden kann“, in das chinesische Strafprozessrecht aufgenommen,[767] sondern auch eine Reihe von Verfahrensweisen eingeführt, die es dem Beschuldigten ermöglichen, in jeder Phase des Strafverfahrens ein Geständnis abzulegen und eine mildere Behandlung zu erhalten.

In der Phase der Überprüfung der öffentlichen Klage kann der Staatsanwalt, wenn der Beschuldigte freiwillig ein Geständnis ablegt, nach Anhörung des Beschuldigten, seines Verteidigers oder eines Bereitschaftsanwalts[768] mit dem Beschuldigten über die Rechtsfolgen verhandeln und

767 § 15 StPG, in: Zong, ZChinaR 2020, S.28(31).

768 Der Bereitschaftsanwalt ist ein von der Organisation für Rechtshilfe an Orte wie das Volksgericht oder die Untersuchungshaftanstalt entsandter Anwalt, der rechtliche Unterstützung für Verdächtige und Beschuldigte leistet, die keinen eigenen Verteidiger haben. Zwischen dem Bereitschaftsanwalt und dem Beschuldigten besteht keine vertragliche Beziehung, und der Bereitschaftsanwalt hat auch nicht den rechtlichen Status und die vielen Rechte eines Verteidigers, wie zum Beispiel das Recht auf Akteneinsicht oder das Aussageverweigerungsrecht. Dennoch bietet der Bereitschaftsanwalt den Beschuldigten unentgeltlich einige grundlegende rechtliche Hilfen an, wie etwa Rechtsberatung, Vorschläge zur Verfahrenswahl, Anträge auf Änderung von Zwangsmaßnahmen oder das Vorbringen von Stellungnahmen zur Behandlung des Falls. Die Einführung des Bereitschaftsanwalts ist eine Lösung,

dem freiwillig geständigen Beschuldigten eine Strafmilderung vorschlagen. Wenn sich der Beschuldigte freiwillig schuldig bekennt und mit der vorgeschlagenen Strafzumessung sowie der Anwendung des Verfahrens zustimmt, muss er in Anwesenheit seines Verteidigers oder eines Bereitschaftsanwalts eine schriftliche Bekräftigung des Schuldbekenntnisses und der Annahme der Sanktion unterzeichnen.[769] Die Staatsanwaltschaft ist verpflichtet, Strafzumessungsvorschläge, einschließlich der Haupt- und Nebenstrafen sowie gegebenenfalls der Strafaussetzung zur Bewährung, zu unterbreiten und dem Gericht zusammen mit den Akten des Falles die schriftliche Bekräftigung des Schuldbekenntnisses und der Annahme der Sanktion sowie weitere Unterlagen zu übermitteln.[770] Wenn ein Fall in die Zuständigkeit des Amtsgerichts fällt, eine Freiheitsstrafe von weniger als drei Jahren zu erwarten ist, der Sachverhalt einfach und die Beweislage klar ist, der Angeklagte sich schuldig bekannt und den Strafzumessungsvorschlag der Staatsanwaltschaft akzeptiert hat und keinen Einwand gegen die Vereinfachung des Verfahrens erhoben hat, kann das Gericht den Fall im beschleunigten Verfahren verhandeln.[771]

2. Die Stärkung der Bindungswirkung des staatsanwaltschaftlichen Strafzumessungsvorschlags für die Richter

Die Einführung des Instituts des Schuldbekenntnisses und der Annahme der Sanktion hat den größten Einfluss auf den Strafzumessungsprozess, indem sie die Bindungskraft des staatsanwaltschaftlichen Strafzumessungsvorschlags auf die richterliche Strafzumessungsentscheidung erheblich verstärkt hat. Gemäß § 201 Abs. 1 StPG muss das Volksgericht in einem Fall, in dem der Angeklagte sich schuldig bekannt hat und die Sanktion angenommen hat, *in der Regel* die in der Anklage durch die Volksstaatsanwaltschaft beschuldigte Straftat und den Strafzumessungsvorschlag der Volksstaatsan-

---

die China angesichts des Mangels an Verteidigungsanwälten entwickelt hat, um mit der großen Zahl von Strafverfahren umzugehen. Vgl. Mitteilung des Obersten Volksgerichts, der Obersten Volksstaatsanwaltschaft, des Ministeriums für öffentliche Sicherheit, des Ministeriums für Staatssicherheit und des Justizministeriums über den Erlass von Maßnahmen für die Arbeit von Bereitschaftsanwälten für Rechtshilfe （最高人民法院、最高人民检察院、公安部、国家安全部、司法部关于印发《法律援助值班律师工作办法》的通知）, BOV, 2020, Nr. 6.

769 §§ 172 Abs. 2, 174 Abs. 1 StPG in: Zong, ZChinaR 2020, S. 28(61 f.).

770 § 176 Abs. 2 StPG, in: Zong, ZChinaR 2020, S. 28(63).

771 § 177 Abs. 2 StPG, in: Zong, ZChinaR 2020, S. 28(63).

waltschaft im Urteil übernehmen, es sei denn, einer der folgenden Umstände liegt vor:

a) Die Handlung des Angeklagten stellt keine Straftat dar oder seine strafrechtliche Verantwortung sollte nicht verfolgt werden;
b) der Angeklagte bekennt sich unfreiwillig schuldig und nimmt unfreiwillig die Sanktion an;
c) der Angeklagte streitet die Tatsachen der beschuldigten Straftat ab;
d) die Bezeichnung des in der Anklage beschuldigten Straftatbestands stimmt mit der Bezeichnung der durch Verhandlung festgestellten Straftat nicht überein;
e) weitere Umstände, die eine gerechte Verhandlung und Entscheidung beeinträchtigen können.[772]

Hält das Volksgericht nach der Verhandlung den Strafzumessungsvorschlag für *offensichtlich unangemessen* oder erhebt der Angeklagte oder der Verteidiger Einwände gegen den Strafzumessungsvorschlag, kann die Staatsanwaltschaft den Strafzumessungsvorschlag abändern. Ändert die Volksstaatsanwaltschaft den Strafzumessungsvorschlag nicht ab oder ist der abgeänderte Strafzumessungsvorschlag dennoch offensichtlich unangemessen, muss das Volksgericht abweicht vom Strafzumessungsvorschlag entscheiden.[773]

Im Rahmen des Gesetzgebungsverfahrens zur Änderung der chinesischen Strafprozessordnung im Jahr 2018 wurde intensiv über die Formulierung des § 201 Abs. 1 StPG diskutiert. Ursprünglich war vorgesehen, dass das Gericht den Strafzumessungsvorschlag der Staatsanwaltschaft übernehmen „soll", was keine Ausnahmen zugelassen und damit die Stellung der Staatsanwaltschaft gegenüber der richterlichen Unabhängigkeit über Gebühr gestärkt hätte. Diese Formulierung wurde als problematisch angesehen, da sie „theoretisch und rechtlich unangemessen erschien und das Gericht praktisch gezwungen hätte, den Anklagen der Staatsanwaltschaft ohne eigene Prüfung zu folgen. Dies hätte zu einer unangemessenen Überordnung der Staatsanwaltschaft über das Gericht geführt."[774] Um dieser Problematik zu begegnen, wurde die Formulierung schließlich in „in der Regel soll" geändert. Diese Änderung spiegelt das Bestreben des Gesetzgebers wider, einen Kompromiss zu schaffen und einen Auslegungsspielraum

772 § 201 Abs. 1 StPG, in: Zong, ZChinaR 2020, S. 28(68).
773 §§ 222-226 StPG, in: Zong, ZChinaR 2020, S. 28(72 f.).
774 Vgl. Yu.H., 2021, S. 69.

zu lassen, um potenzielle Konflikte zwischen dem Gericht und der Staatsanwaltschaft in Bezug auf die Strafzumessung zu entschärfen.

Die in § 201 Abs. 1 aufgeführten fünf Ausnahmefälle zeigen jedoch, dass die ersten vier Ausnahmen die Bindungswirkung des staatsanwaltschaftlichen Strafzumessungsvorschlags wegen fehlender Freiwilligkeit und Wahrhaftigkeit des Geständnisses des Beschuldigten infrage stellen. Die fünfte Ausnahme ist zwar nicht abschließend, bezieht sich aber eindeutig auf prozessuale Aspekte, die eine faire Verhandlung und gerechte Entscheidung beeinträchtigen könnten. Unter Berücksichtigung des Grundsatzes der einheitlichen Auslegung ist es daher schwierig, Abs. 1 Nr. 5 als Grundlage für eine inhaltliche Überprüfung des Strafzumessungsvorschlags zu interpretieren. Theoretisch ist davon auszugehen, dass die in § 201 Abs. 1 StPG genannten fünf Ausnahmefälle der Überprüfung der prozessualen Voraussetzungen für die Anwendung des „Instituts des Schuldbekenntnisses und der Annahme der Sanktion" dienen und nicht die Annahme oder Ablehnung des Strafzumessungsvorschlags selbst beeinflussen.[775] Erst wenn die Voraussetzungen des § 201 Abs. 1 erfüllt sind, bietet § 201 Abs. 2 mit der Formulierung „offensichtlich unangemessen" eine normative Grundlage für die inhaltliche Überprüfung der Angemessenheit des Strafzumessungsvorschlags der Staatsanwaltschaft. Nach der StPG und der entsprechenden Justizauslegung zur Strafzumessung (SnStrZV) soll der Strafzumessungsvorschlag der Staatsanwaltschaft grundsätzlich einen Rahmen vorgeben, innerhalb dessen das Gericht die konkrete Strafhöhe festsetzen kann. Obwohl das Gericht „in der Regel" den Strafzumessungsvorschlag der Staatsanwaltschaft zu übernehmen hat, bleibt dem Richter ein gewisser Entscheidungsspielraum. Diese Situation hat sich jedoch mit den im Jahr 2019 herausgegebenen Leitlinien für die Durchführung des Instituts des Schuldbekenntnisses und der Annahme der Sanktion (abgekürzt: LDSbAS) geändert.[776] In Fällen, in denen der Beschuldigte sich schuldig bekannt hat und die Sanktion angenommen hat, sollte der von der Staatsanwaltschaft erstellte Strafzumessungsvorschlag grundsätzlich eine Punktstrafe enthalten. Dies bedeutet, dass der Richter in diesen Fällen in der Regel die von der Staatsanwaltschaft vorgeschlagene konkrete Strafe zu übernehmen

775 Huang.J., FXZZ 2020, S. 100(103); Liu.J., FZXDHYJ 2022, S. 159(163 f.).

776 Mitteilung des Obersten Volksgerichts, der Obersten Volksstaatsanwaltschaft, des Ministeriums für öffentliche Sicherheit, des Ministeriums für Staatssicherheit und des Justizministeriums über die Herausgabe von Leitlinien für die Durchführung des Instituts des Schuldbekenntnisses und der Annahme der Sanktion（最高人民法院、最高人民检察院、公安部、国家安全部、司法部印发《关于适用认罪认罚从宽制度的指导意见》的通知）, BOVS, 2019, Nr. 13.

hat und somit keinen Entscheidungsspielraum mehr hat, es sei denn, die Voraussetzungen für die Anwendung des Instituts des Schuldbekenntnisses und der Annahme der Sanktion liegen nicht vor (§ 201 Abs. 1 Nr. 1-5 StPG), oder der Richter hält den Strafzumessungsvorschlag der Staatsanwaltschaft für „offensichtlich unangemessen“ (§ 201 Abs. 2 StPG).

Diese Entwicklung führt dazu, dass die Entscheidungsfreiheit des Richters in Fällen des Schuldbekenntnisses und der Annahme der Sanktion erheblich eingeschränkt wird. In der Praxis bedeutet dies, dass der Richter in den meisten Fällen verpflichtet ist, die von der Staatsanwaltschaft vorgeschlagene Strafe unmittelbar zu übernehmen, sofern nicht eine der in § 201 Abs. 1 genannten Ausnahmen vorliegt oder der Vorschlag nicht offensichtlich unangemessen ist. Damit wird die Rolle der Staatsanwaltschaft im Strafzumessungsprozess weiter gestärkt, während die richterliche Unabhängigkeit und der Entscheidungsspielraum deutlich reduziert werden.

Daher verschiebt sich der Schwerpunkt des Strafzumessungsverfahrens im Rahmen dieses „öffentlichen Kooperationsmodells im Strafverfahren“[777]. Die Hauptaufgabe des Richters in der Hauptverhandlung besteht nicht mehr darin, im Rahmen seines Entscheidungsspielraums die Wahrheit zu ermitteln und eine angemessene Strafe zu verhängen. In den Fällen, in denen sich der Beschuldigte schuldig bekannt und die Sanktion angenommen hat, konzentriert sich die Hauptverhandlung auf die Überprüfung der Freiwilligkeit und Glaubwürdigkeit des Geständnisses des Beschuldigten sowie auf die Angemessenheit des von der Staatsanwaltschaft erstellten Strafzumessungsvorschlags. Während der Richter im konfrontativen Verfahren die Rolle eines neutralen Richters zwischen den gegnerischen Parteien einnimmt, kommt ihm im kooperativen Verfahren eher die Rolle eines nachträglichen Kontrolleurs der Zusammenarbeit zwischen Staatsanwaltschaft und Beschuldigten zu.

---

777 Als öffentliches Kooperationsmodell zeigt sich das kooperative Merkmal darin, dass der Staatsanwalt bereits im Vorverfahren mit dem Beschuldigten und seinem Verteidiger über die Strafzumessung verhandelt. Die Absprache in China wird als „Institut des Schuldbekenntnisses und der Annahme der Sanktion“ bezeichnet, weil die Staatsanwaltschaft im Vorverfahren (in der chinesischen StPO als „Verfahren der Überprüfung der öffentlichen Klage“ bezeichnet) mit dem Beschuldigten und seinem Verteidiger verhandelt und einen Entwurf des Strafzumessungsvorschlags erstellt. Nur wenn der Beschuldigte den Strafzumessungsvorschlag akzeptiert (nämlich „die Annahme der Sanktion“), kann das Verfahren in Form des „Instituts des Schuldbekenntnisses und der Annahme der Sanktion“ in die Hauptverhandlung übergehen. Dadurch erlangt der Strafzumessungsvorschlag bindende Wirkung für das Strafmaß des Gerichts.

3. Probleme in der Praxis

Die Änderung der chinesischen Strafprozessordnung im Jahr 2018 hat die Einflussmöglichkeiten der Staatsanwaltschaft im Strafzumessungsprozess erheblich gestärkt, so dass sie in der Praxis sogar die Rolle des Gerichts als eigentlicher Entscheidungsträger über die Strafzumessung zu übertreffen scheint. In der Justizpraxis tendieren die Gerichte jedoch aufgrund ihres Unwillens, ihre dominierende Rolle bei der Strafzumessung zu verlieren, in seltenen Fällen dazu, die Strafzumessungsvorschläge der Staatsanwaltschaft abzulehnen, selbst wenn die Unangemessenheit des Vorschlags nicht so „offensichtlich" ist. In solchen Fällen sehen die Staatsanwaltschaften die Entscheidungen der Gerichte als Verstoß gegen die Anforderungen der StPG an und neigen dazu, staatsanwaltschaftliche Beschwerden einzulegen. Diese Konflikte zwischen Staatsanwaltschaft und Gericht können mitunter sehr intensiv werden und haben in einigen Fällen zu erheblichen Kontroversen geführt. Ein besonders herausragendes Beispiel hierfür ist der Fall Yujingping, der in China große öffentliche Aufmerksamkeit und Diskussionen ausgelöst hat.

Im vorliegenden Fall wurde Yu Jinping, ein Beamter der Disziplinaraufsichtskommission, von der Volksstaatsanwaltschaft Mentougou angeklagt, unter Alkoholeinfluss einen Verkehrsunfall verursacht zu haben, bei dem der Verletzte Song ums Leben kam. Yu flüchtete nach dem Unfall, stellte sich jedoch am nächsten Morgen freiwillig den Behörden und legte ein Geständnis ab, das den Tatsachen entsprach. Er entschädigte die Angehörigen des Verletzten mit 1,6 Millionen Yuan und erhielt deren Verzeihung. Yu bekannte sich schuldig, akzeptierte das von der Staatsanwaltschaft vorgeschlagene Strafmaß und unterzeichnete in Beisein seines Verteidigers die schriftliche Bekräftigung des Schuldbekenntnisses und der Annahme des Strafzumessungsvorschlags. Die Staatsanwaltschaft schlug eine Freiheitsstrafe von drei Jahren vor, die zur Bewährung ausgesetzt und mit einer Bewährungszeit von vier Jahren versehen werden sollte. Das Amtsgericht Mentougou erkannte im vereinfachten Verfahren viele mildernde Umstände an, wie etwa Yus Selbstanzeige, die Entschädigung der Opferfamilie und die Verzeihung durch die Opferfamilie. Dennoch entschied das Gericht, dass Yu aufgrund seiner Stellung als Beamter eine erhöhte subjektive Böswilligkeit aufwies – ein Aspekt dessen Würdigung in Deutschland unzulässig wäre[778] –, und lehnte den Strafzumessungsvorschlag ab. Stattdessen verhängte es eine Freiheitsstrafe von zwei Jahren ohne Bewährung.[779] Sowohl Yu als auch die Volksstaatsanwaltschaft Mentougou legten daraufhin Rechtsmittel ein.

Der erste mittlere Volksgerichtshof (das Berufungsgericht) in Peking entschied, dass das Amtsgericht Mentougou zu Unrecht mildernde Umstände aufgrund einer angeblichen Selbstanzeige anerkannt hatte, da Yu die zentralen Tatsachen seines Geständnisses nicht bestätigt hatte. Das Berufungsgericht hob das Urteil auf und verhängte eine Freiheitsstrafe von drei Jahren und sechs Monaten ohne Bewährung.[780] Dieses Urteil stieß auf große Kontroversen, da es im Gegensatz zu den Erwartungen stand, die sowohl die Staatsanwaltschaft als auch der Angeklagte bei der Einlegung ihrer Rechtsmittel hegten. Die Entscheidung des Berufungsgerichts zeigte die Unzufriedenheit des Gerichts mit dem Versuch der Staatsanwaltschaft, die Strafzumessung durch Strafzumessungsvorschläge zu dominieren. Gleichzeitig wurde das Berufungsgericht aber auch dafür kritisiert, möglicherweise gegen das Verbots der reformatio in peius (Verschlechterungsverbot) verstoßen zu haben.

Die Volksstaatsanwaltschaft legte daraufhin beim Obergericht Peking eine Beschwerde ein. Das Obergericht Peking hob das Urteil der zweiten Instanz auf und verwies den Fall zur erneuten Verhandlung an das Amtsgericht Mentougou zurück.[781] Am 13. Januar 2022 fällte das Amtsgericht Mentougou erneut ein erstinstanzliches Urteil und akzeptierte den geänderten Strafzumessungsvorschlag der Staatsanwaltschaft, indem es Yu zu einer Freiheitsstrafe von zwei Jahren ohne Bewährung verurteilte.[782]

Theoretisch sollte der Strafzumessungsvorschlag der Staatsanwaltschaft eine gewisse Bindungswirkung für die richterliche Entscheidung entfalten. Diese Notwendigkeit ergibt sich aus der prozessualen Struktur des chinesischen Absprachemodells. Zwar erlaubt das Gesetz dem Beschuldigten, sich

---

778 Vgl. BGH NStZ 2000, 366 (Die berufliche Stellung des Täters darf nur dann zu seinen Lasten berücksichtigt werden, wenn zwischen dem Beruf und der Straftat eine innere Beziehung besteht).

779 Vgl. Urteil von jing0109xingchu, 2019, Nr. 138（北京市门头沟区人民法院（2019）京 0109 刑初 138 号刑事判决书）.

780 Vgl. Urteil von jing01xingzhong, 2019, Nr. 628（北京市第一中级人民法院（2019）京 01 刑终 628 号刑事判决书）.

781 Vgl. Beschluss von Jingkang, 2020, Nr. 3（北京市高级人民法院（2020）京刑抗 3 号刑事裁定书）.

782 Vgl. Urteil von jing0109xingchu, 2021, Nr. 244.（北京市门头沟区人民法院（2021）京 0109 刑初 244 号刑事判决书）.

in jeder Phase des Strafprozesses zu äußern, die schriftliche Bekräftigung des Schuldbekenntnisses und der Annahme des Strafzumessungsvorschlags wird jedoch in der Regel vor Eröffnung der Hauptverhandlung unterzeichnet. In den meisten Fällen erfolgt die „Verständigung" zwischen Staatsanwaltschaft und Verteidigung ohne Beteiligung des Richters. Würde die richterliche Entscheidungsbefugnis über das Strafmaß in diesen Fällen gleichwohl allein beim Gericht liegen, so würde der von der Staatsanwaltschaft gestellte Vorschlag als eine Art „Versprechen" für den Beschuldigten keine verlässliche und positive Erwartung darstellen. Dies würde unvermeidlich die Motivation des Beschuldigten, ein Geständnis abzulegen und die Strafe anzunehmen, unweigerlich erheblich beeinträchtigen.[783] Das Institut des Schuldbekenntnisses und der Annahme der Sanktion wurde jedoch gerade zu dem Zweck eingeführt, den Beschuldigten zur aktiven Nutzung des beschleunigten Verfahrens zu ermutigen.[784]

Die Entwicklung, dass das von der Staatsanwaltschaft vorgeschlagene Strafmaß von einem Strafrahmen hin zu einem konkreten Strafpunkt tendiert, dient auch dazu, den Beschuldigten eine stabile Erwartung hinsichtlich der Strafmilderung zu vermitteln und damit ihre Bereitschaft zum Schuldeingeständnis und zur Strafannahme zu fördern sowie die Stabilität des Urteils zu gewährleisten. Wie die Praxis in der Pilotphase gezeigt hat, tendieren die Beschuldigten, selbst wenn sie den von der Staatsanwaltschaft vorgeschlagenen Strafrahmen akzeptieren, psychologisch dazu, eine Strafe unter der Mitte des vorgeschlagenen Rahmens zu erwarten. Verhängt das Gericht eine Strafe, die zwar noch innerhalb des vorgeschlagenen Rahmens liegt, aber die psychologische Erwartung des Beschuldigten übersteigt, ist die Wahrscheinlichkeit hoch, dass der Beschuldigte das Urteil als zu hart empfindet und Berufung einlegt.[785]

Auch wenn die Beteiligung der Staatsanwaltschaft am Strafzumessungsverfahren weiter zunimmt, muss die Entscheidungsbefugnis des Gerichts über die Strafzumessung aufgrund der Grundprinzipien des Strafverfah-

---

783 Als Beweis für diese gesetzgeberische Absicht wurde während der ersten Lesung des Entwurfs zur Änderung der Strafprozessordnung von 2018 im Ständigen Ausschuss des Nationalen Volkskongresses von einigen Teilnehmern sowie von Vertretern der Lokalregierung und der Öffentlichkeit vorgeschlagen, die Befugnisse der Staatsanwaltschaft zur nachträglichen Änderung des Strafzumessungsvorschlags und die Befugnisse des Gerichts zur Ablehnung dieses Vorschlags angemessen zu beschränken. Vgl. Yu.H., 2021, S. 5.

784 Wei.X., FXJ 2019, S. 111(112).

785 Vgl. Chen.GQ., ZGXSFZZ 2019, S. 3(9 f.).

rens, wie dem Akkusationsprinzip und der richterlichen Unabhängigkeit, bestätigt werden. Das Gericht sollte weiterhin die entscheidende Rolle bei der Strafzumessung spielen, da es letztlich für die faire und rationale Verhängung des Strafmaßes verantwortlich ist.[786] Die Konflikte, die durch verbindliche Strafzumessungsvorschläge zwischen der Staatsanwaltschaft und dem Gericht entstehen, spiegeln im theoretischen Diskurs ein Spannungsverhältnis wider: Einerseits hat der Angeklagte bei Absprachen im Strafverfahren eine berechtigte Erwartung auf eine Strafmilderung, andererseits bleibt die richterliche Entscheidungsgewalt über die Strafzumessung erhalten.

II. Verfahren des Täter-Opfer-Ausgleichs in öffentlicher Klage

Mit dem weltweiten Aufkommen der Strömung „restorativen Justiz"[787] wird in der chinesischen Rechtspraxis die Funktion der Strafe zunehmend durch den Ausgleich zwischen Angeklagten und Opfer ersetzt, um Strafverfahren vorzeitig oder beschleunigt zu beenden. Zunächst wurde der strafrechtliche Ausgleich nur in wenigen Bagatellfällen angewandt. Mit zunehmender Akzeptanz bei den Justizbehörden wurde dieses neuartige Verfahren jedoch auch auf Fälle von Jugendkriminalität und Fahrlässigkeitsdelikten ausgeweitet. Der Anwendungsbereich erstreckt sich nun auch auf schwerere Fälle wie Verkehrsdelikte, Diebstahl, Raub und schwere Körperverletzungen.[788]

Es ist wichtig zu betonen, dass der Täter-Opfer-Ausgleich nicht mit der in China seit langem bestehenden Mediation gleichzusetzen ist. Letztere wird ursprünglich zur Beilegung zivilrechtlicher Streitigkeiten eingesetzt und findet im Strafverfahren lediglich bei Privatklagen und Adhäsionsver-

786 Chen.W., FXYJ 2020, S. 158(161).

787 Der Begriff „Restorative Justice" bezieht sich auf eine Strömung im Strafrecht, die in den 1970er Jahren im Westen entstanden ist. Nach der allgemein akzeptierten Auffassung ist die Restorative Justice eine systematische Reaktion auf kriminelles Verhalten, die den Schwerpunkt auf die Heilung der durch die Straftat verursachten Schäden für das Opfer, den Täter und die Gesellschaft legt. Im Gegensatz zur traditionellen Strafjustiz, die oft auf Sanktionen fokussiert ist, zielt die Restorative Justice darauf ab, die wirtschaftliche Entschädigung des Opfers, die Wiederherstellung der Beziehung zwischen Opfer und Täter sowie die Reintegration des Opfers in die Gesellschaft zu fördern. Weitere systematische Darstellungen und Erklärungen zu diesem Thema finden sich vgl. bei Zehr, 1990.

788 Vgl. Heiding/Xiaonan: „Familie des Opfers bittet um Milde: Student, der seine Freundin ermordete, erhält mildes Urteil", Procurator Daily （jian cha ri bao，检察日报）, 27.7.2016.

fahren im Zusammenhang mit Strafverfahren Anwendung.[789] Der wesentliche Unterschied zwischen dem Täter-Opfer-Ausgleich und der Mediation besteht darin, dass die Mediation unter der Leitung und Förderung eines Dritten stattfindet, während beim Täter-Opfer-Ausgleich die Parteien selbst und ohne Mitwirkung Dritter zu einer Einigung gelangen. Diese Kooperationsbeziehung, die vor allem zwischen dem Straftäter und dem Opfer entsteht, wird als „privates Kooperationsmodell im Strafverfahren" bezeichnet und stellt einen wichtigen Weg dar, auf dem die Beteiligten aktiv am Strafzumessungsprozess mitwirken und diesen beeinflussen können.[790]

Der wesentliche Inhalt des in der StPG vorgesehenen strafrechtlichen Ausgleichsverfahrens besteht darin, dass in den Fällen, in denen die Parteien eine Vereinbarung erzielen, dem Angeklagten eine gewisse Begünstigung gewährt werden kann. Obwohl es zunächst nicht angebracht ist, dass die Justizbehörden als Vertreter des Staates aktiv in den Ausgleich zwischen den Parteien eingreifen, ist es dennoch erforderlich, dass sie den Ausgleich von Amts wegen prüfen, sobald eine Einigung zwischen den Parteien erzielt wurde, da das Strafverfahren die Interessen von drei Parteien – dem Opfer, dem Täter und dem Staat – betrifft. Das repräsentativste Verfahren ist das Täter-Opfer-Ausgleichsverfahren in öffentlicher Klage, das im Rahmen der dritten Änderung des chinesischen Strafprozessrechts im Jahr 2012 eingeführt wurde. Dieses Verfahren ist eines von vier besonderen Verfahren in der StPG. Es bezieht sich auf Fälle, in denen der Beschuldigte aufrichtige Reue zeigt, die Vergebung des Opfers durch Entschädigung, eine förmliche Entschuldigung oder auf andere Weise erwirkt und sich freiwillig mit dem Opfer auf einen Ausgleich einigt.[791]

Nach § 288 Abs. 1 StPG ist das Verfahren nur auf zwei Arten von Fällen anwendbar. Die erste Kategorie umfasst Straftaten, die durch Streitigkeiten zwischen Bürgern ausgelöst werden und die Vergehen des vierten oder fünften Kapitels des Besonderen Teils des ch-StGBs darstellen, für die eine Verurteilung zu einer Freiheitsstrafe von bis zu drei Jahren möglich ist. Die zweite Kategorie betrifft fahrlässig begangene Straftaten, die mit Freiheitsstrafe bis zu sieben Jahren bedroht sind, mit Ausnahme der Amtsdelikte.[792] Das Verfahren findet jedoch keine Anwendung, wenn der Beschuldigte in

789 Erlitt der Verletzte durch die Straftat des Angeklagten materielle Schäden, hat der Verletzte gemäß § 101 Abs. 1 StPG das Recht, während des Strafprozesses ein Adhäsionsverfahren einzuleiten. Vgl. Zong, ZChinaR 2020, S. 28(49).

790 Chen.R., ZGFX 2006, S. 15(16).

791 Chen.G., 2021, S. 474.

792 § 288 Abs. 1 StPG, in: Zong, ZChinaR 2020, S. 28(87).

den letzten fünf Jahren eine vorsätzliche Straftat begangen hat,[793] was eine wichtige Einschränkung darstellt, um sicherzustellen, dass das Täter-Opfer-Ausgleichsverfahren nur bei leichteren Straftaten und nicht bei wiederholten oder schweren vorsätzlichen Straftaten zur Anwendung kommt.

Offizialdelikte sind Straftaten, die vom Staat verfolgt werden müssen. In der Theorie haben die beiden Parteien, der Beschuldigte und das Opfer, keine freie Entscheidungsbefugnis und können somit die Behandlung des Falles nicht willkürlich durch einen Vergleich beeinflussen.[794] Wenn sich die beiden Parteien auf einen Vergleich einigen, muss die öffentliche Sicherheitsbehörde die Parteien und andere betroffene Personen anhören, die Freiwilligkeit und Rechtmäßigkeit des Vergleichs überprüfen und die Abfassung einer Vergleichsschrift anleiten.[795] Es ist hervorzuheben, dass für Offizialdelikte, in denen eine Einigung zwischen den Parteien erzielt wird, die Vergleichsschrift die Zustimmung des Opfers beinhalten sollte. Diese Zustimmung sollte jedoch keine Aussagen über das Ergebnis der Strafzumessung enthalten. Eine in der Vergleichsschrift enthaltene Erklärung des Opfers, auf die Strafverfolgung des Beschuldigten zu verzichten oder eine Strafmilderung zuzustimmen, ist für die Justizbehörden nicht bindend. Über die strafrechtliche Verantwortung des Beschuldigten entscheidet letztlich das Volksgericht auf Grundlage des Strafgesetzbuches und der Strafprozessordnung. Der Beschuldigte darf die Erfüllung der im Vergleich übernommenen Verpflichtungen nicht mit der Begründung verweigern, das Strafmaß entspreche nicht dem Einverständnis des Opfers.[796]

Um die möglichen und vorhersehbaren Rechtsfolgen des Täter-Opfer-Ausgleich deutlich zu machen und den Beschuldigten zu aufrichtigen Reue und Besserung zu bewegen, ohne jedoch die Verfolgung und Ahndung von Straftaten zu beeinträchtigen, hat die StPG relativ konservative Regelungen über seine Rechtsfolgen getroffen.[797] Wird ein Ausgleich erreicht, so kann die Behörde für öffentliche Sicherheit der Volksstaatsanwaltschaft eine mildere Behandlung vorschlagen, die sogar eine vorzeitige Einstellung des Verfahrens beinhalten kann. Die Volksstaatsanwaltschaft kann ihrerseits dem Volksgericht eine Strafmilderung vorschlagen. Ist die Straftat nach den Umständen geringfügig und die Verhängung einer Strafe nicht erforderlich, kann die Volksstaatsanwaltschaft von einer Anklageerhebung absehen und

793 § 288 Abs. 2 StPG, in: Zong, ZChinaR 2020, S. 28(87).
794 Vgl. Huang.T., RMJC 2012, S. 10(67).
795 § 289 StPG, in: Zong, ZChinaR 2020, S. 28(87).
796 Vgl. Huang.T., RMJC 2012, S. 10(67).
797 Vgl. Chen.W./Cheng.X., ZGXSFZZ 2013, S. 3(3).

das Verfahren einstellen. Das Volksgericht hat die Möglichkeit, dem Angeklagten eine milde Strafe im Rahmen des Gesetzes vorzuschlagen.[798] Diese Vorschläge haben jedoch keine bindende Wirkung auf die Ausübung des Entscheidungsspielraums der Richter und Staatsanwälte.

Die Zurückhaltung des Gesetzgebers hat jedoch auch Kritik hervorgerufen. Zum einen sieht die StPG bereits vor, dass die Staatsanwaltschaft von einer Anklageerhebung absehen kann, wenn sie die Straftat nach den Umständen für geringfügig hält und die Strafe nach den Bestimmungen nicht zu verhängen oder nicht zu vollziehen ist.[799] Bei der Ausübung dieses Ermessensspielraums der Einstellung sollten Faktoren wie der Schweregrad der Straftat, die Reue des Tatverdächtigen, seine Bereitschaft zur Entschädigung und die Erreichung des Täter-Opfer-Ausgleichs ohnehin eine zentrale Rolle spielen.[800] Zum anderen sind viele der Voraussetzungen für die Anwendung des Täter-Opfer-Ausgleichs, wie aufrichtige Reue, Rückgabe unrechtmäßig erlangter Vermögenswerte oder aktive Wiedergutmachung gegenüber dem Opfer, in der chinesischen Strafrechtstheorie und -praxis bereits als ermessensabhängige strafmildernde Umstände anerkannt und haben von vornherein erheblichen Einfluss auf die Strafzumessung[801].

Die angestrebten Rechtswirkungen dieses Verfahrens sind daher in der chinesischen Strafprozessordnung bereits durch das Institut der Einstellung nach Ermessen und die ermessensabhängigen Strafzumessungsumstände verwirklicht. Das Verfahren des Täter-Opfer-Ausgleichs in der öffentlichen Klage übt keinen darüber hinausgehenden substanziellen Einfluss auf die richterliche Strafzumessungsentscheidung aus, sondern stellt lediglich eine „doppelte Konstruktion" prozeduraler Regelungen unter dem Konzept der „strafrechtlichen Ausgleich" dar.[802] Noch problematischer ist, dass der enge Anwendungsbereich des Verfahrens die Rechtsfolgen des Täter-Opfer-Ausgleichs in der gerichtlichen Praxis einschränkt. Vor der Einführung dieses Verfahrens konnten einzelne Faktoren wie die Reue des Täters und die Wiedergutmachung für das Opfer jeweils einzeln als ermessensabhängige Strafzumessungsumstände zugunsten des Angeklagten berücksichtigt werden. Im Rahmen dieses Verfahrens müssen jedoch alle diese Faktoren gleichzeitig vorliegen und die entsprechenden anderen Voraussetzungen

798 § 290 StPG, in: Zong, ZChinaR 2020, S. 28(87).
799 § 177 Abs. 2 StPG, in: Zong, ZChinaR 2020, S. 28(63).
800 Vgl. Guo.S., ZGFX 2018, S. 228(231).
801 Siehe Teil 2. B. II. 3. (Seiten 63 f.); Vgl. Zhao.S., 2022, S. 72; Gao.M., 2007, FXZZ, S. 1(3); Zhang.M., 2016, S. 557.
802 Vgl. Sun.Y., ZZYFL 2016, S. 128(130).

(§ 288 Abs. 1 StPG) erfüllt sein, damit sie überhaupt eine Wirkung entfalten können.[803]

III. Vergleich mit Deutschland

Obwohl in Deutschland die Begriffe „öffentliches“ und „privates“ Kooperationsmodell nicht verwendet werden, existieren im deutschen Strafverfahren zwei verschiedene Formen kooperativer Verfahren. Diese beruhen zum einen auf der Verständigung zwischen dem Beschuldigten und den Justizbehörden und zum anderen auf dem Täter-Opfer-Ausgleich.

Die verfahrensverkürzende und -beendende Absprache zwischen Beschuldigten und Justizbehörden über das Strafmaß existiert in der Praxis des deutschen Strafverfahrens bereits seit längerer Zeit. Aufgrund ihrer inoffiziellen Form lässt sich jedoch der genaue Zeitpunkt ihres Entstehens schwer bestimmen. Fest steht jedoch, dass dieses Phänomen seit den 1980er Jahren zunehmend häufiger beobachtet wurde und sich allmählich zu einem „strafprozessualen Alltagsgeschäft“ entwickelt hat.[804] Das BVerfG hat sich erstmals 1987 in einer Kammerentscheidung in einem Einzelfall mit der Problematik der Verständigung im Strafprozess befasst. Nach damaliger Auffassung des BVerfG begegnete die „vor Schluss der Beweisaufnahme und außerhalb der Hauptverhandlung zwischen Gericht, Staatsanwaltschaft und Verteidigung erfolgten Verständigung über den Rechtsfolgenausspruch, ein vom Beschuldigten in Aussicht gestelltes Geständnis und ein Absehen von der Strafverfolgung hinsichtlich des Verdachts weiterer Taten durch die Staatsanwaltschaft, keine durchgreifenden verfassungsrechtlichen Bedenken angesichts der besonderen Sachverhaltsgestaltung“.[805] Demgegenüber zeigte sich der BGH in Bezug auf die Absprache in Strafsachen lange Zeit uneinheitlich. Erst 1997 änderte der 4. Strafsenat des BGH seine Auffassung, erkannte teilweise die Legitimität bestimmter Verständigungspraktiken an und entwickelte sogar Richtlinien für deren Durchführung.[806] In

803 Sun.Y., a.a.O. S. 131.

804 MüKo-StPO/Jahn, § 257c, Rn. 11; vgl. LR/Stuckenberg, § 257c Rn. 1. Ein anonymer Autor (Detlef Deal aus Mauschelhausen) beschrieb in StV 1982, 545 erstmals dieses Phänomen. Ähnliche Fallberichte sind auch unter folgendem Link zu finden: https://www.spiegel.de/politik/laden-dicht-a-cbb22310-0002-0001-0000-000013510343 (Abruf v. 17.06.2025).

805 BVerfG, NStZ 1987, 419.

806 BGHSt 43 195; LR/Stuckenberg § 257c Rn. 1;Altenhain/Haimerl, JZ 2010, S. 327(328).

den Folgejahren haben auch andere Strafsenate ihre Position angepasst und versucht, die Absprachepraxis durch Rechtsprechung zu regulieren.[807] Dennoch blieb diese Form der Absprache, die lange Zeit ohne ausdrückliche gesetzliche Grundlage praktiziert wurde, Gegenstand wiederholter Kritik hinsichtlich ihrer rechtlichen Zulässigkeit.[808] Im Jahr 2005 forderte schließlich der Große Senat für Strafsachen den Gesetzgeber auf, die gesetzliche Grundlagen für die Absprache im Strafprozess zu schaffen. Er begründete dies mit der wachsenden Praxis der Verständigung und der Tatsache, dass das „rechtsfaktische Institut" der Absprachen zunehmend einer Überprüfung bedürfe.[809]

Vor diesem Hintergrund ist am 4. August 2009 das Gesetz zur Regelung der Verständigung im Strafverfahren in Kraft getreten. Es fügte auf der Grundlage des bisherigen Richterrechts den § 257c StPO sowie flankierende Normen in die Strafprozessordnung ein. Diese Gesetzesreform wurde in der Praxis positiv aufgenommen, gilt jedoch in der Wissenschaft als „der schwerste Eingriff in das Gefüge der StPO seit ihrem Erlass 1877" und als Abkehr vom im 19. Jahrhundert entwickelten Modell des reformierten Strafverfahrens zugunsten eines verkürzten, fast inquisitorischen Prozesses.[810] Trotz der zahlreichen praktischen Probleme, die das BVerfG 2013 in seiner Rechtsprechung zur Verständigungsgesetzgebung festgestellt hat, kam es zu dem Schluss, dass das Verständigungsgesetz „derzeit nicht zur Verfassungswidrigkeit der gesetzlichen Regelung" führe.[811] Gleichwohl habe das Verständigungsgesetz eine „abschließende Regelung" für Verständigungen im Strafverfahren geschaffen, die alle „informellen Absprachen", die über den gesetzlichen Rahmen hinausgingen, unzulässig mache. [812] Diese gesetzliche Regelung sollte Rechtssicherheit und Transparenz im Umgang mit Absprachen gewährleisten, ist aber nach wie vor Gegenstand rechtspolitischer Diskussionen.

Aus rechtsvergleichender Perspektive lassen sich die Absprachen zwischen Beschuldigten und Justizbehörden in drei Modellen unterscheiden: das US-amerikanische, das deutsche und das chinesische Modell. Das US-amerikanische Modell ist geprägt durch das in der amerikanischen

807 Vgl. BGHSt 48 161; BGH StV 2004, 639.
808 Vgl. MüKo-StPO/Jahn, § 257c, Rn. 12.
809 Vgl. BGH, NStZ 2005, S. 580(580); LR/Stuckenberg § 257c Rn. 1; MüKo-StPO/Jahn, § 257c, Rn. 14.
810 LR/Stuckenberg, § 257c Rn. 1; Vgl. Fezer NStZ 2010, S. 177(182).
811 BVerfGE 133 168, 233.
812 BVerfGE 133 168, 212.

Strafrechtspraxis weit verbreitete „plea bargaining". Dabei einigen sich der Beschuldigte und die Staatsanwaltschaft in der Regel vor Beginn des Gerichtsverfahrens. Der Inhalt dieser Einigung ist sehr weit gefasst: Der Staatsanwalt kann Zugeständnisse hinsichtlich der Anklagepunkte oder des Sachverhalts machen, um im Gegenzug ein Schuldeingeständnis des Beschuldigten zu erhalten. Eine detaillierte inhaltliche Überprüfung des Verfahrens und der getroffenen Vereinbarung durch den Richter findet nicht statt, da „nach US-amerikanischem Verständnis im Falle eines „guilty plea" kein Konflikt mehr besteht und somit die Durchführung einer Hauptverhandlung (trial) entbehrlich ist."[813]

Das deutsche Verständigungsmodell mit § 257c StPO als zentraler Vorschrift unterscheidet sich deutlich vom US-amerikanischen „plea bargaining". Während das US-amerikanische Modell häufig auf eine pragmatische Prozessökonomie abzielt, erkennt das deutsche Modell zwar auch die Verständigung als legitime Möglichkeit der Verfahrensbeendigung an (§ 257c Abs. 1 S. 1 StPO), betont jedoch die Wahrung des strafprozessualen Ziels der Wahrheitsfindung und die Beachtung des Schuldprinzips. Anders als in den USA wird die Verständigung in Deutschland erst im gerichtlichen Verfahren zwischen dem Angeklagten, der Staatsanwaltschaft und dem Gericht geschlossen. Das Verfahren der Verständigung unterliegt dem Untersuchungsgrundsatz, was bedeutet, dass die Verständigung nur dann zulässig ist, wenn die Sachaufklärung abgeschlossen ist und der Richter vom Sachverhalt überzeugt ist.[814] Ein Geständnis des Angeklagten darf jedenfalls in der Theorie nicht unkritisch übernommen werden, ohne dass andere Beweismittel ausreichend gewürdigt worden sind.[815] In der Praxis beschränken sich nach Ablegung eines Geständnisses die Gerichte allerdings nicht selten auf einen Abgleich mit dem Akteninhalt. Wenn dieser positiv ausfällt, wird ein weiteren Aufklarungsbedarf verneint.[816] Der Umfang der Verständigung ist streng limitiert. Der Schuldspruch sowie Maßregeln der Besserung und Sicherung dürfen nicht Gegenstand der Verständigung sein (§ 257c Abs. 2 S. 3 StPO). Bei der Absprache über die Rechtsfolgen darf das Gericht lediglich einen Strafrahmen mit Ober- und Untergrenze nennen (§ 257c Abs. 3 S. 2 StPO), nicht aber ein konkreter Strafpunkt vorschlagen[817]

813 Trüg, ZStW 120(2008), S. 331(341).

814 Vgl. Jahn/Kett-Straub, StV 2010, S. 271(271 ff.)

815 BVerfGE 133 168, 204.

816 Altenhain/Hagemeier/Haimerl, NStZ 2007 S. 71(76), siehe bereits oben S.142, Fn. 574.

817 BGHSt 51, 84, 86.

oder Strafen unterhalb der gesetzlichen Mindestgrenze in Aussicht stellen. Andernfalls würde dies als unzulässiges Versprechen eines nicht vorgesehenen Vorteils gemäß § 136a Abs. 1 S. 3 Nr. 2 StPO gelten.

Das chinesische Institut des Schuldbekenntnisses und der Annahme der Sanktion kann als ein Mittelweg zwischen dem deutschen und dem amerikanischen Modell betrachtet werden. Ähnlich wie in Deutschland folgt das chinesische Modell dem Untersuchungsprinzip, wobei Beschuldigte und Justizbehörden nur über die Rechtsfolgen und einige prozessuale Aspekte verhandeln können. Diese Absprachen dürfen nicht den Schuldrahmen überschreiten, da sie sonst vom Gericht als „offensichtlich unangemessen" angesehen werden können (§ 201 Abs. 2 StPO). Ein wesentlicher Unterschied zum deutschen Modell liegt jedoch in der Phase, in der die Absprache stattfindet: In China findet sie im Wesentlichen im Vorverfahren statt und bezieht nur den Angeklagten und die Staatsanwaltschaft ein, während das Gericht in dieser Phase keine aktive Rolle spielt. Um den Beschuldigten davon zu überzeugen, dass die Absprache mit der Staatsanwaltschaft tatsächlich Einfluss auf die Strafzumessung hat und damit seine Kooperationsbereitschaft zu fördern, hat der chinesische Gesetzgeber der Staatsanwaltschaft die Befugnis eingeräumt, verbindliche Strafzumessungsvorschläge zu unterbreiten. Diese Vorschläge können sogar als konkrete Punktstrafen formuliert werden, was den Grundsätzen des deutschen Strafprozesses widersprechen würde und zu dem oben genannten Konflikt zwischen Gericht und Staatsanwaltschaft (wie im Fall Yujingpin) führt. Es lässt sich also festhalten, dass das chinesische Institut des Schuldbekenntnisses und der Annahme der Sanktion von Anfang an zwischen dem deutschen und dem amerikanischen Modell schwankt und sich schwer tut, die Balance zwischen Verfahrenseffizienz und Gerechtigkeit zu finden.

Sowohl das deutsche als auch das amerikanische Modell der Absprache haben auch mit Schwierigkeiten zu kämpfen. Kritiker des deutschen Modells argumentieren, dass die Forderung nach der Einhaltung des Untersuchungsprinzips in der Verständigungspraxis oft zu idealistisch sei.[818] Insbesondere wird häufig auf die Gefahr der Befangenheit hingewiesen: Wenn der Angeklagte geständig ist und eine Verständigung mit den Justizbehörden eingeht, ist es für den Richter leicht, voreingenommene Rückschlüsse auf die Schuld des Angeklagten zu ziehen und eine unsachliche Einschätzung zu entwickeln.[819] Trotz der Sicherheitsvorkehrungen lassen sich auch

818 Vgl. Fischer, StraFo 2009, S. 177(181).
819 Vgl. BGH NStZ 2019, S. 223(223 ff.).

in Deutschland falsche (Teil-)Geständnisse im Rahmen von Verständigungen, wenn z.B. dem Angeklagten die Beweislage als aussichtlos erscheint, wohl nie ganz ausschließen.[820] Das Bundesverfassungsgericht hat in seiner Rechtsprechung bereits darauf hingewiesen, dass „das Bemühen um die Gewährleistung einer – trotz der Verständigung – schuldangemessenen Strafe mit dem zugleich verfolgten Anliegen einer Verfahrensverkürzung unvereinbar sei."[821] Im Gegensatz dazu steht das US-amerikanische Modell, dessen Kritiker auf das erhebliche Machtgefälle zwischen Angeklagten und Staatsanwaltschaft hinweisen. Da der Richter in der amerikanischen Absprache oft keine Kontrollfunktion hat, führt dieses Ungleichgewicht häufig zu unfairen Verhandlungsergebnissen. Die richterliche Strafzumessungsbefugnis wird durch die Sentencing Guidelines stark eingeschränkt, wodurch die eigentliche Kontrolle über die Strafzumessung von den Richtern auf die Staatsanwaltschaft übergeht.[822] Die reichhaltige rechtsvergleichende Literatur zur Absprache zeigt, dass die Wissenschaftler beider Länder das jeweilige Modell des anderen Landes als wichtigen Bezugspunkt für die Weiterentwicklung der nationalen Gesetzgebung ansehen, was zu einer allmählichen Annährung der Rechtsentwicklung führt.[823]

In Deutschland besteht ebenfalls die Möglichkeit, dass Beschuldigte und Opfer im Rahmen des Täter-Opfer-Ausgleich kooperieren und so gemeinsam Einfluss auf die Strafzumessung des Richters nehmen. In rechtlicher Hinsicht ähnelt der TOA im deutschen Strafrecht und der Strafprozessordnung den chinesischen Vorschriften. Nach deutschem Recht kann die Staatsanwaltschaft das Verfahren gemäß § 153a Abs. 1 S. 2 Nr. 5 StPO nach Ermessen einstellen oder den Täter-Opfer-Ausgleich als strafmildernden Umstand anerkennen, was gemäß § 46a StGB zu einer Strafmilderung führen kann. Ein wesentlicher Unterschied besteht jedoch darin, dass der deutsche Gesetzgeber nicht versucht hat, den Täter-Opfer-Ausgleich als ein eigenständiges, umfassendes Verfahren in der Strafprozessordnung zu verankern. § 46a StGB bietet bereits eine Grundlage für die Berücksichtigung des Täter-Opfer-Ausgleichs als strafmildernden Umstand bei der Strafzumessung. Die entsprechenden Regelungen in der Strafprozessordnung zielen vielmehr darauf ab, den „Gerichten und Staatsanwaltschaften

820 Vgl. etwa Altenhain/Dietmeier/May, 2013, S. 134; Eschelbach, HRRS 2008, S. 190(190); LR/Schuster, Vor § 359 StPO, Rn. 11.

821 BVerfGE 133 168, 175.

822 Vgl. J. Schulhofer, U.Pa.L.Rev. 1980, p.750.

823 Bezüglich dieser Frage siehe die repräsentative rechtsvergleichende Literatur vgl. z.B. Turner, Wm. & Mary L. Rev. 2016, p.1551; Trüg, ZStW 120(2008), S. 331(341).

ausdrücklich die Prüfung der Möglichkeiten aufzugeben, einen Ausgleich zwischen Beschuldigtem und Verletztem zu erreichen."[824] Im Vergleich dazu ist das chinesische Verfahren des Täter-Opfer-Ausgleichs im Rahmen der öffentlichen Anklage von einer „doppelten Konstruktion" geprägt. Die strafmildernden Rechtswirkung des TOA ist im materiellen Strafrecht als ermessensabhängiger mildernder Umstand und im Verfahrensrecht durch das Institut der Einstellung nach Ermessen (§ 177 Abs. 2 StPG) umfassend geregelt. Diese „doppelte Konstruktion" wird als gesetzgeberischer Nachteil angesehen, der die bereits im materiellen Strafrecht und im Verfahrensrecht vorhandenen Regelungen unnötig wiederholt.

824 BT-Drucks 14/1928, S. 1.

Teil 6. Die Kontrolle des richterlichen Entscheidungsspielraums durch Organisationsstrukturen des Gerichtssystems

A. Theoretische Grundlagen

Das Gerichtssystem als organisatorische Einheit besitzt von Natur aus Mechanismen, die den Entscheidungsspielraum des einzelnen Richters trotz seiner grundsätzlichen Unabhängigkeit (Art. 97 GG; § 25 DRiG) kontrollieren und begrenzen. Die strukturelle Organisation von Gerichten schafft durch Normen und institutionelle Vorgaben eine Grundlage, auf der richterliche Strafzumessungsentscheidungen standardisiert und reguliert werden können. Nach *Max Weber* sind Gerichte als (faktisch) bürokratische Organisationen strukturell darauf angelegt, die Entscheidungen ihrer Mitglieder durch formale Regeln, einen Instanzenzug und letztendlich auch durch Personalsteuerung zu kontrollieren. Im Kontext des Gerichtssystems bedeutet dies, dass der richterliche Entscheidungsspielraum durch vordefinierte Regeln und formalisierte Prozesse eingeschränkt wird, die sicherstellen, dass Entscheidungen in Übereinstimmung mit gesetzlich festgelegten Vorgaben getroffen werden. Diese strukturelle Kontrolle schützt das System vor individueller Willkür und gewährleistet Rechtsstaatlichkeit, oder wie *Weber* betont: „Die strengste Regelung des Dienstverhältnisses und die klare Abgrenzung der Befugnisse führen dazu, dass die Amtstätigkeit in feste Bahnen gelenkt wird“.[825]

Der Neo-Institutionalismus geht über *Weber*s Ansatz hinaus und erklärt, dass Gerichte nicht nur durch ihre internen bürokratischen Strukturen, sondern auch durch ihre Einbettung in ein breiteres institutionelles Umfeld dem einzelnen Richter kontrolliert werden. Externe Normen, wie gesellschaftliche Erwartungen, rechtliche Rahmenbedingungen und institutionelle Vorgaben, üben zusätzlichen Druck auf Richter aus, ihre Entscheidungen im Einklang mit den äußeren Vorgaben zu treffen. *DiMaggio* und *Powell* argumentieren, dass Organisationen in ähnlichen institutionellen Umgebungen dazu neigen, homogene Strukturen und Verhaltensweisen zu entwickeln, um Legitimität zu erlangen und zu wahren.[826] Im Fall der Gerichte führt dies dazu, dass die richterliche Freiheit durch externe Faktoren

825 Weber, 1976, S. 129.
826 DiMaggio/Powell, 1991, S. 70.

weiter eingeschränkt wird, was die Standardisierung und Homogenisierung richterlicher Entscheidungen fördert.

Aus der Perspektive des einzelnen Richters bietet die Rational-Choice-Theorie eine mikroanalytische Erklärung für die Kontrollfunktion des organisatorischen Systems des Gerichts. *James Coleman* argumentiert, dass individuelle Entscheidungen von Richtern innerhalb des Gerichtssystems durch Anreize und Sanktionen beeinflusst werden. Gerichte schaffen ein Umfeld, in dem Richter dazu veranlasst werden, Entscheidungen zu treffen, die mit den institutionellen Zielen übereinstimmen. Diese Anreize - wie beruflicher Aufstieg, Anerkennung und Prestige - sowie mögliche Sanktionen - wie disziplinarische Maßnahmen oder negative berufliche Konsequenzen - dienen dazu, das Verhalten der Richter in einer Weise zu lenken, die der organisatorischen Kontrolle entspricht.[827]

Mirjan R. Damaška hat in seiner Analyse der gerichtlichen Organisationsstrukturen zwei idealtypische Modelle der Verfahrensmacht aufgezeigt: den hierarchischen Idealtypus und den koordinativen Idealtypus. Der hierarchische Idealtypus zeichnet sich durch die professionellen Akteure, eine hierarchische Gliederung von Entscheidungsinstanzen sowie strenge Anforderungen an technische Entscheidungen (logischer Legalismus) aus. Im Gegensatz dazu wird der kollaborative Idealtypus durch die horizontale Machtaufteilung von gleichgestellten Laien gekennzeichnet.[828] Obwohl *Damaška* darauf hinweist, dass diese beiden Idealtypen die Unterschiede zwischen den Justizorganisationen des europäischen Kontinents und Großbritanniens überzeichnet darstellen[829], weisen die Gerichtssysteme in der Realität üblicherweise beide Merkmale auf, wobei die Gewichtung unterschiedlich ausfällt.

Zudem haben auch Wissenschaftler die Auswirkungen dieser Unterschiede in den Organisationsformen auf die Mechanismen der Strafzumessung beobachtet. *Frase* argumentiert, dass der Grund, warum die strikten Regeln der US-amerikanischen Strafrichtlinien, die den Ermessensspielraum der Richter stark einschränken, in Europa nicht weit verbreitet sind, darin liegt, dass das stark bürokratisierte Justizsystem auf dem europäischen Kontinent sowie das gut ausgebaute Berufungssystem teilweise die Funktion übernommen haben, die in den USA durch strenge materielle Vorschriften erfüllt wird, und somit die richterliche Entscheidungsfreiheit effektiv kontrollieren.

827 Coleman, 1991, S. 48.

828 Vgl. Damaška, 1986, S.16-28; Hörnle, ZStW 117 (2005), S. 801 (805).

829 Damaška, a.a.O. p.29.

Frase beobachtete, dass in den Vereinigten Staaten strenge, durch Sentencing Guidelines festgelegte Regeln existieren, um den Entscheidungsspielraum der Richter bei der Strafzumessung einzuschränken. Diese Form der Kontrolle wurde in Europa jedoch nicht im selben Ausmaß übernommen. Laut *Frase* lässt sich dies dadurch erklären, dass das stark bürokratisierte kontinentale Justizsystem und das damit verbundene umfassende Rechtsbehelfssystem die Funktion übernehmen, die in den USA durch strikte materielle Regeln erfüllt wird.[830]

Damaškas Analyse bietet daher einen wertvollen rechtstheoretischen Rahmen, um die gerichtlichen Organisationsmechanismen zu verstehen, die die Strafzumessung beeinflussen. In diesem Kontext kann man zwei grundlegende Mechanismen zur Kontrolle der richterlichen Strafzumessung unterscheiden: koordinative Organisationsstrukturen, die durch Mechanismen wie Mehrheitsentscheidungen in Richterkollegien oder die Beteiligung von Laienrichtern (Schöffen) geprägt sind, (B.) sowie hierarchische Strukturen, die auf einem hierarchisch organisierten Rechtsbehelfssystem und einer bürokratisch organisierten innergerichtlichen Machtverteilung beruhen. Beide Mechanismen spielen eine zentrale Rolle bei der Steuerung der richterlichen Entscheidungen, wobei die Gewichtung dieser Elemente je nach Rechtstradition unterschiedlich ausfällt. (C.)

B. Die koordinative Organisationsstruktur des Gerichtssystems

Die Strafzumessung ist ein komplexer Entscheidungsprozess (decision making), bei dem Fehler durch einzelne Entscheidungsträger unvermeidlich sein können. Kein Individuum ist in der Lage, perfekte Entscheidungen zu treffen, weshalb die kollektive Entscheidungsfindung als ein Mechanismus gilt, der die Fehleranfälligkeit individueller Entscheidungen ausgleichen kann. Gruppenentscheidungen bieten im Vergleich zu Einzelentscheidungen eine größere Vielfalt an Informationen und Lösungsvorschlägen und verfügen über mehr Möglichkeiten zur Überprüfung und Korrektur in fehleranfälligen Bereichen. In der sozialpsychologischen Forschung wurde experimentell festgestellt, dass Gruppen bei der Entscheidungsfindung in der Lage sind, Informationen aus Anhörungen besser zu erinnern als einzelne Mitglieder. Gruppenberatungen können zudem Vorurteile reduzieren und die Aufmerksamkeit der Jury von voreiligen Urteilen auf die sachlichen

830 Vgl. Frase, in: Jackson/Langer/Bohlander (ed.), 2008, p.358.

Beweise lenken.[831] Im Kontext der gerichtlichen Entscheidungsfindung ermöglicht die kollektive Entscheidungsstruktur eines Kollegiums eine effektive Einschränkung des individuellen Entscheidungsspielraums der Richter (I.).

Darüber hinaus hat die kollektive Entscheidungsfindung auch aus demokratie- und gerechtigkeitstheoretischer Perspektive Vorteile. Entscheidungen über wichtige Angelegenheiten, die die Interessen vieler Menschen betreffen, sollten idealerweise von den betroffenen Personen selbst oder ihren repräsentativen Vertretern getroffen werden. Systeme wie das Kollegium, insbesondere in Form des Jurys- oder Schöffensystems, integrieren gewöhnliche Bürger direkt in den Entscheidungsprozess. Dadurch wird ein Teil der gesellschaftlichen Macht direkt in die Hände der Bevölkerung gelegt, was die Legitimität und das Vertrauen in das Justizsystem stärkt.[832] Das chinesische System der Volksschöffen und seine Reform- und Entwicklungsprozesse haben das Potenzial ausgelotet, wie gewöhnliche Bürger in die Strafzumessung eingebunden werden können. Die Beteiligung der Volksschöffen stärkt nicht nur die soziale Kontrolle und Legitimation gerichtlicher Entscheidungen, sondern ermöglicht es auch, das Gerechtigkeitsempfinden der Bevölkerung in den richterlichen Entscheidungsprozess einzubringen, was eine Verbindung zwischen Staat und Bürgern herstellt und die Akzeptanz der Urteile fördert (II.).

I. Richterkollegien

In der chinesischen Justiz übernehmen die Volksgerichte die Behandlung von Fällen entweder in Form eines Kollegiums oder durch einen Einzelrichter. [833] Gemäß StPG muss das Hauptverfahren in erster Instanz vor einem unteren oder mittleren Volksgericht von einem Kollegium geführt werden, das aus drei Richtern oder aus einer Kombination von drei Richtern und Schöffen besteht. In Fällen, in denen das vereinfachte oder beschleunigte Verfahren angewendet wird, kann jedoch ein Einzelrichter des unteren Volksgerichts die Behandlung selbst übernehmen.[834] Wird das vereinfachte Verfahren eingesetzt und droht eine Freiheitsstrafe von bis zu

831 Vgl. Hastie/Penrod/Pennington, S. 15 ff.

832 Vgl. Zhang.X., FZYSHFZ 2009, S. 107(109).

833 § 29 Abs. 1 VVC, in: He/Kränzle/Röseler/Schmidt/Pißler/Thaler, ZChinaR 2019, S. 285(290).

834 § 183 Abs. 1 StPG, in: Zong, ZChinaR 2020, S. 28(64).

drei Jahren, ist es möglich, dass entweder ein berufenes Kollegium oder ein Einzelrichter das Verfahren durchführt und entscheidet; im Falle einer potenziellen Freiheitsstrafe von mehr als drei Jahren muss jedoch zwingend ein Kollegium die Verhandlung übernehmen.[835] Wird im Verlauf eines vereinfachten Verfahrens erkennbar, dass eine Strafe von mehr als drei Jahren möglich ist, so muss der Fall an ein Kollegium abgegeben werden. Bei Anwendung des beschleunigten Verfahrens wird der Fall hingegen in der Regel durch einen Einzelrichter entschieden.[836]

In der chinesischen Strafjustiz gilt grundsätzlich, dass die Verhandlung von Strafsachen in einem Kollegium durchgeführt werden sollte, außer in den oben genannten Fällen, in denen ein Einzelrichter zuständig ist. Ein Kollegium setzt sich entweder ausschließlich aus Richtern oder aus einer Kombination von Richtern und Volksschöffen zusammen und besteht immer aus einer ungeraden Anzahl von drei oder mehr Mitgliedern. Innerhalb des Kollegiums übernimmt ein Richter die Rolle des Vorsitzenden. Sollte der Gerichtspräsident oder der Abteilungsleiter selbst an der Verhandlung teilnehmen, übernimmt er automatisch die Funktion des Vorsitzenden Richters.[837] Die Anzahl der Mitglieder in einem Kollegium muss ungerade sein, um bei Meinungsverschiedenheiten eine klare Entscheidungsmehrheit zu ermöglichen.[838] Kommt es während der Beratungen des Kollegiums zu Meinungsdivergenzen, wird die Entscheidung nach der Mehrheitsmeinung gefällt. Die abweichende Minderheitsmeinung wird jedoch ebenfalls in das Protokoll aufgenommen.[839] Das Beratungsprotokoll wird von allen Mitgliedern des Kollegiums unterzeichnet, was die kollektive Verantwortung und Transparenz des Entscheidungsprozesses unterstreicht.[840]

Die Zusammensetzung des Kollegiums variiert je nach Verfahrensart und Gerichtsebene. Beim Hauptverfahren in erster Instanz vor einem oberen Volksgericht wird ein Kollegium benötigt, das aus drei bis sieben Richtern oder aus drei bis sieben Richtern und Schöffen besteht. Auf der höchsten Ebene, vor dem Obersten Volksgericht, muss das Kollegium in der ersten Instanz aus drei bis sieben Richtern bestehen. Die Berufungsver-

835 § 216 Abs. 1 StPG, in: Zong, ZChinaR 2020, S. 28(71).

836 Chen.G., 2021, S. 66; vgl. § 222 Abs. 1 StPG, in: Zong, ZChinaR 2020, S. 28(72).

837 § 29 Abs. 1 VVC, in: He/Kränzle/Röseler/Schmidt/Pißler/Thaler, ZChinaR 2019, S. 285(290).

838 § 183 Abs. 5 StPG, in: Zong, ZChinaR 2020, S. 28(65).

839 Wang.X., ZZYFL 2004, S. 153(154).

840 § 184 StPG, in: Zong, ZChinaR 2020, S. 28(65).

fahren werden hingegen von einem Kollegium aus drei bis fünf Richtern verhandelt. Diese gestaffelte Zusammensetzung des Kollegiums dient dazu, die Verfahren je nach Schwere und Komplexität des Falls sowie nach der Hierarchieebene des jeweiligen Gerichts angemessen zu strukturieren und zu führen.[841]

Zusätzlich zu den Bestimmungen über die Anzahl der Mitglieder eines Kollegiums regeln die einschlägigen Justizauslegungen auch die interne Aufgabenteilung innerhalb des Kollegiums. Nach Artikel 4 der im August 2002 verkündeten *Bestimmungen über die Tätigkeit der Kollegien der Volksgerichte* (verkürzt: BTKV) wird die richterliche Tätigkeit des Kollegiums hauptsächlich vom vorsitzenden Richter geleitet. Dieser ist unter anderem für die Festlegung des Verfahrensplans, die Leitung der Gerichtsverhandlung und der Beratung des Kollegiums sowie für die Unterzeichnung der rechtlichen Dokumente zuständig.[842] Gemäß Artikel 10 der BAKV soll zusätzlich zum Vorsitzenden Richter ein Richter als zuständiger Fallrichter (Berichterstatter) für den betreffenden Fall fungieren. Bei der Beratung des Kollegiums äußert der Fallrichter zuerst seine Meinung zur Sachverhaltsfeststellung, zur Beweiswürdigung und zur Rechtsanwendung, während der Vorsitzende Richter zuletzt seine Stellungnahme abgibt. Ist der Vorsitzende Richter gleichzeitig der Fallrichter, so äußert auch er seine Meinung am Ende.[843] *Die Bestimmungen zur weiteren Stärkung der Verantwortungen der Kollegien* (verkürzt: BSVK), die das Oberste Volksgericht 2010 herausgegeben hat, präzisieren und stärken die Aufgaben des Fallrichters zusätzlich.[844] Laut Art. 3 BSVK obliegen dem Fallrichter folgende Aufgaben: die Leitung oder Anweisung von Hilfsarbeiter bei der Durchführung der vorgerichtlichen Mediation und dem Beweisaustausch, die Erstellung eines Verhandlungsleitfadens und von Aktenleseprotokollen, die Unterstützung des Vorsitzenden Richters bei der Organisation der Gerichtsverhandlung, die

841 Siehe: § 183 Abs. 1-4 StPG, in: Zong, ZChinaR 2020, S. 28(64).

842 Vgl. Art. 4 BTKV; siehe: Bestimmungen über die Tätigkeit die Kollegien der Volksgerichte（《最高人民法院关于人民法院合议庭工作的若干规定》）, BOV, 2002, Nr. 25.

843 Vgl. Art. 10 BTKV; siehe: Bestimmungen über die Tätigkeit die Kollegien der Volksgerichte（《最高人民法院关于人民法院合议庭工作的若干规定》）, BOV, 2002, Nr. 25.

844 Vgl. Bestimmungen zur weiteren Stärkung der Verantwortungen der Kollegien（《最高人民法院关于进一步加强合议庭职责的若干规定》）, BOV, 2010, Nr. 1.

fristgerechte Erstellung eines Verhandlungsberichts sowie die Ausarbeitung und Vorlage des Urteilsentwurfs zur Überprüfung durch das Kollegium.[845]

In der chinesischen Justizpraxis führt die übermäßige Erweiterung der Funktion des Fallrichters zu einer Untergrabung der ursprünglichen demokratischen Entscheidungsintention des Kollegiums. Ähnliche Diskussionen gibt es natürlich immer wieder auch in Deutschland[846]. Dies hat zu dem Problem der sogenannten „formellen Kollegialität aber faktischen Einzelentscheidung" (形合实独, xing he shi du) geführt: Während nach außen hin alle Mitglieder des Kollegiums gemeinsam an der Entscheidungsfindung beteiligt sind, obliegt die tatsächliche Verantwortung und Entscheidungsgewalt meist allein dem Fallrichter. [847] Der Grund für dieses Phänomen liegt in den Mechanismen der Fallverteilung und Fallbearbeitung, die in chinesischen Gerichten traditionell nach einzelnen Richtern und nicht nach Kollegien erfolgen. Dieses personenbezogene Verantwortungsmodell macht den Fallrichter zur zentralen Instanz in der Bearbeitung eines Falls und überträgt ihm den Großteil der damit verbundenen Aufgaben. Gleichzeitig hängen wesentliche Interessen wie Gehalt, Beförderung und disziplinarische Maßnahmen direkt mit der Leistung des Fallrichters zusammen, während die übrigen Mitglieder des Kollegiums nur marginal in diese Mechanismen eingebunden sind. Obwohl das Gesetz die Entscheidungsbefugnis mehrheitlich dem Kollegium zuweist, führt die Diskrepanz zwischen dem gesetzlich vorgesehenen rechtlichen Subjekt - dem Kollegium - und dem faktischen Subjekt der Rechte und Pflichten - dem Fallrichter - dazu, dass allein letzterer durchgehend und mit substanziellem Interesse an der Bearbeitung des Falls beteiligt ist. Die übrigen Mitglieder des Kollegiums verbleiben somit häufig in einer passiven Rolle, was die kollektive Entscheidungsfindung de facto aushöhlt. [848]

Um dieses Problem zu lösen, sieht die Reform des richterlichen Verantwortungssystems detaillierte Regelungen zur Verantwortlichkeit der Richter eines Kollegiums vor. Gemäß Art. 30 Abs. 1 der *Stellungnahmen des Obersten Volksgerichts zur Verbesserung des Systems der richterlichen Verantwortung der Volksgerichte* (verkürzt: SVSrVV) aus dem Jahr 2015 tragen die Mitglieder eines Kollegiums gemeinsam die Verantwortung für die

---

845 Vgl. Art. 3 BSVK; siehe: Bestimmungen zur weiteren Stärkung der Verantwortungen der Kollegien（《最高人民法院关于进一步加强合议庭职责的若干规定》）, BOV, 2010, Nr. 1.

846 Vgl. etwa Fischer/Eschelbach/Krehl, StV 2013, S. 395(395 ff.).

847 Zuo.W./Wu.W, FZYSHFZ 2002, S. 64(64 f.).

848 Zuo.W./Wu.W, FZYSHFZ 2002, S. 64(65).

Tatsachenfeststellung und die Anwendung des Rechts in den von ihnen bearbeiteten Fällen.[849] Art. 25 Abs. 1 der SVSrVV legt darüber hinaus fest, dass Richter für ihre Handlungen im Rahmen der Ausübung richterlicher Aufgaben verantwortlich sind und die Qualität der von ihnen bearbeiteten Fälle *lebenslang* gewährleisten müssen.[850] Unter dieser strikten Regelung haben die weiteren Mitglieder des Kollegiums eine stärkere Motivation, sich aktiv an der tatsächlichen Fallbearbeitung zu beteiligen. Dies stärkt die koordinative Kontrollfunktion des Kollegiums über die individuelle Entscheidungsbefugnis der Richter. Gleichzeitig wird verhindert, dass die Arbeit des Kollegiums faktisch zu einer Einzelrichterentscheidung durch den Fallrichter degradiert.

II. Die Beteiligung von chinesischen Laienrichtern an der Strafzumessung

In vielen Ländern existieren Systeme, die die Beteiligung gewöhnlicher Bürger an Strafverfahren vorsehen. Grundsätzlich lassen sich hierbei zwei Hauptmodelle unterscheiden: das Jury-System des angloamerikanischen Rechtskreises und das Schöffensystem des kontinentaleuropäischen Rechtskreises. Das angloamerikanische Jury-System zeichnet sich dadurch aus, dass eine zufällig ausgewählte Gruppe von Bürgern, in der Regel bestehend aus zwölf Personen, als Geschworenenjury agiert. Diese Jury entscheidet ausschließlich über Tatsachenfragen, insbesondere darüber, ob ein Angeklagter auf Basis der vorgelegten Beweise schuldig ist oder nicht. Der Berufsrichter hingegen übernimmt die Bewertung der Zulässigkeit der Beweise und erläutert der Jury die relevanten rechtlichen Grundlagen. Sollte die Jury den Angeklagten für schuldig befinden, liegt die Festlegung des Strafmaßes allein in der Verantwortung des Berufsrichters.[851] Im Gegensatz dazu integriert das kontinentaleuropäische Schöffensystem sowohl Berufsrichter als auch Laienrichter, die gemeinsam an der Entscheidungsfindung beteiligt sind. Beide Gruppen haben gleichberechtigte Entscheidungsbefugnisse und treffen gemeinsam sowohl über Tatsachen- als auch über Rechtsfragen eine

849 Vgl. Art. 30 Abs. 1 SVSrVV; siehe: Stellungnahmen des Obersten Volksgerichts zur Verbesserung des Systems der richterlichen Verantwortung der Volksgerichte（《最高人民法院关于完善人民法院司法责任制的若干意见》）, BOV, 2015, Nr. 13.

850 Vgl. Art. 25 Abs. 1 SVSrVV; siehe: Stellungnahmen des Obersten Volksgerichts zur Verbesserung des Systems der richterlichen Verantwortung der Volksgerichte（《最高人民法院关于完善人民法院司法责任制的若干意见》）, BOV, 2015, Nr. 13.

851 Vgl. Meyer, 2020, S. 45.

Entscheidung.[852] Diese gleichberechtigte Zusammenarbeit soll eine Verbindung von rechtlicher Expertise und gesellschaftlichem Gerechtigkeitsempfinden gewährleisten.

Gemäß Art. 183 Abs. 1 und 2 StPG sieht das System der Volksgerichte in China vor, dass erstinstanzliche Verhandlungen an unteren Volkgerichten und mittleren Volkgerichten in der Regel von einem Kollegium durchgeführt werden, das entweder aus drei Berufsrichtern oder aus einer Kombination von Berufsrichtern und Volksschöffen in einer Gruppe von drei oder sieben Personen besteht. In einfachen Fällen, die nach einem vereinfachten oder beschleunigten Verfahren behandelt werden, können jedoch Einzelrichter eingesetzt werden. An den Oberlandesgerichten erfolgt die erstinstanzliche Verhandlung ebenfalls durch ein Kollegium mit drei bis sieben Mitgliedern, wobei sowohl Berufsrichter als auch Volksgeschworene Teil des Kollegiums sein können. Volksschöffen haben in der Ausübung ihrer Pflichten die gleichen Rechte wie Berufsrichter, was das chinesische System als ein typisches Schöffensystem kennzeichnet.

In der Praxis zeigt sich jedoch, dass das System der Volksschöffen in China häufig nur formell existiert und inhaltlich entwertet ist. Volksschöffen nehmen an wenigen Fällen teil und üben dabei oftmals weder eine tatsächliche Prüfungs- noch Beratungsfunktion aus („陪而不审，合而不议“).[853] Stattdessen dienen sie oft lediglich dazu, die Anzahl der Richter zu erhöhen und somit die Effizienz der Gerichte zu steigern. In einigen Fällen verzichten Gerichte sogar vollständig auf die Implementierung des Volksschöffensystems.[854] Um das System der Volksschöffen zu reformieren, verabschiedeten der Oberste Volksgerichtshof und das Justizministerium im Mai 2015 *das Reformprogramm für Volksschöffen* sowie *die Verfahrensrichtlinien für Pilotprojekte zur Reform des Systems der Volksschöffen.* Diese Programme wurden in zehn Provinzen pilotiert. Mit dem im April 2018 neuformulierten *Volksschöffengesetz* (verkürzt: VSG) wurden schließlich einheitliche Regelungen zur Ernennung, zu den Voraussetzungen, zur Amtszeit und zum Einsatzbereich von Volksschöffen systematisch neuformuliert.

Gemäß VSG können alle chinesischen Staatsbürger, die das 28. Lebensjahr vollendet haben und über die körperlichen Voraussetzungen zur Ausübung ihrer Tätigkeit verfügen, grundsätzlich als Volksschöffe ernannt

852 Vgl. Schmidt, 2018, S. 120
853 Chen.G.(Hrsg), 2021, S. 69.
854 Vgl. Chen.G.(Hrsg), 2021, S. 69.

werden.[855] Die Bestimmung und Ernennung der Volksschöffen erfolgt in mehreren Schritten. Die Justizverwaltungsbehörden wählen gemeinsam mit den unteren Volksgerichten und den Behörden für öffentliche Sicherheit aus dem Namensregister der Bewohner, die ihren gewöhnlichen Aufenthalt im Zuständigkeitsbereich der Behörde haben, Personen in einer Anzahl vom Fünffachen der Anzahl der Volksschöffen oder mehr zur Ernennung als Volksschöffenkandidaten zufällig aus, führen die Überprüfung der Befähigung der Volksschöffen durch und holen die Ansichten der Kandidaten ein.[856] Danach bestimmen die Justizverwaltungsbehörden gemeinsam mit den unteren Volksgerichten durch zufällige Auswahl aus dem Namensregister der Volksschöffenkandidaten, die die Überprüfung der Befähigung bestanden haben, Vorschläge für Volksschöffen aus; diese werden von den Gerichtsvorsitzenden der unteren Volksgerichte den Ständigen Ausschüssen der Volkskongresse auf gleicher Stufe mit der Bitte zur Ernennung vorgelegt.[857] Die Amtszeit der Volksschöffen beträgt fünf Jahre und eine Wiederernennung ist in der Regel ausgeschlossen.[858] Die Beteiligung von Volksschöffen an der Rechtsprechung ist klar geregelt: Für Verfahren, die von einem Kollegium unter Mitwirkung von Volksschöffen geführt werden, werden die Volksschöffen aus dem entsprechenden Namensregister der Volksschöffen durch zufällige Ziehung bestimmt. In unteren Volksgerichten stellt dieser Namensregister die Grundlage, während in Mittel- und Obervolksgerichten die Volksschöffen aus dem Namensregister der unteren Volksgerichte in ihrem Zuständigkeitsbereich durch zufällige Ziehung bestimmt werden.[859]

Volksschöffen und Berufsrichter bilden für die Rechtsprechung von Fällen Kollegien, wobei Berufsrichter als Vorsitzende Richter fungieren. Ein Kollegium kann entweder aus drei Mitgliedern oder mit sieben Mitgliedern aus drei Richtern und vier Volkschöffen gebildet werden.[860] Nach § 15 VSG soll die Rechtsprechung durch ein aus Volksschöffen und Richtern gebildetes Kollegium durchgeführt werden, wenn Volksgerichte in strafrechtlichen, zivilrechtlichen oder verwaltungsrechtlichen Fällen erster Instanz Recht sprechen und einer der im Folgenden aufgelisteten Umstände vorliegt:

---

855 § 5 VSG, in: Groth/Pißler, ZChinaR 2020, S. 247(248).
856 § 9 VSG, in: Groth/Pißler, ZChinaR 2020, S. 247(249).
857 § 10 VSG, in: Groth/Pißler, ZChinaR 2020, S. 247(249).
858 § 13 VSG, in: Groth/Pißler, ZChinaR 2020, S. 247(249).
859 § 19 VSG, in: Groth/Pißler, ZChinaR 2020, S. 247(250).
860 § 14 VSG, in: Groth/Pißler, ZChinaR 2020, S. 247(249).

a) Wenn der Fall das Interesse einer Personengruppe oder das öffentliche Interesse betrifft;
b) wenn der Fall eine breite Aufmerksamkeit der Volksmassen hervorruft oder er einen anderen vergleichsweise großen gesellschaftlichen Einfluss hat;
c) wenn die Fallumstände kompliziert sind oder andere Umstände vorliegen, nach denen für die Rechtsprechung die Beteiligung von Volksschöffen erforderlich ist.[861]

Spricht ein Volksgericht in einem strafrechtlichen Fall in erster Instanz Recht mit einem schwerwiegenden gesellschaftlichen Einfluss, bei denen die Verurteilung zu einer befristeten Freiheitsstrafe von mehr als zehn Jahren, zu einer unbefristeten Freiheitsstrafe oder zu einer Todesstrafe möglich ist, wird dies durch ein aus Volksschöffen und Richtern gebildetes, siebenköpfiges Kollegium (großer Spruchkörper) durchgeführt.[862] Der Vorsitzende Richter des Kollegiums muss die Rechtsprechung des Falls betreffende Anleitungs- und Hinweispflichten erfüllen, aber er darf nicht die unabhängige Beurteilung des Falls durch die Volksschöffen behindern. Bei der Beratung von Fällen durch das Kollegium muss der Vorsitzende Richter des Kollegiums in Bezug auf die den Fall betreffenden Gegenstände wie etwa die Tatsachenfeststellung, die Beweisregeln oder die gesetzlichen Bestimmungen sowie bei zu beachtenden Problemen gegenüber den Volksschöffen die nötigen Erläuterungen und Erklärungen durchführen.[863] Die Beratung innerhalb eines Kollegiums erfolgt nach dem Mehrheitsprinzip. Meinungsverschiedenheiten zwischen den Volksschöffen und den übrigen Mitgliedern des Kollegiums müssen in den Sitzungsprotokollen festgehalten werden. Bei wesentlichen Meinungsverschiedenheiten können die Volksschöffen oder Richter beantragen, dass der Fall dem Präsidenten des Gerichts vorgelegt wird, der entscheidet, ob der Fall dem *Rechtsprechungsausschuss* zur Erörterung und Entscheidung übergeben wird.[864]

Bei der Entscheidungsfindung im Bereich der Strafzumessung besteht der wesentliche Unterschied zwischen dreiköpfigen und siebenköpfigen Kollegien in den Befugnissen der Volksschöffen. In einem dreiköpfigen Kollegium haben die Volksschöffen das Recht, sowohl bei der Tatsachenfeststellung als auch bei der Anwendung des Rechts unabhängig ihre Mei-

861 Vgl. § 15 VSG, in: Groth/Pißler, ZChinaR 2020, S. 247(250).
862 § 16 Abs. 1 VSG, in: Groth/Pißler, ZChinaR 2020, S. 247(250).
863 § 20 VSG, in: Groth/Pißler, ZChinaR 2020, S. 247(251).
864 § 23 VSG, in: Groth/Pißler, ZChinaR 2020, S. 247(251).

nung zu äußern und an Abstimmungen teilzunehmen.[865] In einem siebenköpfigen Kollegium dürfen die Volksschöffen ebenfalls unabhängig ihre Meinung zur Tatsachenfeststellung äußern und darüber abstimmen. Hinsichtlich der Rechtsanwendung, einschließlich der Strafzumessung, können sie jedoch lediglich Ansichten äußern, ohne ein Stimmrecht zu haben.[866] Gemäß Art. 9 der *Justizauslegung des Obersten Volksgerichts zum Volksschöffengesetz* (verkürzt: JaVSG) muss vor der Verhandlung eines siebenköpfigen Kollegiums eine Liste von Fragen zur Tatsachenfeststellung erstellt werden. Diese Liste soll die strittigen Fakten des Falls aufschlüsseln und klar zwischen Tatsachenfeststellungsfragen und Rechtsanwendungsfragen unterscheiden, damit die Volksschöffen während der Verhandlung eine klare Orientierung haben. In Fällen, in denen sich Tatsachenfragen und Rechtsfragen schwer voneinander trennen lassen, gelten sie als Tatsachenfeststellungsfragen.[867] Diese Regelung soll sicherstellen, dass Volksschöffen ihre Rolle als Laienrichter effektiv ausüben können, insbesondere bei der Beurteilung von Tatsachenfragen, während die rechtliche Expertise bei der Strafzumessung den Berufsrichtern vorbehalten bleibt. Gleichzeitig gewährleistet diese Trennung eine ausgewogene Entscheidungsfindung, die sowohl das Gerechtigkeitsempfinden der Bürger als auch die rechtliche Konsistenz berücksichtigt.

In der gerichtlichen Praxis zeigt sich, dass das siebenköpfige Kollegium deutlich seltener zur Anwendung kommt als es vom Gesetzgeber ursprünglich vorgesehen war. Fälle, in denen Lebenslange Freiheitsstrafen oder die Todesstrafe - die schwersten Strafen im chinesischen Strafrecht - zu erwarten sind, sollten theoretisch und gesetzlich die zentralen Anwendungsbereiche des siebenköpfigen Kollegiums darstellen. Eine auf Daten der China Judgements Online (CJO, siehe: Rn.133.) basierende Studie hat jedoch gezeigt, dass im Zeitraum vom 1. Januar 2020 bis zum 25. Februar 2023 insgesamt 1,939 erstinstanzliche Urteile veröffentlicht wurden, in denen eine lebenslange Freiheitsstrafe verhängt wurde. Von diesen Fällen wurden nur 548 unter Beteiligung von Volksschöffen entschieden.[868] Eine detaillierte Analyse dieser 548 Fälle ergab, dass 523 Verfahren von einem dreiköpfigen Kollegium und nur 25 Verfahren von einem siebenköpfigen Kollegium

865 Vgl. § 21 VSG, in: Groth/Pißler, ZChinaR 2020, S. 247(251).
866 Vgl. § 22 VSG, in: Groth/Pißler, ZChinaR 2020, S. 247(251).
867 Vgl. Art. 9 JaVSG. Siehe: Justizauslegung des Obersten Volksgerichts zum Volksschöffengesetz（《最高人民法院关于适用〈中华人民共和国人民陪审员法〉若干问题的解释》）, BOV, 2019, Nr. 5.
868 Vgl. Chen.X., FX 2023, S. 140(141).

verhandelt wurden. Somit entfielen von den 1,939 Fällen 71,74 % auf Verfahren ohne Volksschöffen, 26,97 % auf Verfahren mit einem dreiköpfigen Kollegium und lediglich 1,29 % auf Verfahren mit einem siebenköpfigen Kollegium.[869]

Eine vertiefte Analyse der 25 Urteile, die vor siebenköpfigen Kollegien verhandelt wurden, zeigt folgende Merkmale: Erstens hatten die Angeklagten in der überwiegenden Mehrheit der Fälle keine Einwände gegen die vorgebrachten Tatsachen. Von den 25 untersuchten Urteilen wurden lediglich in drei Fällen - einem wegen illegaler Kapitalbeschaffung, einem wegen Betrugs und einem wegen vorsätzlicher Körperverletzung - Einwände gegen die Anklagepunkte erhoben. In den übrigen 22 Fällen akzeptierten die Angeklagten alle vorgebrachten Tatsachen. In einem Fall von vorsätzlicher Körperverletzung unterzeichnete der Angeklagte sogar eine schriftliche Vereinbarung über Schuldeingeständnis und Strafannahme. Dies deutet darauf hin, dass in 88 % der Fälle, die vor siebenköpfigen Kollegien mit lebenslanger Freiheitsstrafe verhandelt wurden, die Angeklagten die Anklage nicht bestritten. Zweitens handelte es sich bei den meisten dieser Fälle um gewöhnliche Straftaten wie vorsätzliche Tötung oder Körperverletzung, die keine besonderen Merkmale im Vergleich zu ähnlichen Fällen aufwiesen, die nicht vor siebenköpfigen Kollegien verhandelt wurden. Von den 16 Fällen vorsätzlicher Tötung und 4 Fällen vorsätzlicher Körperverletzung waren lediglich zwei Fälle außergewöhnlich: einer wegen Beteiligung an einer Schlägerei und einer wegen Versicherungsbetrugs. Die übrigen 18 Fälle entstanden aus familiären Konflikten oder Nachbarschaftsstreitigkeiten, bei denen jeweils ein Opfer zu Tode kam.[870] Drittens zeigte sich ein geographisches Merkmal in diesen Fällen. Von den 25 Fällen, die vor siebenköpfigen Kollegien verhandelt wurden, entfielen 15 auf die Provinz Guizhou, 3 auf Hebei, 2 auf Hubei, 2 auf Shanxi, 2 auf Henan und 1 auf Jiangsu. Im Vergleich dazu stammten die 1.939 analysierten Urteile mit lebenslanger Freiheitsstrafe aus 31 Provinzen.[871] Auffällig ist dabei, dass die Provinz Yunnan mit 353 Fällen die höchste Anzahl an Urteilen aufwies, jedoch kein einziger Fall vor einem siebenköpfigen Kollegium entschieden wurde.

Eine weitere Analyse von erstinstanzlichen Strafurteilen, bei denen die Todesstrafe verhängt wurde, zeigt ebenfalls eine äußerst geringe Anwen-

869 Chen.X., a.a.O. S.141.
870 Chen.X., a.a.O. S.141.
871 Chen.X., a.a.O. S.141.

dung des siebenköpfigen Kollegiums. Bei der Suche nach Urteilen mit Todesstrafen unter den gleichen Bedingungen wie zuvor wurden nur fünf Urteile identifiziert. Eine Überprüfung dieser fünf Urteile ergab, dass in keinem einzigen Fall vor einem siebenköpfigen Kollegium verhandelt wurde.[872] Aufgrund der geringen Stichprobengröße und mangelnden Repräsentativität wurde die Suche auf einen längeren Zeitraum ausgeweitet, nämlich vom Inkrafttreten des neuformulierten VSG am 28. April 2018 bis zum 25. Februar 2023. Diese erweiterte Suche lieferte 37 erstinstanzliche Urteile, in denen die Todesstrafe verhängt wurde. Unter der zusätzlichen Einschränkung, dass die Urteile den Begriff „Volksschöffen" enthalten mussten, konnten lediglich 20 Urteile identifiziert werden, bei denen Volksschöffen als Teilnehmer eines dreiköpfigen Kollegiums an der Verhandlung beteiligt waren.[873]

Die geringe praktische Anwendungsrate des siebenköpfigen Kollegiums in China lässt sich vor allem auf die unzureichende Umsetzbarkeit dieser prozeduralen Vorschriften zurückführen. Theoretisch ist es schwierig, in einem Gerichtsverfahren eine klare logische Trennung zwischen Tat- und Rechtsfragen zu ziehen. Ein vergleichender Blick auf die Praxis anderer Länder zeigt, dass diese in der Regel keine direkte Unterscheidung zwischen Tatsachen- und Rechtsfragen diskutieren.[874] Stattdessen werden durch entsprechende Verfahrensmechanismen die jeweiligen Entscheidungsbefugnisse von Volksschöffen und Richtern klar definiert. Kurz vor Ablauf der ursprünglich zweijährigen Pilotphase beantragte der Oberste Volksgerichtshof beim Ständigen Ausschuss des Nationalen Volkskongresses eine einjährige Verlängerung der Probe. Der Hauptgrund hierfür lag in der fehlenden Entwicklung effektiver Mechanismen zur Abgrenzung von Tatsachen- und Rechtsfragen im siebenköpfigen Kollegium.[875] Auch nach der Verlängerung der Pilotphase und der anschließenden Einführung des VSG im Jahr 2018 bleibt diese Problematik weiter bestehen. Das Gesetz sieht lediglich vor, dass Volksschöffen in siebenköpfigen Kollegien ausschließlich über Tatsachenfragen abstimmen dürfen, ohne jedoch klar zu definieren, welche Fragen als Tatsachenfragen angesehen werden sollten. Zwar hat der Oberste Volksgerichtshof in Art. 9 seiner Auslegung des Gesetzes (JaVSG) festgelegt, dass Richter vor Beginn der Verhandlung eine

872 Chen.X., a.a.O. S.141.
873 Chen.X., a.a.O. S.141.
874 Chen.X., a.a.O. S.148.
875 Vgl. Cao, Yajing: „China schlägt vor, die Pilotreform des Volksgerichtssystems zu verlängern", People's Court Daily, 25.4.2017.

Liste von Tatsachenfragen erstellen müssen, die den Volksschöffen während der Verhandlung als Orientierung dienen soll.[876] Art. 13 Abs. 1 JaVSG verlangt zudem, dass Richter bei der Beratung des Kollegiums eine solche Liste präsentieren.[877] Doch diese Vorgaben bleiben unkonkret: Es wird weder näher erläutert, wie die Liste der Tatsachenfragen zu erstellen ist, noch welche rechtlichen Konsequenzen es hat, wenn eine solche Liste nicht vorgelegt wird. In der Praxis führt dies zu erheblichen Umsetzungsproblemen. Viele Richter wissen nicht, wie eine Liste von Tatsachenfragen erstellt werden soll; manche sind mit diesem Konzept überhaupt nicht vertraut.[878] Die unzureichende Normenklarheit und die fehlende prozedurale Unterstützung tragen somit wesentlich zur geringen Nutzung des siebenköpfigen Kollegiums bei und gefährden die intendierte Stärkung der Bürgerbeteiligung im chinesischen Justizsystem.

III. Vergleich mit Deutschland

Die Organisation der Strafgerichtsbarkeit in Deutschland weist in ihrer koordinativen Organisationsstruktur bemerkenswerte Ähnlichkeiten mit dem Gerichtssystem Chinas auf. Insbesondere existieren in beiden Systemen sowohl einzelne als auch kollektive Formen der Entscheidungsfindung. In Deutschland übernimmt der Strafrichter als Einzelrichter die erstinstanzliche Verhandlung leichter Straftaten, die in den Zuständigkeitsbereich des Amtsgerichts fallen (§ 22 Abs. 1 GVG). Nach § 24 Abs. 1 S. 1-3 GVG zählen dazu solche Fälle, die vollständig der Amtsgerichtsbarkeit unterliegen, sowie bestimmte Vergehen gemäß § 25 GVG, wenn entweder die Strafverfolgung durch Privatklage erfolgt oder keine höhere Strafe als eine Freiheitsstrafe von zwei Jahren zu erwarten ist (§ 25 GVG). Für andere strafrechtliche Verfahren, die in die Zuständigkeit des Amtsgerichts fallen, wird das Schöffengericht als kollektives Entscheidungsorgan eingesetzt. Gemäß § 29 Abs. 1 GVG besteht das Schöffengericht aus einem Berufsrichter und zwei ehrenamtlichen Richtern (Schöffen). In diesen Fällen stellen die Laienrichter sogar die Mehrheit. Sollte der Umfang einer Sache dies erfordern, kann

876 Vgl. Art. 9 JaVSG. Siehe: Justizauslegung des Obersten Volksgerichts zum Volksschöffengesetz（《最高人民法院关于适用〈中华人民共和国人民陪审员法〉若干问题的解释》）, BOV, 2019, Nr. 5.

877 Vgl. Art. 13 Abs. 1 JaVSG. Siehe: Justizauslegung des Obersten Volksgerichts zum Volksschöffengesetz（《最高人民法院关于适用〈中华人民共和国人民陪审员法〉若干问题的解释》）, BOV, 2019, Nr. 5.

878 Vgl. Chen.X., FX 2023, S. 140(149).

auf Antrag der Staatsanwaltschaft ein zweiter Berufsrichter hinzugezogen werden, wodurch ein erweitertes Schöffengericht gebildet wird (§ 29 Abs. 2 GVG), wovon jedoch selten Gebrauch gemacht wird. Diese Struktur zeigt eine deutliche Parallele zu den chinesischen Gerichtsverfahren, bei denen leichte Strafsachen von Einzelrichtern entschieden werden, während bei komplexeren oder bedeutenderen Fällen ein Kollegium herangezogen wird.

Eine übereinstimmende Überzeugung innerhalb eines Kollegialgerichts entsteht häufig durch das gemeinsame Erleben der Hauptverhandlung, die den Kern des Verfahrens darstellt, sowie durch den Meinungsbildungsprozess während der Beratung.[879] Die subjektive Gewissheit bleibt zwar ein zentrales Kriterium, jedoch findet die Überzeugungsbildung im Kollegialgericht im Rahmen sozialer Interaktionen zwischen den Mitgliedern statt.[880] Die Kammer muss dabei als geschlossene Einheit auftreten, sodass etwaige Meinungsverschiedenheiten, die während der Beratungen oder bei der Prozessplanung im Vorfeld aufgetreten sind, nicht vor den anderen Verfahrensbeteiligten offen ausgetragen werden dürfen.[881] Hier gilt sogar ein Beratungsgehimnis (§ 43 DRiG).

Insgesamt fällt auf, dass im Vergleich zu den angelsächsischen Ländern, in denen individuelle richterliche Unterschiede als Ursache von Strafungleichheiten intensiv und umfassend erforscht wurden, das Interesse der deutschen Rechtswissenschaft an diesem Thema deutlich geringer ist. Dies lässt sich bereits an der erheblich geringeren Zahl solcher empirischen Studien in Deutschland ablesen.[882] Der Grund dafür könnte darin liegen, dass nach der deutschen Gerichtsverfassung für schwerwiegende Delikte stets ein Kollegialgericht (Schöffengericht oder Strafkammer) zuständig ist. Einerseits verhindert ein solches Kollegialgericht extreme Ausreißer bei der Strafzumessung, andererseits erschwert die Kollektiventscheidung die Zurückführung des Strafmaßes auf persönliche Merkmale eines einzelnen Richters, was in angelsächsischen Systemen häufiger problematisiert wird.[883]

Die Konformität durch soziales Lernen, ein Konzept aus der Sozialpsychologie, beschreibt den Einfluss sozialen Drucks, unter dem Richter ihre Strafzumessungsentscheidungen an den Urteilen anderer Richter orientie-

879 LR/Stuckenberg, § 261 Rn. 13.

880 Vgl. Eisenberg, 2017, Rn. 94.

881 Vgl. Mall, in: Jung u.a.(Hrsg.), Strafverfahren und Kommunikationskompetenz - Ein Leitfaden für die universitäre Ausbildung, 2018, S. 91(95).

882 Vgl. Streng, 1984, S. 11 ff.

883 Vgl. Streng, 2012, Rn. 486.

ren. Nach sozialpsychologischer Theorie entsteht soziales Lernen durch die Beobachtung von Handlungen und deren Konsequenzen im sozialen Umfeld.[884] Empirische Studien aus China zeigen, dass dieses Phänomen auch in der kollektiven Entscheidungsfindung von Kollegialgerichten auftritt, insbesondere in Form von „*kollektiven Strafzumessungstendenzen*" （集体量刑倾向, ji ti liang xing qing xiang） zwischen unterschiedlichen Gerichten in vergleichbaren Fällen.[885]

Im Gegensatz zur Tatsachenfeststellung, die primär von objektiven Beweisen abhängt, ist die Genauigkeit der Strafzumessung stark von der Bildung, Erfahrung und beruflichen Ethik der Richter abhängig. Würde ein einzelner Richter die alleinige Entscheidungsbefugnis besitzen, wäre die wissenschaftliche Fundierung der Strafzumessung eingeschränkt, und es bestünde ein erhöhtes Risiko für Willkür und Korruption. Das kollektive Entscheidungsmodell hingegen stellt einen effektiven Mechanismus dar, um die freie richterliche Dispositionsbefugnis einzuschränken. In Gruppendiskussionen können rationale Argumentationen empirische Erfahrungslogiken überzeugen, was dazu führt, dass die Entscheidungen von Kollegialgerichten aus einer externen Perspektive objektiver und rationaler wirken als die Entscheidungen eines Einzelrichters.[886] Darüber hinaus ermöglicht die Transparenz unter den Entscheidungsträgern eine gegenseitige Kontrolle, die das Risiko des Machtmissbrauchs erheblich reduziert. Auch externe Einflüsse auf die Entscheidungsfindung werden durch die kollektive Struktur erschwert, da sie mehr Akteure überzeugen müssten, was die Manipulationsschwierigkeit erhöht.[887] Allerdings birgt dieses System auch Risiken: Sozialpsychologisch betrachtet führt die gegenseitige Beeinflussung in einer relativ abgeschlossenen sozialen Umgebung zu einer Verstärkung der bestehenden Meinungslandschaft. Für einzelne Richter, die unter dem Einfluss kollektiver Strafzumessungstendenzen stehen, wird es dadurch schwierig, diese Tendenzen trotz offensichtlicher Unangemessenheit durch die Ausübung individueller richterlicher Dispositionsfreiheit zu ändern.[888]

Sowohl das deutsche als auch das chinesische System streben durch die Kombination von Berufsrichtern und Laienrichtern eine Balance zwischen fachlicher Expertise und gesellschaftlicher Partizipation an, um sowohl

884 Bandura, 1969, S. 118.
885 Vgl. Wu.Y., FZYSHFZ 2024, S. 91(93 ff.).
886 Gunnell/Ceci, Behav Sci Law 2010, p.870.
887 Lan.J., XDFX 2013, S. 92(96 f.).
888 Wu.Y., FZYSHFZ 2024, S. 91(107).

Effizienz als auch Transparenz in der Rechtsprechung zu gewährleisten. Die Unterschiede zwischen dem deutschen Gerichtsverfassungsgesetz (GVG) und dem chinesischen Strafprozessgesetz (StPG) verdeutlichen jedoch die unterschiedlichen Präferenzen der Gesetzgeber beider Länder bei der Abwägung zweier Ansätze: *Einerseits der Erweiterung der Anzahl von Berufsrichtern, um die Gefahr einer willkürlichen Entscheidung durch Einzelrichter zu verringern, und andererseits der Einbeziehung von Laienrichtern, um den Grad der Demokratisierung und Transparenz der gerichtlichen Entscheidungen zu erhöhen.* Gemäß § 183 Abs. 1 und § 216 StPG schreibt das chinesische Recht bei zunehmender Komplexität oder Schwere eines Falles (z.B. wenn eine Freiheitsstrafe von mehr als drei Jahren zu erwarten ist) vor, dass zunächst die Anzahl der am Verfahren beteiligten Berufsrichter erhöht wird. Dies bedeutet, dass von einer Einzelrichterentscheidung zu einem Kollegialgericht aus drei Berufsrichtern gewechselt wird. Nur wenn zusätzliche Voraussetzungen erfüllt sind – etwa, dass der Fall das Interesse der Öffentlichkeit oder einer Personengruppe betrifft, breite gesellschaftliche Aufmerksamkeit erlangt oder eine erhebliche soziale Wirkung entfaltet (§ 15 VSG) – wird in Erwägung gezogen, ein oder zwei Berufsrichter durch Laienrichter (Volksschöffen) zu ersetzen. Es bleibt jedoch festzustellen, dass diese Regelungen keine klaren Kriterien für die Einbeziehung von Volksschöffen in das Kollegium vorsehen. Dadurch verfügen die zuständigen Gerichte über einen erheblichen Ermessensspielraum, was auch in der Praxis zu einem geringen Anteil von Volksschöffen in Gerichtsverfahren führt.[889] Darüber hinaus nehmen die Volksschöffen, selbst wenn sie Teil eines Kollegiums sind, eine eher marginalisierte Rolle ein. Da sowohl der vVrsitzende Richter als auch der zuständige Fallrichter Berufsrichter sind, bleibt der Einfluss der Laienrichter auf die Urteilsfindung oft deutlich hinter dem der Berufsrichter zurück.

Im Gegensatz dazu legt das deutsche Recht größeren Wert auf die Demokratisierung und Transparenz des Entscheidungsfindungsvorgangs durch die Einbindung von Laienrichtern im Spruchkörper. Sobald die Schwere eines Falls den Zuständigkeitsbereich des Einzelrichters überschreitet, schreibt das GVG vor, dass am Amtsgericht zunächst ein Schöffengericht aus einem Berufsrichter und zwei Laienrichtern (Schöffen) gebildet wird (§§ 28 und 29 Abs. 1 GVG). Nur in ganz außergewöhnlich umfangreichen Fällen kann ein zweiter Berufsrichter auf Antrag der Staatsanwaltschaft hinzugezogen werden (§ 29 Abs. 2 GVG). Ein Kollegialgericht, das ausschließ-

889 Vgl. Wang.X./Yu.X., FXJ 2023, S. 30(37 ff.).

lich aus Berufsrichtern besteht, wie es im chinesischen System möglich ist, ist für die erstinstanzliche Verhandlung vor deutschen Amtsgerichten unzulässig. Obwohl auch in Deutschland die Beteiligung rechtlich ungeschulter Laienrichter an Strafverfahren nicht unumstritten ist,[890] zeigt ein vergleichender Blick, dass Deutschland dem Wert der Laienbeteiligung, zumindest bei der Entscheidung über einfache, geringfügige Straftaten, die in die Zuständigkeit der Amtsgerichte fallen, größere Bedeutung beimisst und diesen Wert stärker schützt als das stärker auf kollektive Entscheidungen durch Berufsrichter ausgerichtete chinesische System.

Ähnlich wie in China zeigen auch empirische Untersuchungen in Deutschland, dass der Einfluss der Schöffen auf die Entscheidungen des Kollegialgerichts oft hinter den Erwartungen zurückbleibt: Während der Beweisaufnahme steht den Schöffen grundsätzlich ein uneingeschränktes Fragerecht zu, das sie berechtigt, den Angeklagten, Zeugen und Sachverständigen direkt zu befragen. In der Praxis wird dieses Recht jedoch selten wahrgenommen, weshalb eine explizite Erinnerung an dieses Recht sinnvoll erscheint. Eine Studie zeigt, dass 57 Prozent der Schöffen während der gesamten Hauptverhandlung keine einzige Frage stellten. Rund 12 Prozent der Schöffen stellten lediglich Fragen zu bereits behandelten Themen, und knapp 24 Prozent bezogen sich auf Aspekte, die aus rechtlicher Sicht unwesentlich eingestuft wurden.[891] Auch bei der abschließenden Urteilsberatung ist der Einfluss der Schöffen begrenzt. Laut derselben Studie äußerten sich die Schöffen in etwa der Hälfte der Fälle „kaum" oder nur sporadisch, in 30 Prozent der Fälle erst „auf ausdrückliche Aufforderung" und lediglich in 20 Prozent der Fälle aus eigener Initiative.[892] Diese Ergebnisse legen nahe, dass die Beteiligung der Schöffen an der Entscheidungsfindung zwar formal gewährleistet ist, ihre tatsächliche Wirkung jedoch durch passive Verhaltensweisen und eine geringe Inanspruchnahme ihrer Rechte erheblich eingeschränkt wird.

Wenn jedoch ein Fall komplexer wird und von einem Gericht höherer Ordnung (dem Landesgericht oder dem Oberlandesgericht) erstinstanzlich verhandelt werden muss, zeigt sich das deutsche Recht hinsichtlich der Beteiligung von Laienrichtern deutlich zurückhaltender. Für erstinstanzliche Strafsachen, die in die Zuständigkeit des Landgerichts fallen, ist in der

890 Siehe z.B. Börner, StraFo 2012, S. 434(434 ff.); Rönnau, JuS 2016, S. 500.

891 Mall, in: Jung u.a.(Hrsg.), Strafverfahren und Kommunikationskompetenz - Ein Leitfaden für die universitäre Ausbildung, 2018, S. 91(97); vgl. Duttge, JR 2006, S. 358(360).

892 Mall, a.a.O. S. 99; Duttge, S.360.

Regel die große Strafkammer zuständig, die aus drei Berufsrichtern und zwei Schöffen besteht (§ 76 Abs. 1 S. 1 GVG). Dabei beschränkt sich die Rolle der Schöffen auf die Mitwirkung an den Entscheidungen innerhalb der Hauptverhandlung, wohingegen Entscheidungen außerhalb der Hauptverhandlung, wie etwa die Entscheidung über die Eröffnung des Hauptverfahrens, ausschließlich von den drei Berufsrichtern getroffen werden (§ 76 Abs. 1 S. 2 GVG)[893]. In bestimmten Fällen kann die große Strafkammer auf zwei Berufsrichter und zwei Schöffen reduziert werden, was dann i.d.R. auch geschieht. Allerdings ist die Dreierbesetzung zwingend vorgeschrieben, wenn es sich um Entscheidungen des Schwurgerichts handelt (§ 74 Abs. 2 GVG) oder wenn Maßnahmen nach den §§ 63, 66 oder 66a StGB zu erwarten sind (§ 76 Abs. 2 S. 1 Nr. 1-2 GVG).[894] Ungeachtet dieser Regelungen behalten die Berufsrichter sowohl in der Anzahl als auch in ihren tatsächlichen Einflussfähigkeit eine deutlich überlegene Position gegenüber den Laienrichtern. Im Vergleich dazu ermöglicht das chinesische Volksrichtergesetz (VSG) bei Strafverfahren mit erheblicher gesellschaftlicher Bedeutung, in denen eine Freiheitsstrafe von mehr als zehn Jahren, eine lebenslange Freiheitsstrafe oder die Todesstrafe droht, die Bildung eines großen Kollegiums aus drei Berufsrichtern und vier Volksschöffen.[895]

Dieses erweiterte Modell, das eine bedeutende Beteiligung von bis zu vier nicht-professionellen Richtern vorsieht, kann auch bei komplexen erstinstanzlichen Strafverfahren unter der Zuständigkeit des oberen Volksgerichts angewandt werden. Im Gegensatz dazu schließt das deutsche Gerichtsverfassungsgesetz die Beteiligung von Laienrichtern bei erstinstanzlichen Strafsachen, die in die Zuständigkeit des Oberlandesgerichts fallen, das sind vor allem Staatsschutzdelikte und Straftaten nach dem Völkerstrafgesetzbuch, vollständig aus (§ 122 Abs. 1 GVG). Diese deutliche Abgrenzung unterstreicht die Zurückhaltung des deutschen Gesetzgebers, Laienrichter bei besonders schwerwiegenden und komplexen Strafverfahren einzubinden, was wiederum eine bemerkenswerte Differenzierung zum chinesischen Ansatz darstellt, der eine breitere Laienbeteiligung auch auf höheren gerichtlichen Ebenen ermöglicht.

Ein weiterer bemerkenswerter Unterschied zwischen den gerichtlichen Organisationssystemen Deutschlands und Chinas im Bereich der koordinativen Organisationsstruktur zeigt sich in der Organisation der Gerichte für

893 Vgl. Meyer-Goßner/Schmitt, § 76 GVG, Rn. 16.
894 Vgl. Meyer-Goßner/Schmitt, § 76 GVG, Rn. 3.
895 § 16 Abs. 1 VSG, in: Groth/Pißler, ZChinaR 2020, S. 247(250).

Rechtsmittel. Während im chinesischen Recht die Beteiligung von Volksschöffen sowohl in Berufungsverfahren als auch in Überprüfungsverfahren der Todesstrafe[896] vollständig ausgeschlossen ist, erlaubt das deutsche Gerichtsverfassungsgesetz die Mitwirkung von Laienrichtern auch in Berufungsverfahren, die in die Zuständigkeit des Landesgerichts fallen. Hier können Laienrichter in Form der kleinen Strafkammer an der Verhandlung teilnehmen (§ 76 Abs. 1 S. 2 GVG). Der Hauptgrund für diese Divergenz liegt in der unterschiedlichen Struktur des Rechtsmittels beider Länder. Die chinesischen Rechtsmittel unterscheiden nicht zwischen der auf die Überprüfung der Tatsachenfeststellung fokussierten Berufung und der auf Rechtsfragen beschränkten Revision, wie dies im deutschen Recht der Fall ist. Nach international anerkannten prozessrechtlichen Theorien sind nicht-professionelle Richter besser für die Beurteilung von Tatsachen geeignet, da diese durch intuitive Wahrnehmung erfolgen kann, wohingegen die Beurteilung von Rechtsfragen spezifische juristische Fachkenntnisse erfordert.[897] Dieses Verständnis prägt die Gestaltung der Beteiligung von Laienrichtern in den meisten Rechtssystemen.

Im US-amerikanischen Jury-System beispielsweise liegt die endgültige Entscheidung über Tatsachenfragen und die Schuld des Angeklagten bei der Jury, während prozessuale Rechtsfragen, wie die Zulässigkeit von Beweismitteln oder die Strafzumessung, außerhalb des Zuständigkeitsbereichs der Jury liegen. Im deutschen Schöffen-System wird hingegen eine klare Trennung von Tatsachen- und Rechtsfragen in erstinstanzlichen Strafverfahren nicht vorgenommen. Durch die Unterscheidung zwischen Berufung, die sich auf Tatsachenfeststellungen konzentriert, und Revision, die ausschließlich Rechtsfragen betrifft, wird jedoch im deutschen Rechtsmittelsystem gewährleistet, dass Laienrichter nur an Tatsachenfragen beteiligt sind. Folgerichtig sind Laienrichter von der Revision ausgeschlossen. In China spiegelt sich die Einschränkung der Mitwirkung von Volksschöffen bei der Beurteilung von Rechtsfragen nicht nur in ihrem vollständigen Ausschluss aus Beschwerdeverfahren wider, die gleichzeitig Tatsachen und Rechtsfragen betreffen, sondern auch in der Einschränkung ihrer Stimmrechte in komplexen Verfahren. Bei Verfahren, die vor einem siebenköpfigen Kollegium verhandelt werden, sind Volksschöffen beispielsweise auf die Stimmabgabe zu Tatsachenfragen beschränkt. Hinsichtlich der Beurteilung von Rechtsfragen haben sie lediglich das Recht, Meinungen zu äußern,

896 Siehe Teil 2. B. I. 1. (Vgl. Seite 55.)
897 Shapiro, 1981, S. 4 ff.

jedoch kein Stimmrecht, das direkten Einfluss auf die endgültige Entscheidung nehmen könnte.[898]

Zusammenfassend lässt sich festhalten, dass sowohl in Deutschland als auch in China Maßnahmen zur Demokratisierung und Transparenz von Entscheidungsfindungsvorgang durch die Beteiligung des nicht-professionellen Richters im Bereich der Strafzumessung nur begrenzt Wirkung entfalten. Die Strafzumessung stellt eine besondere Herausforderung dar, da sie nicht durch einfache und gut umsetzbare Entscheidungsregeln – wie beispielsweise das Prinzip der Unschuldsvermutung – vereinfacht werden kann. Stattdessen erfordert sie eine komplexe Abwägung zwischen Vergeltungs-, Generalpräventions- und Spezialpräventionsstraftheorien. Diese multidimensionalen Interessen und die zugrunde liegenden Strafzumessungstheorien setzen fundierte juristische Fachkenntnisse voraus, die Laienrichtern in der Regel fehlen. Aus der Perspektive der koordinativen Organisationsstruktur der Gerichtssysteme beider Länder erscheint daher die Transformation von Einzelrichtergericht hin zu kollegialen Entscheidungen durch mehrere Berufsrichter als eine vorzugswürdigere Methode, um die richterliche Freiheit im Bereich der Strafzumessung einzuschränken. Die Bildung eines Kollegiums aus Fachrichtern ermöglicht eine professionelle, kollektive Entscheidungsfindung, die die Qualität und Konsistenz von Strafzumessungsentscheidungen erhöht und zugleich das Risiko willkürlicher Urteile einzelner Richter minimiert. Dieser Ansatz spiegelt nicht nur die Bedeutung einer gut ausbalancierten Entscheidungsstruktur wider, sondern auch die Notwendigkeit, die Strafzumessung auf eine fundierte juristische Grundlage zu stellen.

C. Die hierarchische Organisationsstruktur des Gerichtssystems

Die juristische Praxis zeigt, dass das Problem der Strafzumessungsungleichheit vor allem in einer *horizontalen Disparität* liegt, das heißt in unangemessenen Unterschieden zwischen verschiedenen Gerichten und Richtern bei der Strafzumessung in vergleichbaren Fällen. Dagegen ist die *vertikale Disparität* – also die Strafzumessungsinkonsistenz desselben Richters in aufeinanderfolgenden Fällen – in der Regel weniger ausgeprägt. Eine logisch nachvollziehbare Lösung zur Reduzierung dieser Ungleichheiten besteht deshalb darin, die Anzahl der Entscheidungsträger zu verringern und

898 Vgl. § 22 VSG, in: Groth/Pißler, ZChinaR 2020, S. 247(251).

mehr Fälle wenigeren Entscheidungsträgern höherer Ordnung zuzuweisen, um so die Konsistenz in der Strafzumessung zu fördern. Wie eine administrative Organisation kann das Gerichtssystem eine hierarchische Struktur entwickeln, bei der Entscheidungen durch übergeordnete Entscheidungsträger innerhalb des Gerichts überprüft werden. Diese interne Kontrolle durch Vorgesetzte ermöglicht es, die Strafzumessung auf Gleichmäßigkeit zu überprüfen und Abweichungen zu minimieren (I.). Eine weitere, weit verbreitete Methode zur Förderung der Strafzumessungsgleichheit ist die Implementierung von Rechtsbehelfen, die es ermöglichen, dass Entscheidungen eines Gerichts durch eine übergeordnete Instanz überprüft werden. Diese Mechanismen gestatten es den Parteien, die Strafzumessungsentscheidungen der unteren Gerichte anzufechten, während die höheren Gerichte befugt sind, sowohl die Rechtmäßigkeit als auch die Angemessenheit der erstinstanzlichen Strafzumessung zu überprüfen. Da Straffragen häufig als Rechtsfragen und nicht als Tatsachenfragen eingestuft werden, erlauben viele Länder sogar, solche Fälle bis vor die höchsten Gerichte zu bringen. Durch diese mehrstufige Überprüfung wird die Ungleichheit der Strafzumessung systematisch reduziert und gleichzeitig die Kohärenz der Rechtsprechung gestärkt. (II.).[899]

I. Die Hierarchisierung innerhalb eines Gerichts – Das administrative Überprüfungsmodell der Entscheidungsfindung in der chinesischen Justiz

Obwohl die StPG die Zuständigkeiten der verschiedenen Gerichtsinstanzen, die entsprechenden Spruchkörper (Einzelrichter oder Kollegien) sowie die Bedingungen für die Beteiligung von Volksschöffen klar geregelt hat, weist die Organisation des chinesischen Gerichtssystems in der Praxis eine hierarchische Struktur auf, die durch „Multisubjektivität, Hierarchisierung und Komplexität“ gekennzeichnet ist.[900]

Die Multi-Subjektivität zeigt sich darin, dass die Urteilsfindung durch die Beteiligung mehrerer Akteure innerhalb desselben Gerichts erfolgt. Neben dem zuständigen Einzelrichter oder dem Kollegium nehmen in China auch der Abteilungsleiter, der Gerichtspräsident und sogar der Rechtsprechungsausschuss Einfluss auf den Entscheidungsprozess, wobei

899 Vgl. Lan.J., XDFX 2013, S. 92(96 f.).
900 Vgl. Gu.P., FXYJ 2011, S. 3(5).

diese Vielzahl an Akteuren in unterschiedlichen Phasen das Ergebnis der Urteilsfindung prägt. Die Hierarchisierung manifestiert sich in den klaren Unterordnungsverhältnissen zwischen Kollegien, Abteilungsleitern, Gerichtspräsidenten und dem Rechtsprechungsausschuss, die oft direkt in die Entscheidungsfindung einfließen und die tatsächliche Unabhängigkeit der Spruchkörper beeinträchtigen, was in Deutschland natürlich mit Art. 97 GG; § 25 DRiG unvereinbar wäre. Hinsichtlich der Komplexität durchläuft ein einzelner Fall in derselben Instanz häufig mehrere Subjekte und hierarchische Ebenen, bevor eine endgültige Entscheidung gefällt wird. Dieser vielschichtige Entscheidungsprozess führt zu einer „zusammengesetzten" Entscheidungsfindung, bei der verschiedene Meinungen und Perspektiven in den finalen Urteilsspruch einfließen.[901] Diese „multi-subjektive, hierarchisierte und komplexe" Organisationsstruktur verzerrt in der Praxis die in der Strafprozessordnung vorgesehene unabhängige Entscheidungsbefugnis von Einzelrichtern oder Kollegien erheblich. Die tatsächliche Entscheidungsfindung ähnelt vielmehr einem administrativen Genehmigungsverfahren, das die richterliche Unabhängigkeit zugunsten einer kollektiven Kontrolle und Abstimmung innerhalb des Gerichts stark einschränkt.

Wie bereits erwähnt, ist bei Strafsachen, die über die Zuständigkeit des Einzelrichters hinausgehen und daher von einem Kollegium verhandelt werden müssen, üblicherweise ein zuständiger Fallrichter innerhalb des Kollegiums verantwortlich, der die meisten vorbereitenden Arbeiten übernimmt (Art. 3 BSKV).[902] Dieser Fallrichter übt dadurch oft einen weit größeren Einfluss auf die Entscheidungsfindung aus als andere Berufsrichter oder Volksschöffen und wird faktisch zum alleinigen Entscheidungsträger, einer Art „Einzelrichter im Kollegium". Dieses System, bei dem der Fallrichter als zentrale Figur des Spruchkörpers agiert, dient in erster Linie der administrativen Verwaltung des Gerichts und der effektiven Steuerung des Verfahrensverlaufs. Fälle werden einem bestimmten Richter zugewiesen, der nicht nur für die vollständige Durchführung und Entscheidung des Verfahrens verantwortlich ist, sondern auch der Leistungsbewertung durch das eigene sowie das übergeordnete Gericht unterliegt. Sollte dem Richter bei der Bearbeitung des Falls ein Fehler unterlaufen, trägt er zudem die Hauptverantwortung im Rahmen der sogenannten „Fehlerfall-Verantwort-

901 Gu.P., a.a.O. S. 5.

902 Vgl. Art. 3 BSVK; siehe: Bestimmungen zur weiteren Stärkung der Verantwortungen der Kollegien (《最高人民法院关于进一步加强合议庭职责的若干规定》), BOV, 2010, Nr. 1.

lichkeit“[903]. Gleichzeitig spielt der Fallrichter auch in den späteren Überprüfungsphasen von höher gestellten Führungspersonen – wie etwa den Abteilungsleitern, den Gerichtspräsidenten oder den Rechtsprechungsausschuss – eine zentrale Rolle. Seine mündlichen Berichte sind meist die primäre Informationsquelle für diese Entscheidungsträger und beeinflussen deren Beurteilungen erheblich. In Fällen, die besondere Aufmerksamkeit des übergeordneten Gerichts oder anderer höherer Institutionen auf sich ziehen, ist der Fallrichter zudem verpflichtet, weitere Berichte an diese Stellen zu erstatten. Diese Berichte bilden häufig die direkte Grundlage für Anweisungen oder Entscheidungen, die von diesen Institutionen erteilt werden.[904]

In den Volksgerichten Chinas werden Fachabteilungen für Straf-, Zivil- und Verwaltungssachen eingerichtet, deren administrative Leiter als Abteilungsleiter fungieren[905]. Obwohl die Praxis der Fallprüfung durch Gerichtspräsidenten und Abteilungsleiter keine gesetzliche Grundlage hat, ist sie in der chinesischen Justiz weit verbreitet und fest etabliert[906]. Diese sogenannte „Überprüfung und Genehmigung durch den Gerichtspräsidenten oder Abteilungsleiter“ bezieht sich auf die Überprüfung und Genehmigung der Urteilsentwürfe, die von Einzelrichtern oder Kollegien ausgearbeitet wurden, ohne dass diese Führungspersonen selbst an der Verhandlung teilgenommen haben.[907] In der gerichtlichen Praxis werden insbesondere Fälle mit großer gesellschaftlicher Bedeutung oder kontroversen Aspekten vor der offiziellen Verkündung des Urteils in der Regel zur Genehmigung an den zuständigen Abteilungsleiter und den Gerichtspräsidenten weitergeleitet. Falls deren Ansichten von den Entscheidungen des Einzelrichters oder Kollegiums abweichen, äußern sie oft eigene Urteilsvorschläge, denen die Mitglieder des Kollegiums meist folgen. Auch wenn einige Volksgerichte in den letzten Jahren die Befugnisse von Präsidenten und Abteilungsleitern eingeschränkt haben – beispielsweise durch Regelungen, die ihnen verbieten, Entscheidungen direkt zu ändern –, bleibt die Möglichkeit bestehen, bei Meinungsverschiedenheiten eine erneute Beratung des Kollegiums zu verlangen. Sollte auch danach keine Übereinstimmung erzielt werden, kann

903 Vgl. Chen.R., JLDXSHKXXB 2008, S. 134(135).
904 Vgl. Chen.R., JLDXSHKXXB 2008, S. 134(135).
905 Zu diesen Abteilungen innerhalb der Volksgerichte siehe Pißler, Einleitung, in: Pißler(Hrsg.), Handbuch des chinesischen Zivilprozessrechts, 2018, S. 1 ff.
906 Vgl. Chen.R., JLDXSHKXXB 2008, S. 134(135).
907 Chen.R., a.a.O. S.135.

der Fall an den Rechtsprechungsausschuss zur weiteren Diskussion weitergeleitet werden.

Diese Befugnisse der Gerichtspräsidenten und Abteilungsleiter beeinträchtigen die Unabhängigkeit der Einzelrichter und Kollegien erheblich und erhöhen das Risiko administrativer Korruption. Um diesen Einfluss zu begrenzen und unangemessene Eingriffe von Beamten innerhalb des Justizsystems zu verhindern, veröffentlichte die Chinesische Zentralpolitische und Rechtliche Kommission im März 2015 *die Regelungen zur Dokumentation und Verantwortlichkeit bei der Einflussnahme von Justizmitarbeitern auf Fälle* (verkürzt: RDVEJ).[908] Diese Bestimmungen fordern, dass „Führungskräfte und Mitarbeiter von Justizbehörden, die in ihrer Funktion als Aufsichtsorgane Anweisungen zu laufenden Fällen geben, dies schriftlich und gemäß festgelegter Verfahren tun. Mündliche Anweisungen müssen von den zuständigen Bearbeitern dokumentiert werden." (Art. 4 RDVEJ)[909] Darüber hinaus sind die Spruchkörper gesetzlich und organisatorisch geschützt, wenn sie solche Eingriffe dokumentieren (Art. 6 RDVEJ).[910] Es ist untersagt, die zuständigen Richter aus Rachemaßnahmen wie Degradierung, Versetzung oder Entlassung auszusetzen, sofern keine gesetzlich geregelten Gründe vorliegen (Art. 7 RDVEJ).[911] Laut der Justizauslegung des Obersten Volksgerichts zur RDVEJ sind die Gerichte verpflichtet, spezielle Datenbanken in ihren Fallinformationssystemen einzurichten, um Informationen über interne Eingriffe zu erfassen, zu speichern und zu verwalten. Die Aufsicht über diese Datenbanken obliegt den Überwachungsabteilungen der Gerichte[912].

---

908 Siehe: Die Regelungen zur Dokumentation und Verantwortlichkeit bei der Einflussnahme von Justizmitarbeitern auf Fälle （中央政法委印发《司法机关内部人员过问案件的记录和责任追究规定》）, BOV 2015, Nr. 10.

909 Art. 4 RDVEJ, siehe: Die Regelungen zur Dokumentation und Verantwortlichkeit bei der Einflussnahme von Justizmitarbeitern auf Fälle （中央政法委印发《司法机关内部人员过问案件的记录和责任追究规定》）, BOV 2015, Nr. 10.

910 Vgl. Art. 6 RDVEJ, siehe: Die Regelungen zur Dokumentation und Verantwortlichkeit bei der Einflussnahme von Justizmitarbeitern auf Fälle （中央政法委印发《司法机关内部人员过问案件的记录和责任追究规定》）, BOV 2015, Nr. 10.

911 Vgl. Art. 7 RDVEJ, siehe: Die Regelungen zur Dokumentation und Verantwortlichkeit bei der Einflussnahme von Justizmitarbeitern auf Fälle （中央政法委印发《司法机关内部人员过问案件的记录和责任追究规定》）, BOV 2015, Nr. 10.

912 Vgl. Art. 9 von die Justizauslegung zu den Regelungen zur Dokumentation und Verantwortlichkeit bei der Einflussnahme von Justizmitarbeitern auf Fälle （最高人民法院关于印发《人民法院落实〈司法机关内部人员过问案件的记录和责任追究规定〉的实施办法》）, BOV 2015, Nr. 11.

Über den Gerichtspräsidenten und Abteilungsleitern hinaus verfügen chinesische Gerichte aller Instanzen über Rechtsprechungsausschüsse, die für die endgültige Entscheidungsfindung in besonders komplexen oder bedeutenden Fällen zuständig sind. Gemäß den Bestimmungen der Volksgerichtsordnung (VVC) sind solche Ausschüsse an allen Volksgerichten einzurichten. Die Mitglieder der Ausschüsse bestehen in der Regel aus dem Gerichtspräsidenten, den Abteilungsleitern sowie einigen erfahrenen Richtern, wobei die Mitgliederzahl ungerade sein muss (§ 36 Abs. 1 VVC).[913] Zu den zentralen Funktionen der Rechtsprechungsausschüsse zählen: die Zusammenfassung von Erfahrungen aus der Rechtsprechungsarbeit, die Diskussion und Entscheidung über die Rechtsanwendung in erheblichen, schwierigen und komplexen Fällen, die Entscheidung über die Durchführung eines Wiederaufnahmeverfahrens bei rechtskräftigen Urteilen, Beschlüssen oder Schlichtungsurkunden sowie die Erörterung anderer wichtiger Fragen im Zusammenhang mit der Rechtsprechungsarbeit (§ 37 Abs. 1 VVC).[914] Darüber hinaus sieht die VVC vor, dass das Oberste Volksgericht in Fällen, in denen es eine Auslegung zu Fragen der konkreten Rechtsanwendung vornimmt, diese durch eine Plenarsitzung des Rechtsprechungsausschusses genehmigen lassen muss. Die Verkündung von anleitenden Fällen kann hingegen auf einer Sitzung eines Fachausschusses des Rechtsprechungsausschusses beschlossen werden (§ 37 Abs. 2 VVC).[915] Der Rechtsprechungsausschuss wird allgemein als eine weitere Form des Spruchkörpers angesehen, die neben dem Einzelrichter und dem Kollegium in chinesischen Gerichten existiert.[916] Außerdem fungiert er als ein kollektives Führungsorgan innerhalb der Gerichte.[917] Diese duale Rolle, die sowohl judikative als auch administrative Elemente umfasst, macht den Rechtsprechungsausschuss zu einem zentralen Akteur in der Entscheidungsstruktur der chinesischen Justiz. Die Existenz eines solchen Ausschusses spiegelt die Besonderheiten des chinesischen Gerichtssystems wider, das durch eine starke Hierarchisierung und kollektive Entscheidungsfindung gekennzeichnet ist. Während der Rechtsprechungsausschuss in der Lage ist, durch kollektive Diskussionen die Konsistenz und Qualität der Rechtsprechung zu

913 § 36 VVC, in: He/Kränzle/Röseler/Schmidt/Pißler/Thaler, ZChinaR 2019, S. 285(291).
914 § 37 Abs. 2 VVC, in: He/Kränzle/Röseler/Schmidt/Pißler/Thaler, ZChinaR 2019, S. 285(291).
915 § 37 Abs. 2 VVC, in: He/Kränzle/Röseler/Schmidt/Pißler/Thaler, ZChinaR 2019, S. 285(292).
916 Vgl. Chen.G., 2021, S. 67.
917 Vgl. Xiao, J.Guo/Xiao, J.Guang, BJKJDXXB 2002, S. 60(61).

fördern, stellt seine Struktur auch eine potenzielle Einschränkung der richterlichen Unabhängigkeit dar, da die endgültigen Entscheidungen häufig von den höchsten administrativen Ebenen des Gerichts beeinflusst werden. Dies führt zu einer Verwischung der Grenze zwischen richterlicher und administrativer Autorität, die in anderen Rechtssystemen meist schärfer gezogen wird.

Das System des Rechtsprechungsausschusses wurde ursprünglich von chinesischen Gesetzgebern auf Basis der Erfahrungen mit dem Justizsystem der Sowjetunion eingeführt, um „die potenzielle richterliche Willkür, die durch die richterliche Unabhängigkeit in kapitalistischen Rechtssystemen entstehen könnte, zu vermeiden."[918] Bereits in Art. 15 der vorläufigen Organisationsordnung der Volksgerichte von 1951 wurde festgelegt, dass alle Ebenen der Volksgerichte einen Rechtsprechungsausschuss einrichten sollen, bestehend aus dem Gerichtspräsidenten, den Abteilungsleitern und den Richtern. Die Hauptaufgaben dieser Ausschüsse umfassten die Bearbeitung wichtiger oder komplexer Fälle in Straf- und Zivilsachen sowie die politische und fachliche Leitung der gerichtlichen Arbeit.[919] In der frühen Phase der Volksrepublik China leistete die Einrichtung der Rechtsprechungsausschüsse einen bedeutenden Beitrag zur gerichtlichen Praxis. Aufgrund des Mangels an umfassenden materiellen und prozessualen Rechtsvorschriften sowie einer begrenzten Anzahl an gut ausgebildeten Richtern trugen diese Ausschüsse dazu bei, die Korrektheit und Rechtmäßigkeit der Urteile zu gewährleisten. Besonders in einer Zeit, in der die neu gegründeten Justizorgane jährlich eine Vielzahl von Fällen zu bewältigen hatten, erwies sich diese kollektive Entscheidungsstruktur als effektiv. Mit der fortschreitenden Normierung moderner gerichtlicher Verfahren, insbesondere im Bereich des Strafprozesses, wurde das System des Rechtsprechungsausschusses jedoch zunehmend aus legitimer Perspektive kritisiert. Die durch dieses System geprägte Intransparenz und die stark hierarchisierte Organisation stehen im Widerspruch zu den Prinzipien eines modernen Rechtsstaates, der auf Transparenz und richterlicher Unabhängigkeit basiert. Die ursprünglichen Vorteile dieses Systems, die in einer Mangelwirtschaft der juristischen Ressourcen begründet waren, wurden mit der Professionalisierung und

918 Xiao, J.Guo/Xiao, J.Guang, BJKJDXXB 2002, S. 60(60); Vgl. Gu.P., FXYJ 2011, S. 3(6).

919 Xiao, J.Guo/Xiao, J.Guang, a.a.O. S. 60 f.

Weiterentwicklung des chinesischen Justizsystems allmählich in Frage gestellt.[920]

Das administrative Überprüfungssystem, die auf der Fallüberprüfung durch Gerichtspräsidenten, Abteilungsleiter und Rechtsprechungsausschüsse basiert, wird nicht nur wegen ihrer potenziellen Förderung von justizieller Korruption kritisiert, sondern auch aus zwei weiteren zentralen Gründen: Erstens führt dieses Modell zu einer hohen Intransparenz im Entscheidungsprozess der Gerichte. Zwar ermöglicht die hierarchische, stufenweise Überprüfung eine Begrenzung des Entscheidungsspielraums einzelner Richter, doch wird dadurch die Unabhängigkeit der Spruchkörper, sei es eines Einzelrichters oder eines Kollegiums, erheblich beeinträchtigt. Diese Einschränkung steht im Widerspruch zu den Grundprinzipien einer unabhängigen Justiz.[921] Zweitens basiert die Entscheidungsfindung durch Präsidenten, Abteilungsleiter und Rechtsprechungsausschüsse häufig lediglich auf Akteneinsicht, Protokollen und mündlichen Berichten des zuständigen Fallrichters, da sie in der Regel nicht persönlich an der Hauptverhandlung teilnehmen. Diese administrative Praxis führt dazu, dass die finalen Urteile nicht auf Informationen aus der direkten Kommunikation in der Verhandlung basieren. Dies verstößt gegen das Unmittelbarkeitsprinzip und das Mündlichkeitsprinzip und unterminiert somit viele Verfahrensvorschriften der Strafprozessordnung.[922]

Als Reaktion auf diese Probleme veröffentlichte der Oberste Volksgerichtshof im Oktober 2013 den *Pilotplan zur Reform des Mechanismus der Ausübung gerichtlicher Befugnisse* (verkürzt: PpRMAB), der die „Beseitigung der Verwaltungsorientierung im Mechanismus der Ausübung gerichtlicher Befugnisse“ als zentrales Ziel der Justizreform formulierte (Art. 1 PpRMAB).[923] Der Plan sieht vor, dass auch Gerichtspräsidenten, Abteilungsleiter und Mitglieder der Rechtsprechungsausschüsse persönlich an Kollegien teilnehmen und Fälle verhandeln sollen(Art. 2 PpRMAB).[924] Zudem soll der Diskussionsumfang der Rechtsprechungsausschüsse auf

920 Xiao, J.Guo/Xiao, J.Guang, a.a.O. S. 63 f.

921 Xiao, J.Guo/Xiao, J.Guang, a.a.O. S. 63.

922 Vgl. Gu.P., ZGFX 2014, S. 284(287).

923 Art. 1 PpRMAB, siehe: Pilotplan zur Reform des Mechanismus der Ausübung gerichtlicher Befugnisse（最高人民法院印发《关于审判权运行机制改革试点方案》）, BOV 2013, Nr. 227.

924 Vgl. Art. 2 PpRMAB, siehe: Pilotplan zur Reform des Mechanismus der Ausübung gerichtlicher Befugnisse（最高人民法院印发《关于审判权运行机制改革试点方案》）, BOV 2013, Nr. 227.

schwierige Rechtsanwendungsfragen beschränkt werden (Art. 12 PpRMAB).[925] Allerdings verbietet der Reformplan weder die Fallüberprüfung durch Gerichtspräsidenten und Abteilungsleiter noch negiert er die Rolle der Rechtsprechungsausschüsse als übergeordnete Spruchkörper gegenüber Einzelrichtern und Kollegien. Wie einige Wissenschaftler betonen, wird der Rechtsprechungsausschuss, solange seine Zusammensetzung unverändert bleibt und die Gerichte weiterhin administrative Ämter wie die des Gerichtspräsidenten und des Abteilungsleiters behalten, niemals ein echtes Kollegium im Sinne eines unabhängigen richterlichen Spruchkörpers werden. Stattdessen bleibt der Ausschuss seiner Grundstruktur nach einem administrativen Gremium, das die Eigenschaften einer gerichtsinternen Verwaltungsbesprechung beibehält.[926]

Die stark administrative Struktur der Entscheidungsfindung in China, insbesondere das System des Rechtsprechungsausschusses, ist dennoch nicht absolut unvereinbar mit dem chinesischen Rechtssystem. Im Gegenteil, es gibt Argumente, die sowohl aus verfassungsrechtlicher als auch aus praktischer Perspektive für eine Koexistenz sprechen. Einerseits betont das chinesische Verfassungsgesetz die Unabhängigkeit der Gerichte, nicht aber die der einzelnen Richter oder Spruchkörper. Gemäß Art. 126 des chinesischen Verfassungsgesetzes üben die Volksgerichte ihre richterliche Gewalt unabhängig und gesetzeskonform aus, ohne Einflussnahme durch *administrative Organe, gesellschaftliche Organisationen oder Einzelpersonen.* Der Wortlaut des Gesetzes enthält jedoch keine Bestimmung (wie Art. 97 GG; § 25 DRiG) zur Unabhängigkeit einzelner Richter und lässt sich nicht so interpretieren, dass Richter alleinige Entscheidungsbefugnis besitzen.[927] Die administrative Entscheidungsstruktur, einschließlich der Rechtsprechungsausschüsse, steht daher nicht im Widerspruch zur verfassungsrechtlich garantierten Unabhängigkeit der chinesischen Gerichte als Institutionen.

Andererseits gibt es auch praktische Gründe, die für die Beibehaltung solcher Strukturen sprechen. Mit der zunehmenden Komplexität strafrechtlicher Fälle und der steigenden Schwierigkeit bei der Streitbeilegung müssen Richter bei der Entscheidungsfindung oft eine Vielzahl von Faktoren berücksichtigen. Das System des Rechtsprechungsausschusses ermöglicht es, durch kollektive Diskussionen die Genauigkeit und Einheitlichkeit der

925 Vgl. Art. 12 PpRMAB, siehe: Pilotplan zur Reform des Mechanismus der Ausübung gerichtlicher Befugnisse（最高人民法院印发《关于审判权运行机制改革试点方案》）, BOV 2013, Nr. 227.

926 Chen.R., JLDXSHKXXB 2008, S. 134(135).

927 Vgl. Gu.P., FXYJ 2011, S. 3(9).

Strafzumessungsentscheidungen, insbesondere in schwierigen Fällen, zu verbessern.[928] Ein weiterer Vorteil des Systems ergibt sich aus der Regelung der chinesischen Strafprozessordnung, die für Kollegien ein Mehrheitsentscheidungsprinzip vorschreibt. Während diese Regelung bei binären Entscheidungen – etwa der Beurteilung von Schuld oder Unschuld – effektiv funktioniert, stößt sie bei der Strafzumessung, wo oft vielfältige Meinungen vorherrschen, an ihre Grenzen. In solchen Fällen kann es vorkommen, dass jedes Mitglied des Kollegiums unterschiedliche Ansichten vertritt, was zu einer Pattsituation oder einem schwer aufzulösenden Konflikt führt. Hier bieten die Rechtsprechungsausschüsse eine effektive Möglichkeit, interne Meinungsverschiedenheiten zu überwinden. Durch die Einbeziehung eines breiteren Gremiums können kontroverse Fragen diskutiert und eine konsensbasierte Entscheidung getroffen werden, die die kollektive Meinung des Gerichts widerspiegelt. Auch wenn all dies dem deutschen Strafjuristen gänzlich fremd erscheinen mag, sei zumindest an § 132 GVG und die Bildung von Großen Senaten beim Bundesgerichtshof erinnert, die auch die Wahrung der Einheitlichkeit der Rechtsprechung zum Ziel hat.

Zudem haben die Prinzipien der Mündlichkeit und Unmittelbarkeit, die in vielen westlichen Rechtssystemen zentrale Verfahrensgrundsätze darstellen, im chinesischen Strafprozessrecht nie denselben Stellenwert erreicht. Mit dem Fortschritt moderner Technologien und der zunehmenden Akzeptanz von Online-Verhandlung wird die Notwendigkeit „physischer Nähe“ zwischen Richtern und Verfahrensbeteiligten hinterfragt.[929] Einige Wissenschaftler argumentieren, dass die Digitalisierung von Gerichtsverfahren – einschließlich der Verschriftlichung von Aussagen, der elektronischen Archivierung von Beweismaterial und der Audio- oder Videoaufzeichnung von Hauptverhandlungen – mittlerweile zur gängigen Praxis gehört. In diesem Kontext erscheint die Forderung nach einer „nahsichtigen Beobachtung“ der Verfahrensbeteiligten durch Richter als anachronistisch. Solche Anforderungen würden, wie Kritiker betonen, einem „Denken in der Ära der kalten Waffen in einer Zeit moderner Kriegsführung“ gleichen.[930]

Zuo.W. untersuchte anhand von Daten aus dem Jahr 2014 zur Zusammensetzung und Funktionsweise der Rechtsprechungsausschüsse in den

928 Vgl. Lan.J., XDFX 2013, S. 92(97).
929 Vgl. Gu.P., ZGFX 2014, S. 284(289).
930 Gu.P., a.a.O. S. 290.

Gerichten der Provinz A[931] deren Praxis.[932] Die Ergebnisse zeigen ein ambivalentes Bild des Systems: Einerseits weisen die Ausschüsse einen hohen Grad an Administrativität auf, da 93% ihrer Mitglieder administrative Führungspositionen innehaben. Andererseits verfügen 84% der Mitglieder über mehr als zehn Jahre Berufserfahrung als Richter, und 94% besitzen einen Abschluss in Rechtswissenschaften. Dies deutet darauf hin, dass die Mitglieder der Rechtsprechungsausschüsse sowohl eine hohe fachliche Expertise als auch eine starke bürokratische Orientierung vereinen. Es wäre daher nicht gerechtfertigt, die Zusammensetzung dieser Gremien allein wegen des hohen Anteils an administrativen Führungskräften negativ zu bewerten.[933]

In der Praxis besteht die Hauptaufgabe der Rechtsprechungsausschüsse in der Diskussion konkreter Fälle, die 93,3% ihrer Tätigkeit ausmacht, während nur 6,7 % ihrer Arbeit auf die Erörterung allgemeiner Rechtsanwendungsfragen entfällt. Dies zeigt, dass die Ausschüsse primär als Entscheidungsträger für Einzelfälle fungieren und ihre ursprüngliche Funktion zur übergeordneten Steuerung der Rechtsprechung nur begrenzt erfüllen.[934] Gleichzeitig ist ihr Einfluss auf das Gesamtfallvolumen der Gerichte eher marginal. Selbst in den mittleren Volksgerichten, wo der Anteil am höchsten ist, liegt der Anteil der durch Rechtsprechungsausschüsse entschiedenen Fälle bei etwa 5 %, während er in den unteren Volksgerichten oft unter 1 % bleibt.[935]

Hinzu kommt, dass die von den Rechtsprechungsausschüssen behandelten Fälle nicht zwangsläufig den Charakter besonders schwieriger, komplexer oder bedeutender Fälle haben. Viele der diskutierten Fälle weisen weder hohe fachliche Anforderungen noch außergewöhnliche Umstände auf. Die Auswahl der diskutierten Fälle wird vielmehr durch historische und systemische Faktoren geprägt. Beispielsweise werden Fälle, in denen die Staatsanwaltschaft staatsanwaltschaftliche Beschwerde einlegt, häufig den Rechtsprechungsausschüssen vorgelegt, da die Beziehungen zwischen

931 Der spezifische Name der Provinz A wurde in der Veröffentlichung anonymisiert. Die Gerichte dieser Provinz umfassen insgesamt 209 Volksgerichte, darunter ein oberes Volksgericht, 22 mittlerer Volksgerichte und 186 unterer Volksgerichte; vgl. Zuo.W., FXYJ 2016, S. 159(160).

932 Vgl. Zuo.W., FXYJ 2016, S. 159(159 ff.).

933 Zuo.W., a.a.O. S. 160.

934 Zuo.W., a.a.O. S. 162.

935 Zuo.W., a.a.O. S. 163 f.

Gerichten und Staatsanwaltschaft in der gegenwärtigen chinesischen Justizstruktur einer sorgfältigen Handhabung bedürfen.[936]

II. Die Kontrolle der Strafzumessungsentscheidungen durch übergeordnete Gerichte in China

Die Volksgerichte Chinas sind in vier Instanzen unterteilt: das Oberste Volksgericht, die oberen Volksgerichte, die mittleren Volksgerichte und die unteren Volksgerichte. Die Entscheidungsfindung der Volksgerichte niederer Ordnung unterliegt der Aufsicht der Volksgerichte höherer Ordnung. Neben der internen Überprüfung von Entscheidungen innerhalb eines Gerichts verfügen die übergeordneten Gerichte in China auch über die Möglichkeit, den Entscheidungsspielraum der Strafzumessung der Gerichte niederer Ordnung einzuschränken. Dieser Kontrollmechanismus kann je nach Zeitpunkt der Intervention in zwei Kategorien unterteilt werden: die nachhaltige Überprüfung (nach der Urteilsverkündung) und die vorherige Genehmigung (vor der Urteilsverkündung). Diese Mechanismen ermöglichen es den höheren Instanzen, die Entscheidungsprozesse der unteren Volksgerichte entweder präventiv oder nachträglich zu steuern.

1. Nachhaltige Überprüfung von Strafzumessungsentscheidungen – Die Rechtsbehelfen im chinesischen Strafprozessrecht

Die nachhaltige Überprüfung von Strafzumessungsentscheidungen durch übergeordnete Volksgerichte bezieht sich auf Mechanismen, bei denen ein übergeordnetes Gericht nach der formellen Entscheidungsverkündung eines untergeordneten Gerichts die Strafzumessung gemäß den Vorschriften der Rechtsbehelfe prüft und die Entscheidung bestätigen, ändern oder aufheben. Im chinesischen Strafprozessrecht lassen sich diese Rechtsbehelfe in drei Arten unterteilen:

a) Verfahren im zweiten Rechtszug (Berufungsverfahren), bei denen das übergeordnete Gericht das Urteil des untergeordneten Gerichts auf Antrag einer Partei überprüft.
b) Überprüfungsverfahren der Todesstrafe, in denen Todesurteile zwingend von höheren Gerichten überprüft werden müssen, bevor sie rechtskräftig werden.

936 Zuo.W., a.a.O. S. 165 f.

c) Verfahren zur Überwachung von Entscheidungen (Wiederaufnahmeverfahren), bei denen bereits rechtskräftige Urteile in Ausnahmefällen auf Antrag oder von Amts wegen überprüft werden können, um Rechtsfehler zu korrigieren.

Nach § 10 StPG gilt im chinesischen Strafprozessrecht die Institution der abschließenden Behandlung in zweiter Instanz（两审终审制，liang shen zhong shen zhi）, wonach ein Verfahren nach der Entscheidung des übergeordneten Volksgerichts in der zweiten Instanz endgültig abgeschlossen ist. Das bedeutet, dass nach einem rechtskräftigen Urteil oder Beschluss des zweitinstanzlichen Volksgerichts keine Berufung durch die Parteien oder staatsanwaltschaftliche Beschwerde durch die Volksstaatsanwaltschaft mehr zulässig ist. Gemäß den Anforderungen erlangen Urteile oder Beschlüsse, die von örtlichen Volksgerichten in erster Instanz gefällt wurden, keine sofortige Rechtskraft. Nach § 227 Abs. 1 S. 1 StPG haben der Angeklagte, der Privatkläger sowie deren gesetzliche Vertreter das Recht, gegen ein erstinstanzliches Urteil oder einen Beschluss eines Volksgerichts jeglicher Instanz Berufung beim nächsthöheren Volksgericht einzulegen, sei es schriftlich oder mündlich[937]. Entsprechend § 228 StPG ist die örtliche Volksstaatsanwaltschaft verpflichtet, Beschwerde beim nächsthöheren Volksgericht einzulegen, wenn sie der Meinung ist, dass ein Urteil oder Beschluss eines Volksgerichts der gleichen Instanz gravierende Fehler aufweist. In diesen Fällen muss das nächsthöhere Volksgericht das Verfahren in der zweiten Instanz erneut prüfen.[938] Die Institution der abschließenden Behandlung in zweiter Instanz gilt ausschließlich für Fälle, die von örtlichen Volksgerichten in erster Instanz verhandelt werden. Eine Ausnahme bildet das Oberste Volksgericht, das als höchste Instanz in China fungiert. Urteile oder Beschlüsse, die vom Obersten Volksgericht gefällt werden, erlangen sofortige Rechtskraft und können weder angefochten noch durch Berufung oder staatsanwaltschaftliche Beschwerde überprüft werden. Diese Regelung betont die besondere Stellung des Obersten Volksgerichts als höchstes Rechtsprechungsorgan in China. [939]

Das Verfahren im zweiten Rechtszug im chinesischen Strafprozessrecht folgt dem Grundsatz der umfassenden Überprüfung（全面审查原则，quan mian shen cha yuan ze）. Das Volksgericht der zweiten Instanz ist verpflichtet, alle im erstinstanzlichen Urteil festgestellten Tatsachen und

937 § 227 Abs. 1 S. 1 StPG, siehe: Zong, ZChinaR 2020, S. 28(73).
938 § 228 StPG, siehe: Zong, ZChinaR 2020, S. 28(73).
939 vgl. Chen.G., 2021, S. 390.

Rechtsanwendungen vollständig zu überprüfen, ohne an den Umfang der Berufung oder der staatsanwaltschaftlichen Beschwerde gebunden zu sein. Nach § 233 StPG gilt dieser umfassende Überprüfungsgrundsatz auch für Fälle, in denen nur einzelne Angeklagte einer gemeinschaftlich begangenen Straftat Berufung eingelegt haben.[940] In solchen Situationen muss das zweitinstanzliche Volksgericht den gesamten Fall überprüfen und behandeln. Dieses Prinzip unterstreicht die Verantwortung des Volksgerichts der zweiten Instanz, eine vollständige und gerechte Entscheidung sicherzustellen, indem es alle relevanten Aspekte des erstinstanzlichen Verfahrens unabhängig vom Inhalt der eingelegten Rechtsmittel überprüft.

Die Hauptverhandlung im zweiten Rechtszug wird gemäß § 183 Abs. 4 StPG von einem Kollegium durchgeführt, das aus drei bis fünf Berufsrichtern besteht.[941] Nach § 234 Abs. 1 StPG ist das Volksgericht des zweiten Rechtszugs verpflichtet, ein Kollegium zu berufen und die Hauptverhandlung zu eröffnen, wenn einer der folgenden Fälle vorliegt:

a) Berufungsfälle, in denen der Angeklagte, der Privatkläger oder deren gesetzliche Vertreter Einwände gegen die im ersten Rechtszug festgestellten Tatsachen oder Beweise vorbringen, die die Schuldfeststellung oder Strafzumessung beeinflussen könnten;
b) Berufungsfälle, in denen der Angeklagte zur Todesstrafe verurteilt wurde;
c) Fälle, in denen eine staatsanwaltschaftliche Beschwerde eingelegt wurde;
d) andere Fälle, in denen eine Hauptverhandlung erforderlich ist.

In allen anderen Fällen kann das Volksgericht des zweiten Rechtszugs entscheiden, das Verfahren ohne Hauptverhandlung (bloß durch Akteneinsicht) durchzuführen.[942]

Wenn die im angefochtenen Urteil festgestellten Tatsachen korrekt sind, jedoch die Rechtsanwendung fehlerhaft oder die Strafzumessung unangemessen ist, kann es das Urteil *selbst abändern*. Sollten die im angefochtenen Urteil festgestellten Tatsachen unklar oder die Beweise nicht ausreichend sein, kann das Gericht nicht selbst Beweise erheben, sondern nur nach einer Aufklärung der Tatsachen das Urteil abändern oder das angefochtene Urteil durch Beschluss aufheben und den Fall zur erneuten Verhandlung

940 § 233 StPG, siehe: Zong, ZChinaR 2020, S. 28(74).
941 § 183 Abs. 4 StPG, siehe: Zong, ZChinaR 2020, S. 28(64).
942 § 234 Abs. 1 StPG, siehe: Zong, ZChinaR 2020, S. 28(74).

und Entscheidung an das erstinstanzliche Volksgericht zurückverweisen (§ 236 Abs. 1 StPG).[943]

Ein weiteres bemerkenswertes Merkmal des Verfahrens im zweiten Rechtszug ist die Anwendung des Verbots der reformatio in peius. Gemäß § 237 Abs. 1 StPG darf das Volksgericht des zweiten Rechtszugs die Strafe des Angeklagten nicht verschärfen, wenn die Berufung von dem Angeklagten selbst, seinem gesetzlichen Vertreter, seinem Verteidiger oder seinen nahen Verwandten eingelegt wurde. Dieses Verbot gilt ebenfalls für Fälle, die vom Volksgericht des zweiten Rechtszugs an das erstinstanzliche Volksgericht zur erneuten Verhandlung und Entscheidung zurückverwiesen werden. Das erstinstanzliche Gericht darf in solchen Fällen die Strafe des Angeklagten nicht verschärfen, es sei denn, es treten neue Tatsachen der Straftat auf und die Volksstaatsanwaltschaft erhebt deswegen eine ergänzende Anklage.[944] Das Verbot der reformatio in peius findet jedoch keine Anwendung, wenn die Berufung von der Volksstaatsanwaltschaft im Rahmen einer staatsanwaltschaftlichen Beschwerde oder von einem Privatkläger eingelegt wird (§ 237 Abs. 2 StPG). Dieses Prinzip schützt Angeklagte davor, durch eine von ihnen selbst eingeleitete Berufung eine Verschärfung der Strafe zu riskieren, wobei es gleichzeitig sicherstellt, dass bei Beschwerde oder Berufung durch andere Parteien eine gerechte Überprüfung gewährleistet bleibt.[945]

Das Überprüfungsverfahren der Todesstrafe ist ein spezieller Kontrollmechanismus, um die Verhängung der Todesstrafe zu beschränken. Wird im ersten Rechtszug von einem mittleren Volksgericht eine Todesstrafe mit sofortiger Vollstreckung verhängt und legt der Angeklagte keine Berufung ein, so ist der Fall dennoch einem höheren Volksgericht zur Überprüfung und anschließend dem Obersten Volksgericht zur Bestätigung vorzulegen. Lehnt das obere Volksgericht die Verhängung der Todesstrafe ab, hat es die Möglichkeit, den Fall entweder selbst zu verhandeln oder ihn zur erneuten Verhandlung und Entscheidung an das mittlere Volksgericht zurückzuverweisen (§ 247 Abs. 1 StPG).[946] Wird die Todesstrafe im ersten Rechtszug von einem oberen Volksgericht verhängt oder im zweiten Rechtszug ausgesprochen, ist diese Entscheidung ebenfalls stets dem Obersten Volksgericht zur Überprüfung und Genehmigung vorzulegen (§ 247 Abs. 2 StPG).[947]

943 § 236 Abs. 1 StPG, siehe: Zong, ZChinaR 2020, S. 28(75).
944 § 237 Abs. 1 StPG, siehe: Zong, ZChinaR 2020, S. 28(75).
945 § 237 Abs. 2 StPG, siehe: Zong, ZChinaR 2020, S. 28(75).
946 § 247 Abs. 1 StPG, siehe: Zong, ZChinaR 2020, S. 28(77).
947 § 247 Abs. 2 StPG, siehe: Zong, ZChinaR 2020, S. 28(77).

Die Überprüfung und Genehmigung einer Todesstrafe mit zweijähriger Bewährung, die von einem mittleren Volksgericht ausgesprochen wurde, fällt hingegen in die Zuständigkeit eines oberen Volksgerichts (§ 248 StPG).[948]

Das Verfahren zur Überwachung von Entscheidungen bezeichnet ein Rechtsbehelf, bei dem Volksgerichte oder Volksstaatsanwaltschaften bereits rechtskräftige Urteile oder Beschlüsse erneut prüfen und das Verfahren wieder aufnehmen können, wenn Fehler bei der Tatsachenfeststellung oder der Anwendung des Rechts festgestellt werden.[949] Gegen rechtskräftige Urteile oder Beschlüsse können die Parteien, ihre gesetzlichen Vertreter oder ihre nahen Verwandten Beschwerde bei dem zuständigen Volksgericht oder der Volksstaatsanwaltschaft einlegen. Allerdings wird die Vollstreckung der Urteile oder Beschlüsse durch diese Beschwerde nicht gehemmt (§ 252 StPG).[950] Dieses Verfahren dient ähnlich wie das Wiederaufnahmeverfahren in Deutschland und bietet eine Möglichkeit zur Korrektur von Fehlurteilen, gewährleistet gleichzeitig die Kontinuität der Vollstreckung rechtskräftiger Entscheidungen. Anders als das deutsche Recht (§§ 359, 362 StPO) wird jedoch nicht zwischen Wiederaufnahmen zugunsten oder zuungunsten unterschieden[951].

Das Volksgericht ist verpflichtet, die Verhandlung und Entscheidung eines Falls erneut durchzuführen, sofern die Beschwerde einer Partei, ihres gesetzlichen Vertreters oder ihrer nahen Verwandten bestimmte Voraussetzungen erfüllt. Zunächst liegt ein solcher Fall vor, wenn neue Beweise vorgebracht werden, die eindeutig belegen können, dass die im angefochtenen Urteil oder Beschluss festgestellten Tatsachen fehlerhaft sind und *diese Fehler die Schuldfeststellung oder die Strafzumessung wesentlich beeinflussen könnten.* Darüber hinaus muss eine erneute Verhandlung erfolgen, wenn die Beweise, die der Schuldfeststellung und Strafzumessung zugrunde liegen, *entweder als unzuverlässig oder unzureichend anzusehen sind,* von der Verwertung hätten ausgeschlossen werden müssen oder wenn wesentliche Beweise widersprüchlich sind. Ebenso ist das Volksgericht dazu verpflichtet, erneut zu verhandeln, falls sich zeigt, dass die Rechtsanwendung im angefochtenen Urteil oder Beschluss gravierende Fehler enthält. Ein weiterer Grund für eine erneute Verhandlung besteht darin, dass gegen gesetzlich vorgeschriebene Verfahrensvorschriften verstoßen

948 § 248 StPG, siehe: Zong.Y., ZChinaR, 2020, S. 28(77).
949 Chen.G., 2021, S. 416.
950 § 252 StPG, siehe: Zong.Y., ZChinaR, 2020, S. 28(78).
951 Zu möglichen Hintergründen vgl. LR/Schuster Vor § 359, Rn. 14 ff.

wurde und dieser Verstoß die gerechte Verhandlung und Entscheidung beeinträchtigen könnte. Schließlich ist auch ein Fall gegeben, in dem während der Verhandlung Richter oder Schöffen nachweislich Unterschlagung, Bestechung oder selbstsüchtige Begünstigung begangen haben oder das Recht in rechtswidriger Weise gebeugt wurde. All diese Bestimmungen, die auf § 253 StPG basieren, sind darauf ausgerichtet, schwerwiegende Fehler in der gerichtlichen Entscheidungsfindung zu korrigieren und dadurch eine gerechte Rechtsprechung sicherzustellen.[952] Außerdem ist der Vorsitzende eines Volksgerichts verpflichtet, bereits rechtskräftige Urteile oder Beschlüsse seines Gerichts, die hinsichtlich der Tatsachenfeststellung oder Rechtsanwendung fehlerhaft sind, dem Rechtsprechungsausschuss vorzulegen. Stellt das Oberste Volksgericht oder ein höheres Volksgericht fest, dass ein rechtskräftiges Urteil oder ein Beschluss eines niedrigeren Volksgerichts fehlerhaft ist, können sie entweder die Verhandlung selbst übernehmen oder das niedrigere Volksgericht zur Wiederaufnahme des Verfahrens anweisen (§ 254 StPG).[953]

2. Die vorläufige Kontrolle von Strafzumessungsentscheidungen – Das System der Fallvermittlung im chinesischen Gerichtssystem

Gemäß der chinesischen Strafprozessordnung sollte zwischen den Volksgerichten unterschiedlicher Instanz ein „Überwachungsverhältnis" bestehen, wobei die Überprüfung und Anleitung der Entscheidungsfindung der unteren Gerichte durch Rechtsbehelfsverfahren erfolgt. Tatsächlich ähnelt die Beziehung zwischen den Gerichtsinstanzen jedoch oft eher einer administrativen Führungsstruktur als einer rein gerichtlichen Überwachungsbeziehung, ähnlich der hierarchischen Verwaltungsstruktur innerhalb eines einzelnen Gerichts.

Es gibt Ansichten, dass diese faktische administrative Beziehung zwischen Gerichten durch drei zentrale Mechanismen entsteht: Erstens durch Leistungsbewertung. Höhere Gerichte, insbesondere das Oberste Volksgericht und die oberen Volksgerichte der Provinzen, haben das Recht, Bewertungsindikatoren für ihre unteren Gerichte festzulegen und diese zu „ranken". Dies führt dazu, dass die Arbeit der niederen Gerichte stark an den „Vorgaben" der höheren Gerichte ausgerichtet ist. Zweitens durch

952 § 253 StPG, siehe: Zong.Y., ZChinaR, 2020, S. 28(78).
953 § 253 StPG, siehe: Zong.Y., ZChinaR, 2020, S. 28(78).

Geschäftsführung. Höhere Gerichte kontrollieren die Rechtsprechung der niederen Gerichte durch fachliche Anweisungen, die etwa in Form von Bezirksgerichtsversammlungen oder der Veröffentlichung anleitender Fälle erfolgen. Drittens durch Personalbesetzung. Die Ernennung und Beförderung der administrativen Führungskräfte in den niederen Gerichten wird maßgeblich von den höheren Gerichten beeinflusst. Diese faktischen Ernennungsbefugnisse, zusammen mit den damit verbundenen Leistungskontrollmechanismen, verstärken zwangsläufig die administrative Beziehung zwischen den Instanzen.[954]

Diese hierarchische Verwaltungsstruktur innerhalb des Gerichtssystems hat zur Entstehung eines präventiven Kontrollmechanismus gegenüber den Entscheidungen niederer Gerichte geführt, bekannt als das sogenannte „System der Fallvermittlung" （案件请示制度，an jian qing shi zhi du）. Dieses System sieht vor, dass niedere Gerichte während der Bearbeitung eines Falls zu Rechtsanwendungsfragen mündlich oder schriftlich Anfragen an höhere Gerichte richten, die daraufhin entsprechende Antworten erteilen. Obwohl das System der Fallvermittlung gesetzlich nicht ausdrücklich geregelt ist, hat es sich in der Praxis seit langem etabliert und ist zu einer festen Arbeitsweise sowie einem richterlichen Gewohnheitsverfahren geworden.[955] Im März 1986 hat der Oberste Volksgerichtshof in einer Mitteilung mit dem Titel *„Hinweise zur Beachtung bei der Einreichung von Fallvermittlung"* die Praxis der Fallvermittlung offiziell anerkannt und standardisiert, wodurch sie faktisch institutionalisiert wurde. [956] Im Juni 1997 veröffentlichte der Oberste Volksgerichtshof zudem eine weitere Mitteilung zu *Bestimmungen zur Arbeit an Justizauslegungen*, in der die Formen der Justizauslegung in drei Kategorien unterteilt wurden: „Auslegung",

954 Vgl. Long.Z./Yuan.J., FXYJ 2014, S. 132(136).

955 Wan.Y., FX 2005, S. 9(9).

956 Die Mitteilung legt folgende Anforderungen fest: Vermittlungen zu Fällen müssen auf klaren Tatsachen und überzeugenden Beweisen basieren. Die Feststellung der Tatsachen liegt in der alleinigen Verantwortung des anfragenden Gerichts. Fälle mit unklaren oder unzureichend gesicherten Tatsachen sowie uneinheitlichen Meinungen dürfen nicht zur Vermittlung vorgelegt werden, bevor die Tatsachen vollständig aufgeklärt und gesichert sowie eine abschließende Bewertung vorgenommen wurden. Für Anfragen, die Fragen zur Schuld- oder Strafzumessung betreffen, ist ein formeller Anfragebericht erforderlich. Dieser Bericht muss einen detaillierten Sachstandsbericht sowie die vollständigen Akten enthalten. Zudem ist die Meinung des Rechtsprechungsausschusses des zuständigen oberen Volksgerichts oder des politischen und rechtlichen Ausschusses darzulegen. Sollte der Rechtsprechungsausschuss mehrere Meinungen vertreten, muss der Bericht auch angeben, welche Meinung bevorzugt wird.

„Bestimmungen“ und „Antworten“. Eine „Auslegung“ dient der Klärung der Anwendung eines bestimmten Gesetzes oder der rechtlichen Behandlung eines bestimmten Falls oder einer Kategorie von Fragen. „Bestimmungen“ enthalten Normen und Meinungen, die den Bedürfnissen der gerichtlichen Arbeit entsprechen. „Antworten“ beziehen sich auf Antworten des Obersten Volksgerichtshofs auf Anfragen oberer Volksgerichte oder Militärgerichte zu konkreten Fragen der Rechtsanwendung in der gerichtlichen Arbeit.[957] Durch diese Regelungen wurde das System der Fallvermittlung implizit als „legitim“ anerkannt.

Das System der Fallvermittlungen steht seit langem unter starker Kritik, da es die in der Strafprozessordnung festgelegte Institution der Rechtsbehelfsverfahren im Kern unterläuft. Wenn ein Urteil eines niederen Gerichts bereits von einem höheren Gericht gebilligt wurde, verliert eine spätere Berufung oder Beschwerde an genau dieses Gericht ihre Bedeutung. Dies stellt nicht nur eine schwerwiegende Verletzung des Rechts auf Berufung der Verfahrensbeteiligten dar, sondern untergräbt auch die Unabhängigkeit der Gerichte sowie die Prinzipien der Öffentlichkeit des Verfahrens, die verfassungsrechtlich geschützt sind. Der Oberste Volksgerichtshof Chinas hat mehrfach versucht, dieses inoffizielle, aber tief verwurzelte System zu reformieren. Im *„Zweiten Fünfjahresplan zur Reform der Volksgerichte (2004–2008)“* wurde gefordert, die Praxis der Fallvermittlungen bei schwierigen Fragen der Rechtsanwendung zu reformieren. Stattdessen sollte eine „prozessuale Umgestaltung“ erfolgen, indem komplexe Fälle gemäß den Vorschriften zur Zuständigkeitsübertragung an ein höheres Gericht überwiesen werden, anstatt sie über Fallvermittlung zu bearbeiten.[958] Entsprechend wurde 2010 die *Meinungen des Obersten Volksgerichtshofs zur Regelung des Verhältnisses zwischen höheren und niederen Volksgerichten bei der gerichtlichen Arbeiten* veröffentlicht, die vorsahen, dass niedere Volksgerichte vier Arten von erstinstanzlichen Fällen an ein höheres Gericht zur Übernahme der Zuständigkeit melden können: (1) bedeutende, schwierige und komplexe Fälle; (2) neue Falltypen; (3) Fälle von allgemeiner Bedeutung für die Rechtsanwendung; (4) Fälle, in denen das zuständige Gericht ungeeignet erscheint, das Urteil zu fällen.[959] Diese Reformansätze

957 Vgl. Art. 9 der Bestimmungen zur Arbeit an Justizauslegungen（《最高人民法院关于司法解释工作的若干规定》）, BOV 1997, Nr. 15.

958 Siehe: Zweiten Fünfjahresplan zur Reform der Volksgerichte (2004–2008)（《人民法院第二个五年改革纲要（2004-2008）》）, BOV 2005, Nr. 18.

959 Vgl. Art. 3 der Meinungen des Obersten Volksgerichtshofs zur Regelung des Verhältnisses zwischen höheren und niederen Volksgerichten bei der gerichtlichen

hatten jedoch nur begrenzten Erfolg und konnten die Verbreitung der Fallvermittlungen im Gerichtssystem nicht grundlegend eindämmen. Kritiker argumentieren, dass Fallvermittlungen innerhalb des chinesischen Gerichtssystems nicht nur dazu dienen, schwierige Fragen zu Tatsachen, Rechtsnormen und Fallbehandlung zu klären, sondern auch, um die Unterstützung des höheren Gerichts zu gewinnen, interne Meinungsverschiedenheiten und externe Einflüsse zu überwinden sowie die Entscheidungsabänderung durch das Berufungsgericht zu vermeiden. Für Richter ist die Fallvermittlung im Vergleich zur Übertragung der Zuständigkeit komplexer Fälle an ein höheres Gericht oft praktischer und effektiver. Zudem besteht bei niederen Volksgerichten ein großer Bedarf an solchen Anfragen, und höhere Gerichte zeigen häufig „Verständnis und Sympathie". In Fällen von bedeutenden, schwierigen oder sensiblen Angelegenheiten wird administrative Anleitung durch höhere Gerichte sogar als deren Verantwortung angesehen.[960]

III. Vergleich mit Deutschland

Im deutschen Strafprozessrecht gibt es zwei Möglichkeiten, um die Strafzumessung eines Urteils durch Rechtsmittel überprüfen zu lassen: die Berufung (§§ 312-332 StPO) und die Revision (§§ 333-358 StPO). Die Berufung kann gegen erstinstanzliche Urteile des Strafrichters (Einzelrichter) sowie des Schöffengerichts eingelegt werden (§ 312 StPO). In der Berufungsinstanz können nicht nur die Rechtmäßigkeit und Richtigkeit des erstinstanzlichen Urteils geprüft, sondern auch neue Tatsachen und Beweismittel vorgebracht werden (§ 323 Abs. 3 StPO). Im Gegensatz zum Verfahren im zweiten Rechtszug im chinesischen Strafprozessrecht folgt die Berufung jedoch nicht absolut dem Prinzip der umfassenden Überprüfung. Gemäß § 318 S. 1 StPO kann die Berufung auf einzelne Beschwerdepunkte beschränkt werden, solange diese nach der sogenannten Trennbarkeitsformel rechtlich und tatsächlich unabhängig vom übrigen Urteil geprüft werden können, ohne dass eine Überprüfung des gesamten Urteils erforderlich

Arbeiten（最高人民法院印发《关于规范上下级人民法院审判业务关系的若干意见》）, BOV 2010, Nr. 61.

960 Vgl. Long.Z., ZGFLPL 2022, S. 164(168).

ist.[961] Dies schließt auch die Möglichkeit der Strafmaßberufung ein, die sich ausschließlich auf die Überprüfung der Strafzumessung beschränkt.[962]

Gemäß den §§ 333, 335 StPO ist die Revision sowohl gegen erstinstanzliche Urteile als auch gegen Berufungsurteile statthaft. Im Gegensatz zur Berufung, die eine vollständige zweite Tatsacheninstanz eröffnet, beschränkt sich die Revisionsinstanz ausschließlich auf die Überprüfung von Rechtsanwendungsfehlern, während Tatsachenfeststellungen nicht erneut geprüft werden. Dabei unterscheidet das Revisionsrecht zwischen Verfahrensrügen und Sachrügen (§ 344 Abs. 2 S. 1 StPO), je nachdem, ob eine Verletzung des Verfahrensrechts oder des materiellen Rechts geltend gemacht wird. Der Prozess der Strafzumessung wird in Deutschland üblicherweise als eine „tatrichterliche Wertungsentscheidung" verstanden, die zugleich die Anwendung des materiellen Rechts auf den vom Gesetzgeber vorgegebenen Strafzumessungssachverhalt sowie die Berücksichtigung gesetzlicher Kriterien und Leitlinien umfasst.[963] In der Revision erfolgt die Überprüfung der Strafzumessung häufig im Rahmen einer Sachrüge, da diese die richtige Anwendung des materiellen Rechts auf die festgestellten Tatsachen betrifft.[964] Ähnlich wie bei der Berufung kann auch die Revision auf die Strafzumessung beschränkt werden (Strafmaßrevision), wodurch ausschließlich die Angemessenheit der verhängten Strafe überprüft wird.[965]

Die Funktion der Revision als Instrument zur Kontrolle der Strafzumessung ist erheblich begrenzt, da ihr Prüfungsbereich ausschließlich auf Gesetzesverletzungen beschränkt ist.[966] Eine Strafrahmenrevision wird vor allem bei falscher Strafrahmenwahl erfolgreich sein[967]. Denkbar sind auch revisible Fehler bei der Strafzumessung im engeren Sinne[968], etwa bei widersprüchlichen, einseitigen, unvollständigen oder lückenhaften Bewertung der Strafzumessungsfaktoren[969] oder strafschärfender Berücksich-

961 BGHSt 10, 100; BGH, StV 2018, 265; Meyer-Goßner/Schmitt, § 318 StPO, Rn. 6.

962 BGHSt 29, 359; 62, 155.

963 BGH, NJW 2008, S.672(672). Vgl. BVerfG, NJW 2007, S.2977(2977); Streng, 2012, Rn. 657 m.w.N.

964 BGH, NJW 2009, S. 1979(1983 f.); vgl. Beulke/Swoboda, 2020, Rn. 855.

965 BGHSt 29, 359; 62, 155.

966 Meyer-Goßner/Schmitt, Vor § 333 StPO, Rn. 1.

967 Vgl. BGH NJW 78, 174; ferner siehe vgl. MüKo-StPO/Knauer/Kudlich, § 337 Rn. 115; Meyer-Goßner/Schmitt, § 337 Rn.35; LK/Schneider, § 46 Rn. 321; Kett-Straub/Kudlich, 2021, § 11 Rn. 8.

968 Zum Ganzen etwa LR/Franke, § 337 Rn. 162 ff.; MüKo-StPO/Maier, § 46 Rn. 386 ff.; Schlothauer/Weider, Rn. 2519 ff.

969 Vgl. LK/Schneider, § 46 Rn. 321.

tigung eines bestimmten Berufs oder der Ausländereigenschaft[970] oder von zulässigem Verteidigungsverhalten des Angeklagten[971], oder bei Verstößen gegen das Doppelverwertungsverbot des § 46 Abs. 3 StGB.[972] Außerdem wurde mit § 354 Abs. 1a StPO die Strafzumessungsrevision nochmal abgeschwächt. Wenn sich der Rechtsfehler sicher oder möglicherweise auf den Strafausspruch ausgewirkt hat, kann das Revisionsgericht bereits dann von einer Aufhebung des Rechtsfolgenausspruchs absehen, wenn die verhängte Rechtsfolge nach seiner Meinung angemessen ist. Und wenn nicht, kann es die Rechtsfolgen auf Antrag der Staatsanwaltschaft selbst angemessen herabsetzen. Diese Vorschrift ermöglicht also einen Strafzumessungsakt des Revisionsgerichts, der allerdings nicht auf seiner eigenen Anschauung des Sachverhalts beruhen kann, weil eine solche im Revisionsverfahren gar nicht vorgesehen ist.[973]

Ansonsten wird sowohl in der Rechtsprechung als auch in der Lehre die Strafzumessung als ein „höchst komplexer Akt" angesehen, der über die reine Anwendung rechtlicher Normen hinausgeht und wesentlich von den individuellen Wertungen der entscheidenden Richter geprägt ist.[974] Die Frage der Validität solcher Wertungen zwischen Revisionsgericht und Instanzgericht wird daher nicht nur als Streit um Einzelfälle, sondern als Auseinandersetzung um allgemeine Bewertungsmaßstäbe behandelt.[975] Wird der Strafzumessungsprozess jedoch nicht lediglich als normativer Vorgang verstanden, sondern in einem breiteren Kontext als *sozialer Prozess*, bei dem unter den Vorgaben des Strafverfahrensrechts Informationen gesammelt und letztlich in eine Strafzumessungsentscheidung überführt werden[976], so können auch Strafzumessungsfragen im Rahmen einer Verfahrensrüge in den Prüfungsbereich der Revision fallen. Konkret ermöglicht das Revisionsverfahren durch die nachträgliche Kontrolle von Verfahrensverstößen bei der Urteilsfindung, Richter zur Einhaltung prozessualer Normen zu verpflichten. Dazu zählen beispielsweise die Öffentlichkeit der Hauptverhandlung, die Beteiligung der Verfahrensparteien an der Strafzumessung oder die Begründung der Strafzumessung im Urteil. Diese verfahrensrechtlichen Vorgaben entfalten gerade durch die Kontrollmechanismen der Revision eine disziplinierende Wirkung, die die richterliche Strafzumessungsfreiheit

970 BGH StV 1993, 353.
971 Vgl. Schlothauer/Weider, Rn. 2524.
972 Vgl. Schäfer/Sander/van Gemmeren, 2017, Rn. 391 ff.
973 Vgl. KK/Gericke, § 354 Rn. 26b.
974 Frisch, 1971, S. 7; BGH, NJW 2008, S. 672(672).
975 Puppe, NStZ 2012, S. 409(412).
976 ausführliche Diskussion siehe Teil 3. B. III. (Vgl. Seiten 122 ff.)

wirksam einschränkt. Ohne eine revisionsrechtliche Kontrolle wären aber auch die materiellen Kriterien wirkungslos.

Ähnlich wie das Verfahren zur Überwachung von Entscheidungen in der chinesischen Strafprozessordnung existiert im deutschen Strafprozessrecht das Wiederaufnahmeverfahren, das dazu dient, rechtskräftige Urteile mit unerträglichen Fehlern nachträglich zu überprüfen. Aus Gründen des Rechtsfriedens ist ein Wiederaufnahmeverfahren in Deutschland „nur in ganz eng gesteckten Grenzen möglich".[977] Anders als China unterscheidet die deutsche Strafprozessordnung zwischen Wiederaufnahmegründen zugunsten des Angeklagten (§ 359 StPO) und zu Ungunsten des Angeklagten (§ 362 StPO). Eine Wiederaufnahme allein wegen Strafzumessungsfragen ist nur möglich, wenn zugunsten des Angeklagten neue Tatsachen oder Beweismittel vorgebracht werden, die in Verbindung mit den früher erhobenen Beweisen geeignet sind, bei Anwendung eines milderen Strafgesetzes eine geringere Bestrafung zu begründen (§ 359 Nr. 5 StPO). Ein bloßer Fehler in der rechtlichen Bewertung eines rechtskräftigen Urteils oder ein Fehler bei der Strafzumessung genügt hierfür nicht. Eine Wiederaufnahme des Verfahrens allein zu dem Zweck, eine andere Strafbemessung auf Grund desselben Strafgesetzes herbeizuführen, ist gem. § 363 StPO niemals zulässig[978]. Im Vergleich zeigt sich, dass die Anforderungen an die Korrektur von Strafzumessungsentscheidungen im Rahmen eines Wiederaufnahmeverfahrens in Deutschland deutlich strenger sind als in China. Dies ist darauf zurückzuführen, dass der Rechtsfrieden in Deutschland als zentraler, wenn nicht sogar als einziger Zweck des Strafprozesses betrachtet wird.[979] Demgegenüber wird die chinesische Justizkultur stärker von dem Prinzip der materiellen Gerechtigkeit geprägt, das sich in der Idee widerspiegelt, dass „jeder Fehler korrigiert werden muss".[980]

Im Vergleich zeigen sich deutliche Unterschiede zwischen den Gerichtssystemen Chinas und Deutschlands hinsichtlich des Grades der Bürokratisierung und Verwaltungsorientierung der hierarchischen Organisationsstruktur. Das chinesische Gerichtssystem basiert auf einer stark bürokratisierten Verwaltungsstruktur, in der sowohl innerhalb eines einzelnen Gerichts als auch zwischen den verschiedenen Instanzen ein administratives Genehmigungssystem zur Überprüfung richterlicher Strafzumessungsent-

977 Beulke, 2020, Rn. 878.
978 Vgl. LR/Schuster, § 363 Rn. 4 f.
979 Vgl. Roxin/Schünemann, 2022, § 1 Rn. 3.
980 Chen.G., 2021, S. 431.

scheidungen besteht. Der Vorteil dieses Modells liegt darin, dass die richterlichen Entscheidungsspielräume erheblich eingeschränkt und dadurch die Gefahr von Strafungleichheit im gesamten Justizsystem minimiert wird.[981] Der Nachteil dieser ausgeprägten Verwaltungsorientierung besteht jedoch darin, dass der gesamte Strafzumessungsprozess de facto durch interne Genehmigungsverfahren in Bürokratiestrukturen entschieden wird. Die im Strafprozessrecht festgelegten Bestimmungen zur Transparenz der Strafzumessung verlieren so ihre Wirksamkeit. Zudem wird dieses Modell durch verfassungsrechtliche Bedenken hinsichtlich der Öffentlichkeit des Verfahrens und der Unabhängigkeit der Justiz infrage gestellt.

Das deutsche Gerichtssystem hingegen behält zwar eine gewisse hierarchische Organisationsstruktur bei, etwa durch regelmäßige Kontrolle durch übergeordnete Instanzen,[982] bevorzugt jedoch eine prozessrechtliche statt administrativer Regulierung zur Einschränkung der richterlichen Entscheidungsspielräume. Wie *Neumann* treffend formuliert: „Die Revision geht nicht um eine Hierarchie von Kompetenzen, sondern um deren funktionale Aufteilung."[983] Die Möglichkeit, erstinstanzliche Urteile im Rahmen der Revision aufzuheben, beruht nicht auf einer hierarchischen Überordnung der Instanzgerichte, sondern auf der gezielten Aufteilung der Befugnisse zwischen Entscheidungskompetenzen der unteren Gerichte und Kontrollkompetenzen der höheren Gerichte, insbesondere im Bereich der Rechtsanwendung.

981 Vgl. Hörnle, ZStW 117(2005), S. 801(807).

982 Wie Hörnle hervorhebt, dass der Unterschied in der Strafzumessungsschärfe zwischen Europa und den Vereinigten Staaten gerade in der unterschiedlichen Ausprägung der hierarchischen Struktur der Gerichtssysteme liegt. Siehe: Hörnle, in: K. Brown/Turner/Weisser(Hrsg.): The Oxford Handbook of Criminal Process, 2019, p.900.

983 Vgl. Neumann, ZStW 136(2024), S. 103(113).

Schlussbetrachtung

Diese Arbeit verfolgte das Ziel, durch einen systematischen Vergleich der strafprozessualen Kontrollmechanismen richterlicher Entscheidungsspielräume bei der Strafzumessung im chinesischen und deutschen Recht ein vertieftes Verständnis dafür zu gewinnen, wie prozedurale Regelungen die richterliche Entscheidungsfreiheit steuern können. Dabei sollte untersucht werden, wie beide Länder voneinander lernen können, um ihr jeweiliges Strafzumessungsrecht weiterzuentwickeln und zu verbessern.

Die Reformdiskussionen und -bemühungen der letzten zwei Jahrzehnte sowohl in Deutschland als auch in China verdeutlichen, dass die Begrenzung richterlicher Entscheidungsspielräume bei der Strafzumessung ein gemeinsames Anliegen darstellt, um Probleme der faktischen Strafzumessungsungleichheit in der Praxis zu lösen. Während sich Deutschland primär auf die Verfeinerung materieller Strafzumessungsnormen konzentriert und zumindest in der Wissenschaft auch Ansätze wie die US-amerikanischen Strafzumessungsrichtlinien oder die japanischen Strafzumessungsdatenbanken als mögliche Vorbilder herangezogen werden,[984] verfolgt China eine zweigleisige Strategie: Neben der Entwicklung präziser materieller Richtlinien wird auch das Potenzial prozessuale Mechanismen zur Steuerung richterlicher Strafzumessungsentscheidungen untersucht und erprobt.[985]

Die Strafzumessung, als ein Prozess der Rechtsanwendung, der auf der Feststellung strafzumessungsrelevanter Tatsachen beruht und stark von der subjektiven Wertung des Richters geprägt ist, stellt einen hochkomplexen Akt dar, der in einem vielschichtigen äußeren Umfeld eingebettet ist. In diesem Kontext spielen prozessuale Normen eine entscheidende Rolle, indem sie ein Entscheidungsumfeld schaffen, das Transparenz und Fairness im Strafzumessungsprozess, die authentische Beteiligung der Verfahrensbeteiligten sowie organisatorische Kontrollmechanismen innerhalb des Gerichts fördert. Diese strukturellen Elemente können die richterliche Strafzumes-

984 Vgl. Seiten 107 ff.
985 Vgl. Seiten 60 ff.

sung in einer Weise beeinflussen, die der Wirksamkeit materieller Strafzumessungsnormen in nichts nachsteht.[986]

Ein zentraler prozeduraler Mechanismus zur Kontrolle richterlicher Strafzumessung besteht in der *Transparenz des Strafzumessungsprozesses.* Ein wesentliches Hindernis bei der Begrenzung richterlicher Entscheidungsspielräume liegt in der hohen Komplexität der Strafzumessung, die häufig zu einer Art „Blackbox-Entscheidung" im Kopf des Richters wird. Obwohl die Strafzumessung aufgrund ihrer subjektiven und wertungsgeprägten Natur niemals vollständig zu einem logisch-deduktiven Rechtsanwendungsprozess werden kann, ist die Erhöhung ihrer Nachvollziehbarkeit durch außenstehende Akteure ein entscheidender Schritt zur Rationalisierung des Entscheidungsprozesses. Nach dem Ansatz der chinesischen Strafzumessungsreform lässt sich die Transparenz des Strafzumessungsprozesses in zwei Ebenen unterteilen: innenprozessuale und außenprozessuale Transparenz. Die innenprozessuale Transparenz zielt darauf ab, zentrale Schritte der richterlichen Strafzumessung – wie die Gewinnung strafzumessungsrelevanter Informationen und die Erörterung von Strafzumessungsüberlegungen – stärker in das Gerichtsverfahren zu integrieren. Dadurch wird der ursprünglich individuelle Entscheidungsprozess zu einem kollektiven Ergebnis, das während der Hauptverhandlung entsteht.[987] Die außenprozessuale Transparenz hingegen bedeutet, dass die richterlichen Strafzumessungsentscheidungen in einer für die Öffentlichkeit nachvollziehbaren Form sichtbar gemacht werden, etwa durch öffentliche Verhandlungen, Live-Übertragungen von Gerichtsverhandlungen oder die Veröffentlichung detaillierter Strafzumessungsbegründungen in Urteilsschriften, die online zugänglich sind.[988]

Im Vergleich zu China ist Deutschland im Bereich der innenprozessualen Transparenz des Strafzumessungsprozesses deutlich weiter fortgeschritten. Während in China erst ab 2010 die Möglichkeit der Einführung des Schuldinterlokuts diskutiert wurde, war diese Frage in Deutschland bereits in den 1970er Jahren Gegenstand intensiver und fundierter Diskussionen. Obwohl Deutschland, ähnlich wie China, letztlich nicht den US-amerikanischen Weg eingeschlagen hat, hat es ein deutlich ausgereifteres System entwickelt. Dieses basiert insbesondere auf der Aufklärungspflicht (§ 244 Abs. 2 StPO), die zentralen Regeln für die Erhebung und Erörterung

986 Vgl. Seiten 111 ff.
987 Vgl. Seiten 119 ff.
988 Vgl. Seiten 147 ff.

strafzumessungsrelevanter Informationen im Gerichtsverfahren umfasst. Darüber hinaus hat Deutschland durch die Entwicklung gesetzlicher Vorschriften und richterlicher Rechtsprechung klare Standards für die Begründung von Strafzumessungsentscheidungen (§ 267 Abs. 3 StPO) in Urteilen geschaffen, die auch der Kontrolle des Revisionsgerichts unterliegen. Dies ist ein wichtiger Mechanismus zur Förderung der Transparenz richterlicher Entscheidungen. Im Vergleich dazu wirken die derzeitigen Vorgaben in China zur Begründung der Strafzumessung jedoch oft zu vereinfacht und idealistisch, was die praktische Umsetzung erschwert und die Effektivität der Maßnahme einschränkt.[989]

Auf der anderen Seite zeigt sich China im Bereich der außenprozessualen Transparenz wesentlich aktiver. Besonders in den letzten zwei Jahrzehnten, geprägt durch die rasante Entwicklung der Internettechnik, hat China diese neuen Möglichkeiten zur Förderung der Öffentlichkeit von Strafzumessungsentscheidungen angewendet. Ein Beispiel hierfür ist die Einführung von Live-Übertragungen von Gerichtsverhandlungen. Zudem hat China mit der Schaffung der wahrscheinlich größten Urteilsdatenbank der Menschheitsgeschichte (China Judgements Online, CJO) einen bedeutenden Schritt hin zu einer umfassenden Transparenz gerichtlicher Entscheidungen gegenüber der Öffentlichkeit gemacht. Im Vergleich dazu agiert Deutschland in diesem Bereich deutlich zurückhaltender, vor allem aufgrund von Bedenken hinsichtlich des Schutzes der Privatsphäre der Angeklagten. Diese Vorsicht ist auch nicht unbegründet, da Chinas ambitionierte Rechtsreform bereits in der Praxis einige Nachteile offenbart haben, etwa die unkontrollierte Verbreitung von Urteilen im Internet, was das „Recht auf Vergessenwerden“ und damit die Resozialisierung der Beteiligten gefährdet. Dennoch könnten Deutschlands zukünftige Bemühungen, die Transparenz durch den verstärkten Einsatz digitaler Technologien zu fördern, von Chinas Erfahrungen und den daraus gezogenen Lehren erheblich profitieren – sowohl in Bezug auf bewährte Ansätze als auch hinsichtlich der Vermeidung potenzieller Probleme.[990]

Die Partizipation der Prozessbeteiligten an der Strafzumessung unterscheidet sich grundlegend zwischen dem konfrontativen und dem kooperativen Verfahren. Im traditionellen konfrontativen Strafprozessmodell beeinflussen die Parteien – Staatsanwaltschaft und Verteidiger – die richterliche Strafzumessung durch Beweisanträge zu strafzumessungsrelevanten Tatsa-

989 Vgl. Seiten 135 ff.
990 Vgl. Seiten 157 ff.

chen sowie durch die Diskussion ihrer Strafzumessungsansichten im Gerichtssaal. In der jüngsten chinesischen Reform der Strafzumessungsverfahren hat sich zwar die Einflussnahme von Staatsanwaltschaft, Angeklagten, Verteidigern und sogar Verletzten auf die Strafzumessungsentscheidungen der Richter verstärkt, jedoch bleibt diese Einflussnahme ungleich verteilt. Die Staatsanwaltschaft, die das Recht auf die Abgabe von Strafzumessungsvorschlägen besitzt, übt einen dominierenden Einfluss aus, was Bedenken hinsichtlich der Prinzipien eines fairen Verfahrens und der Waffengleichheit aufwirft.[991] Im Gegensatz dazu fördert das kooperative Verfahren eine stärker dialogorientierte und konsensuale Herangehensweise. Die Verfahrensbeteiligten nutzen den durch das Verfahren geschaffenen Raum für Gespräche, um ein für alle Seiten akzeptables Strafzumessungsergebnis zu erreichen. In diesem Modell wird die einseitige Entscheidungsautorität des Richters weiter eingeschränkt. In der chinesischen Strafprozessordnung existiert bereits Raum für Verhandlungen zwischen Angeklagten und Opfern, wie im Verfahren des Täter-Opfer-Ausgleichs bei öffentlichen Klagen. Die Reform der Strafprozessordnung im Jahr 2018 eröffnete zudem die Möglichkeit für Dialoge zwischen Staatsanwaltschaft und Angeklagten, insbesondere durch das Institut des Schuldbekenntnisses und der Annahme der Sanktion. Allerdings zeigt sich in der Praxis dieser neuen Regelungen, dass dadurch auch die Macht der Staatsanwaltschaft weiter ausgedehnt wurde. Es besteht die Gefahr, dass die Staatsanwaltschaft anstelle des Richters zu dem neuen, absolut dominierenden Entscheidungsträger bei der Strafzumessung wird.[992]

Im Vergleich zu China verfügt Deutschland im traditionellen konfrontativen Strafprozessmodell über ausgereiftere und umfassendere rechtliche Regelungen. Die Verfahrensbeteiligten haben die Möglichkeit, an der Ermittlung strafzumessungsrelevanter Tatsachen teilzunehmen und ihre Meinungen zur Strafzumessung zu äußern. Dies verhindert eine signifikante Ungleichheit zwischen den Parteien, insbesondere zwischen der Staatsanwaltschaft und dem Angeklagten bzw. seiner Verteidigung, in Bezug auf die Beeinflussung der richterlichen Strafzumessungsentscheidung. Darüber hinaus legt die deutsche Strafprozessordnung im Vergleich zu China einen stärkeren Fokus auf den Schutz der Rechte von Opfern. Durch das Opferschutzgesetz wurden den Opfern umfassende Verfahrensrechte eingeräumt, die ihnen in vielen Aspekten eine Einflussnahme ermöglichen, die der von

991 Vgl. Seiten 170 ff.
992 Vgl. Seiten 190 ff.

Staatsanwaltschaft und Angeklagtem kaum nachsteht. Hingegen bestehen im Bereich des kooperativen Strafzumessungsverfahrens, das in Deutschland noch relativ jung ist, weiterhin Herausforderungen. Besonders die Verständigung (§ 257c StPO), die aus der richterlichen Praxis hervorgegangen ist, konnte erst 2013 die Diskussion um ihre Verfassungskonformität weitgehend überwinden. Die zentrale Frage bleibt, wie sich die modernen Prinzipien der konsensualen Justiz mit dem traditionellen Untersuchungsgrundsatz des deutschen Strafprozesses in Einklang bringen lassen, um unter dem Rahmen des Rechtsstaatsprinzips eine tiefgehende Beteiligung der Verfahrensbeteiligten an den richterlichen Strafzumessungsentscheidungen zu gewährleisten. Dies bleibt eine Aufgabe für zukünftige Gesetzgebung und Rechtsprechung[993].

Ein weiterer zentraler Mechanismus zur Kontrolle des richterlichen Entscheidungsspielraums, der in dieser Studie auch vergleichend untersucht wird, ist die Organisationsstruktur des Gerichtssystems. Aus rechtsvergleichender Perspektive weisen China und Deutschland in Bezug auf die koordinativen Organisationsstrukturen bemerkenswerte Ähnlichkeiten, aber auch Unterschiede auf. Beide Systeme zielen darauf ab, durch die Erweiterung von Einzelrichterentscheidungen auf kollektive Entscheidungsprozesse in Kollegialgerichten das Risiko einer willkürlichen Nutzung des richterlichen Entscheidungsspielraums einzudämmen. Zudem wird durch die Einbindung nichtberuflicher Richter in den Entscheidungsprozess die Demokratisierung und Transparenz der Strafzumessung gestärkt.[994] Hinsichtlich der hierarchischen Strukturen zeigen sich jedoch deutliche Unterschiede. Das chinesische Gerichtssystem ist im Vergleich zu Deutschland wesentlich stärker durch administrative Merkmale geprägt. Innerhalb eines Gerichts erfolgt eine Überprüfung der Urteile durch Gerichtspräsidenten, Abteilungsleiter oder den Rechtsprechungsausschuss. Darüber hinaus existiert ein System der Fallvermittlung zwischen untergeordneten und übergeordneten Gerichten. Diese Mechanismen minimieren zwar den individuellen Entscheidungsspielraum des Richters und reduzieren die Ungleichheit der Strafzumessung, sie führen jedoch gleichzeitig zu erheblichen Einschränkungen des Rechtsbehelfssystems. Zudem untergraben sie die richterliche Unabhängigkeit und verletzen die Prinzipien der Verfahrensöffentlichkeit, die verfassungsrechtlich geschützt sind.[995]

993 Vgl. Seiten 181 ff. und 201 ff.
994 Vgl. Seiten 214 ff.
995 Vgl. Seiten 244 ff.

Zusammenfassend lässt sich feststellen, dass sowohl im chinesischen als auch im deutschen Strafprozessrecht prozedurale Regelungen existieren, die darauf abzielen, die individuellen Entscheidungsspielräume des Richters bei der Strafzumessung zu kontrollieren. Auch wenn diese Regelungen in ihrer Ausgestaltung teilweise stark divergieren, verfolgen sie aus einer funktionalistischen rechtsvergleichenden Perspektive ähnliche Ziele: die Transparenz der Strafzumessungsentscheidungen zu fördern, eine authentische Beteiligung der Verfahrensbeteiligten zu ermöglichen und durch die Organisationsstrukturen der Gerichte interne Grenzen für die Entscheidungsfindung zu schaffen. Letztlich zielen diese Maßnahmen darauf ab, die prozedurale Kontrolle der richterlichen Strafzumessung sicherzustellen. Die unterschiedlichen Antworten beider Länder auf ähnliche Herausforderungen können ein wertvoller Spiegel sein, aus dem Gesetzgeber und Praxis wechselseitig Inspiration schöpfen. Die Erfahrungen und Lehren des jeweils anderen können Ansätze bieten, um die nationale Entwicklung des Strafzumessungsrechts weiter voranzutreiben.

Literaturverzeichnis

Achenbach, Hans: Zweiteilung des Strafverfahrens – Plädoyer für eine „kleine Lösung", JR 1974, S.401-406.

Ahl, Björn: Die Justizauslegung durch das Oberste Volksgericht der VR China – Eine Analyse der neuen Bestimmungen des Jahres 2007, ZChinR 2007, S.251-258.

Ahl/Sprick/Gzoske: Maßnahmen des Obersten Volksgerichts zur Schaffung einer transparenten Justiz, ZChinR 2014, S.199-208.

Albert, Peter-Paul: Die Geschichte der Öffentlichkeit im deutschen Strafverfahren, Berlin 1974.

Albrecht, Friedrich: Veröffentlichung von Gerichtsentscheidungen, CR 1998, S.373-377.

Albrecht, Hans-Jörg: Strafzumessung bei schwerer Kriminalität – Eine vergleichende theoretische und empirische Studie zur Herstellung und Darstellung des Strafmaßes, Berlin 1994.

-Empirische Strafzumessungsforschung. In: FS-Streng, 2017, S.185-199.

Allen/Hoffmann/Livingston/Leipold/Meares: Comprehensive Criminal Procedure, 5. edit., Aspen 2020.

Altenhain/Dietmeier/May, Die Praxis der Absprachen, Baden-Baden 2013.

Altenhain/Hagemeier/Haimerl: Die Vorschläge zur gesetzlichen Regelung der Urteilsabsprachen im Lichte aktueller rechtstatsächlicher Erkenntnisse, NStZ 2007, S.71-78.

Altenhain/Haimerl: Die gesetzliche Regelung der Verständigung im Strafverfahren – eine verweigerte Reform, JZ 2010 S.327-337.

Ambos, Kai: Verfahrensverkürzung zwischen Prozeßökonomie und „fair trial" – Eine Untersuchung zum Strafbefehlsverfahren und zum beschleunigten Verfahren, Jura 1998, S.281-293.

Ashworth, Andrew: Plea Bargaining, Pragmatism and Rights, in: Müller-Dietz u. a. (Hrsg.), FS-Jung, Baden-Baden 2007, S.19-28.

Bai, Jianjun: Empirische Studie über die Gleichheit der Strafzumessung, 2004.（白建军：《罪刑均衡实证研究》，法律出版社 2004 年版。）

-Die empirische Untersuchung der Strafzumessungsgrenze, FXYJ 2008, Heft 1, S.97-105.（量刑基准实证研究，载《法学研究》2008 年第 1 期，第 97-105 页）

-Eine Studie zur Strafzumessungsvorhersage auf der Grundlage der kollektiven Erfahrung von Richtern, FXYJ 2016, Heft 6, S.140-154.（基于法官集体经验的量刑预测研究，载《法学研究》2016 年第 6 期，第 140-154 页。）

Bandura, Albert: Principles of Behavior Modification, Holt 1969.

Baumann, Jürgen u.a.: Alternativ-Entwurf Novelle zur Strafprozeßordnung – Reform der Hauptverhandlung, Tübingen, 1985,

Beloof, Douglas Evan: The third model of criminal process – the victim participation model, ULR 1999, pp.289-332.

Beulke/Swoboda, Strafprozessrecht, 15.Aufl., Heidelberg 2020.

Bierhoff, Hans-Werner: Prozedurale Gerechtigkeit - Das Wie und Warum der Fairness, ZfSP 1992, S.163-178.

Blazko, Linda-Sue: Straftheoretisch fundierte (Medien-)Öffentlichkeit, in: Effer-Uhe/Hoven/Kempny/Rösinger(Hrsg.): Einheit der Prozessrechtswissenschaft? Tagung Junger Prozessrechtswissenschaftler am 18./19. September 2015 in Köln, 2016, S. 25-38.

Bock, Andreas: Gütezeichen als Qualitätsaussage im digitalen Informationsmarkt - dargestellt am Beispiel elektronischer Rechtsdatenbanken, Hannover 2000.

Börner, René: Die Beteiligung von Laienrichtern am Strafprozess als Erkenntnismittel einer funktionellen Theorie des Strafprozessrechts, StraFo 2012, S.434-457.

-Legitimation durch Strafverfahren – Die normative Kraft des Misstrauens, Berlin 2014.

Brettel, Hauke: Angewandte Kriminologie als Prognoseinstrument des Verteidigers, StV 2005, S.99-102.

Bruns/Güntge: Das Recht der Strafzumessung, 3. Aufl., 2019.

Cai, Xilei: Der Aufbau eines dualistischen Systems zur Überwindung der Ungleichheit bei der Strafzumessung - eine empirische Analyse der Ungleichheit bei der Strafzumessung in China, ZZYFL 2013, Heft 1, S.76-86.（蔡曦蕾：克服量刑失衡二元体系之构建 - 我国量刑失衡现象的实证分析，载《政治与法律》2013 年第 1 期，第 76-86 页。）

Chen, Guoqing: Einige Fragen zum Strafzumessungsvorschlag, ZGXSFZZ 2019, Heft 5, S.3-18.（陈国庆：《量刑建议的若干问题》，载《中国刑事法杂志》2019 年第 5 期，第 3-18 页。）

Chen, Guangzhong(Hrsg.): Strafprozessrecht, 7. Aufl.,2021.（陈光中主编：《刑事诉讼法》（第 7 版），北京大学出版社&高等教育出版社 2021 年版。）

Chen, Lan: Die Institution des Strafzumessungsvorschlags in westlichen Ländern und die Vergleichung, BJFYJ 2008, Heft 1, S.118-126.（陈岚：西方国家的量刑建议制度及其比较，载《比较法研究》2008 年第 1 期，第 118-126 页。）

Chen, Lei: Empirische Studie über Strafzumessungsgleichheit in Fällen von Amtsunterschlagung und passiven Bestechung, ZFLT 2020, Heft 1, S.89-105.（陈磊：贪污受贿犯罪量刑均衡问题实证研究，载《政法论坛》2020 年第 1 期，第 89-105 页。）

Chen, Ruihua: Das private Kooperationsmodell in Strafverfahren - Der Entstehung des strafrechtlichen Vergleichs in China, ZGFX 2006, Heft 5, S.15-30.（刑事诉讼的私力合作模式——刑事和解在中国的兴起，载《中国法学》2006 年第 5 期，第 15-30 页。）

-Das Verwaltungsentscheidungsmodell der richterlichen Entscheidungsfindung: Eine erneute Untersuchung des Phänomens der „richterlichen Administrativeisierung" in chinesischen Gerichten, JLDXSHKXXB 2008, Heft 4, S.134-143.（司法裁判的行政决策模式——对中国法院"司法行政化"现象的重新考察，载《吉林大学社会科学学报》2008 年第 4 期，第 134-143 页。）

-Pferde ohne Reithalfter - Der Entscheidungsspielraum des Richters im Fall Xuting, ZWFX 2009, Heft 1, S.67-81.（脱缰的野马——从许霆案看法院的自由裁量权，载《中外法学》2009 年第 1 期，第 67-81 页。）

-Zur Unabhängigkeit der Strafzumessung - Eine auf die Strafzumessungskontrolle ausgerichtete Verfahrenstheorie, ZGFX 2009, Heft 1, S.163-179.（论量刑程序的独立性——一种以量刑控制为中心的程序理论，载《中国法学》2009 年第 1 期，第 163-179 页。）

-Die Ermittlung von Informationen zur Strafzumessung, FXJ 2010, Heft 2, S.9-24.（论量刑信息的调查，载《法学家》2010 年第 2 期，第 9-24 页。）

-Nachsichtige Urteile - eine überdenkenswerte Form der Strafzumessung, FXLT 2010, Heft 4, S.26-32.（留有余地的判决——一种值得反思的司法裁判方式，载《法学论坛》2010 年第 4 期，第 26-32 页。）

-Theoretische Fragen im Strafzumessungsverfahren, Peking 2011.（《量刑程序中的理论问题》，北京大学出版社 2011 年版。）

-Das öffentliche Kooperationsmodell in Strafverfahren - Der Entstehung der strafrechtlichen Absprache in China, FXLT 2019, Heft 4, S.5-19.（刑事诉讼的公力合作模式——量刑协商制度在中国的兴起，载《法学论坛》2019 年第 4 期，第 5-19 页。）

-Strafprozessrecht, Peking 2021.（《刑事诉讼法》，北京大学出版社 2021 年版。）

-Strafbeweisrecht, 4.Aufl., Peking 2021. （《刑事证据法》，北京大学出版社 2021 年版。）

Chen, Xingliang(Hrsg.): Grundzüge der Allgemeinen Theorie des Strafrechts, 3. Aufl., 2016.（陈兴良主编：《刑法总论精释》（第 3 版），人民法院出版社 2016 年版。）

Chen, Weidong: Studie über Strafzumessungsvorschlag in der Institution des Schuldbekenntnisses und der Annahme der Sanktion, FXYJ 2020, S.158-174.（陈卫东：《认罪认罚案件量刑建议研究》，载《法学研究》2020 年第 5 期，第 158-174 页。）

Chen.W./Cheng.L.: Experimenteller Bericht über Tatinterlokut - Stichprobe des Wuhu-Modells, ZGSHKX 2012, Heft 9, S.120-141.（陈卫东、程雷：隔离式量刑程序实验报告——以芜湖模式为样本，载《中国社会科学》2012 年第 9 期，第 120-141 页。）

Chen.W./Cheng.X.: Kommentare und Vorschlagen zu den verfahrensbegleitenden Vorschriften für das Verfahren bei Vergleich zwischen Parteien in öffentlicher Klage, ZGXSFZZ 2013, Heft 7, S.3-10.（陈卫东、程晓璐：当事人和解的公诉案件诉讼程序配套规定之评析与建议，载《中国刑事法杂志》2013 年第 7 期，第 3-10 页。）

Chen, Xuequan: Eine Studie über den Anwendungsbereich von Chinas siebenköpfigen Geschworenengerichten in Strafsachen, FX 2023, Heft 11, S.140-154.（陈学权：《我国七人陪审合议庭在刑事案件中的适用范围研究》，载《法学》2023 年第 11 期，第 140-154 页。）

Chen.X./Liu/Wang(Hrsg.): Anmerkungen des chinesischen Strafgesetzbuchs, 2022.（陈兴良、刘树德、王芳凯主编：《注释刑法全书》，北京大学出版社 2022 年版。）

Cheng.Q./Zhou.S.: Das Öffentlichkeitsprinzip, ZGFX 1998, Heft 3, S.33-41.（程秋味、周士敏：论审判公开，载《中国法学》1998 年第 3 期，第 33-41 页。）

Coleman, James Samuel: Foundations of Social Theory, Cambridge 1991.

Davies, Margaret: Property : meanings, histories and theories, Abingdon 2010.

Damaška, Mirjan.R.: Versuche zur Rationalisierung der Strafzumessung in den USA, ZStW 93(1981), S.701(727).

-The Faces of Justice and State Authority: A Comparative Approach to the Legal Process, New Haven 1986.

Dessecker/Rausch: Die Vollstreckung lebenslanger Freiheitsstrafen - Dauer und Gründe der Beendigung im Jahr 2021, Wiesbaden 2023.

DiMaggio, P. J./Powell, W.W.: The New Institutionalism in Organizational Analysis, Chicago 1991.

Dölling, Dieter: Die Zweiteilung der Hauptverhandlung – Eine Erprobung vor Einzelrichtern und Schöffengerichten, Göttingen 1978.

Duff/Farmer/Marshall/Tadros (edit.): The Trial on Trial (Vol.3) - Towards a Normative Theory of the Criminal Trial, London 2007.

Dunkel, Barbara: Fehlentscheidungen in der Justiz – Systematische Analyse von Wiederaufnahmeverfahren in Strafverfahren im Hinblick auf Häufigkeit und Risikofaktoren, Baden-Baden 2018.

Dürig/Herzog/Scholz: Grundgesetz-Kommentar, 103. Aufl., 2024.

Duttge, Gunnar: Laienrichter in der Strafgerichtsbarkeit – Anspruch und Wirklichkeit, JR 2006, S.358-363.

Dworkin, Ronald: Taking Rights Seriously, Cambridge 1977/1978.

Eisenberg, Ulrich: Beweisrecht der StPO - Spezialkommentar, 10.Aufl., München 2017.

Englich, Birte: Geben Sie ihm doch einfach fünf Jahre! - Einflüsse parteiischer Zwischenruferauf richterliche Urteile, ZfSP 2005, S.215–225.

-Blind or Biased? Justitia's Susceptibility to Anchoring Effects in the Courtroom Based on Given Numerical Representations. Law & Policy 2006, S.497-514.

Eschelbach, Ralf: Absprachenpraxis versus Wiederaufnahme des Verfahrens - Informelle Verfahrensgestaltung im Konflikt mit dem gesetzlichen Verfahrensrecht, HRRS 2008, S.190-208.

Eser, Albin: Die strafrechtlichen Sanktionen gegen das Eigentum - dogmatische und rechtspolitische Untersuchungen zu Einziehung, Unbrauchbarmachung und Gewinnverfall, Tübingen 1969.

-Funktionen, Methoden und Grenzen der Strafrechtsvergleichung, in: Festschrift für Günther Kaiser zum 70. Geburtstag, Berlin 1998, S. 1499-1529.

Exner, Franz: Studien über die Strafzumessungspraxis der deutschen Gerichte, Leipzig, 1931.

Feng/Liang /Li(Hrsg): Kommentar des chinesischen Strafgesetzbuchs, 2023. （冯军、梁根林、黎宏主编：《中国刑法评注》，北京大学出版社 2023 年版。）

Feuerbach, Anselm: Lehrbuch des gemeinen in Deutschland gültigen Peinlichen Rechts, 14.Aufl., Gießen 1847.

Fezer, Gerhard: Grundfälle zum Verlesungs- und Verwertungsverbot im Strafprozeß, JuS 1977, S.234-236.

-Tatrichterlicher Erkenntnisprozeß – „Freiheit“ der Beweiswürdigung, StV 1995, S.95-101.

-Inquisitionsprozess ohne Ende? – Zur Struktur des neuen Verständigungsgesetzes, NStZ 2010, S.177-184.

Fischer, Thomas: Absprache-Regelung: Problemlösung oder Problem?, StraFo 2009, S.177-188.

Fischer/Eschelbach/Krehl, Zur revisionsgerichtlichen Beschlusspraxis in Strafsachen, StV 2013, S.395-402.

Frase, Richard: Sentencing and Comparative Law Theory, in: Jackson/Langer/Bohlander (Hrsg.): Crime, procedure and evidence in a comparative and international context - essays in honour of Professor Mirjan Damaška, 2008, S.351-369.

Frisch, Wolfgang: Revisionsrechtliche Probleme der Strafzumessung, Augsburg 1971.

-Gegenwärtiger Stand und Zukunftsperspektiven der Strafzumessungsdogmatik – Das Recht der Strafzumessung im Lichte der systematischen Darstellungen von Hans-Jürgen Bruns und Franz Pallin (Teil 1), ZStW 99(1987), S.349-388.

-Gegenwärtiger Stand und Zukunftsperspektiven der Strafzumessungsdogmatik – Das Recht der Strafzumessung im Lichte der systematischen Darstellungen von Hans-Jürgen Bruns und Franz Pallin (Teil 2), ZStW 99(1987), S.751-805.

-Strafe, Straftat und Straftatsystem im Wandel, GA 2015, S.65-85.

-Schuldprinzip und Absprachen, in: FS-Streng, 2017, S.685-703.z6

Gao, Mingxuan: Die strafrechtliche Politik der Harmonie von Milde und Härte in der Strafzumessung und die Anwendung der außergesetzlichen Strafzumessungsumstände, FXZZ 2007, Heft 1, S.1-5.（高铭暄：宽严相济刑事政策与酌定量刑情节的适用，载《法学杂志》2007 年第 1 期，第 1-5 页。）

-Die Entstehung und Entwicklung des chinesischen Strafgesetzbuchs, 2012.（《中国人民共和国刑法的孕育诞生和发展完善》，北京大学出版社 2012 年版。）

Gao.M./Ma.K.(Hrsg.): Strafrecht, 7. Aufl., Peking 2016.（高铭暄、马克昌主编：《刑法学》，北京大学出版社、高等教育出版社 2016 年第 7 版。）

Gao, Yandong: Vom Diebstahl zur Unterschlagung - eine theoretische und normative Analyse des Falls Xuting, ZWFX 2008, Heft 3, S.457-479. （高艳东：从盗窃到侵占 - 许霆案的法理与规范分析，载《中外法学》2008 年第 3 期，第 457-479 页。）

Gao, Yifei: Zur Institution der Strafzumessungsermittlung, ZGXSFZZ 2008, Heft 9, S.81-90.（高一飞：论量刑调查制度，载《中国刑事法杂志》2008 年第 9 期，第 81-90 页。）

Gertner, Nancy: A Short History of American Sentencing: Too Little Law, Too Much Law, or Just Right, JCLC Vol.100 Issue 3(2010), pp.691-708.

Giannoulis, Georgios: Studien zur Strafzumessung – Eine Betrag zur Dogmatik, Rechtstheorie und Rechtsinformatik mit Vertiefung in den Eigentums- und Vermögensdelikten, Tübingen 2014.

Gierhake, Katrin: Zur Begründung des Öffentlichkeitsgrundsatzes im Strafverfahren, JZ 2013, S.1030-1038.

Goldschmidt, James, Der Entwurf eines Gesetzes über den Rechtsgang in Strafsachen, DJT 1920, S.162-178.

Graebsch/Burkhardt: Alles nur Kosmetik?, StV 2008, S.327-331.

Grosse-Wilde, Thomas: Die Unterscheidung von Tat- und Rechtsfrage im Prozessrecht, in: Effer-Uhe/Hoven/Kempny/Rösinger(Hrsg.): Einheit der Prozessrechtswissenschaft? Tagung Junger Prozessrechtswissenschaftler am 18./19. September 2015 in Köln, 2016, S. 141-157.

-Brauchen wir ein neues Strafzumessungsrecht? Gedanken anlässlich der Diskussion in der Strafrechtsabteilung des 72. Deutschen Juristentages in Leipzig 2018, ZIS 2019, S.130-143.

Groth/Pißler: Volksschöffengesetz der Volksrepublik China, ZChinaR 2018, S.247-253.

Grundies, Volker: Gleiches Recht für alle? – Eine empirische Analyse lokaler Unterschiede in der Sanktionspraxis in der Bundesrepublik Deutschland, in: Neubacher/Bögelein(Hrsg.), Krise – Kriminalität – Kriminologie, 2016, S.511-526.

Gu, Peidong: Theoretische Analyse der gesellschaftlichen Erwartungen an die Strafzumessung - Erweiterte Überlegungen zum Xuting-Fall, ZGFX Heft 4, S.167-178. (顾培东：公众判意的法理解析 – 对许霆案的延伸思考，载《中国法学》2008 年第 4 期，第 167-178 页。)

-Aufbau des internen Verhandlungsmechanismus des Volksgerichts, FXYJ 2011, Heft 4, S.3-20. (人民法院内部审判运行机制的构建，载《法学研究》2011 年第 4 期，第 3-20 页。)

-Nachdenken des Aufbaus des internen Verhandlungsmechanismus des Volksgerichts, ZGFX 2014, Heft 5, S.284-302. (再论人民法院审判权运行机制的构建，载《中国法学》2014 年第 5 期，第 284-302 页。)

-Entstehung und Auswirkungen des Phänomens der spontanen Anwendung der Rechtsprechung, FXYJ 2018, Heft 2, S.76-96. (判例自发性运作现象的生成与效应，载《法学研究》2018 年第 2 期，第 76-96 页。)

Gunnell, Justin J/Ceci, Stephen J: When emotionality trumps reason: a study of individual processing style and juror bias, Behav Sci Law 2010, S.850-877.

Güntge, Georg-Friedrich: Spielraumtheorie – Dominanz einer „unwissenschaftlichen" Strafzumessungslehre?, ZIS 2018, S.384-387.

Guo, Shuo: Die Institution der Einstellung nach Ermessen – eine neue Betrachtung, ZGFX 2018,Heft 3, S.228-248. (郭烁：酌定不起诉制度的再考察，载《中国法学》2018 年第 3 期，第 228-248 页。)

Habermann, Julia: Partnerinnentötungen und deren gerichtliche Sanktionierung - Eine vergleichende Urteilsanalyse zu Partnerinnentötungen als Form des Femizids, Wiesbaden 2023.

Habermas, Jürgen: Strukturwandel der Öffentlichkeit - Untersuchungen zu einer Kategorie der bürgerlichen Gesellschaft, Suhrkamp 1990.

Hamann, Hanjo: Der blinde Fleck der deutschen Rechtswissenschaft – Zur digitalen Verfügbarkeit instanzgerichtlicher Rechtsprechung, JZ 2021, S.656-665.

Hassemer, Winfried: Die Formalisierung der Strafzumessungsentscheidung, ZStW 90(1978), S.64-99.

-Grundsätzliche Aspekte des Verhältnisses von Medien und Strafjustiz, StV 2005, S.167-168.

Hastie/Penrod/Pennington: Inside the Jury, Cambridge 1983.

He, Weifang: Einwände gegen die Fernsehübertragung von Hauptverhandlungen, ZGLS 1998, Heft 9, S.60-61.（贺卫方：对电视直播庭审过程的异议，载《中国律师》1998 年第 9 期，第 60-61 页。）

He/Kränzle/Röseler/Schmidt/Pißler/Thaler: Volksgerichtsorganisationsgesetz der Volksrepublik China, ZChinR 2019, S.285-296.

Heinz, Wolfgang: Was ist Strafe? Eine empirische Annährung, in:FS-Jung, 2007, S.273-297.

Herdegen, Matthais: Beurteilungsspielraum und Ermessen im strukturellen Vergleich, JZ 1991, S.747-751.

Herrmann, Joachim: Ein neues Hauptverhandlungsmodell, ZStW 100(1988), S.41-80.

Hettinger, Michael: Zur Rationabilität heutiger Strafgesetzgebung im Hinblick auf die Rechtsfolgenbestimmung – Begriffe ohne Inhalt, Strafrahmen ohne Konturen, GA 1995, S.399-429.

Heuser/Weigend: Das Strafprozeßgesetz der Volksrepublik China in vergleichender Perspektive, Hamburg 1997.

Hirte, Heribert: Aktuelle Fragen der Veröffentlichung von Gerichtsentscheidungen in den Vereinigten Staaten von Amerika, in: FS-Großfeld, Heidelberg 1999.

Hörnle, Tatjana: Unterschiede zwischen Strafverfahrensordnungen und ihre kulturellen Hintergründe, ZStW 117(2005), S.801-838.

-Straftheorien, 2. Aufl., Tübingen 2017.

-Zur Lage der Strafzumessung in Deutschland, GA 2019, S.282-295.

-Comparative Assessment of Sentencing Laws, Practices, and Trends, in: K. Brown/ Turner/Weisser(Hrsg.): The Oxford Handbook of Criminal Process, Oxford 2019, S.887-909.

Hu, Tongchun: Zur Einführung des „Tagessatzsystems" in unseres Strafrecht, HNSFDXXB 2012, Heft 5, S.104.（胡同春：论"日额金"制在我国刑法罪状中的引入，载《河南师范大学学报（哲学社会科学版）》，2012 年第 5 期（2012），第 104-108 页。）

Hu, Yunteng(Hrsg.): Tagungsband des internationalen Seminars zur Strafzumessungsjustizreform in USA und China, 2009.（胡云腾主编：《中美量刑改革国际研讨会文集》，中国法制出版社 2009 年版。）

Huang, He: Die Entwicklung des Täter-Opfer-Ausgleichs in China, Bochumer 2015.

Huang, Jingping: Die Rationalität von Strafzumessungsvorschlag von Strafrahmen – Die Bedeutung von § 201 StPO, FXZZ 2020, Heft 6, S.100-111.（黄京平：《幅度刑量刑建议的相对合理性——〈刑事诉讼法〉第 201 条的刑法意涵》，载《法学杂志》2020 年第 6 期，第 100-111 页。）

Huang, Taiyun: Auslegung der Änderungen des Strafprozessgesetzes, RMJC 2012, Heft 8, S.10-73.（黄太云：刑事诉讼法修改释疑，《人民检察》2012 年第 8 期，第 10-73 页。）

Hufen, Christian: Ermessen und unbestimmter Rechtsbegriff, ZJS 2010, S.603-607.

Jahn/Kett-Straub, Die Verständigung vor dem Schwurgericht, StV 2010, S.271-277.

Jakobs, Günther: Strafrecht allgemeiner Teil - Die Grundlagen und die Zurechnungslehre. Lehrbuch, 2., neubearb. und erw. Aufl., Berlin 1991.

Jehle, Jörg-Martin: Was und wie häufig sind Fehlurteile? – Ein Skizze, FPPK 2013, S.220-229.

Jescheck, Hans-Heinrich: Rechtsvergleichung als Grundlage der Strafprozeßreform, ZStW 86(1974), S.761-782.

J. Schulhofer, Stephen: Due Process of Sentencing, U. Pa. L. Rev. Vol.128 No.4(1980), pp.733-828.

Jung, Heike: Was ist eine gerechte Strafe?, JZ 2004, S.1155-1160.

-Zur Zweiteilung der Hauptverhandlung. Eine grundsätzliche Positionsbestimmung, in: FS-Dölling, 2023, S.307-324.

Kahlo, Michael: Der Begriff der Prozesssubjektivität und seine Bedeutung im reformierten Strafverfahren, besonders für die Rechtsstellung des Beschuldigten, KritV 1997, S.183-210.

Kai, Hart-Hönig: Gerechte und zweckmäßige Strafzumessung – zugleich ein Beitrag zur Theorie positiver Generalprävention, 1992 Berlin.

Kaspar, Johannes, Verhältnismäßigkeit und Grundrechtsschutz im Präventionsstrafrecht, Baden-Baden 2014.

-Sentencing Guidelines versus freies tatrichterliches Ermessen – Brauchen wir ein neues Strafzumessungsrecht?, Gutachten C zum 72. Deutschen Juristentag, München 2018.

Kaufmann, Arthur: Das Schuldprinzip – Eine strafrechtlich-rechtsphilosophische Untersuchung, Heidelberg 1961.

Kemme/Dunkel: Strafbefehl und Fehlurteil - Erkenntnisse zu einer wenig beachteten Verbindung, StV 2020, S.52-58.

Kett-Straub/Kudlich: Sanktionenrecht, 2.Aufl., München 2021.

Kindhäuser/Neumann/Paeffgen/Saliger, Strafgesetzbuch, 6. Aufl., Baden-Baden 2023.

Koch, Arnd: Die verschiedenen Prozessmodelle im historischen Vergleich der Entwicklung in Deutschland, in: Hilgendorf/Schünemann/Schuster(Hrsg.), Verwirklichung und Bewahrung des Rechtsstaats. Beiträge der Würzburger Tagung zum deutsch-chinesischen Strafrechtsvergleich vom 16. bis 17. Dezember 2016, Tübingen 2019, S. 13-22.

Krehl, Christoph: Schuld und Verfassung, in: Fischer/Hoven(Hrsg.): Schuld, Baden-Baden 2017.

Kropp, Christian: Grundsätze der Strafzumessung, JA 2000, S.700-705.

Kudlich/Koch: Das Ringen um die richtige Strafzumessung, NJW 2018, S.2762-2766.

Kuhli, Milan: Grenzen der Revisibilität? Zur Frage der Zulässigkeit richterlicher Beurteilungsspielräume im Strafrecht, in: Effer-Uhe/Hoven/Kempny/Rösinger(Hrsg.): Einheit der Prozessrechtswissenschaft? Tagung Junger Prozessrechtswissenschaftler am 18./19. September 2015 in Köln, 2016, S. 189-201.

Lan, Jierong: Die Strafzumessungsgleichheit in verfahrensrechtlicher Perspektive - Strafzumessung als Einstiegspunkt, XDFX 2013, Heft 4, S.92-98.（兰荣杰：程序视野中的“同案同判”——以量刑为切入点，载《现代法学》2013 年第 4 期，第 92-98 页。）

Lao, Dongyan: Strafrecht in einer Risikogesellschaft, 2015.（劳东燕：《风险社会中的刑法》，北京大学出版社 2015 年版。）

Li, Guangde: Die Wertorientierung des Systems der Veröffentlichung von Gerichtsdokumenten im Internet und ihre rechtswissenschaftliche Reflexion, FSYJ 2022, Heft 2, S.22-35.（李广德：裁判文书上网制度的价值取向及其法理反思，载《法商研究》2022 年第 2 期，第 22-35 页。）

Li, Guilin: Recht als praktische Vernunft, XDFX 2004, Heft 6, S.26-30.（李桂林，作为实践理性的法律，载《现代法学》2004 年第 6 期，第 26-30 页。）

Li, Jie: Studie über die Höhe der Geldstrafe, JLDXSHKXXB 2002, Heft 1, S.64.（李洁：罚金刑之数额规定研究， 载《吉林大学社会科学学报》2002 年第 1 期，第 64-73 页。）

Li, Qian: Das Beweisverbot des § 252 StPO, Hamburg 2015.

Li, Qin: Eine empirische Studie über die Strafzumessungsbegründung in Strafurteilen - eine Stichprobe von 97 Strafurteilen des Volksgerichts, ZGXSFZZ 2012, Heft 6, S.111-115.（李琴：刑事判决书量刑说理问题实证研究——以 D 法院 97 份刑事判决书为样本，载《中国刑事法杂志》2012 年第 6 期，第 111-115 页。）

Li, Yuping: Gestaltung von relativ eigenständigen Strafverfahren in China, FLSY 2008, Heft 4, S.11-14.（我国相对独立量刑程序的设计与构建，载《法律适用》2008 年第 4 期，第 11-14 页。）

-Reform der Strafzumessungsverfahren vor chinesischen Gerichten, FXJ 2010, Heft 2, S.47-55.（中国法院的量刑程序改革，载《法学家》2010 年第 2 期，第 47-55 页。）

Liang/Wang: Das Schicksal von Alternativmaßnahmen zur Todesstrafe in China: Gedanken, Modelle und Praxis, ZGFLPL 2020, Heft 5, S.57.（梁根林、王华伟：死刑替代措施的中国命运：观念、模式与实践，载《中国法律评论》2020 年第 5 期，第 57-83 页。）

Liang, Xu: Studie über die Normierung der Strafzumessung, 2022.（梁旭：《量刑规范化研究》，知识产权出版社 2022 年版。）

v. Liszt, Franz: Der Zweckgedanke im Strafrecht (1882/83), Baden-Baden 2002.

Liu, Jingsong: Zur Bindungswirkung des Strafzumessungsvorschlag in der Institution des Schuldbekenntnisses und der Annahme der Sanktion - die Auslegung von § 201 StPO, FZXDHYJ 2022, Heft 3, S.159-171.（刘金松：《论认罪认罚案件量刑建议的裁判拘束力及其保障——以刑事诉讼法第 201 条的解释为中心》，载《法治现代化研究》2022 年第 3 期，第 159-171 页。）

Liu, Xiaopeng: Konflikt und Gleichgewicht zwischen der zeitgleichen Internet-Übertragung von Hauptverhandlungen im Internet und dem Schutz des Rechts der Verfahrensbeteiligten auf Privatsphäre, FLKX 2015, Heft 3, S.64-72.（刘小鹏：庭审网络直播与当事人隐私权保护的冲突与平衡，载《法律科学（西北政法大学学报）》2015 年第 3 期，第 64-72 页。）

Long, Zongzhi: Die „interne und externe Problemen“ der Öffentlichkeit - analysiert hauptsächlich aus der Perspektive vom Strafverfahrensrecht, DDFX 2013, Heft 6, S.3-12.（龙宗智："内忧外患"中的审判公开——主要从刑事诉讼的视角分析，载《当代法学》2013 年第 6 期，第 3-12 页。）

-Hauptkonflikte und Pilotvorschläge zur Reform der funktionalen Ausrichtung der gerichtlichen Instanzen, ZGFLPL 2022, Heft 2, S.164-172.（审级职能定位改革的主要矛盾及试点建议，载《中国法律评论》2022 年第 2 期，第 164-172 页。）

Long.Z./Yuan.J.: Einschränkung d der Verwaltungsorientierung der Justiz im Kontext vertiefter Reformen, FXYJ 2014, Heft 1, S.132-149.（龙宗智、袁坚：深化改革背景下对司法行政化的遏制，载《法学研究》2014 年第 1 期，第 132-149 页。）

Luhmann, Niklas: Positivität des Rechts als Voraussetzung einer modernen Gesellschaft, in: ders., Ausdifferenzierung des Rechts. Frankfurt a.M. 1999, S.113–153.

-Legitimation durch Verfahren, 12. Aufl., Frankfurt a.M. 2021.

Ma, Jiansong: Studie über die juristische Kontrolle der Todesstrafe, 2006. （马建松著：《死刑司法控制研究》，法律出版社 2006 年版。）

Machura, Stefan: Legitimation durch Verfahren – was bleibt?, Soziale Systeme 2017, S.331-354.

Mall, Raphael Henri David: Kommunikation im Gerichtssaal. Richter und ihr Gegenüber – Zu Entscheidungsfindung in Kammern und einem (immer noch?) durch Verständigungen geprägten Strafprozess, in: Jung u.a.(Hrsg.), Strafverfahren und Kommunikationskompetenz - Ein Leitfaden für die universitäre Ausbildung, 2018, S.91-114.

Maurach, Reinhart: Strafrecht Allgemeiner Teil, 4.Aufl., Karlsruhe 1971.

Ma/Yu/He: Big Data-Analyse - Bericht über die im Internet veröffentlichten Dokumente zu Gerichtsentscheidungen in China, ZGFLPL 2016, Heft 4, S.195-246.（马超/于晓虹/何海波：大数据分析——中国司法裁判文书上网公开报告，载《中国法律评论》2016 年第 4 期，第 195-246 页。）

Maurer Matthias: Komparative Strafzumessung – Ein Beitrag zur Fortentwicklung des Sanktionenrechts, Berlin 2005.

Meier, Bernd-Dieter: Strafrechtliche Sanktionen, 5. Aufl., Hannover 2019.

Mellinghoff: Strafgleichheit, in: Neumann/Herzog(Hrsg.): FS-Hassermer, Heidelberg 2010, S.503-519.

Meurer, Dieter: Der Strafbefehl, JuS 1987, S.882-887.

Meyer, Thomas: Einführung in die Rechtsvergleichung, München 2020.

Meyer-Goßner/Schmitt: Strafprozessordnung mit GVG und Nebengesetzen Kommentar, 67.Aufl., München 2024.

Montesquieu, Vom Geist der Gesetze, Tübingen 1951.

Moos, Reinhard: Ausgewogenere Kommunikationsstruktur der Hauptverhandlung durch Wechselverhör und Teilung in zwei Ausschnitte, ZStW 103(1991), S.553-583.

Murmann, Uwe: Über den Zweck des Strafprozesses, GA 2004, S.65-86.

-Strafzumessung und Strafverfahren, in: Freund/Murmann/Bloy/Perron (Hrsg.), in: FS- Frisch, Berlin 2013, S. 1131-1151.

Nagel/Geraci: Effects of Reducing Judicial Sentencing Discretion, Criminology,Vol.21 No.3(1983), pp.309-331.

Neumann, Ulfrid: Grenzen der Revisibilität der Rechtsfrage in der Strafprozessualen Revision, ZStW 136(2024), S.103-126.

Nickolaus, Christoph: Ankereffekte im Strafprozess – Verstoß gegen das Prinzip des fairen Verfahrens?, Baden-Baden 2018.

Oswald/Bieneck/Hupfeld-Heinemann(edit.): Social Psychology of Punishment of Crime, Wiley-Blackwell 2011.

Pallin, Franz: Die Strafzumessung in rechtlicher Sicht - mit einer tabellarischen auszugsweisen Kriminalstatistik 1976-1978, Mainz 1982.

Pawlik, Michael: Person, Subjekt, Bürger – Zur Legitimation von Strafe, Berlin 2004.

Peng, Haiqing: Über die Begründung von Strafurteilen, XTDXXB 2007, Heft 5, S.30-33.（彭海青：论刑事判决书的说理，载《湘潭大学学报（哲学社会科学版）》2007 年第 5 期，第 30-33 页。）

Peng, Wenhua: Strafzumessungsbegründung - Praktische Fragen, logischer Ablauf und technische Regelung, FZYSHFZ 2017, Heft 1, S.106-127.（彭文华：量刑说理：现实问题、逻辑进路与技术规制，载《法制与社会发展》2017 年第 1 期，第 106-127 页。）

Peters, Karl: Grundprobleme der Kriminalpadagogik, Berlin 1960.

-Strafprozeß: Ein Lehrbuch, 4.Aufl., Heidelberg 1985.

ffer/Savelsberg: Regionale und altersgruppenbezogene Unterschiede der Strafzumessung, in: Pfeiffer/Oswald(Hrsg.): Strafzumessung – Empirische Forschung und Strafrechtsdogmatik im Dialog, Stuttgart 1989.

Pißler, Knut Benjamin(Hrsg.): Handbuch des chinesischen Zivilprozessrechts, Tübingen 2018.

Pizzi, William: Sentencing in the US: An Inquisitorial Soul in an Adversarial Body, in: Jackson etc., Crime, procedure and evidence in a comparative and international context : essays in honour of Professor Mirjan Damaška, Oxford 2008, pp.65-79.

Posner, Richard A.: The Problems of Jurisprudence, Cambridge and London 1990.

Puppe, Ingeborg: Feststellen, zuschreiben, werten: semantische Überlegungen zur Begründung von Strafurteilen und deren revisionsrechtlicher Überprüfbarkeit, NStZ 2012, S.409-414.

Ran, Lijun: Eine juristisch-soziologische Studie über die Unterschiede bei der Strafzumessung von Diebstahlsdelikten in der tibetisch-chinesischen Region der Provinz Sichuan, 2015.（冉利军：四川藏汉地区盗窃罪量刑差异的法社会学研究，四川省社会科学院 2015 年硕士学位论文。）

Reimann/Zimmermann, The Oxford Handbook of Comparative Law, 2.ed., Oxford 2019.

Rennig, Christoph: Hypothesen zur subjektiven Verfahrensgerechtigkeit im deutschen Zivilprozeß, in: Bierbrauer/Gottwald/Birnbreier-Stahlberger/Haller: Verfahrensgerechtigkeit: Rechtspsychologische Forschungsbeiträge für die Justizpraxis, Köln 1995, S.83-98.

Rieß, Peter: Die Rechtsstellung des Verletzten im Strafverfahren, Gutachten C für den 55. Deutschen Juristentag, München 1984.

Roger/Carolyn: The Death Penalty: A Worldwide Perspective, 5., rev. and updated ed., Oxford 2015.

Rönnau, Thomas: Grundwissen – Strafprozessrecht: Schöffen, JuS 2016, S.500-503.

Rostalski/Völkening, Smart Sentencing - Ein neuer Ansatz für Transparenz richterlicher Strafzumessungsentscheidungen, KriPoZ 2019, S.265-273.

Rostalski/Schmude/Völkening/Ye, Smart Sentencing - Grundriss einer teilautomatisierten Strafzumessungsdatenbank, LRZ 2021, S.166-178.

Roxin, Claus: Über die Reform des deutschen Strafprozessrechts, in: FS-Jauch, München 1990, S.183-200.

Roxin/Greco: Strafrecht Allgemeiner Teil Band I: Grundlagen – Der Aufbau der Verbrechenslehre, 5. Aufl., München 2020.

Roxin/Schünemann: Strafverfahrensrecht, 30.Aufl., München 2022.

Satzger/Schluckebier/Werner: Strafprozessordnung mit GVG und EMRK Kommentar, 5.Aufl., 2022.

-Strafgesetzbuch Kommentar, 6.Aufl., 2024.

Schäfer/Sander/Gemmeren: Praxis der Strafzumessung, 6. Aufl., München 2017.

Schletz, Jan: Die erweitere Revision in Strafsachen - Untersuchung eines Rechtsmittels und seiner Bedeutung im heutigen Strafprozess, Baden-Baden 2020.

Schlothauer/Weider, Verteidigung im Revisionsverfahren, 2. Aufl., Heidelberg 2013.

Schmidt, Annika: Das Schöffensystem in Europa: Ein Vergleich, Heidelberg 2018.

Schöch, Heinz: Strafzumessungspraxis und Verkehrsdelinquenz – Kriminologische Aspekte der Strafzumessung am Beispiel einer empirischen Untersuchung zur Trunkenheit im Verkehr, Stuttgart 1973.

-Die Reform der Hauptverhandlung, in: Schreiber/Beulke(Hrsg.), Strafprozeß und Reform: eine kritische Bestandsaufnahme, Neuwied/Darmstadt 1979, S.59.

Schönke/Schröder: Strafgesetzbuch, 30. Aufl., München 2019.

Schroeder, Friedrich-Christian: Grenzen der Rationalisierung des Strafverfahrens, NJW 1983, S.137-142.

Schünemann, Bernd: Die Funktion des Schuldprinzips im Präventionsstrafrecht, in: Schünemann(Hrsg.): Grundfragen des modernen Strafrechtssystems, Berlin 1984, S.153-195.

-Daten und Hypothesen zum Rollenspiel zwischen Richter und Staatsanwalt bei der Strafzumessung, in: Kaiser/Kury/Albrecht: Kriminologische Forschung in den 80er Jahren - Projektberichte aus der Bundesrepublik Deutschland, Freiburg 1988, S.265-280.

-Der Richter im Strafverfahren als manipulierter Dritter? Zur empirischen Bestätigung von Perseveranz- und Schulterschlußeffekt, StV 2000, S.159-165.

-Der deutsch-chinesische Diskurs auf dem Gebiet der Strafrechtspflege – Hindernisse und Chancen, GA 2008, S.177-180.

-Der unabhängige Strafrichter – Macht ohne Maß?, in: FS-Streng, 2017, S.755-765.

Shapiro, Martin: Courts: A Comparative and Political Analysis, Chicago 1981.

Shi, Jinghai: Auslegung der „Standardisierung der Strafzumessung“, XDFX 2009, Heft 3, S.104-112.（石经海："量刑规范化"解读，载《现代法学》2009 年第 3 期，第 104-112 页。）

Shi/Yan: Die Retrospektive und Perspektive des chinesischen zehnjährigen Strafzumessungsjustizreform, FLKX 2015, Heft 4, S.170-180.（石经海、严海杰：中国量刑规范化之十年检讨与展望，载《法律科学》（西北政法大学学报）2015 年第 4 期，第 170-180 页。）

Shu/Wang: Öffentliche Anerkennung gerichtlicher Entscheidungen im Zeitalter der Online-Medien - ein informationsverarbeitungstheoretischer Ansatz, JMFLPL 2023, Heft 4, S.1-24.（舒国滢、王楠：网络媒体时代司法裁判的公众认同——基于信息加工理论进路，载《经贸法律评论》2023 年第 4 期，第 1-24 页。）

Spendel, Günter: Zur Lehre vom Strafmaß, Frankfurt a.M. 1954.

Steffensmeier/Ulmer/Kramer: The Interaction of Race, Gender, and Age in Criminal Sentencing - The Punishment Cost of Being Young, Black, and Male, Criminology Vol.36, No.4(1998), pp.763-798.

Störmer, Rainer: Beurteilungsspielräume im Strafverfahren, ZStW 108(2009), S.494-524.

Streng, Franz: Strafzumessung und relative Gerechtigkeit – Eine Untersuchung zu rechtlichen, psychologischen und soziologischen Aspekten ungleicher Strafzumessung, Heidelberg 1984.

-Kommentar zu „Kriterien für die Herstellung von Tatproportionalität", in: Frisch/von Hirsch/Albrecht(Hrsg.): Tatproportionalität, Heidelberg 2003, S.129-140.

-Forschungen zu Grundlagen und Determinanten der Strafzumessung, in: Frisch(Hrsg.), Grundlagen des Strafzumessungsrechts aus deutscher und japanischer Sicht, Tübingen 2011, S.39-64.

-Strafrechtliche Sanktionen – Die Strafzumessung und ihre Grundlage, 3., überarbeitete Auflage, Stuttgart 2012.

-Perspektiven für die Strafzumessung, StV 2018, S.593.

Strupp, Micheal: Das neue Strafgesetzbuch der VR China – Kommentar und Übersetzung, Hamburg 1998.

Song, Yuncang: Studie über Strafzumessungsgleichheit in Fällen von Amtsunterschlagung und passiven Bestechung, XSFPL 2007, S.365-429.（宋云苍：贪污受贿案件量刑均衡问题研究，载《刑事法评论》第 19 卷，2007，第 365-429 页。）

Su, Jingxiang: Empirische Analyse vom Strafzumessungsvorschlag - am Beispiel der Annahmequote vom Strafzumessungsvorschlag der Staatsanwaltschaft, ZZYFL 2013, Heft 2, S.151-160.（苏镜祥：量刑建议实证分析——以检察机关量刑建议的采纳率为对象，载《政治与法律》2013 年第 2 期，第 151-160 页。）

-Debatte zwischen Theorie und Praxis: ein Überblick über die Strafzumessungsjustizreform, SCSFDXXB 2015, Heft 1, S.29-35.（理论与实践之争：量刑规范化改革评析，载《四川师范大学学报（社会科学版）》2015 年第 1 期，第 29-35 页。）

Sun, Yuan: Kritik an der Gesetzgebung des Verfahrens bei Vergleich zwischen Parteien in öffentlicher Klage, ZZYFL 2016, Heft 6, S.128-137.（孙远：当事人和解的公诉案件诉讼程序之立法论批判，载《政治与法律》2016 年第 6 期，第 128-137 页。）

Su/Zhang/Shi: Strafzumessung und Computer: Eine Theorie der gerechten und angemessenen Strafzumessung, 1989.（苏惠渔、张国全、史建三著：《量刑与电脑：量刑公正合理应用论》，百家出版社 1989 年版。）

Tang, Jianguo(Hrsg.): Methoden zur ausgewogenen Strafzumessung, 2005.（汤建国主编：《量刑均衡方法》，人民法院出版社 2005 年版。）

Tang, Yingmao: Offenheit der Justiz und ihre Determinanten - eine Analyse von Daten auf der Grundlage der Website China Judgements Online, QHFX 2018, Heft 4, S.35-47.（唐应茂：司法公开及其决定因素——基于中国裁判文书网的数据分析，载《清华法学》2018 年第 4 期，第 35-47 页。）

Tata, Cyrus: Sentencing: A Social Process – Re-thinking Research and Policy, Glasgow 2020.

Thornstedt, Hans: Skandinavische Erfahrungen mit dem Tagesbußensystem, ZStW 86(1974), S.595-613.

Tombs/Jagger, Denying Responsibility – Sentencers' Accounts of their Decisions to Imprison, BJC 46(2006), pp. 803-821.

Tonry, Michael: Sentencing in America, 1975-2025, Crime and Justice Vol.42, No.1(2013), pp.141-198.

Tröndle, Herbert: Das Problem der Strafzumessungsempfehlungen, Blutalkohol, 1971, S.73-83.

Trüg, Gerson: Erkenntnisse aus der Untersuchung des US-amerikanischen plea bargaining-Systems für den deutschen Absprachendiskurs, ZStW 120(2008), S.331-374.

Turner, Jenia I.: Plea Bargaining and Disclosure in Germany and the United States: Comparative Lessons, Wm. & Mary L. Rev. 2016, pp.1549-1596.

Ullrich/Stroebe/Hewstone(Hrsg.): Sozialpsychologie, 7.Aufl., Springer 2023.

Wagner-Döbler, Roland: Entscheidungen der obersten Bundesgerichte und der Instanzgerichten in Publikationen - Ein Überblick der Veröffentlichungsrate und Sachgebietsverteilung anhand von Juris, CR 1994, S. 305-309.

Wan, Yi: Das Fallvermittlungssystem im Spannungsfeld zwischen Geschichte und Realität, FX 2005, Heft 2, S.9-18.（万毅：历史与现实交困中的案件请示制度，载《法学》2005 年第 2 期，第 9-18 页。）

Wang, Aili(Hrsg.): Anmerkungen, legislative Gründe und einschlägige Bestimmungen des chinesischen Strafgesetzbuchs, 2021.（王爱立主编：《中华人民共和国刑法条文说明、立法理由及相关规定》，北京大学出版社 2021 年版。）

Wang, Jianbo: Eine empirische Studie über regionale Unterschiede bei der Verurteilung wegen passiver Bestechung in China, ZGFX 2016, Heft 4, S.245-265.（王剑波：我国受贿罪量刑地区差异问题实证研究，载《中国法学》2016 年第 4 期，第 245-265 页。）

Wang, Xinfang: Untersuchung über die Veröffentlichung abweichender Meinungen des Kollegiums in Rechtsprechungsdokumenten, ZZYFL 2004, Heft 2, S.153-155.（王信芳：《裁判文书公开合议庭不同意见的探索与思考》，载《政治与法律》2004 年第 2 期，第 153-155 页。）

Wang.X./Yu.X.: Eine empirische Analyse der Wirksamkeit der Teilnahme von Volksschöffen an Gerichtsverhandlungen - eine Untersuchung von gerichtlichen Big Data auf der Grundlage von über 360.000 Strafurteilen, FXJ 2023, Heft 3, S.30-44.（人民陪审员参审效能的实证分析——基于 36 万余份刑事判决书的司法大数据考察，载《法学家》2023 年第 3 期，第 30-44 页。）

Wang, Yifei: Die richterliche Überzeugung bei der Strafzumessungstatsachen, ZGXSFZZ 2010, Heft 4, S.53-61.（汪贻飞：论量刑程序中的证明标准，载《中国刑事法杂志》2010 年第 4 期，第 53-61 页。）

Wang, Yue: Eine empirische Untersuchung des normativen Niveaus der Strafzumessung: eine Analyse am Beispiel des Delikts der vorsätzlichen Körperverletzung, FXJ 2020, Heft 6, S.69-83.（王越：量刑规范性水平的实证检验：以故意伤害罪为例的分析，载《法学家》2020 年第 6 期，第 69-83 页。）

Wang/Yuan: Die Versuche des Bezirksgerichts bezüglich der Reform des Strafzumessungsverfahrens: Praxis und Erforschung des Amtsgerichts Zichuan in der Provinz Shandong, FLSY 2008, Heft 4, S.15-16.（王红梅、袁涛：地方法院关于量刑程序改革的尝试：山东省淄川区人民法院的实践与探索，载《法律适用》2008 年第 4 期，第 15-16 页。）

Weber, Max: Wirtschaft und Gesellschaft, 5.Aufl., Tübingen 1976.

Wei, Xiaona: Die Institution des Schuldbekenntnisses und der Annahme der Sanktion in einer strukturellen Perspektive, FXJ 2019, Heft 2, S.111-123.（魏晓娜:《结构视角下的认罪认罚从宽制度》，《法学家》2019 年第 2 期，第 111-123 页。）

Wei/Xiong: Judges' Gender and Sentencing in China: An Empirical Inquiry, Feminist Criminology, Vol.15, No.2(2020), pp.232-239.

Weigend, Thomas: Deliktsopfer und Strafverfahren, Berlin 1989.

Wolf/Steller: Kinder als Zeugen – Was wissen sie über Gerichtsverhandlungen?, in: Bierbrauer u.a.(Hrsg.), Verfahrensgerechtigkeit – Rechtspsychologische Forschungsbeiträge für die Justizpraxis, Köln 1995, S.163-186.

Worral, John.L.: Criminal Procedure, 3. Edition, Pearson 2018.

Wu, Yuhao: Die Grenzen des Entscheidungsspielraums bei der Strafzumessung: kollektive Erfahrung, individuelle Entscheidungsfindung und Identifizierung von Vorurteilen, FXYJ 2021, Heft 6, S.109-129.（吴雨豪：量刑自由裁量权的边界：集体经验、个体决策与偏差识别，载《法学研究》2021 年第 6 期，第 109-129 页。）

-Zur Ausgestaltung des Entscheidungsspielraums durch kollektive Strafzumessungstendenzen, FZYSHFZ 2024, Heft 1, S.91-109.（论集体量刑倾向对自由裁量权的塑造，载《法制与社会发展》2024 年第 1 期，第 91-109 页。）

Xia/Cai/Zhong: Effect of Judges' Gender on Rape Sentencing: A Data Mining Approach to Analyze Judgement Documents, The China Review, Vol.19, No.2(2019), pp.125-149.

Xiao, J.Guo/Xiao, J.Guang: Überprüfung des Systems der Rechtsprechungsausschüsse - und die Grundlage für die Abschaffung des Systems der Rechtsprechungsausschüsse, BJKJDXXB 2002, Heft 3, S.60-66.（肖建国、肖建光：审判委员会制度考——兼论取消审判委员会制度的现实基础，载《北京科技大学学报（社会科学版）》2002 年第 3 期，第 60-66 页。）

Xiong, Moulin: Die chinesischen Erfahrungen mit der Strafzumessungsgleichheit: eine empirische Studie am Beispiel des Vergewaltigungsdelikts, FZXDHYJ 2021, Heft 2, S.116-138.（熊谋林：量刑均衡的中国经验：基于强奸罪的实证研究，载《法治现代化研究》2021 年第 2 期，第 116-138 页。）

Xiong, Qiuhong: Strafzumessungsjustizreform in China: Theorie, Normen und Erfahrungen, FXJ 2011,Heft 5, S.37-53.（熊秋红：中国量刑改革：理论、规范与经验，载《法学家》2011 年第 5 期，第 37-53 页。）

Xuan/Xie/Ma: Volksgericht Guangzhou – Die „Trilogie" der Öffentlichkeit, ZGSP 2013, Heft 10, S.32-36.（宣海林、谢平、马伟峰:《广州中院: 司法公开的"三部曲"》，载《中国审判》2013 年第 10 期，第 32-36 页。）

Yu, Haisong: Reform der Strafprozessordnung und Analyse der Schwerpunkte bei ihrer Anwendung in der Justiz, Peking 2021.（喻海松著：《刑事诉讼法修改与司法适用疑难解析》，北京大学出版社 2021 年版。）

-StGB Kommentar der Praxis, Peking 2022.（《实务刑法评注》，北京大学出版社 2022 年版。）

Yu, Ping: Strafzumessung und Quantifizierung von Strafen – Über die „Computergesteuerte Strafzumessung", FXJ 2007, Heft 2, S.62-69.（虞平：量刑与刑的量化——兼论"电脑量刑"，载《法学家》2007 年第 2 期，第 62-69 页。）

Yu, Zhigang: Systematischer Aufbau von Strafregistersystem in China, XDFX 2014, Heft 5, S.170-184.（于志刚：中国犯罪记录制度的体系化构建，载《现代法学》2014 年第 5 期，第 170-184 页。）

Zehr, Howard: Changing Lenses: A New Focus for Crime and Justice, 3. Aufl., Herald Press 1990.

Zhang, Mingkai: Strafrechtliche Analyse des Falls Xuting, ZWFX 2009, Heft 1, S.30-56.2（张明楷：许霆案的刑法学分析，载《中外法学》2009 年第 1 期，第 30-56 页。）

-Das Schuldprinzip und die Strafzumessungstheorien – im Mittelpunkt die Punktstraftheorie, FXYJ 2010, Heft 5, S.128-145.（责任主义与量刑原理——以点的理论为中心，载《法学研究》2010 年第 5 期，第 128-145 页。）

-Strafrecht, 5. Aufl., 2016.（《刑法学》（第 5 版），法律出版社 2016 年版。）

Zhang, Xuechun: Ein Vergleich der Vorteile des Kollegiums und des Einzelrichters - eine Analyse auf der Grundlage der Entscheidungstheorie, FZYSHFZ 2009, Heft 6, S.107-116.（合议制与独任制优势比较——基于决策理论的分析，载《法制与社会发展》2009 年第 6 期，第 107-116 页。）

Zhao/Zhang: Auslegung der U1ngewissheit in Strafurteilen: Eine Neuinterpretation des Falles Xuting, FX 2008, S.36-52.（赵秉志、张心向：刑事裁判不确定性现象解读——对"许霆案"的重新解读，载《法学》2008 年第 8 期，第 36-52 页。）

Zhao, Shuhong: Strafzumessung bei schwerer Kriminalität – Eine vergleichende theoretische und empirische Studie zur Bestimmung der Strafe, Berlin 2022.

Zhou, Guangquan: Untersuchung der Strafzumessungsgrenze, ZGFX 1999, Heft 5, S.127-138.（周光权：量刑基准研究，载《中国法学》1999 年第 5 期，第 127-138 页。）

-Materielles Strafrecht als Grundlage für die Reform des Strafzumessungsverfahrens, FXJ 2010, Heft 2, S.25-35.（量刑程序改革的实体法支撑，载《法学家》2010 年第 2 期，第 25-35 页。）

-Die Strafzumessungspraxis und ihre künftige Ausrichtung, ZWFX 2020, Heft 5, S.1150-1167.（量刑的实践及其未来走向，载《中外法学》2020 年第 5 期，第 1150-1167 页。）

-Strafrecht allgemeiner Teil, 4. Aufl., 2021.（《刑法总论》（第 4 版），中国人民大学出版社 2021 年版。）

Zhu, Xiaoqing: Der Strafzumessungsvorschlag, ZGFX 2010, Heft 3, S.5-21.（朱孝清：论量刑建议，载《中国法学》2010 年第 3 期，第 5-21 页。）

Zong, Yukun, Beweisverwertungsverbote im Strafverfahren, Berlin 2018.

-Strafprozessgesetz der Volksrepublik China, ZChinR 2020, S. 28ff.

Zuo, Weimin: Reform des Strafzumessungsverfahrens in China: Missverständnis und der richtige Weg, FXYJ 2010, Heft 4, S.149-158.（左卫民：中国量刑程序改革：误区与正道，载《法学研究》2010 年第 4 期，第 149-158 页。）

-Eine empirische Studie über die Funktionsweise von Rechtsprechungsausschuss, FXYJ 2016, Heft 3, S.159-173.（审判委员会运行状况的实证研究，载《法学研究》2016 年第 3 期，第 159-173 页。）

-Überdenken der Live-Übertragung von Hauptverhandlungen - eine Perspektive aus dem Öffentlichkeitsprinzip, ZZYFL 2020, Heft 9, S.91-100.（反思庭审直播——以司法公开为视角，载《政治与法律》2020 年第 9 期，第 91-100 页。）

Zuo.W./Wang.C.: Big Data-Rechtsforschung auf der Grundlage der Website China Judgements Online - Überlegungen und Perspektiven, HDZFDXXB 2020, Heft 2, S.64-76.（左卫民/王婵媛：基于裁判文书网的大数据法律研究——反思与前瞻，载《华东政法大学学报》2020 年第 2 期，第 64-76 页。）

Zuo.W./Wu.W.: „Formale Zusammenarbeit und echte Alleinarbeit" - Das Dilemma und der Ausweg aus chinesischem Kollegiensystem, FZYSHFZ 2002, Heft 2, S.64-68.（左卫民/吴卫军："形合实独"：中国合议制度的困境与出路，载《法制与社会发展》2002 年第 2 期，第 64-68 页。）

Zweigert/Kätz, Einführung in die Rechtsvergleichung – Auf dem Gebiete des Privatrechts, 3. Aufl., Frankfurt a.M. 1996.